暨南大学法治广东智库课题
"中国主要城市法治化营商环境研究"研究成果

中国主要城市
2017—2018年度营商环境报告
——基于制度落实角度

朱羿锟　高　轩　陈胜蓝　费兰芳　叶辉华　张　盼　麦雅诗 ◎ 著

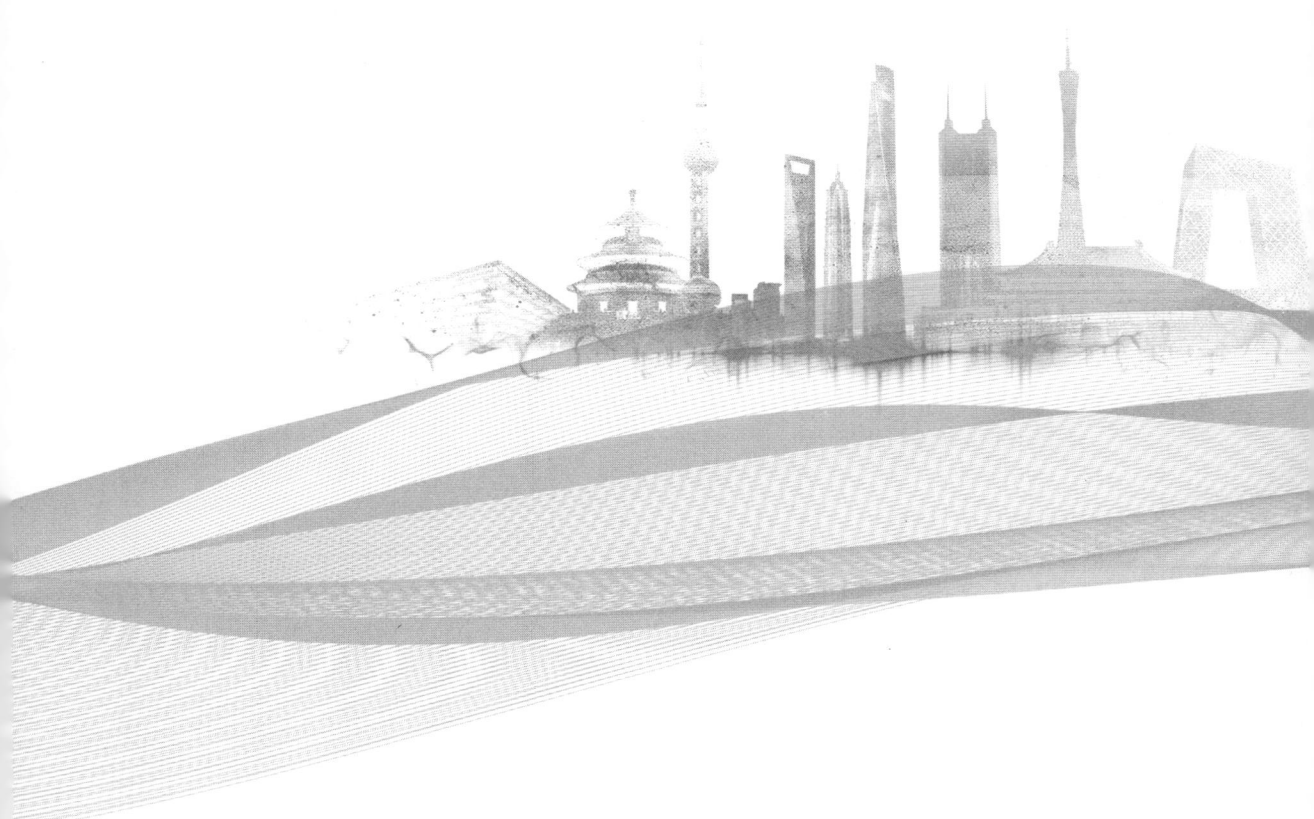

暨南大学出版社
JINAN UNIVERSITY PRESS

中国·广州

图书在版编目（CIP）数据

中国主要城市 2017—2018 年度营商环境报告：基于制度落实角度/朱羿锟，高轩，陈胜蓝等著 . —广州：暨南大学出版社，2019.5
ISBN 978 - 7 - 5668 - 2651 - 0

Ⅰ. ①中…　Ⅱ. ①朱…②高…③陈…　Ⅲ. ①投资环境—研究报告—中国—2017—2018
Ⅳ. ①F832. 48

中国版本图书馆 CIP 数据核字（2019）第 094564 号

中国主要城市 2017—2018 年度营商环境报告——基于制度落实角度
ZHONGGUO ZHUYAO CHENGSHI 2017—2018NIANDU YINGSHANG HUANJING BAOGAO——JIYU ZHIDU LUOSHI JIAODU

著　者：朱羿锟　高　轩　陈胜蓝　等

出 版 人：徐义雄
策划编辑：李　战
责任编辑：亢东昌　曾小利
责任校对：何　力
责任印制：汤慧君　周一丹

出版发行：暨南大学出版社（510630）
电　　话：总编室（8620）85221601
　　　　　营销部（8620）85225284　85228291　85228292（邮购）
传　　真：（8620）85221583（办公室）　85223774（营销部）
网　　址：http://www.jnupress.com
排　　版：广州市天河星辰文化发展部照排中心
印　　刷：佛山市浩文彩色印刷有限公司
开　　本：787mm×1092mm　1/16
印　　张：21.25
字　　数：508 千
版　　次：2019 年 5 月第 1 版
印　　次：2019 年 5 月第 1 次
定　　价：75.00 元

（暨大版图书如有印装质量问题，请与出版社总编室联系调换）

前　言

　　《中国主要城市 2017—2018 年度营商环境报告——基于制度落实角度》是暨南大学法治广东智库课题"中国主要城市法治化营商环境研究"的研究成果。朱羿锟（暨南大学法学院/知识产权学院院长、教授）为该课题的主持人，课题组成员有高轩（暨南大学法学院/知识产权学院党委委员、教授）、陈胜蓝（暨南大学法学院/知识产权学院讲师）、费兰芳（暨南大学法学院/知识产权学院副教授）、叶辉华（华南师范大学城市文化学院法律系讲师）、张盼（暨南大学法学院/知识产权学院博士研究生）、麦雅诗（暨南大学法学院/知识产权学院硕士研究生）。朱羿锟策划并提出了本报告的研究及写作思路，建构了基本写作框架。高轩直接负责具体写作体例、格式的规范要求与落实，协调各作者的写作内容，承担最后统稿、校对工作。

　　具体写作分工如下：朱羿锟、张盼撰写第二章、第三章，高轩、麦雅诗撰写第八章、第九章，陈胜蓝撰写第一章、第六章，费兰芳撰写第七章、第十章，叶辉华撰写第四章、第五章。

2019 年 4 月 24 日

目　录

第一章　新时代中国城市营商环境改革与创新

第一节　营商环境与现代化经济体系

近年来，随着国家领导人和中央政府对营商环境建设的高度重视，理论界对营商环境的研究逐渐深入，而在实务部门，优化营商环境已成为全国主要城市发展的重大战略选择和提升地区经济竞争力的主要措施。2017 年至今，习近平总书记在多次讲话和会议中提及营商环境建设的重要性，李克强总理接连数次在国务院常务会议上对营商环境建设作出了重要的指示和部署。如是在国家顶层设计中对营商环境建设的高度重视和紧密部署并非无本之木，亦非一时之举，其与我国经济增长方式的转变具有密切的内在联系，是建立现代化经济体系的必然选择。

一、营商环境的内涵及其发展

最早提出"营商环境"概念的，是世界银行集团国际金融公司（IFC）于 2002 年启动的一项名为"Doing Business"的项目调查，该项目调查的成果即为如今在世界范围内广为人知的《全球营商环境报告》①，该报告中将营商环境界定为"一个企业在开设、经营、贸易活动、纳税、关闭及执行合约等方面遵循政策法规所需要的时间和成本等条件"，据此，世界银行设计出一套衡量和评估各国企业发展环境的指标体系，即企业营商环境指标体系，并根据该指标体系对全球 190 个经济体的营商环境进行排名。在平衡有效监管和防止监管负担过重的要求

① 《全球营商环境报告》由世界银行于 2002 年启动实施，旨在对国内中小企业进行考察，并对在企业存在周期内所适用的法规进行评估。《全球营商环境报告》和标准成本模型是被各行政管辖区用于评估政府规则制定工作对商业活动影响的唯一标准工具。首份《全球营商环境报告》于 2003 年发布，其中包括 5 项一级指标和 20 项二级指标，涉及 133 个经济体。目前的《全球营商环境报告》覆盖了影响企业生命周期的 11 个领域的监管法规，包括 11 项一级指标和 43 项二级指标。

下，世界银行的《全球营商环境报告》提出了"聪明监管"（Smart Regulations）这一理念。世界银行认为，一种均衡的营商监管环境主要是建立在经济活动具有需要良好的规则为支撑这一基础之上。这些支撑包括确立和澄清产权、降低解决争端的成本、增强经济交易的可预测性、为签署合同的各方提供核心保护、提高金融市场化程度等各类规则。

此后，营商环境这一概念又被一些机构和学者所使用，并对营商环境的内涵及其评价指标提出了不同的见解。① 如 The Donor Committee for Enterprise Development （简称 DCED）对营商环境的定义为：营商环境是支配商业活动所必需的政策、法律、制度、规则等的一种复杂的融合体，营商环境是投资氛围的一个子集，包括落实政府政策的行政和执法体系，影响企业运作方式的体制安排。② 综合多位学者的观点，可以发现，在对营商环境的内涵界定上，其核心为一国的营商制度环境，主要体现为一国在企业经营方面的法律法规和政策以及执法水平。而在评价营商环境的具体指标方面，则主要涵盖了政务环境、融资环境、基础设施建设以及企业税费负担等指标。

世界银行出台《全球营商环境报告》的初衷，在于为全世界的投资者提供涉外投资的参考，通过系统化地比较各经济体营商环境，从而辅助投资者的决策。因此，早期对营商环境的认识，更多的是将其作为吸引外商投资的手段。而随着近年来中国经济发展模式从外向型经济向内需导向型经济的转变，营商环境的重要性被提到了前所未有的高度，其目的也随之发生了变化。优化营商环境的主要目的从吸引外商投资转变为服务国内民营企业发展，而衡量营商环境优劣的重心，则从一国宏观之法律制度向微观意义上行政职能部门的"执法"质量迁移，其重要表现即目前政府大力推行的"放管服改革"，其目的是从体制机制上致力于既激发市场主体活力，又能促进市场秩序规范有序的市场环境建设。③ 其具体措施则是从降低企业创立门槛，革除烦琐的前置审批事项，简化登记手续和程序，建立企业公平竞争环境，优化企业融资环境等方面入手，营造一个高效、便捷、公平、透明的政务环境。概言之，我国当前所要打造的营商环境，是"一种以市场主体需求为中心的微观法治环境"。④

二、优化营商环境是建设现代化经济体系的重要基础

在中国当前的历史背景下，优化营商环境这一命题有其独特的意义，它是建设现代经济体系的内在要求。习近平总书记在十九大报告中首次提出建设现代化经济体系。他指出，我国经济已由高速增长阶段转向高质量发展阶段，正处在转变发展方式、优化经济结构、转换增长动力的攻关期，建设现代化经济体系是跨越关口的迫切要求和我国发展的战略目标。必须坚持质量第一、效益优先，以供给侧结构性改革为主线，推动经济发展质量

---

① 关于学者的不同观点具体可以参见孙丽燕：《企业营商环境的研究现状及政策建议》，《全球化》2016 年第 8 期，第 106 – 112 页。

② 孙丽燕：《企业营商环境的研究现状及政策建议》，《全球化》2016 年第 8 期，第 109 页。

③ 董小麟：《在深化改革中加快完善现代市场经济体系》，《发展改革理论与实践》2018 年第 2 期，第 4 页。

④ 张志铭、王美舒：《中国语境下的营商环境评估》，《中国应用法学》2018 年第 5 期，第 31 页。

变革、效率变革、动力变革，提高全要素生产率，着力加快建设实体经济、科技创新、现代金融、人力资源协同发展的产业体系，着力构建市场机制有效、微观主体有活力、宏观调控有度的经济体制，不断增强我国经济创新力和竞争力。此后，习近平总书记在多个场合强调了优化营商环境对于建设现代化经济体系的重要性。2017 年 7 月，习近平总书记在主持召开中央财经领导小组第十六次会议时强调，要营造稳定公平透明、可预期的营商环境，加快建设开放型经济新体制。2018 年 9 月，习近平总书记在东北三省考察并主持召开深入推进东北振兴座谈会时，再次提出要以优化营商环境为基础，全面深化改革。李克强总理更是多次强调各个城市进行营商环境建设的重要性和紧迫性，他在深入学习贯彻党的十九大精神做好新时代工商和市场监管工作座谈会上批示："打造良好的营商环境是建设现代化经济体系、促进高质量发展的重要基础。"可见，在中国语境下，优化营商环境对于推进中国的经济改革有着极其重要的战略意义。

1. 优化营商环境是推动供给侧改革的关键环节

建设现代化经济体系，必须把发展经济的着力点放在实体经济上，把实体经济做强做大，提高供给体系质量，增强我国经济质量优势。以供给侧结构性改革为主线促进现代化经济体系建设，重点要加快发展先进制造业、战略性新型产业、高技术产业，推动互联网、大数据、人工智能同实体经济深度融合。[①] 而推动上述改革的关键，是减少政府对市场的干预，减少政府直接参与资源配置。过去政府对企业的管制太多，在某种程度上扭曲了市场信号，使得企业无法直接感知市场的需求，或者感知到了需求，却由于政府的种种限制性规定和过高的外部成本，无法及时给予回应，从而导致企业供给侧和消费者需求端无法实现良好对接。在中国中产阶级比例越来越大，对精神物质生活的需求越来越高的情形下，这一矛盾愈显突出。正如习近平总书记在十九大报告中所指出的，中国特色社会主义进入新时代，我国社会主要矛盾已经转化为人民日益增长的美好生活需要和不平衡不充分的发展之间的矛盾。因此，供给侧结构性改革势在必行。供给侧结构性改革必然要更多地发挥市场对资源配置的决定性作用，由此而进行的政府改革，将产生放松管制和减轻企业负担的双重效应。[②] 一方面，应当通过深化改革，促进市场逐渐完善，创造让企业和市场发挥主导作用的制度环境，激发企业活力和动力，这就需要政府放松管制，减少大量的行政审批事项，实施市场准入负面清单制度，拓宽企业的投资领域。另一方面，要加强和改善公共服务，通过为实体经济企业减税减费等措施，降低企业的物质成本；提高办理企业开业等行政事项的效率，节约企业的时间成本。而上述改革措施，归根结底，就是优化企业营商环境，破除约束实体经济企业发展的外部条件，使企业在宽松、弹性和高效的环境中发挥自主性和创新力，实现企业的高质量发展。

2. 优化营商环境是加快建设创新型国家的必要条件

创新是引领发展的第一动力，是建设现代化经济体系的战略支撑。正如习近平总书记所指出的，要"塑造更多靠创新驱动、更多发挥先发优势的引领性发展"。只有开发和保

---

① 刘伟：《以供给侧结构性改革为主线建设现代化经济体系》，《人民日报》，2018 年 1 月 26 日。
② 刘志彪：《深化经济改革的一个逻辑框架：以政府改革推进供给侧结构性改革》，《探索与争鸣》2017 年第 6 期。

持源源不竭的创造力，才能破除对西方国家的技术依赖，使我国发展成为独立的创新型国家，最终实现中华民族的伟大复兴。影响企业创新的因素包括文化因素、经济因素、制度因素等多种因素，其中，制度因素是最重要的因素。创新需要宽松的制度环境。按照创新的基本规律，创新是在不断"试错"中得以实现的，这就需要政府一方面提高容忍度，支持各类创新创业行为。研究表明，更频繁的创业活动有助于促进市场的竞争，产生熊彼特所谓的"创造性破坏"过程，在这一动态过程中，企业家的各种商业创意和构想将在市场中得到检验，被市场拣选或淘汰[①]，进而实现产品和技术的创新。因此，在现行政策中，应当激发和保护企业家精神，鼓励更多社会主体投身创新创业。鼓励企业根据平等自愿、包容多赢、诚实信用、公平公正原则，自由缔结经济法律关系，自由开展公平交易，自由获取生产要素、销售商品与服务，自由开展公平竞争。凡是不违反法律规定、诚实信用原则和公序良俗，不损害社会公共利益的公司章程、自治规章、市场契约等都是有效的。[②]另一方面为企业在创造、运用和保护知识产权成果方面提供强有力的支持。例如通过政策大力支持知识产权融资，通过行之有效的司法手段打击侵害企业知识产权成果的不法行为。而这些，都是优化营商环境的内在要求。优化营商环境的根本目的，就在于解放生产力，激发企业的创造力，提高企业的综合竞争力。在一些学者构建的营商环境评价体系中，科技创新环境就是其中最重要的指标之一。[③] 一个国家、一个地区的知识产权制度已经成为该国家或地区营商环境的重要评判标准，这一点也已成为我国各主要城市的共识。2018 年 8 月，广东省政府印发的《广东省深化营商环境综合改革行动方案》，就把"实施最严格的知识产权保护制度"列为重要举措之一。因此，优化营商环境，建立完善的知识产权制度体系，激励企业创新发展，是加快建设创新型国家的必要条件。

3. 优化营商环境是完善市场经济体制的重要内容

十九大报告指出要加快完善社会主义市场经济体制。社会主义市场经济体制的完善是建设现代化经济体系的制度保障。社会主义市场经济体制改革的目标是完善产权制度和要素市场化配置，实现产权有效激励、要素自由流动、价格反应灵活、竞争公平有序、企业优胜劣汰。实现上述改革目标，其核心在于激发企业活力，使企业真正成为市场经济的主体，而优化企业营商环境是其基本手段。正如学者所阐述的，营商环境是制约资源配置从而影响经济活力和经济持续发展的基本因素，是建设统一开放、竞争有序的市场体系，让一切劳动、知识、技术、管理、资本的活力竞相迸发，让一切创造社会财富的源泉充分涌流的制度基础。[④] 事实上，十九大报告中已经将优化企业营商环境的具体措施囊括其中。具体包括：①全面实施市场准入负面清单制度，清理废除妨碍统一市场和公平竞争的各种规定和做法；②深化商事制度改革，打破行政性垄断，防止市场垄断，加快要素价格市场

---

① 董志强、魏下海、汤灿晴：《制度软环境与经济发展——基于 30 个大城市营商环境的经验研究》，《管理世界》2012 年第 4 期。

② 刘俊海：《市场经济的本质要求　完善法治化营商环境》，《人民日报》，2016 年 1 月 6 日。

③ 相关文献可见杨涛：《营商环境评价指标体系构建研究——基于鲁苏浙粤四省的比较分析》，《商业经济研究》2015 年第 13 期；胡益、李启华、江丽鑫：《广东营商环境指标体系研究》，《市场经济与创新驱动——2015 岭南经济论坛暨广东社会科学学术年会分会场文集》等。

④ 董小麟：《在深化改革中加快完善现代市场经济体系》，《发展改革理论与实践》2018 年第 2 期，第 4 页。

化改革，放宽服务业准入限制，完善市场监管体制；③深化投融资体制改革，发挥投资对优化供给结构的关键性作用；④深化税收制度改革，健全地方税收体系；⑤深化金融体制改革，增强金融服务实体经济能力，提高直接融资比重，促进多层次资本市场健康发展。可见，十九大报告中已经分别从企业开办程序、投资领域、获取融资、缴纳税赋等几个对企业经营具有关键影响的领域作出了制度性安排，是当前全国进行优化营商环境建设的基本依据和重要指引。

4. 优化营商环境是推动形成全面开放新格局的内在要求

开放带来进步，封闭必然落后。十九大报告明确指出，中国开放的大门不会关闭，只会越开越大。在美国奉行贸易霸凌主义，对中国实行经济制裁的国际环境下，中国仍然向世界展示了坚持改革开放不动摇的决心。2018 年 10 月，习近平总书记时隔六年再赴广东考察调研，首站来到粤港澳大湾区的前哨珠海，此举宣告着过去 40 年中国经济发展是在开放的条件下取得的，未来中国经济实现高质量发展也必须在更加开放的条件下进行。事实上，2018 年 3 月，习近平总书记在参加十三届全国人大一次会议广东代表团审议时就对广东提出了"四个走在全国前列"的要求，其一就是要求广东在形成全面开放新格局上走在全国前列。实现这一目标，不但要加快发展更高层次的开放型经济，努力培育国际经济合作和竞争新优势，还要在创造良好营商环境上下功夫，增强对外资的吸引力。只有营造国际化、法治化和便利化的营商环境，使国内营商投资环境与国外接轨，通过实行准入前国民待遇加负面清单管理制度，大幅度放宽市场准入，扩大服务业对外开放，保护外商投资合法权益等手段，才能真正增加境外投资者的信心，稳定投资者预期，达到吸引外资的目的，进而推动形成全面开放新格局。

第二节　营商环境与中国城市竞争力

随着国家层面对营商环境的战略部署和极力推动，目前，中国主要城市在优化营商环境方面的政策措施，已经呈现出千帆竞渡、百舸争流的局面。许多城市已将优化营商环境作为提升城市竞争力的重要举措，可以预见，营商环境将成为衡量中国城市竞争力的重要指标之一。

一、城市竞争力的概念及发展

对城市竞争力的定义经历了从经济运行的硬性指标到深入经济社会文化各方面，以及从经济的静态发展延伸到经济的动态发展的过程。国外相关研究起步较早，主要借鉴微观层面的产品及产业竞争，以及宏观层面的国家竞争力研究成果。[1] 早期大多数学者对于城

---

[1] 王二红：《供给侧改革视域下城市群竞争力评价与优化》，《河南师范大学学报（哲学社会科学版）》2018 年第 4 期。

市竞争力的研究还停留在生产产品和创造财富等经济运行的硬性指标上，后期的研究则开始将注意力转移到城市的软实力方面。[①] 如宁越敏教授认为，除了对资源的集聚，城市竞争力更重要的体现是对资源的优化与配置，他从经济、社会、制度、文化方面对城市竞争力进行阐述。[②] 而倪鹏飞教授的研究则进一步认为，竞争力的内涵正在从经济层面扩展到更广泛意义上的可持续层面，城市可持续竞争力体现为社会和环境对经济的兼容促进，反映竞争力与可持续发展的互惠统一。他还分别从宜居的程度、经济的活力、创新的动力、生态环境、社会的和谐、开放的文化、城乡协同等方面构建城市可持续竞争力的框架体系。[③] 由中国社科院主办的《中国城市竞争力报告》就把城市的竞争力从综合经济竞争力、宜居竞争力、可持续竞争力等几个方面进行比较。[④]

综合当前学者的研究及动向，笔者认为，以下概念较好地界定了城市竞争力的内涵——城市竞争力是指在一定竞争环境中，城市在经营发展过程中所具有的优化资源配置，以创造价值或财富并使其不断增值，由此提高城市辐射范围内的居民生活水平和城市可持续发展的能力。[⑤]

二、营商环境是城市竞争力的题中之意

理论和实践表明，营商环境是城市竞争力的题中之意。一方面，优化营商环境和提高城市竞争力在经济运行方面具有目标一致性。营商环境和城市竞争力都是以所在城市自身的综合优势为基础，在区域和全球性竞争中，吸引更多的经济活动，谋求更多的发展机遇。从这个角度来看，营商环境的提升和城市竞争力的提升相得益彰，共同促进。[⑥] 甚至有学者认为，营商环境从最为宽泛的层面讲，"涵盖了影响企业活动的经济、政治、文化、社会乃至环境质量等各方面要素，等同于一国的竞争力"。[⑦] 从这个角度看，一个城市的营商环境，就代表了一个城市的竞争力。

另一方面，尽管基于营商环境和城市竞争力理论的不同认识，相应的评价体系存在一定差异，但是从大多数学者构建的评价体系来看，二者的评价指标有明显的交叉。多数营商环境和城市竞争力的评价指标均选取了技术创新、基础设施、人力资源和政府管理（政府效率）等要素，如 Kresl（1995）认为城市竞争力由微观经济因子和宏观战略两方面决定，每个方面由相关解释因素组成。经济竞争力方面的影响因素包括生产要素、基础设

---

①　关于城市竞争力概念的研究文献可参见邬关荣、华想玲：《城市竞争力理论和评价方法文献综述》，《特区经济》2018 年第 6 期。

②　宁越敏、唐礼智：《城市竞争力的概念和指标体系》，《现代城市研究》2001 年第 3 期，第 19 - 22 页。

③　杨晓兰、倪鹏飞：《城市可持续竞争力的起源与发展评述》，《经济学动态》2017 年第 9 期。

④　见中国社科院财经院《中国城市竞争力报告》课题组：《2017 年中国城市竞争力排行榜》，《经济日报》，2018 年 6 月 23 日。根据该报告统计，2017 年综合经济竞争力指数十强城市依次是：深圳、香港、上海、台北、广州、北京、天津、苏州、南京、武汉。

⑤　王敏：《营商环境——城市竞争力新指数》，《广西城镇建设》2017 年第 9 期。

⑥　王敏：《营商环境——城市竞争力新指数》，《广西城镇建设》2017 年第 9 期。

⑦　张志铭、王美舒：《中国语境下的营商环境评估》，《中国应用法学》2018 年第 5 期。

施、区位、经济结构、城市文娱等；战略因子通过政府效率、城市战略、公司部门合作和机构设施反映。① 2001 年宁越敏教授选取了城市综合经济实力、产业竞争力、企业竞争力、科学技术竞争力、基础设施、国民素质、政府作用、金融环境、环境质量 9 个一级指标衡量城市的竞争力。② 科尔尼公司每年发布的《全球城市指数》将商业活动、人力资本、信息交流、文化体验和政治参与作为衡量城市竞争力的一级指标，基础设施、人均专利、政府治理质量以及经商便利度则是其衡量城市发展潜力的二级指标。由此可见，营商环境与城市竞争力的衡量标准具有明显的交叉。出现这一交叉的原因，还要归结于营商环境与城市竞争力对企业发展的共同关注。在衡量一个城市的竞争力时，以中小企业为主体的商业活动是其重要的参考因素。相关研究表明，中小企业的集群效应包括资源汲取效应、区域特色效应、知识溢出效应等，这些效应形成了中小企业集群核心优势，并促进城市竞争力的提升。③ 因此也就不难理解，对于企业生存与发展息息相关的外部因素，均落入了衡量营商环境与城市竞争力的指标体系中。④

三、优化营商环境是未来提升城市竞争力的重要支点

我们认为，从当前我国城市发展建设的趋势来看，营商环境将成为衡量城市竞争力的重要指标，是未来提高城市竞争力的重要支点。从城市可持续竞争力的要素在多个方面呈现的转变和升级趋势来看，城市竞争环境建设有两个重要特点，一是不同于以往基于城市建设满足外部需求、吸引竞争型企业为出发点，当今城市的增长动力或可持续竞争力来自于内生供给即城市的知识与创新。二是城市竞争力由偏重数量增长向质量增长转变。城市可持续竞争力主要包括具有质量比较优势的高端硬件要素和软件要素，而不是自然资源和一般要素的数量。制度、政策、文化等成为提升可持续竞争力的关键要素，政府在营造竞争软环境中发挥关键作用。⑤ 城市知识与创新的重要来源，是企业持续不断的技术创新和供给。而企业的技术创新和供给，则有赖于外部制度与政策环境的支持。当前我国经济发展正经历高速增长阶段转向高质量发展阶段，从行政管理部门的"放管服"改革到支持企业发展的减免税费、融资便利等各项利好政策的实施，其最终目的在于为企业创造一个宽松的制度环境，激励企业自主创新，开发具有高技术含量和适应市场需求的产品。因此，未来城市增长的根本动力在于知识和技术创新，而知识和技术创新的实现，则有赖于城市营商环境的优化。2018 年 5 月，科尔尼公司发布 2018 年《全球城市指数》报告，其中《全球城市指数》综合实力榜单中的中国城市数量从 2008 年的 7 个增加到 27 个，而跻身《全球潜力城市指数》榜的中国城市数量也从 2015 年的 21 个增加到 27 个。科尔尼公司将

① 杨晓兰、倪鹏飞：《城市可持续竞争力的起源与发展评述》，《经济学动态》2017 年第 9 期，第 104 页。
② 宁越敏、唐礼智：《城市竞争力的概念和指标体系》，《现代城市研究》2001 年第 3 期，第 19-22 页。
③ 段青梅、唐丽萍：《中小企业集群对于提升城市竞争力的问题研究》，《现代商业》2017 年第 32 期。
④ 当然，营商环境与城市竞争力的关注点也有明显的区别。营商环境的着眼点是企业，是如何营造良好的外部环境促进企业发展。而城市竞争力则不仅仅关注企业，还包括人的生存与发展，因此，城市竞争力还进一步关注城市的宜居水平、生态环境与文化氛围。
⑤ 更具体深入的论断见杨晓兰、倪鹏飞：《城市可持续竞争力的起源与发展评述》，《经济学动态》2017 年第 9 期。

中国城市竞争力的全面提升归因为有利的营商环境和正确的经济发展模式。[①] 事实上,将营商环境作为衡量城市竞争力的主要指标,已不乏先例。在对城市竞争力的研究中,部分政府机构和学者从吸引投资和企业角度,着重对城市和地区的营商环境进行了比较和分析。自 2001 年开始,美国笔架山研究院(Beacon Hill Institute)对美国 50 多个州的长期竞争力进行评价。在此研究中,长期竞争力由地方政府与税收政策、安全性、基础设施、人力资源、技术、商业孵化、开放性和环境政策八个方面共同组成。[②]

当前中国各地正在进行如火如荼的营商环境建设,从大部分主要城市发展的战略布局可以发现,当前我国主要城市已形成通过优化营商环境来提升城市竞争力的共识,营商环境建设已经成为城市提升竞争力的重要举措,这也是各城市落实我国全面深化改革,实现经济转型政策的必然选择。在当前阶段,中国城市竞争力的提升,应当聚焦于城市经济质量的提升,以营商软环境为代表的制度环境的优化,是提升经济质量的必要条件。加大营商环境改革,营造稳定公平透明、可预期的营商环境,是当前城市增强竞争力的重要支点,也将成为衡量城市竞争力水平的重要指标之一。

第三节   中国主要城市营商环境变革历程

我国营商环境的变革经历了萌芽阶段、确立阶段、初步实施阶段和全面推进阶段的发展历程。

一、萌芽阶段

我国改革开放四十年的发展历程,也是我国营商环境不断完善的过程。改革开放早期,为了达到吸引外商投资的目的,我国对交通、用地用能等基础设施建设、劳动力市场以及相关法律法规进行了完善。但是这一时期对营商环境的认识局限于"投资环境",对营商环境在吸引投资以外的重要意义仍未有充分的认识。在手段上则侧重于改善城市基础设施建设(如修桥铺路、用电用能用水等)等"硬环境"的建设,在"软环境"的建设方面,则想方设法为投资者提供各种优惠政策(如税收优惠、土地利用优惠措施等),并为其提供资金支持和政府补贴。但是,对于与企业生存发展密切相关的商事登记制度、市场准入、融资环境以及公平竞争环境等营商软环境,则缺乏应有的保障机制与政策安排。

改革开放后期,国家开始在部分改革先行地区试行优化营商环境的探索行动。2012年,国务院常务会议批准广东省开展行政审批制度改革试点,深圳、东莞、珠海、顺德成为最早推行商事制度改革的试点城市。2012 年 11 月,深圳市人大公布《深圳经济特区商事登记若干规定》,并于 2013 年 3 月 1 日正式施行,该文件改变了以往以营业执照为中心

---

①   科尔尼公司:《中国城市发展的成功经验——2018 年全球城市指数报告》,《科技中国》2018 年第 9 期。

②   杨晓兰、倪鹏飞:《城市可持续竞争力的起源与发展评述》,《经济学动态》2017 年第 9 期,第 105 页。

的登记制度，实施营业执照与经营范围相分离的登记制度，推行注册资本登记认缴制度，并明确了商事登记的办理期限，从而成为中国商事制度改革的发端。同年8月，广东省率先出台《建设法治化国际化营商环境五年行动计划》，该计划指出，广东省处于经济转型的关键时期，要重塑广东的竞争优势，必须在推进产业、技术等方面硬转型的同时，更加重视软转型。营造法治化、国际化营商环境就是推进软转型的核心内容。计划同时提出力争通过五年努力，构建法治化、国际化营商环境的制度框架，形成透明高效、竞争有序、公平正义、和谐稳定、互利共赢的营商环境。至此，我国营商环境的改革建设进入地方先行先试的萌芽阶段。

二、确立和初步实施阶段

党的十八届三中全会正式确立建设法治化营商环境。2013年党的十八届三中全会召开，审议通过《中共中央关于全面深化改革若干重大问题的决定》，决定指出，建立公平、开放、透明的市场规则。实行统一的市场准入制度，在制定负面清单基础上，各类市场主体可依法平等进入清单之外的领域。探索对外商投资实行准入前国民待遇加负面清单的管理模式。推进工商注册制度便利化，削减资质认定项目，由先证后照改为先照后证，把注册资本实缴登记制逐步改为认缴登记制。推进国内贸易流通体制改革，建设法治化营商环境。由此正式拉开了我国营商环境改革的序幕。

从上述决定可以发现，我国的营商环境建设在确立之初就有三个特点：一是建设营商环境的目的，在于服务各类市场主体，而不再局限于吸引外商投资。尽管吸引外资仍然是建设营商环境的主要动力之一，但是建设营商环境的根本目的，则是营造具有普遍适用性的公平、开放、透明的市场环境，无论是内资还是外资，无论是何种市场主体，都能享受高效的行政服务，在公平、开放、透明的市场规则中实现创新发展。二是营商环境的建设方向转向营商"软环境"的完善，包括推动监管创新，完善综合执法，优化工商、市场监管等各类直接面向市场主体的政府服务，更有效维护公平竞争的市场秩序。三是营商环境的建设应走法治化途径。营商环境法治化的根本特征，在于建立统一、公平、透明的市场规则，有效保护私人产权，鼓励创新，为市场主体提供稳定的预期。我国此前的营商环境建设，过分运用了政策的灵活性，通过大量临时性的优惠措施和补贴手段吸引外资，然而由于政策的不稳定性和市场规则的不完善，投资者常常不能获得稳定的预期，从而使外商投资的质量和规模无法获得实质性的提升。因此，强调营商环境的法治化，正是要纠正过去以政策实施为主的发展路径，通过完善相关立法，规范行政办事流程，实现营商环境的法治化转型。

党的十八届三中全会确立建设法治化营商环境后，全国上下开始了如火如荼的营商环境建设行动。2014年到2016年间，国务院相继颁发了《国务院关于印发注册资本登记制度改革方案的通知》《国务院关于实行市场准入负面清单制度的意见》《国务院关于促进市场公平竞争维护市场正常秩序的若干意见》《关于在市场体系建设中建立公平竞争审查制度的意见》《国务院办公厅关于多措并举着力缓解企业融资成本高问题的指导意见》

《国务院关于创新重点领域投融资机制鼓励社会投资的指导意见》等一批具有重大改革意义的政策文件，逐步贯彻落实党的十八届三中全会提出的关于建设法治化营商环境的要求。具体而言，则包含进一步放宽市场准入、降低企业融资成本、减少行政审批事项、实施"注册资本认缴制""先照后证""多证合一"等一系列简政放权改革措施。与此同时，全国主要城市也配套出台了大量的地方政策性文件和改革措施，从而在全国范围内展开了优化营商环境的行动。

2015 年 10 月，党的十八届五中全会进一步指出，形成对外开放新体制，完善法治化、国际化、便利化的营商环境，健全服务贸易促进体系，全面实行准入前国民待遇加负面清单管理制度，有序扩大服务业对外开放。除了再次强调"法治化"之外，还将实践中大力推行的营商环境"国际化""便利化"改革写入正式文件中。

三、全面推进阶段

从 2017 年开始，我国营商环境改革进入全面推进阶段。2016 年底召开的中央经济工作会议对 2017 年的经济工作做了部署，重点指出"要建设法治化的市场营商环境，加强引进外资工作，更好发挥外资企业对促进实体经济发展的重要作用"。2017 年 7 月，习近平总书记在主持召开中央财经领导小组第十六次会议时强调，要营造稳定公平透明、可预期的营商环境，加快建设开放型经济新体制。李克强总理在 2017 年 6 月 13 日召开的全国深化"放管服"改革电视电话会议上指出"营商环境就是生产力"。这一系列会议均释放出一个强烈的信号——营商环境建设是当前我国行政和经济领域改革工作的重中之重。

进入 2018 年，国务院前两次常务会议均聚焦同一个议题，即部署进一步优化营商环境。1 月 3 日的会议确立了优化营商环境对于建设现代化经济体系的重要意义。会议指出，改革创新体制机制，进一步优化营商环境，是建设现代化经济体系、促进高质量发展的重要基础，也是政府提供公共服务的重要内容，并明确提出"要借鉴国际经验，抓紧建立营商环境评价机制，逐步在全国推行"。1 月 17 日召开的国务院常务会议决定扩大"证照分离"改革试点事项，探索形成可复制经验，进一步改善营商环境。在前期已对 116 项审批事项开展"证照分离"改革试点并向全国各自贸试验区推广的基础上，由上海市进一步在浦东新区对商事制度、医疗、投资、建设工程、交通运输、商务、农业、质量技术监督、文化、旅游 10 个领域 47 项审批事项进行改革试点，推进"照后减证"。2018 年 7 月，国务院成立了推进政府职能转变和"放管服"改革协调小组并下设优化营商环境专题组，先后出台了《关于部分地方优化营商环境典型做法的通报》《关于聚焦企业关切进一步推动优化营商环境政策落实的通知》等一系列文件，对优化营商环境作出了具体部署。截至 2018 年 11 月，国务院推进政府职能转变和"放管服"改革协调小组优化营商环境专题组已召开四次全体会议暨优化营商环境工作推进会。2018 年 8 月，国务院办公厅正式印发《全国深化"放管服"改革转变政府职能电视电话会议重点任务分工方案》，对全国范围优化营商环境给出了明确"时间表"。2018 年 11 月，国务院发布《关于聚焦企业关切进一步推动优化营商环境政策落实的通知》，要求进一步减少社会资本市场准入限制，推动缓解中小微企业融资难、融资贵问题，清理地方保护和行政垄断行为等。以上系列会议与文件，彰显了中央推进优化营商环境建设的力度和决心，也标示着我国营商环境改革建设工作已经进入全面高速推进阶段。

与上一阶段相比，本阶段在营商环境改革方面有两个重要特征，一是狠抓政策落地，全面推进落实。如果说上一阶段还处于各地制定相关政策文件落实中央精神，以及部分城市对部分改革事项进行先行先试的水平，那么本阶段则强调改革措施在全国范围内的具体落实和推进。二是注重企业评价，有针对性地解决问题。2018 年国务院部署建立营商环境评价机制，国家发展改革委会同有关部门和地区，在借鉴世界银行营商环境评价体系等国际经验的基础上，初步构建起一个具有中国特色、国际可比的指标体系，并对 22 个城市进行了试评价。此外，各部门多次进行企业调研，针对企业反映的开展营业过程中存在的问题，有的放矢制定政策文件推进落实。

第四节　中国主要城市营商环境新态势

随着我国营商环境变革的不断推进，中国主要城市营商环境的发展也呈现出不同于以往的新态势、新动向，主要表现在以下几个方面。

一、以"放管服"改革为切入点提升企业营商"软"环境

2015 年 5 月，李克强总理在全国推进简政放权放管结合职能转变工作电视电话会议上首次提出"当前和今后一个时期，深化行政体制改革、转变政府职能总的要求是：简政放权、放管结合、优化服务协同推进，即'放、管、服'三管齐下"。此后，国务院持续推动"放管服"改革向纵深推进。正如李克强总理所言，"放管服"改革旨在推动政府职能深刻转变，使市场在资源配置中起决定性作用和更好发挥政府作用。着力减少政府的微观管理、直接干预，放手让企业和群众创业创新，激发市场活力和社会创造力。[①] 而这也正是优化企业营商环境的内核。因此，"放管服"改革顺理成章成为提升企业营商"软"环境的首个切入点。基于优化企业营商环境的"放管服"改革的现状和趋势，我们发现以下几个方面的特点：

1. 深化商事制度改革营造更加便利透明的准入环境

商事制度改革既是我国营商环境变革的切入点，也是我国持续推进的改革重点。商事制度是反映一国营商环境最直观的证据，在世界银行建立的营商环境评估体系中，开办企业是 11 项一级指标中的首项。包含了开办企业的程序、时间、费用以及最低实缴资本 4 项二级评估指标。对标上述评价指标，我国从 2014 年 3 月 1 日起，开始在全国范围内实

---

① 《李克强在全国深化"放管服"改革转变政府职能电视电话会议上的讲话》，中华人民共和国中央政府网站，http://www.gov.cn/guowuyuan/2018-07/12/content_5305966.htm。

施工商登记制度改革。从最初的注册资本认缴制改革，到营业许可证和营业执照的"证照分离"改革，再到营业执照、组织机构代码证、税务登记证、社保登记证、统计证等"多证合一"改革，再到"先照后证""照后减证"改革，中国的商事制度改革一直朝着"便利化""透明化"的方向发展。在经过地方试点推行之后，2018 年 11 月起，全国范围内已实现对第一批 106 项涉企行政审批事项的"证照分离"改革，对上述事项分别按照直接取消审批、审批改为备案、实行告知承诺、优化准入服务四种方式实施，从而大大提高了企业在办理营业执照后涉及行政许可事项办理的透明度和可预期性。按照计划，我国还将持续推进清理和规范各类行政许可等管理事项，继续清理精简投资项目审批、工程建设项目审批、核准等事项，推行区域评估、联合评审、并联审批等。① 这意味着，在中国，开办企业的程序已大为简化，且还将继续往"便利化"的方向改革行进。

2. 强化竞争政策实施营造公平竞争的市场环境

公平的市场竞争环境是市场经济的基础，自由竞争是企业的基本权利。完善社会主义市场经济体制，需要建立竞争公平有序的市场规则，减少行政对市场的不当干预。但是长期以来在经济发展进程中，地方保护主义依旧屡禁不止，地方政府利用公权力限制竞争仍是破坏营商环境的重要因素。尽管我国反垄断法对行政垄断行为进行了规制，但其属于事后救济，并未能从事前对限制排除市场竞争的行政行为进行规制。基于此，2016 年国务院创设了公平竞争审查制度，旨在"规范政府有关行为，防止出台排除、限制竞争的政策措施，逐步清理废除妨碍全国统一市场和公平竞争的规定和做法"。公平竞争审查制度意图从政策出台的源头消除导致规制实施不公平的诱因，是基于中国行政体制特点的制度创新。通过"竞争审查制度"的实施，以行政行为对市场竞争的影响为正当性评判的标准，全面防范限制竞争的政府规定与政策出台，实现事前、事中的监督审查。② 2018 年 11 月，《国务院办公厅关于聚焦企业关切进一步推动优化营商环境政策落实的通知》（以下简称"国办发〔2018〕104 号文"）进一步要求，发展改革委员会要在 2018 年底前组织各地区、各有关部门完成对清理废除妨碍统一市场和公平竞争政策文件、执行公平竞争审查制度情况的自查，并向全社会公示，接受社会监督；2019 年修订《公平竞争审查制度实施细则（暂行）》。市场监管总局要牵头负责在 2018 年底前清理废除现有政策措施中涉及地方保护、指定交易、市场壁垒等的内容，查处并公布一批行政垄断案件，坚决纠正滥用行政权力，排除、限制竞争行为。③ 由此可见，我国对市场公平竞争环境的建设，既有建立公平竞争审查制度的顶层设计，又有审查监督的具体措施，公平竞争政策实施的严格程度是前所未有的。

3. 以减税降费为核心全面降低企业生产经营成本

税费负担是企业生产经营成本的重要方面，研究表明，沉重的税费负担已成为许多中小企业"夭折"的主要原因。在世界银行的营商环境指标体系中，税费负担也是衡量营商

---

① 《国务院办公厅关于印发全国深化"放管服"改革转变政府职能电视电话会议重点任务分工方案的通知》，国办发〔2018〕79 号。

② 详见本书第七章第一节的论述。

③ 《国务院办公厅关于聚焦企业关切进一步推动优化营商环境政策落实的通知》，国办发〔2018〕104 号。

环境优劣的重要指标之一。合理的税制设计、税收征管和纳税服务对于优化企业生存环境具有重要意义。有鉴于此，近年来，国务院出台了多项措施降低企业税费负担：第一，落实和完善全面推开营改增试点政策；第二，进一步减轻企业税收负担，落实中小企业税收优惠政策；第三，全面清理规范政府性基金；第四，取消、停征或调整部分中央涉企行政事业性收费；第五，大幅减少涉企经营服务性收费等。① 在税费负担之外，用地成本、用能成本、用工成本也是企业成本的重要组成部分，为降低上述企业成本，国务院也出台了大量具体举措，如在降低企业用工成本方面，采取降低企业社保缴费比例，规范和阶段性适当降低企业住房公积金缴存比例以及完善最低工资调整机制等手段。② 据统计，截至2018 年 6 月，政府取消、停征、减免 1 100 多项中央和省级政府行政事业性收费，推动降低用能、物流、电信等成本，累计减轻市场主体负担超过 3 万亿元。③ 国办发〔2018〕104 号文进一步要求持续深入对企"减费"改革，整治乱收费问题。包括：①清理物流、认证、检验检测、公用事业等领域经营服务性收费。②整治政府部门下属单位、行业协会商会、中介机构等乱收费行为。③规范降低涉企保证金和社保费率，减轻企业负担。

4．创新政务服务方式打造方便快捷的政务环境

如果说商事制度改革的主要目的是降低市场准入门槛，简化开办企业程序，那么创新政务服务方式的主要目的，则是打造方便快捷的政务环境，节约企业的时间成本。在这方面，改革的重心有两个：一是大力缩减各类商事登记、行政审批的时间。尤其针对企业开办时间，中央给出了改革的时间表。2018 年 5 月，国务院办公厅发布了《国务院办公厅关于进一步压缩企业开办时间的意见》，意见要求"2018 年年底前，各直辖市、计划单列市、副省级城市和省会城市要将企业开办时间压缩一半以上，由目前平均 20 天减至 8.5天以内，其他地方也要积极压减企业开办时间，2019 年上半年在全国实现上述目标"④。二是大力推行"互联网 + 政务服务"，充分运用信息化手段解决企业办事难、办事慢、办事繁的问题。2016 年的政府工作报告首次提出大力推进"互联网 + 政务服务"，此后，一些部门和地方开始探索"一网通办""只进一扇门""最多跑一次""零见面"等政务服务改革，大力压缩企业办理各类行政事务的时间，在商事登记方面，持续深化企业登记全程电子化改革，逐步实现无纸化智能化。2018 年 6 月，国务院办公厅发布了《国务院办公厅关于印发进一步深化"互联网 + 政务服务"推进政务服务"一网、一门、一次"改革实施方案的通知》，通知要求，到 2019 年底，在"一网通办"方面，省级政务服务事项网上可办率不低于 90%，市县级政务服务事项网上可办率不低于 70%。在"最多跑一次"方面，企业和群众到政府办事提供的材料减少 60% 以上，省市县各级 100 个高频事项实现"最多跑一次"。⑤ 可以预见，未来企业办理各类行政事项的时间成本将大幅降低。

---

① 更详细论述请参见本书第八章第一节。

② 《国务院关于印发降低实体经济企业成本工作方案的通知》，国发〔2016〕48 号。

③ 《李克强在全国深化"放管服"改革转变政府职能电视电话会议上的讲话》，中华人民共和国中央政府网站，http://www. gov. cn/guowuyuan/2018 – 07/12/content_5305966. htm。

④ 《国务院办公厅关于进一步压缩企业开办时间的意见》，国办发〔2018〕32 号。

⑤ 《国务院办公厅关于印发进一步深化"互联网 + 政务服务"推进政务服务"一网、一门、一次"改革实施方案的通知》，国办发〔2018〕45 号。

二、推进金融改革创新化解企业融资困境

在中国，中小企业融资难、融资贵的问题已累计数年，融资问题已成为中小企业发展的掣肘，虽然国家层面多次提及解决企业融资困难问题，然而多年来的治理工作未见显著成效。自 2013 年党的十八届三中全会提出建立法治化营商环境，完善金融市场体系以来，解决企业融资困难问题开始进入新的发展阶段。自 2013 年至 2018 年间，国务院及相关部门发布了大量有关企业融资改革创新的规范性法律文件，从以下三个方面着力化解企业融资困境。一是优化商业性金融配置方式，改进并创新银行业融资服务，大力发展企业直接融资；二是重视政策性金融配置方式，发挥政策性金融机构的积极作用；三是调动民间性金融配置方式，推动民间资本发起设立民营银行、融资担保等中小金融机构，发展股权投资基金和创业投资基金。① 从其发展趋势看，金融改革多管齐下，细化政策落实，仍是金融创新改革的重中之重。以改进并创新银行业融资服务为例，国务院即"要求银保监会要抓紧制定出台鼓励银行业金融机构对民营企业加大信贷支持力度、建立金融机构绩效考核与小微信贷投放挂钩的激励机制，建立金融机构绩效考核与小微信贷投放挂钩的激励机制，修改完善尽职免责实施办法"②。

三、对标国际建立具有中国特色的营商环境评价机制

基于世界银行的《全球营商环境报告》在世界范围内的广泛影响，我国自开展营商环境建设以来，便对标世界银行建立的营商环境评估体系进行改革，并取得卓越成效。2018 年 10 月，世界银行发布的《2019 年营商环境报告：强化培训，促进改革》显示，中国营商环境在全球的排名已从 2017 年的第 78 位跃升至 2018 年的第 46 位，提升 32 位，首次进入世界前 50，而且是该年度营商环境改善最多的 10 个经济体之一。然而，我国并未满足于此。2018 年 6 月，李克强总理在全国深化"放管服"改革转变政府职能电视电话会议上提出要"加快构建具有中国特色的营商环境评价体系"，随后国务院办公厅印发《全国深化"放管服"改革转变政府职能电视电话会议重点任务分工方案的通知》，明确了我国建立营商环境评价机制时间表。即在 2018 年底前构建营商环境评价机制，在 22 个城市开展试评价；2019 年，在各省（自治区、直辖市）以及计划单列市、副省级城市、省会城市、若干地级市开展营商环境评价，编制发布《中国营商环境报告》；2020 年，建立健全营商环境评价长效机制，在全国地级及以上城市开展营商环境评价，定期发布《中国营商环境报告》。

根据官方发布的初步消息，与世界银行的指标体系相比，我国营商环境评价体系在保留和丰富国际通行评价指标的基础上，融入了中国改革的时代要求和地方特色，从衡量企

---

① 详见本书第六章第一节的论述。
② 《国务院办公厅关于聚焦企业关切进一步推动优化营商环境政策落实的通知》，国办发〔2018〕104 号。

业全生命周期、反映城市投资吸引力、体现城市高质量发展水平 3 个维度构建立体评价指标体系，既体现供给侧结构性改革和"放管服"改革的要求，又体现市场主体和人民群众的期待和诉求，突出评价体系的公平性、客观性和创新性。其特色主要体现在 3 个方面：一是对接世界银行、国际可比。指标体系完整吸收、整体借鉴世界银行 12 个指标。二是立足国情、中国特色。以世界银行 12 个指标为基础，剔除与国情明显不符的内容，叠加符合中国国情的评价指标。三是客观真实、科学管用。我国营商环境评价体系在沿用世界银行方法的基础上加以改进，更强调实际案例支撑。获取数据采用实际填报与模拟填报相结合、交叉验证与第三方核验相印证，强调数据真实准确可用。①

建立中国特色的营商环境评价体系，引入以企业为代表的第三方评价机制，具有重要的制度创新价值。世界银行虽然每年对中国的营商环境进行评估，然而其样本城市仅为北京和上海，远不足以揭示中国营商环境的全貌，此其一。其二，中国特色营商环境体系的建立，目的不仅是向世界和国人展示中国各城市的营商环境建设，更重要的是衡量"放管服"改革、优化营商环境成效，通过"以评促改"进一步优化营商环境，形成地区竞争，最终实现营造法治化、国际化、便利化的国际一流营商环境的目标。

四、鼓励地方创新形成优化营商环境的地区竞争模式

我国推行营商环境改革之初，中央就确立了鼓励地方创新的基调。我国营商环境改革的一个重要特点就是在中央层面提供关于优化营商环境的顶层制度设计，为各个城市的具体举措提供制度性支持，进而鼓励各个城市因地制宜实施创新举措，对于各个地方具有可复制性的改革经验则在其他地区推广适用，引导地方形成优化营商环境的良性竞争。自 2014 年到 2018 年，国务院共部署开展了五次对重大政策措施落实情况的大督查，从第二次大督查开始，国务院就形成了对部分地方优化营商环境典型做法进行公开通报的惯例。国务院在 2016 年第三次大督查通报中开始明确指出其目的在于"为进一步调动和激发各方面的主动性、积极性和创造性，推动形成干事创业、竞相发展的良好局面"②，2018 年 8 月，国务院发布《国务院办公厅关于部分地方优化营商环境典型做法的通报》，再次指出"为促进各地区、各部门交流互鉴，进一步推动形成竞相优化营商环境的良好局面"公开通报一批地方的典型做法。如北京推行涉税业务"全市通办"，纳税人可通过网上办税服务厅、微信等方式预约全市任一实体办税服务厅，办理申领发票、申报纳税、税收优惠等300 多项税收业务。③ 国办发〔2018〕104 号文明确要求，各地区、各部门要尊重并发挥基层首创精神，积极营造良好环境，加强指导协调，支持地方因地制宜大胆探索，并及时总结推广改革经验。自贸试验区等承担"放管服"改革试点任务的地方，要敢为人先、积极探索，当好改革"排头兵"，打造改革"新高地"。可见，鼓励地方创新，引导地方形

---

① 《六问中国营商环境评价——专访国家发改委法规司相关负责人》，中华人民共和国中央人民政府网站，ht-tp：//www.gov.cn/xinwen/2018－08/25/content_5316510.htm。

② 《国务院办公厅关于对国务院第三次大督查发现的典型经验做法给予表扬的通报》，国办发〔2016〕90 号。

③ 《国务院办公厅关于部分地方优化营商环境典型做法的通报》，国办函〔2018〕46 号。

成优化营商环境的良性竞争已成为我国建设营商环境的重要经验之一。

五、加强监督确保优化营商环境政策落地

强化监督机制，确保政策落地，是我国营商环境改革的另一特点。政策是否落到实处，是衡量一次改革是否成功的首要标志。对于企业而言，如果相关政策不能落实，则形同虚设。为避免营商环境改革沦为"文件中的改革"和"运动式改革"，在近年来国务院数次大督查中，对各地落实营商环境决策的督查是重中之重。以 2018 年的大督查为例，督查组针对"企业开办""工程建设项目审批""房产交易登记""用电报装""用水报装""用气报装""获得信贷"营商环境建设 7 项指标，对 31 个省（自治区、直辖市）营商环境进行了调查评价，并对地方优化营商环境典型做法进行了公告。进而有效推动了各省市、地区对当地营商环境政策落实情况的督查整改工作，从而形成了营商环境政策扎实落地的良好氛围。另一方面，中国特色的营商环境长效评价机制的建立，也将形成对各城市营商环境的有效监督。可以预见，以监督促改革，以改革促发展，将成为未来我国营商环境建设的常态。

第二章　中国主要城市法治化营商环境评估体系

　　企业良好的发展不惟需要良好的市场与基础设施的"硬环境"支撑，亦必须具备由高效、适当的政府政策及服务等要素构成的"软环境"予以保障。[①] 二者共同构成企业身处的经营环境：前者强调对企业开展经营活动必要物质要素的供给保障；后者则着眼于企业生命周期中面临的经济政策、政府服务、法治体系、竞争环境等制度要素的建构及完善。随着优化营商环境的世界性浪潮兴起，改革对企业营商活动产生重要影响的微观法治环境，成为各国推动营商环境优化的基本共识与主流趋势。对各经济体内企业所处的全生命周期中面临的法治监管环境以一定的标准进行量化评估，能够客观地评价并反映一个经济体的市场环境质量，并对制度完善提供具有方向性、可操作性的行动指引。

　　优化营商环境，首要是认识营商环境的现状，其关键是具备科学合理的营商环境评估体系。世界银行于 2001 年成立 Doing Business 工作团队，通过收集各国涉及企业商事活动的法律，按照企业生命周期构建评估指标，结合第三方问卷调查获取的数据进行量化分析，发展并建构起一套评估各经济体中企业发展环境的指标体系（即企业营商环境指标体系），为本报告开展评估体系构建提供可供借鉴的良好模式。但因评估的方式、目的的差异，不同组织、不同评价标准进行的营商环境评估会指向不同的指标维度、评价向度及评估结果。本章所着眼之中国主要城市营商环境评估体系的构建及论证，旨在对世界银行版中国主要城市营商环境评价（报告）及本土化中国主要城市营商环境评价（报告）等工作中所采用的评估体系进行概括、梳理、评析的基础上，提取相关的评估指向思路、评估指标构建经验、评估指标鉴戒等要素，结合我国企业所处营商环境之现状，尝试形成中国主要城市法治化营商环境评价体系，以期为开展具有中国特色的法治化营商环境评估工作提供思考助益及实践指引。

---

① 娄成武、张国勇：《治理视阈下的营商环境：内在逻辑与构建思路》，《辽宁大学学报（哲学社会科学版）》2018 年第 2 期。

第一节   国际版营商环境评价体系

一、国际版营商环境评估体系简述

不同定义分类来源于不同评估目的的需要，而不同的营商环境评估报告基于不同分类方法则形成了不同的评估体系。目前国际上具有较大影响力的营商环境评估体系主要包括：世界银行历年发布的《全球营商环境报告》、世界经济论坛发布的《全球竞争力指数报告》及世界银行与国际金融公司发布的《全球投资竞争力报告》所采用的相应的评估体系，详见表 2 – 1。[1]

表 2 – 1   主要营商环境评估报告的评估体系内容简析[2]

名称	发布机构	指标体系构成	评估方法
《全球营商环境报告》	世界银行	11 个：开办企业、办理施工许可证、获得电力供应、登记财产、获得信贷、保护少数投资者、纳税、进行跨国界贸易、执行合同、办理破产、劳动力市场监管	定量评估分析：前沿距离分数对指标数据进行归一化处理；自测算数据中选取最佳表现及最差表现，按照（最差表现 – Y）／（最差表现 – 最佳表现）（Y 为被评估国家依指标获得的数据）；各指标得分简单平均，没有权重区分
《全球竞争力指数报告》	世界经济论坛	12 个：制度、基础设施、宏观经济环境、健康与基础教育、高等教育与职业教育、商品市场效率、劳动力市场效率、金融市场发展、技术就绪程度、市场规模、商业成熟度、创新	定量评估分析：采取对照指标，按［1，7］为区间打分进行归一化处理；发展阶段区分法，区分各经济阶段以赋予不同指标权重

---

① 华东师范大学法学院、企业合规研究中心"中国营商环境评价指数研究"课题组（王美舒执笔）：《如何开展营商环境评估》，法学学术前沿公众号，2018 年 4 月 3 日，https：//mp. weixin. qq. com/s/wCo1y4k – 94MW6JtSZeZx2w。

② 还包括经济学人智库于 2014 年发布的《2014 年全球商业环境指数》，其评价指标体系中涉及 10 个一级指标，包括：政治环境、宏观经济环境、市场机遇、自由市场及竞争政策、外资政策、外汇及汇率管制、税率、融资、劳动力市场、基础建设。

（续上表）

名称	发布机构	指标体系构成	评估方法
《全球投资竞争力报告》	世界银行与国际金融公司	10个：政治稳定性和安全性、法律和监管环境、国内市场规模、宏观经济稳定性和最佳汇率、人才可得性与劳动力技术水平、劳动力成本、基础设施水平、税率、土地与房产的可获得性、国内市场的融资环境	定性评估分析：围绕各自评估指标，以报告发布者的视角对各指标内容进行概括、分析

　　上述的各类营商环境报告，除世界银行发布的《全球营商环境报告》因其采用的特殊评估方法，能够基于评估结果及最佳实践样本指导各经济体开展营商环境优化的相关工作外，其他的报告或关注企业在不同国家的经营风险，或着眼于不同经济体的市场制度或贸易政策，尽管对于帮助企业了解各经济体的市场环境不无益处，但无法直接就各经济体的营商环境作出客观衡量并做比较，亦无法指明营商环境优化的最佳实践方向，指导意义有限而未尽以评估推动营商环境优化之全功。

　　世界银行开发的营商环境报告之所以能在营商环境优化的浪潮中展现其不凡之处，关键在于其具有异于其他报告的评估体系，包括评估指标指向的具体内容、评估的客体与评估方法等均具有自身的独特性：

　　第一，世界银行敏锐地发现，私营经济之发展不惟依赖于政府宏观政策发挥的国家调节经济职能，亦与各经济体的制度改革尤其是法律制度改革存在明显的相关关系。[1] 亦即，投资政策或贸易政策的改善虽然能一时促进经济的增长，但推动各国（经济体）经济结构的优化转型，实现发展的稳定与可持续，则仍然依赖于"重商兴商"的制度建构、调整与优化。相关的评估报告若简单地将营商环境等同于国家竞争力或投资环境，固然能得出涉及营商活动全要素的改善与经济增长间的关系模型，但既无法做客观比较也难以发现究竟是何种因素决定着营商环境的优劣。而世界银行则"删繁就简"，对经济增长与法律制度改革间的相关关系，仅就关涉企业营商活动的监管规则中的"程序的复杂性与成本"及"法律制度的力度"做定量评估，从法律制度建构、改革、优化的层面，为营商环境的改善工作提供了可供操作的评估路径。

　　第二，就评估客体而言，世界银行营商报告不再追求对涉及营商活动的全要素进行"大而全"的宏观考察，而仅就关涉企业运营中的监管规则领域开展"精而细"的微观评估。从全要素的宏观评估，转向对监管法规的微观领域进行"查验"，重点考察监管程序所需手续、时间、成本以及监管法规实现的保护力度、效率与复杂程度等内容，推进了形塑营商环境微观层面的基础法律技术革新。不仅为营商环境的优化提供具体的切入点，也能基于微观法律基础的完善倒逼以法律制度为基础的宏观体制的改革。

---

　　[1]　张志铭、王美舒：《中国语境下的营商环境评估》，《中国应用法学》2018年第5期。

第三，世界银行营商环境报告通过问卷调查与事后查验的方法，基于标准情景案例对企业运营活动中的监管规则进行评估。问卷获得数据虽来源于受访者的主观判断，但就其判断范围不仅以清晰的术语予以限定，事后对监管法规文本的反复查验亦保证了对监管程序的复杂程度与成本及法律制度的力度之评测获得数据的客观性、真实性，确保数据能够进行横向与纵向的对比，不仅为各经济体的营商环境优劣提供衡量标准，也为各经济体改善自身制度体系以优化营商环境提供最佳实践参照。

基于上述在评估方法论上的革新，世界银行营商环境报告成长为卓具影响力与代表性的评估报告，自 2003 年至今已连续发布 16 个年度的世界银行《全球营商环境报告》，对各经济体优化本区域营商环境的改革活动发挥着重要的指引与参照作用。以现行法律文本为依托，通过梳理影响中小企业商业活动的商事领域的法律法规及市场监管现状，在微观层面上收集涉及企业全生命周期经营、治理活动中的相关行政活动所花费的时间、费用等客观数据，通过定量分析方法对各经济体的营商环境提供客观评价，是世界银行开展营商环境评估的基本思路。基于此，本节将重点论述该评估体系，以期从中吸取评估经验的助益与指引。

二、世界银行《全球营商环境报告》的评估体系

通过对私营经济发展状况的持续关注，世界银行发现制度改革与宏观政策调控对于促进经济体内的经济发展起到了同等重要的作用，尤其是法律制度的变革与商业活动及私营经济的发展呈现非确定性的相关关系。由此，世界银行开始通过对法律制度尤其是商事法律法规制度进行梳理，着重关注各经济体本地企业尤其是国内企业在开展商业经营活动中对营商环境的变革需求。通过对影响商业活动的法律法规给予一定的指标与方法进行评估，评估结果来源于依据评估指标采集的客观数据而非受评估人的主观感受；评估数据基于标准情景案例，直接来源于对涉及商业经营活动的具体法律规范的评测。

不仅在方法上进行革新，世界银行《全球营商环境报告》采取的评估体系在 16 年间亦处于不断变动当中：评估数据的采集范围、各经济体数据采集的样本城市、评估指标及数据类型均在动态中不断调整。

1. 评估数据的采集范围

《全球营商环境报告》的评估数据来源于对各经济体中涉及商业经营活动的法律规范及监管现状的直接评测，其数据采集范围取决于经济体的数量。从 2003 年首份评估报告至今，受评估经济体已由 133 个发展到 190 个，涵盖世界上绝大部分经济体，样本范围具有比较广泛的对比性及参考价值。受评估经济体数量变化见图 2－1。

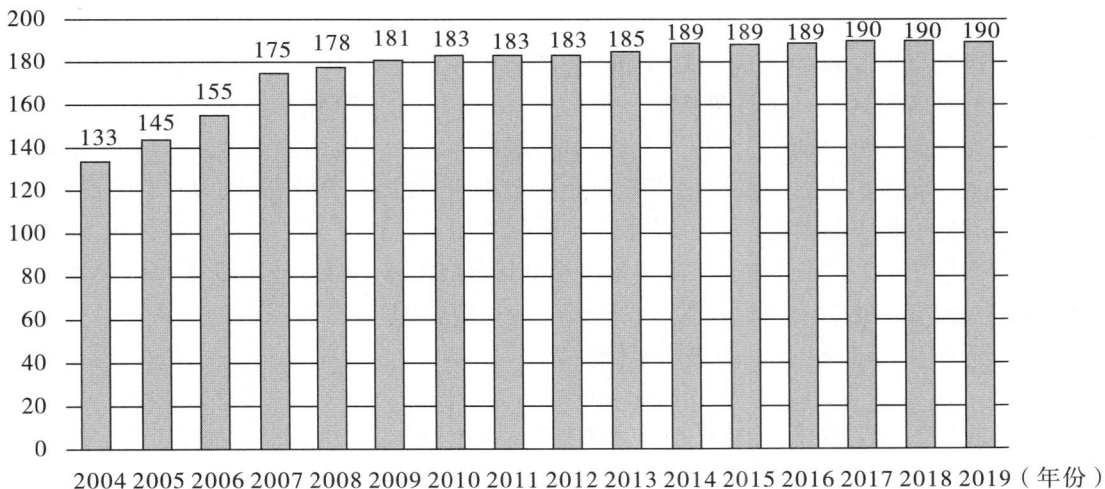

图 2 - 1　受评估经济体数量变化

数据来源：依据世界银行历年《全球营商环境报告》整理获得。

从参与世界银行《全球营商环境报告》的经济体数量增长趋势来看，相较于 2007 年后的平缓增长，在首份营商环境报告发布后的三年里，加入评估的经济体的数量增长相对较快，一方面反映的是营商环境评估从评估指标到评估方法的逐渐成熟，增强了未加入评估经济体对其评估排名的信赖；另一方面也表明营商环境报告在提供各经济体营商环境优劣对比以及优化营商环境的路径指引上具有显著优势。事实上，在经历 16 年的评估报告之后，营商环境报告已经成为衡量各经济体营商环境优劣的风向标，对各经济体吸引国际投资、完善国内经济、社会发展程度产生了巨大的影响。①

在各经济体的数据采集样本城市的选取上，因营商环境报告指标涉及的范围存在局限性，尤其体现在其并不志在衡量影响一个经济体的营商环境的所有因素，因此其指标重点明确，并采用假设的标准化案例场景进行评估，即假定进行评估的企业位于该经济体的最大商业城市。这个样本范围在 2013 年后发生变化，对于人口在 1 亿以上的经济体，为更充分地反映其营商环境的真实水平，标准化案例场景设定在其两个最大的商业城市，设定两个城市的权重比例并依此获得该经济体的评估数据。以中国为例，标准化案例场景假设企业位于上海及北京这两个城市，二者依据人口进行的权重赋值比例分别为 55% 及 45%。②

　2. 评估指标及数据类型

世界银行《全球营商环境报告》的评估体系随着评估重点而呈现动态调整的特征。

---

　① 罗培新：《世行营商环境评估之"保护少数投资者"指标解析——兼论我国公司法的修订》，《清华法学》2018 年第 6 期。

　② 2013 年后符合"人口超过 1 亿"指标条件的经济体有 11 个，分别为中国、美国、日本、印度、巴西、俄罗斯、巴基斯坦、印度尼西亚、孟加拉国、墨西哥、尼日利亚。

《2004 年全球营商环境报告》的指标体系只包含 5 个一级评价指标，具体为开办企业、雇用员工、执行合同、获得信贷、关闭企业。2005 年在前一年基础上增加了"登记财产"与"保护投资者"两个一级评价指标。指标体系包含 7 个一级评价指标；2006 年进一步增加了"办理施工许可证""纳税""进行跨国贸易"3 个一级评价指标，达到了 10 个一级评价指标及众多相关的二级评价指标，并稳定下来持续到 2010 年。2011 年的报告中，评价指标进行了相应的调整，在一级评价指标中增加"获得电力"指标。2012 年将"关闭企业"指标更名为"处理破产"，并相应调整其评估内容。随后，2015 年将一级评价指标"保护投资者"更名为"保护少数投资者"，并相应调整评估体系内的评估内容，由此形成沿用至 2019 年的 11 个一级评估指标。

表 2 - 2　世界银行《全球营商环境报告》评估指标体系中一级评估指标的演变历程

年份	开办企业（Starting a business）	办理施工许可证（Dealing with licenses）	登记财产（Registering property）	获得信贷（Getting credit）	保护（少数）投资者（Protecting investors）	纳税（Paying taxes）	进行跨国贸易（Trading across borders）	执行合同（Enforcing contracts）	关闭企业（处理破产）（Closing a business）	获得电力（Getting electricity）	雇用员工（Hiring and firing）
2004	√			√				√	√		√
2005	√		√	√	√			√	√		√
2006	√	√	√	√	√	√	√	√	√		√
2007	√	√	√	√	√	√	√	√	√		√
2008	√	√	√	√	√	√	√	√	√		√
2009	√	√	√	√	√	√	√	√	√		√
2010	√	√	√	√	√	√	√	√	√		√
2011	√	√	√	√	√	√	√	√	√	√	√
2012	√	√	√	√	√	√	√	√	√	√	√
2013	√	√	√	√	√	√	√	√	√	√	√
2014	√	√	√	√	√	√	√	√	√	√	√
2015	√	√	√	√	√	√	√	√	√	√	√
2016	√	√	√	√	√	√	√	√	√	√	√
2017	√	√	√	√	√	√	√	√	√	√	√
2018	√	√	√	√	√	√	√	√	√	√	√
2019	√	√	√	√	√	√	√	√	√	√	√

数据来源：依据世界银行历年《全球营商环境报告》整理获得。

分析世界银行《全球营商环境报告》的指标体系变化历程，其早期的评估体系（包括 2004 年与 2005 年）构成相对粗糙，"其中 2004 年甚至没有'登记财产'和'保护投资者'两项评价指标，凸显对投资者保护的缺失"①。关于"获得电力""关闭企业"指标的更名及"雇用员工"指标在排名计算中的退出问题需要做进一步的说明：

（1）"获得电力"指标首次受到世界银行的重视是在《2010 年全球营商环境报告》中，世界银行通过对 89 个经济体中企业进行的调查结果显示，电力成为相关业务面临的最大限制因素之一。② 世界银行由此认识到基础设施服务的质量与可得性（此处指电力的获得）的水平将会制约企业生产效率。因此，《2010 年全球营商环境报告》通过借助并比较各经济体的供电网数据，增添了"电力获得能力的试验性指标"，并于《2011 年全球营商环境报告》中首次增添"获得电力"的一级评价指标；但《2011 年全球营商环境报告》中并未将基于"获得电力"测量的数据用于营商便利度排名当中。③ "获得电力"数据首次纳入营商便利度排名则是在《2013 年全球营商环境报告》中，④ 通过收集各经济体中企业"获得电力"服务所需要的手续、时间和成本的数据，"获得电力"指标数据加入到评价体系中，用于《2013 年全球营商环境报告》营商便利度排名的测算，并由此分析得出全球的良好做法⑤。

（2）世界银行在《2012 年全球营商环境报告》中将评估体系中原一级评价指标"Closing a business"（关闭企业）更替为"Resolving insolvency"（处理破产），一方面表明世界银行对于"企业消亡"的理解从单纯的关闭向多元化的破产制度转变；⑥ 另一方面也表明世界银行对营商环境在退出机制的制度理解与构建上更加重视与深入，完善的营商环境不惟需要高效的市场准入制度，亦必须具备高质的市场退出机制（破产制度）。

（3）"雇用员工"指标的数据测量贯穿历届世界银行《全球营商环境报告》的始终，但从《2011 年全球营商环境报告》开始，"雇用员工"指标数据即不再进入营商便利度的分数计算当中。学者认为，其意味着尽管仍然需要测量劳动力市场法规状况，但是由于"全球经济的缓慢复苏和发展，雇佣成本日益攀升"⑦，因而不再将"雇用员工"的指标用

---

①　沈云樵：《营商环境法治化之理念与路径——以广东省为例》，《南海法学》2017 年第 1 期。

②　参见世界银行《2010 年全球营商环境报告》第 5 页。根据世界银行进行的企业调查数据，15.6% 的经理认为电力是最严重的限制因素，类似比例的经理（15.7%）则认为获得融资的能力是最严重的限制因素，见 http://www.enterprisesurveys.org.

③　参见世界银行《2011 年全球营商环境报告》目录页。事实上，《2011 年全球营商环境报告》尽管测量了涵盖企业生命周期内的 11 个领域的监管数据，包括：开办企业、办理施工许可证、登记财产、获得信贷、保护投资者、纳税、进行跨国贸易、执行合同、关闭企业、雇用员工和获得电力，但是雇用员工和获得电力数据并没有出现在《2011 年全球营商环境报告》的营商便利度排名中。

④　参见世界银行《2012 年全球营商环境报告》第 14 页以下及世界银行《2013 年全球营商环境报告》第 13 页。

⑤　参见世界银行《2012 年全球营商环境报告》第 13 页。例如，根据报告，在调查的 151 个经济体中，有 104 个经济体通过"简化审批程序（电力公司获得挖掘许可或根据需要获得使用道路的权利）"、103 个经济体通过"提供透明的连接电力所需费用及程序"、96 个经济体通过"降低接通电力所要交纳的押金"、40 个经济体通过"对电力行业的监管而不是对接电程序的监管来保障接电安全"等方式来"使获得电力变得容易"。

⑥　破产具有狭义与广义两种含义。狭义上的破产仅指破产清算，其着眼于穷尽债务人（本报告指企业）的一切偿债手段最大限度满足债权人的偿债需求；广义的破产则还包括破产和解、破产整顿等预防性程序，并共同构成一个统一的破产法律规范体系，其已日渐摒弃早期对于破产债务人采取的惩戒主义立法态度，而将破产视为现代社会中正常的经济与社会现象，成为市场主体稳定、有序退出市场的具有保障性的综合性制度。参见韩长印主编：《破产法学》，中国政法大学出版社 2016 年版，第 1–3 页。

⑦　沈云樵：《营商环境法治化之理念与路径——以广东省为例》，《南海法学》2017 年第 1 期。

于营商环境便利度的排名计算当中。

　　3. 世界银行《全球营商环境报告》采用的评估方法

　　《全球营商环境报告》旨在衡量商业法规在各经济体中对企业全生命周期活动的作用，评估方法主要涉及评估数据的来源问题以及对数据进行归一化处理的定量分析方法。

　　（1）数据来源。

　　评估体系采用的数据主要来源于对各经济体的法律法规及行政要求所做的调查及分析，这一调查分析采用流程化的方式，引导受评估者依据标准化案例场景设计获得所需数据。具体而言这一流程包括以下几个步骤：

　　①对各经济体的商事法律法规文本进行调查分析，在收集涉及企业商业经营活动相关的各经济体的法律法规之后，确定调查分析法规文本的操作人员，即数据来源的（操作）主体。在综合考量行业内研究者、专业人士、企业管理人员等不同主体对数据进行处理所造成的影响后，世界银行选出了法律专业人士作为数据来源的主体，主要包括律师、法官、公证员等法律工作者，除此之外的会计、建筑师、工程师常常也作为相关行业经常接触法律规范的专业人士而成为数据调查分析的主体。在这一阶段，通过对这些法律专业人士发放基于标准化案例场景设计的调查问卷，收集整理问卷数据形成企业调查（World Bank Enterprise Surveys）数据库。

　　②世界银行通过其各地区员工及执行官在查阅各经济体法律数据库的基础上，确定各国在评估指标范围内开展的改革状况，形成各经济体优化营商环境所采取的改革情况的"备忘录"，并由各经济体政府及世界银行营商环境团队进行复查。通过专业人士、各经济体政府及世界银行营商环境团队成员的多轮互动，形成初步的数据。

　　③世界银行营商环境团队通过定量分析方法对通过问卷收集的数据进行归一化处理，在统合各评价指标的得分之后获得全球各经济体营商环境便利度的排名，并发布《全球营商环境报告》。

　　④世界银行《全球营商环境报告》的数据类型包括两类："监管程序的复杂性与成本"，以及"法律制度的力度"。前者主要是关于"开办企业、办理施工许可证、获得电力、登记财产、纳税、进行跨国贸易"等指标所涉程序需要的手续（次数或文件数）、时间及成本；对于这一类数据，从企业主的视角测算"监管目标实现过程的效率及复杂程度"。[①] 后者则是考察诸如"获得信贷时动产抵押法律和信用信息体系是否完善""保护投资者制度中是否突出了关联方交易的披露与责任""执行合同与解决破产需要的时间、费用"以及"雇用员工时劳动法规的灵活程度"等内容。

　　（2）数据计算方法。

　　世界银行《全球营商环境报告》采用的数据计算方法是前沿距离分数（DTF，即 Distance to Frontier，用于将具有不同措施，例如获得施工许可证的天数和启动企业的程序数量合并为一个分数）的方法对通过问卷收集的关于各个评估指标的分数进行归一化处理。

---

　　① 钟飞腾、凡帅帅：《投资环境评估、东亚发展与新自由主义的大衰退——以世界银行营商环境报告为例》，《当代亚太》2016 年第 6 期。

前沿距离分数记录了经济体当前表现与 10 个营商环境指标在整个样本中的最佳实践之间的差距。例如，根据所有经济体的营商环境数据库，并且随着时间的推移，创业的最短时间是 0.5 天，而在最差的 5% 的情况下，合并公司需要超过 100 天。因而 0.5 天被认为是最佳表现的前沿，而 100 天则是最差的。更高的边界分数距离显示出更好的商业便利性（边界设定为 100 百分点），而较低的分数表明绝对较差的经营方式（最差的表现设定为 0 百分点）。将不同指标上的经济体的前沿分数进行平均，以得到总的前沿距离分数。DTF 方法意指与最佳实践或最佳表现水平（间）的距离，因而其测算步骤为：

①确定"最佳实践"标杆：通过筛选每个评估指标项下各经济体中的最优指标值作为"最佳实践（表现）（Frontier）"，并筛选位于最后 95% ～99% 间的经济体所得指标值为"最差表现（Worst Performance）"。

②对收集到的数据通过线性变换进行归一化处理，即将通过问卷收集的指标值与最优数值、最差数值的"距离"测算差距值。[①] 归一化差距值计算公式为：

$$ \text{DTF 得分（差距值）} = \frac{\text{最差实践情况（最差数值）} - \text{指标值}}{\text{最差实践情况（最差数值）} - \text{最佳实践情况（最优数值）}} \times 100 $$

同理，以差距值计算公式计算出其他指标下的 DTF 得分，并将其进行算数平均获得该一级指标项下的 DTF 得分（因《全球营商环境报告》的计算方式下，各指标间没有权重区分，各指标按简单平均的方法获得同一指标向下的综合得分）。

③将 10 个一级评价指标的 DTF 得分进行算术平均获得该经济体的营商环境得分（总的 DTF 得分），并按照得分高低进行排列获得营商环境便利度排名。

三、世界银行《全球营商环境报告》评估体系的优势与不足

1. 《全球营商环境报告》评估体系的优势

基于经济学研究与企业层面数据的统合分析，世界银行《全球营商环境报告》根据标准化案例场景的设计，选取了一国（经济体）内影响企业商业经营活动最重要的几个监管环境的侧重点设置评价指标，通过对法律法规文本的阅读并比较监管环境中程序及成本的复杂性与效率，由此测评衡量各经济体涉企监管环境的优劣。《全球营商环境报告》将研究视角定位于企业面临的营商法规，系因世界银行认为营商法规与监管制度的构建及优化对于建立富有活力的私营部门乃至整体经济发展具有至关重要的作用；因此，《全球营商环境报告》的着重点也在于通过反映企业在商业经营过程中对于营商法规最直观的感受，借助全球营商环境便利度排名助推各经济体优化自身营商法规体系建设。通过分析世界银行历年发布的《全球营商环境报告》，可以总结出其评估体系的优点表现如下：

（1）评估体系指导理念先进。《全球营商环境报告》评估体系所强调的指导理念系

---

① 钟飞腾、凡帅帅：《投资环境评估、东亚发展与新自由主义的大衰退——以世界银行营商环境报告为例》，《当代亚太》2016 年第 6 期。

"聪明的监管（Smart Regulations）"，其核心观点认为"均衡的营商监管环境主要是建立在经济活动具有需要良好的规则为支撑的基础之上。这些支撑包括确立和澄清产权、降低解决争端的成本、增强经济交易的可预测性、为签署合同的各方提供核心保护、提高金融市场化程度等各类规则"[1]。因而营商环境评估的本旨，不在于排除政府部门在企业经营活动中的监管；适相反，《全球营商环境报告》在肯定政府对企业发展所产生的积极作用下，强调通过对营商环境的研究与评估进一步促进涉企商业经营活动的营商法规的设计更为高效并适于理解，减少法规的使用成本，实现对企业经营活动达致"聪明监管（Smart Regulations）"之要求。[2]

（2）《全球营商环境报告》是较早对涉及营商法规作细致的客观指标评价的报告。之前的研究更多关注企业对营商环境的主观感受，这种主观感受一方面因地域限制而不具有国别对比性；另一方面则因主观感受的随意性而难以把握及运用于指导营商改革的工作当中。《全球营商环境报告》通过标准化案例场景，对涉及营商活动的相关步骤、法规及制度建设做详细指标拆分的客观评价，不仅使评估具有针对性，同时能为各个经济体的营商环境的横向与纵向对比提供可靠的参考指标，并基于全球"最佳实践情况"为各经济体的营商环境改革工作提供可资借鉴的方向性指引。

2.《全球营商环境报告》评估体系的不足

尽管世界银行的《全球营商环境报告》在评价指标体系的设计及方法论上均具有较强的创新性与合理性；但也因其指标设定与方法论而具有一定的局限性，《全球营商环境报告》亦不吝于在历年报告中的"不包括的内容"部分将这种局限性坦然地"披露"告知（当然这种局限与不足本身亦构成参考适用《全球营商环境报告》的方法论之一）。循着《全球营商环境报告》的思路，其局限性体现在几个方面：

（1）范围的局限性。这种局限性不仅包括营商环境报告提到的"营商环境指标涉及的范围有限"，亦包括其选取的标准化案例场景本身即存在着局限性。前者表现在营商环境指标的选取仅仅面向企业经营活动中监管环境的部分领域，而非对指涉营商环境所有因素的"注定徒劳的"穷尽式涵盖。更甚于此，即使是作为评价指标的关涉领域也有所侧重，对于指标选择的考量必然涉及对其代表性的质疑与诟病。[3]后者所选取的一个经济体内最大商业城市进行观测，势必会因为一个经济体内不同地区间的实际差异而不能完全客观地反映该经济体的实际营商环境。但这一考量纯粹是出于确保全球各经济体间能具有数

① 参见世界银行《2014 年全球营商环境报告》第 21 页。
② 聪明监管由世界银行于《全球营商环境报告》提出。基于这一理念，世界银行认为，均衡的营商监管环境应该主要是建立在经济活动具有需要良好的规则为支撑这一基础之上，这些支撑包括确立和澄清产权、降低解决争端的成本、增强经济交易的可预测性、为签署合同的各方提供核心保护、提高金融市场化程度等各类规则。为了使法规设计得更为有效，便于法规使用者理解，简化法规的实施，优化法治环境，"聪明监管"理念构建了"简化（Streamlined）、有用（Meaningful）、可调整（Adaptable）、相关（Relevant）、透明（Transparent）"五项具有逻辑联系的递进式监管要求。
③ 需要注意的是，《全球营商环境报告》本就不试图衡量某一法律或法规给整个社会带来的所有成本和收益。其对商业法规作出的衡量只是为了给讨论与各种监管目标相关的监管负担提供了一些材料，且这种尝试也仅仅是为开展这种讨论开了一个头。参见世界银行《2014 年全球营商环境报告》第 22 页。

据对比的可比性而对结论普遍性的"选择性放弃",同时受到完全评估各经济体所有行政区所需成本的制约。

（2）《全球营商环境报告》假设标准化案例场景中的企业均来自于正规部门,因此认为正规部门相较于非正规部门在获取数据上更具有操作性,数据亦相对更具有参考价值。这种方法论的选择显然会影响获取数据的普遍性,对于其代表性也并非确定无疑。

（3）《全球营商环境报告》以中小企业的监管环境为重点,固然是因其对"中小企业系推动经济发展的关键力量"论断的高度重视,但也因此表明其在企业选择上不仅存在正规部门与非正规部门的区分,还进一步区分出"中小企业"。但这种区分标准比较含混,不可避免地会出现对实际情况的偏离。

（4）《全球营商环境报告》对监管领域法规的评估,主要是对法律法规制定问题的关注,而不涉及法律法规具体的实施问题,由此其考察专业人士对于相应法规的认识程度,以此评判涉企监管法律制度的构建情况,在没有外来因素介入的情况下,具有逻辑的自洽性,也是其进行评估时的无奈之举,可以理解;但在这一部分仅关注法律文本的制定,存在一定的片面性,需要注意。

四、世界银行《全球营商环境报告》对我国法治化营商环境评估体系建构的指引

通过对国际版尤其是世界银行开发的营商环境评估体系的构成、数据的采集方式、归一化处理方式以及其优势及不足等相关方面的论述,其目的是为我国法治化营商环境评估体系的构建提供方案设计与思路优化上的指引。

首先,应当从对宏观经济与财政指标转向具体的关涉企业营商活动的法治指标环境,这一方面是对世界经济发展潮流的遵循,亦是对我国全面推进依法治国战略的深入。对营商环境的不同理解影响着评估报告的评价面向,而对指标内容的关注则决定着是否能清晰地找出制约企业营商活动乃至经济发展的真正"元凶"。关注涉企监管的法治环境,不仅是因为以企业营商为主体的私营经济在国民经济中的重要性上升,亦是因为影响营商环境评估的指导思想,从古典经济学到发展经济学并最后"归因"于制度经济学的理念之下,对法治环境的强调超过了以往对于自然禀赋、劳动力、基础设施及资本的重视,而成为营商环境评估范围的下一个发展趋势的"领军者"。[①]

其次,评估方法决定着评估目的能否有效实现。目前评估报告的评估方法存在着定性分析与定量分析两种,两者各有所长:前者能够突出企业对于营商环境的主观满意程度;后者则能够从"硬"数据上反映具体的营商现状。世界银行选取的是主观的问卷调查结合客观的数据"查验",前者在术语限缩下能有所侧重地反映受访者的主观评价,后者则通过反复对照法规文本,获得对涉及营商活动的相关监管程序所需要的各项成本,主要包括时间及金钱成本的数据收集。需要注意的是,世界银行营商环境报告对各阶段的评估指标未加权重地进行计算,而其他一些定量评估报告中则会区分不同的指标内容给予差别权

---

① 张志铭、王美舒:《中国语境下的营商环境评估》,《中国应用法学》2018 年第 5 期。

重。是否分配权重本质上不存在孰优孰劣的问题，但需要服从于评估目的进行妥帖的选择与设置。

最后，世界银行营商环境报告选取的问卷调查对象是与法律事务相关的专业人士，系基于标准案例场景作出的调查评估。其一方面对于涉企营商活动中的法律义务更加熟悉，因而能更为高效地完成评估；另一方面尽管其主要关注的是法律文本的制定，但由于没有企业家的真实参与，加之报告主要关注的是中小企业，相关专业人士的判断能否真实反映企业家对于营商活动中监管法规的认识及其对照程度的有效性，需要在构建评估体系与评估方法时予以考量。

第二节　国际版中国营商环境评价体系

一、世界银行《2008 中国营商环境报告》

世界银行《全球营商环境报告》因其系基于标准化案例场景进行的报告，故其以最大商业城市的营商环境代表该经济体的实际营商环境。世界银行注意到了这一方法论的局限性，自 2005 年开始，在进行《全球营商环境报告》的同时，陆续针对各经济体包含最大商业城市及其以外的具有代表性的城市，形成了相应的地方营商环境报告。

地方营商环境报告通过比较地方层面的监管环境，将考察样本拓展至最大商业城市以外的能够反映一个经济体/地区内不同营商监管差异的代表性城市，并考察全国法律在地方层面的实施状况。基于此，世界银行《2008 中国营商环境报告》系专注于中国的营商环境报告，数据集中于中国的营商环境现状。因该报告系中国社会科学院"中国城市竞争力"课题组与世界银行国际金融公司商业环境部共同合作完成的成果，且该报告系基于中国 26 个省会城市（含自治区首府所在地）及 4 个直辖市的营商监管环境所做出的，因此本节冒昧将其抽出于"本土化中国营商环境评价"之前进行梳理、评述。

二、《2008 中国营商环境报告》的评估评价体系

1. 《2008 中国营商环境报告》的评价指标

与世界银行针对各经济体发布的《全球营商环境报告》所逐渐稳定的指涉的监管环境的 11 个指标（议题）不同，《2008 中国营商环境报告》所调查的系"激励或阻碍商业活动的政府规制的范畴以及形式"①，故其采集的评价指标主要涉及企业日常经营活动且与地方政策密切相关，包括"开办企业、登记物权、获取信贷（担保物权的设立与登记）、

---

① 世界银行集团：《2008 中国营商环境报告》，社会科学文献出版社 2008 年版，"关于报告"页。

强制执行合同"。① 就《2008 中国营商环境报告》选取的 4 个评价指标具体内容详做下述：

（1）开办企业。

《2008 中国营商环境报告》将标准化案例场景中的企业定位为正规部门的企业，由此开办企业成为迈入正规市场体系所必需的环节，成为影响企业运营成本进而衡量营商环境优劣的重要指标。开办企业的活动一般包括：办理相关的营业执照及许可证，完成监管部门要求的程序性事项，包括盖章、核对、审批、公示等事项。而基于标准化案例场景，《2008 中国营商环境报告》中"开办企业"指标主要收集开展上述活动所需时间、步骤以及费用，在数据分析评测基础上，评估在各城市（省）开办企业的便利度。

（2）登记物权。

进行《2008 中国营商环境报告》评估时，恰逢我国于 2007 年颁布了对于"保障所有人对财产的所有权的机制"② 具有重要影响的《物权法》，即使这样，各地的营商环境表现出来的差异表明，在我国现有的政治、法治体制之下，地方政府对于营商环境的影响仍然相对较大，特别涉及对于物权登记尤其是不动产财产的交易与权属登记的职权由地方政府行使，地方政府对于物权登记的实质审查，对于企业开展商业投资与交易具有重大影响。在"登记物权"指标下，《2008 中国营商环境报告》通过企业进行不动产交易时权属转移的过程来评估其便利度。因此数据类型主要涵盖：物权交易的步骤、花费时间以及成本（通过权属登记成本占物产价值比重进行归一化处理）。

（3）获取信贷。

获取信贷作为影响中小企业融资的全球性难题，对于中小企业的发展至关重要。在直接融资获得渠道存在阻碍的情况下，通过信贷获取流动资金的难易程度关系着中小企业赖以发展或存活的概率。基于风险考量，银行在提供贷款时一般都要求贷款人提供抵押，因此《2008 中国营商环境报告》在"获得信贷"项下，主要考察企业在抵押贷款过程中，银行放贷过程中调查、办理物权设立、登记的时间与费用，以评估各城市企业获得信贷的便利程度。

（4）强制执行合同。

商业纠纷时刻面临着效率与公平正义的博弈，如何着眼于公正高效地解决实然状态下纷繁复杂的纠纷，寻求商业效率与公平正义协调最大化的帕累托最优解，一定程度上制约着企业的营商积极性及市场的有序发展。③《2008 中国营商环境报告》通过观测地方法院审理商事买卖纠纷的过程，并调研合同执行的时间与金钱成本，以地方司法系统的效率衡量强制执行合同的便利程度。

2.《2008 中国营商环境报告》的评价样本城市选择

《2008 中国营商环境报告》中参照世界银行在《政府治理、投资环境与和谐社会——中国 120 个城市竞争力的提升》的分组标准，将 30 个城市按照地理位置分为 6 个地区

---

① 世界银行集团：《2008 中国营商环境报告》，社会科学文献出版社 2008 年版，第 2 页。
② 世界银行集团：《2008 中国营商环境报告》，社会科学文献出版社 2008 年版，第 16 页。
③ 张盼：《我国企业营商环境法治化保障路径研究》，《人民法治》2018 年第 19 期。

（见表 2 - 3）。①

表 2 - 3　被调研城市地区分组

东南地区	福州（福建）、广州（广东）、杭州（浙江）、南京（江苏）、上海
环渤海地区	济南（山东）、石家庄（河北）、北京、天津
东北地区	长春（吉林）、哈尔滨（黑龙江）、沈阳（辽宁）
中部地区	长沙（湖南）、合肥（安徽）、南昌（江西）、武汉（湖北）、郑州（河南）
西南地区	成都（四川）、贵阳（贵州）、海口（海南）、昆明（云南）、南宁（广西）、重庆
西北地区	呼和浩特（内蒙古）、兰州（甘肃）、太原（山西）、西安（陕西）、乌鲁木齐（新疆）、西宁（青海）、银川（宁夏）

　　基于上述分类并按照《2008 中国营商环境报告》中四类指标进行评估，评估结果显示，中国营商便利度排名前十的城市，主要集中在东南（沿海）地区及部分环渤海地区，而中西部地区城市的营商环境则相对较差。这一结果亦表明，在我国尽管地方开展经济活动需要遵循国家统一的法律法规，但由于地方政府在执行中央政府发布的宏观经济政策与法律法规时具有一定的自主权利（例如制定相应的地方性法规、地方政府规章），导致中央政策在各地的落实情况并不一致，表现为营商环境的差异。

　　3. 关于《2008 中国营商环境报告》的数据分析方法

　　本质上，《2008 中国营商环境报告》采取的分析方法和《全球营商环境报告》并无不同，其排名的计算基于被调研城市在 4 个评价指标上的百分位排名的简单平均值。各项指标的排名选取的是该指标项下进一步细化之数据类型相关百分位排名的简单平均值。具体而言："开办企业排名是该城市在登记一家企业的步骤、天数、成本和法定注册资本最低限额的排名的平均值；物权登记排名是该城市在登记财产的步骤、时间、成本方面的排名平均值；获取信贷则是该城市在登记担保物的时间和成本方面的排名的平均值；强制执行合同排名是该城市在强制执行合同的时间和成本方面的排名的平均值。"② 数据基于法律法规，通过对地方政府官员、律师及其他从事法律相关领域的相关专业人士进行问卷调查和验证。

三、《2008 中国营商环境报告》评估体系的优势与不足

　　与世界银行《全球营商环境报告》类似，《2008 中国营商环境报告》采取的研究方法是基于法律法规文本，通过与专业人士间的多轮互动，不仅增强数据的代表性，同时基于专业人士的互动对数据的准确性进行了复盘验证（简称"一问二查"）。因为数据采用相同的标准化案例场景，减少了数据收集过程中的难度与成本，收集过程透明可验证，可用

---

①　世界银行集团：《2008 中国营商环境报告》，社会科学文献出版社 2008 年版，第 31 页。
②　世界银行集团：《2008 中国营商环境报告》，社会科学文献出版社 2008 年版，第 37 页。

于相关被调研城市之间的比较，从而为不同地方政府提供了营商环境优劣程度的参照系统与改革的前进方向；便于地方政府制定相应的规范性文件对标全国及国际营商环境的最佳实践情况，优化并提升本地的营商环境便利度，为中小企业等相关的商事主体提供更加优质的市场环境，推动我国社会主义市场经济稳定有序发展。

但是《2008 中国营商环境报告》同样存在着若干相对明显的局限：

（1）相较于世界银行历年发布的《全球营商环境报告》，《2008 中国营商环境报告》在营商环境评价指标上显得更为单薄，只是针对更为狭窄的监管领域，其能否反映涉及企业商业经营活动的全貌并非不存疑义，尽管世界银行使用的问卷通常亦只包含数个方面，例如《2018 年营商环境报告：改革以创造就业》主要针对"开办企业、登记物权、获得建筑许可证、解决破产"四个方面设计了调查问卷，但是其同时还具有针对其他指标进行的调查评估并采集数据，而《2008 中国营商环境报告》则仅针对"开办企业、登记物权、获得信贷、强制执行合同"四个方面采集企业日常经营及与地方政府密切相关的数据，其数据来源及评估指标体系及内容仍然呈现简单化，不能全面综合地评价我国主要城市的营商环境。

（2）与《全球营商环境报告》存在的不足相似，《2008 中国营商环境报告》只着眼于各省的省会城市（一般是各省最大的商业城市，即城市首位度居该省首位，但亦存在例外，例如南京之于江苏），在营商环境条件不一样的省份所具有的代表性并不一致：在营商环境相对较好的省，省会城市可能与各地方城市之间的营商差距并不存在太大差异；而在营商环境本身不佳的省份，省会城市与地方城市的差异更是难以计量。由此对于普遍性的论证始终由于现实情况的限制而无法实现最佳的测评样态及评估结果。

（3）基于标准化案例场景，其所选定的企业属于特定形态的企业，一般以有限责任公司为代表，对于其他组织形式的企业则未必能全面予以呈现；基于标准化案例，其表现的均是基于特定的规制显现，并不能完全展现企业在营商活动中面临的所有规制障碍。这一问题与选择监管领域的局限性存在着方法论上的互相关联，这一问题本质上也是世界银行《全球营商环境报告》为人诟病之处，亦为我们开展寻求中国答案的营商环境评估时需要注意并予以解决完善之所在。

（4）以往报告多采用针对企业主调查其满意度等相应问题的主观评估方式，而《2008 中国营商环境报告》采用了通过针对涉企商业监管法规进行调查的客观评估方式。后者虽具有独特性、学术创新性及实践指导意义，但因其工作的开端仍然需要借助对法律专业人士主要包括律师、法官、公证员等法律工作者，以及会计、建筑师、工程师等专业人士发放的问卷调查来进行，尽管通过调查互动对这些数据进行了核实验证，但其必然还是包含了受调查者的主观判断成分在内；同时，它也受被调查者的个人能力所限制。更为值得注意的是，如若问卷与其后调查工作所获得的数据存在不同之处，则需要评估人员对数据进行判断和选择，因而必然存在着偶然性和相应的误差，且这种误差仍然是来自于方法论固有的无法剔除的主观判断因素。

（5）评估报告是基于评估均顺利完成基础上获取的数据，而现实中企业营商活动中未必能如此顺利，基于理性设置的场景在现实中可能会遭遇更多的经营困难。此外，营商环境报告的研究方法论，通过对专业人士的问卷调查，隐含的价值判断是假设企业完全了解相关的营商监管法规。但实际上这种判断无从证实，也无法证明企业具备或者获悉其需要知道的相应的监管信息，并对此按照监管要求调整了自己的行动。基于此，通过假设情景获得的数据仍然具有较强的理论性，而无法完全符合企业经营活动的客观实践，由此导致评估报告在一定程度上与现实情况有所偏离。

第三节　本土化中国营商环境评价体系

一、国家发改委进行的"营商环境评价专项工作"[1]

优化营商环境作为 2018 年政府工作的重点，各地地方政府都积极采取各种措施，贯彻落实党中央和国务院关于深化"放管服"改革、推进新型监管机制建立，营造法治化、国际化、便利化的公平透明、可预期的营商环境的号召与要求。在此背景下，国务院成立推进政府职能转变和"放管服"改革协调小组，[2] 并在其下设优化营商环境小组，开展"营商环境评价专项工作"。通过对试评价城市进行评估，并对其进行营商环境（营商便利度）排名，为企业和投资者的投资和经营活动提供参考，推动"放管服"改革的进一步深化及各地城市的营商环境的优化。

1. 评估单位

由国家发改委法规司牵头设立营商环境试评价专项小组，成员包括国家信息中心以及中科院等相关单位。

2. 试评价城市

共分两批，总计包括南京、合肥、天津、重庆、义乌、贵阳、葫芦岛、武汉、襄阳、兰州、广州、延安、三亚、成都、青岛、沈阳、北京、上海、衢州、深圳、厦门、杭州 22 个城市。这 22 个城市大致分布于我国的东、中、西及东北地区（包括 4 个直辖市、3 个计划单列市、9 个省会城市、5 个地级市、1 个县级市）。

首批 12 个试评价城市（2018 年 3—5 月）：北京、上海、厦门、深圳、武汉、沈阳、成都、杭州、兰州、葫芦岛、衢州、延安。

第二批 10 个试评价城市（2018 年 4—6 月）：根据首批试评价地方反馈的意见，对指标进行了调试修正。包括在天津、重庆、青岛、广州、南京、合肥、贵阳、襄阳、三亚、义乌。[3]

---

① 相关评价工作的具体内容，可参见《中国改革报》于 2018 年 6 月 8 日至 2018 年 8 月 24 日间刊载的"中国特色营商环境评价试点城市巡礼"22 篇连续报道，https://mp.weixin.qq.com/s/PUvBJ0dLc_CS3Fm5wDGfdg。

② 《国务院办公厅关于成立国务院推进政府职能转变和"放管服"改革协调小组的通知》，国办发〔2018〕65 号。

③ 《六问中国营商环境评价——专访国家发改委法规司相关负责人》第三问"试评价进展顺利各具特色"，中华人民共和国中央政府网站，http://www.gov.cn/xinwen/2018-08/25/content_5316510.htm。

3. 评价维度

借鉴国际营商评估经验，形成了"衡量企业全生命周期、反映城市投资吸引力、体现城市高质量发展水平"三个维度。①

4. 评估体系

评价指标完整吸收了世界银行营商环境报告采用的 11 个评价指标；量化数据获取落实在法律制度构建的力度、监管程序涉及的时间和费用两个方面。评价计算方法亦借鉴世界银行采用的前沿距离分数计算方法，按照各部分权重相同的等权重方法计算营商便利度排名。

5. 评估体系的优点

在具体的评估时，剔除了与我国国情不相符的指标内容，增加了用水、获得用气（天然气）等指标内容，叠加适用符合我国国情的指标内容。同时，基于世界银行采用标准化案例场景以及第三方模拟填报问卷调查的不足，发改委主导的营商环境评价体系在此基础上作出了改进，包括通过问卷调查获取数据时采用实际填报与模拟填报相结合、法律法规文本核查采用第三方核验与交叉验证相结合等方法，进一步强化数据的真实性、准确性及可使用性。

本次评价过程充分借助了大数据技术与信息化手段，对各类数据进行了同步校验，不仅确保了数据的完整性，在此基础上还初步完成了营商环境大数据评价可视化系统的构建，② 实现了指标排名、城市现状的在线分析，基于数据可视化为地方寻找优化措施提供了便利。

二、粤港澳大湾区研究院《2018 年中国城市营商环境报告》

基于 2017 年 7 月习近平总书记在中央财经领导小组第十六次会议提出的"改善投资和市场环境，加快对外开放步伐，降低市场运行成本，营造稳定公平透明、可预期的营商环境，加快建设开放型经济新体制，推动我国经济持续健康发展"的重要讲话精神，粤港澳大湾区研究院在借鉴世界银行发布的《2019 年营商环境报告》的基础上，基于找出我国主要城市营商环境短板与长处，并推动地方营商环境改革的目的，选取全国直辖市、副省级城市、省会城市共计 35 个城市，基于其评估体系发布了《2018 年中国城市营商环境报告》。

1. 评价指标

粤港澳大湾区研究院采用的报告评估指标分为四级，其中一级指标为城市营商环境，二级指标有六个，且指标权重不一，分别为软环境（权重 25%）、市场环境（权重 20%）、商务成本环境（权重 15%）、基础设施环境（权重 15%）、生态环境（权重

---

① 《发改委 22 城营商环境排名出炉：北京第一》，法制网，http：//www. legaldaily. com. cn/index/content/2018 – 09/04/content_7637652. htm？node = 20908。

② 《六问中国营商环境评价——专访国家发改委法规司相关负责人》第三问"试评价进展顺利各具特色"，中华人民共和国中央政府网站，http：//www. gov. cn/xinwen/2018 – 08/25/content_5316510. htm。

15%）、社会服务环境（权重 10%）；① 三级指标 29 个，四级指标 32 个。其中有的为正向指标，亦即评估值越高，则指数越大；否定指标则相反。

2. 数据指数得分计算方法②

评估指标测算指数采用的是无量纲化方式，亦即数据的标准化。③

$$某市分值（单项正指标） = \frac{该市指标值 - 最小值}{最大值 - 最小值}$$

$$某市分值（单项逆指标） = \frac{最大值 - 该市指标值}{最大值 - 最小值}$$

3. 营商环境指数及排名④

在粤港澳大湾区研究院《2018 年中国城市营商环境报告》中，基于排名实际上可以发现东部沿海城市的总体营商环境排名较好，排名前十位的城市中有 5 个位于东部沿海地区，而重庆、成都、武汉、长沙为进入前十名的中西部城市。

表 2-4　全国 35 个城市的营商环境指数及相应的排名

2018 年名次	2017 年名次	城市	营商环境指数	2018 年名次	2017 年名次	城市	营商环境指数
1	3	深圳	0.611	19	19	大连	0.318
2	4	上海	0.524	20	17	南昌	0.313
3	1	广州	0.512	21	18	福州	0.313
4	2	北京	0.51	22	27	南宁	0.312
5	5	重庆	0.478	23	24	合肥	0.303
6	13	成都	0.405	24	16	长春	0.301
7	6	南京	0.398	25	26	沈阳	0.298
8	7	杭州	0.397	26	14	海口	0.297
9	20	长沙	0.391	27	15	济南	0.294
10	10	武汉	0.388	28	31	乌鲁木齐	0.289
11	12	西安	0.377	29	32	西宁	0.271
12	9	青岛	0.375	30	34	银川	0.268

① 粤港澳大湾区研究院：《2017 年中国城市营商环境报告》，第一章总论 1.1 报告背景。2018 年报告与 2017 年的报告在二级指标及权重设置上没有变化，但是三级指标与四级指标的数量发生了一定的变化。

② 粤港澳大湾区研究院：《2018 年中国城市营商环境报告》，第 4 页。

③ 通过数学变换来消除原始变量（指标）量纲影响的方法。无量纲化的上下阈值分别取 35 个城市的最高值和最低值。

④ 粤港澳大湾区研究院：《2018 年中国城市营商环境报告》，第 6 页。

（续上表）

2018 年名次	2017 年名次	城市	营商环境指数	2018 年名次	2017 年名次	城市	营商环境指数
13	22	昆明	0.359 ■■■■	31	29	太原	0.265 ■■■
14	30	贵阳	0.35 ■■■■	32	25	哈尔滨	0.261 ■■■
15	8	宁波	0.331 ■■■	33	21	呼和浩特	0.255 ■■■
16	28	厦门	0.33 ■■■	34	35	兰州	0.248 ■■■
17	23	郑州	0.324 ■■■	35	33	石家庄	0.237 ■■■
18	11	天津	0.322 ■■■				

4. 评估体系存在的不足

在粤港澳大湾区研究院《2018 年中国城市营商环境报告》中，一级指标为营商环境，无须评价。就二级指标而言，软环境占比 25%，其原因在于评估者认为软环境是决定企业是否投资的最重要因素；市场环境决定了盈利的空间大小，所以占比 20%，权重排名第二；生态环境与商务成本在决定企业投资因素中的重要性与日俱增，与基础设施三者的权重均为 15%；至于社会服务，评估者认为目前还不是决定企业投资的最关键因素，因而权重最低（10%）。

粤港澳大湾区研究院《2018 年中国城市营商环境报告》的评估体系存在的问题可能表现在：

（1）将一级指标"城市营商环境"拆分为 6 个二级指标是否具有理论依据？[①] 世界银行营商环境报告选择的 11 个评价指标，是将企业"生命周期"中面临的重要监管流程作为评估指标，尽管 11 个指标无法完全涵盖企业整个生命周期中所有重要的监管流程，但其确实共同构成了一个企业"从生到死"的逻辑链条，具有理论上的自洽性，且选取标准均有相关的学术论文作为理论支撑。而粤港澳大湾区研究院在《2018 年中国城市营商环境报告》中，基于其 6 个二级指标"复盘"城市营商环境，其考量是否具有理论解释上的逻辑自洽，非无疑问。

（2）在将选取的 6 个二级指标的科学性、合理性暂且搁置不论的情形下，粤港澳大湾区研究院在《2018 年中国城市营商环境报告》中并未参照世界银行对各个指标之间通过等权重进行营商便利度排名的计算方法，而是针对不同的指标设置了不同的权重，且这种权重的设置是否真的如评估者所言具有合理性，并没有很好的证据能够予以证明。针对无量纲计算公式的计算准确性问题的质疑与针对权重分配设置的问题存在运行逻辑，不再赘述。

[①] 世界银行进行营商环境评估极其重视方法论，其选定的十项指标中，每一项都以一篇经典论文作为支撑。参见罗培新：《世行营商环境评估之"保护少数投资者"指标解析——兼论我国公司法的修订》，《清华法学》2018 年第 6 期。

三、国内现有营商环境报告对法治化营商环境评估体系建构的指引

从注重对于以基础设施为代表的硬件宏观指标，到改革开放后重点关注投资政策，到现今强调对涉企法治环境的构建，我国涉企经营环境的不断深入、转型，实际上是与我国改革开放的发展进程同频共振的。在当前优化营商环境成为一股世界性浪潮的背景下，如何针对中国存在的营商环境问题，通过构建适合我国营商评估体系，以指导我国的市场环境的完善，真正实现市场与政府关系的平衡"放置"，是当下需要提供的中国方案着重需要思考的问题。

通过对前述中国相关研究机构开展的环境评估，对于我国主要城市法治化营商环境评估体系的构建，需要注重两个面向：一是关注以企业为中心的微观法治环境评估；二是需要结合具体国情在指标设置上展现"中国问题"，并通过评估、分析、论证，提出改善我国营商环境的"中国方案"。[1]

在以企业为中心的法治环境评估中，借鉴世界银行仍关注监管法规文本的制定和监管流程（包含程序、时间及成本）的做法，应当遵循"制度—机制—实效"的思路设置评估指标，亦即不同于世界银行只关注文本的制定情况；对主要城市营商环境的评估，应当注重其对于国家层面的法律法规是否予以切实执行，执行的实际效果如何。只有将制度付诸实施，才能真实地反映企业对于制度的满意程度，为优化工作提供方向指引。

对于具体指标的设置，应当真正关涉中国问题。尽管优化营商环境是世界性浪潮，但是每年主要的优化方向不同，各国采取的优化措施亦不相同，说明各国的营商环境存在着自身的特点，对于各自的问题需要适合自身的解决方案。例如，相较于商事登记，对企业产权保护的制度建构显然更符合我国当下的现实情况；面对"曹德旺逃了"的现状，如何通过减税降负减轻企业的负担亦是值得关注的问题。此外关于审批流程、中小企业融资难的问题，也是现实中存在的问题，需要对症下药，提供解决的办法。而这种办法的探寻，可以首先将对这些问题领域的"模拟解决办法"嵌入到评估指标体系的设置中，通过对这些领域的现状评估，以更好地为解决问题提供思考材料。

第四节　中国主要城市营商环境评价体系展望

无论是习近平总书记在博鳌亚洲论坛 2018 年年会开幕式主旨演讲中提出的要"创造更有吸引力的投资环境"，还是李克强总理在 2019 年年初召开的首次国务院常务会议、在全国深化"放管服"改革转变政府职能电视电话会议讲话中强调的要"通过体制机制创新优化营商环境"，都旗帜鲜明地传达了党和国家对营商环境的高度重视、对优化营商环境以解放生产力和提高综合竞争力的强大精神信念。优化营商环境，不仅能为企业减少运

---

[1]　张志铭、王美舒：《中国语境下的营商环境评估》，《中国应用法学》2018 年第 5 期。

营成本，还能提高人民群众办事的便利度，是激发我国市场竞争潜力与提高人民群众获得感及幸福感的重要手段。

积极贯彻习近平总书记关于"营商环境改革"的指示精神，不断对标世界营商环境改革的先进榜样，将企业与人民群众的切实感受作为改革营商环境工作的"指挥棒"，才能真正转变改革思路，直击企业营商的"痛点""堵点""难点"，转变政府职能，从"政府端菜"向"企业点菜"衔接，切实推进"放管服"改革工作，深化商事制度改革，优化审批流程、效率，推进政务服务便民化，提高政府服务的质量和企业与群众的办事便利度。

通过政府服务的"零距离"，真正做到政企"心连心"，构建融洽和谐的政企关系，让企业和群众在具体的营商活动中感受到便利。而优化营商环境的重要工作，就是要抓紧建立能够应对中国问题、提供中国答案的具有中国特色的营商环境评价体系，在借鉴国际先进评估经验的基础上，逐步在全国各个城市中开展营商环境评估；提取各地营商环境的成功做法与先进榜样，指出各地存在的阻碍、限制营商环境优化的鄙陋，大力营造竞相优化营商环境的便企利民氛围，才能真正提高我国各个城市的竞争力并进而促进我国综合国力的提升与飞跃。本节结合前述对已有的世界版中国营商环境报告，以及相关具有代表性的本土版中国营商环境评估报告的评估体系，进一步提出关于我国营商环境评估体系构建应有的展望远景，以期指导本报告后续相关内容的展开，并为我国即将构建成型的营商环境评估体系提供理论支撑与思路助益。需指出的是，与世界银行基于标准化案例的评估相比，本报告一方面能更好地刻画各地营商环境的差异性，而非以点带面，以上海和北京来代表中国整体；另一方面以制度规范为中心，针对营商环境同一环节特定的制度规范，运用科学的评估赋值方法，能够对最佳与最差两极之间不同制度安排分别赋值，并运用权重将营商环境各个环节的制度规范的分值加总。

一、营商环境评估的法治化转型

1. 从"全要素"到"法治要素"评估

从"全要素"评估向"制度"评估进而到"法治要素"评估的模式迭代，是营商环境评估的国际发展趋势，[①] 其中以世界银行《营商环境报告》尤为注重"法治要素评估"。全要素评估模式以世界经济论坛发布的《全球竞争力报告》为代表，其将营商环境等同于竞争力，评估指标涵盖影响一国竞争力的全部要素，包括政治、经济、社会、文化等各个方面，评估内容集中于宏观层面。制度评估模式作成的报告相对较多，主要将投资环境视为营商环境，我国亦出台过众多的投资环境报告，涵盖国家层面至地方层面。制度评估的目的是营造良好的投资环境以吸引或指导企业投资，因而评估侧重于与投资制度相关（政策）的内容。

世界银行《全球营商环境报告》采取的是典型的"法治要素评估"模式，并不侧重

---

① 张志铭、王美舒：《中国语境下的营商环境评估》，《中国应用法学》2018 年第 5 期。

于对影响营商环境或国家竞争力的所有要素、政策及制度进行评估,[①] 而重点关注涉及企业运营活动的监管领域中的法律制度建设和监管措施改革。《全球营商环境报告》重点对目标国家的法律和法规进行量化分析,构建了一系列可供横向比较的国家间商业环境指标。通过评估结果为法律制度改革提供导向性意见,能够有效推动被评估国家开展监管规则的制定、重构与实施,构建利于企业开展营商活动的法治与政策制度体系,为政府服务、要素供给、资源流动、产权保护等相关监管领域提供制度保障。例如世界银行考察的"保护少数股东投资者"指标,即清晰地显示出,通过衡量并推动对少数股东的法律保障制度,能更为有效地促进企业内部治理及外部管理活动的运行。事实上,世界银行《全球营商环境报告》因其对优化各经济体营商环境的建构思路,显著区别于以往借助于受评估者直观感受、基于定性分析法形成的各种评估报告,逐步成为最具影响力的营商环境评估报告,亦使得"法治要素"评估模式成为营商环境评估的主流趋势,并使以法律制度建设为中心的法治化评估模式成为发展潮流。这一点亦是本报告坚持并贯穿于整体的方向性指导,尤需注意。

2. 营商环境报告的"法治化评估"方法论

营商环境评估朝着以法律制度建构为中心的"法治化评估"模式转向,以世界银行营商环境报告为例证,实则是由评估体系的方法论所决定的。世界银行主要是通过涉及企业运营活动的监管法律与政策进行"问"与"查"的方式对营商环境进行评估:前者是指向企业、律师、会计师以及相关的法律专业人士发放问卷,进行数据调查;后者则是通过查阅问卷中每一个问题具体对应的被评估国家(经济体)中相应法律法规与规范性文件,确保测评的相关举措所获得的数据具有实证拘束力,能够被反复验证和普遍适用。[②] 而调查数据主要包括"监管程序的复杂性与成本"与"法律制度的力度"两方面,前者指涉企营商活动的监管程序所耗费的时间及金钱成本,后者则考察对于涉企相关的诸如破产法律制度等制度建设是否完善。

营商环境报告的方法论决定了以法律制度为中心的评估方法,主要在于两方面:一方面,营商环境评估主要考察的是涉企营商活动中的监管规则,目的也是通过评估促进监管规则的完善,如果不将评估结果反映到以法律制度建设为中心的优化工作上,进行评估的意义将被消解。另一方面,因为营商环境评估针对的是监管规则,主要是法律制度,亦包括一部分政策性文件。如果优化营商环境的措施止于相应的改革,却不以制度建设保障和支撑改革成果,则评估事项仍然在报告中得分;更有甚者,"春江水暖鸭先知",如果政府采取的改善营商环境措施,不能被企业清晰适切地感知,则在营商便利度排名中仍然无法显现。[③] 由此可见,以法律制度建设为中心的评估模式对于优化营商环境的意义,无论如何强调都不为过。我国如不加紧转向于以法律制度建设为中心的营商环境优化工作,则既

---

① 世界银行集团:《2014 营商环境报告(中文版)》,第 22 页。

② 罗培新:《如何正确理解世行营商环境评估指标》,澎湃新闻,https://www.thepaper.cn/newsDetail_forward_2057779。

③ 罗培新:《世行营商环境排名问卷,中国如何挽回"冤枉失分"?》,上观新闻,https://www.jfdaily.com/news/detail?id=84437。

不能提升自身的营商环境便利度，也无法紧跟世界的发展潮流。

值得注意的是，以法律制度建设为中心的制度建构，不仅是推动营商环境优化的重要面向，更是成了各经济体着力提高自身营商环境便利度与竞争优势的首要手段；突出体现在通过具体到各层次的法律体系的制定、修正、阙补、建设工作，实现营商环境的优化。例如2014年度在《营商环境报告》中前沿距离指标缩短幅度最大的10个国家（乌克兰、卢旺达、俄罗斯、菲律宾、科索沃、吉布提、科特迪瓦、布隆迪、北马其顿与危地马拉），[①] 总计实施了49项提高营商环境便利度的改革，其中38项旨在通过优化法律监管制度的复杂程度以提高营商便利度，另外11项则旨在直接加强法律制度建设。另外，以企业获得融资为例，则更需要法律机制来保障融资方案设计及治理结构的合理化，这一点在金融危机或市场困境时期表现得尤为明显。世界银行《全球营商环境报告》即显示，在2008年全球金融危机期间，拥有更好投资者保护和更强公司治理的经济体中的公司市场损失幅度较小；相反，法律结构薄弱的经济体企业的价值下降幅度相对较大。[②] 这些事例还具有更多相关的研究予以证实，营商评估方式的发展趋势即不失为一个良好的例证。由此可见法律制度在营商环境优化中的重要性，且清晰地表明提高法律制度建构的力度和水平，逐渐成为营商环境优化的首要建设思路，并已然成为世界发展的潮流与新的前进方向。

二、亟须开展中国特色的法治化城市营商环境评估

世界银行营商环境报告主要通过对涉及企业运营（活动）重点领域的监管法规进行评估，评估内容涵盖涉企运营中面临的监管程序的复杂程度、法律制度的完善程度及政府透明程度三个方面。营商环境报告借助其指标体系，明确地点出了各个国家（经济体）的经济表现并着重分析了什么样的商业监管改革有效、在什么情况下有效和为什么有效。[③] 在综合反映各经济体营商环境的优劣程度的同时，亦表明良好的营商环境依赖于规范有效的法律制度与简洁高效、费用低廉的监管程序。[④] 而基于世界银行营商环境报告的评估经验，在开展我国法治化营商环境评估时，亟须针对"中国问题"，具有"中国关怀"，提出"中国方案"，亦即做到体现"中国特色"的法治化城市营商环境评估。

1. 评估应更贴近城市营商环境改革的现实

由于我国的单一制国家结构形态，政治与法律的趋同性导致一些跨国别研究的方法指标，在适用于考察一国（经济体）内部的制度差异时，因地方的经济活动必须遵守国家统一颁布的法律法规和宏观政策而作用有限。但在决定地方的发展环境与投资环境方面，地方政府仍然处于至关重要的地位。[⑤] 正如古语"县官不如现管"，中央政府的法律法规与

---

① 世界银行：《2014营商环境报告——了解针对中小企业的法规》，第8页。
② World Bank Group, Doing Business 2018OVERVIEW, p. 3.
③ 世界银行：《2014营商环境报告——了解针对中小企业的法规》，目录页。
④ 朱芮：《营商环境对跨国公司在华投资意愿的影响研究》，东华大学硕士学位论文，2016年。
⑤ 世界银行集团：《2008中国营商环境报告》，社会科学文献出版社2008年版，第2页。

政府决策需要地方政府予以具体执行，地方政府事实上享有较为灵活的自主权力，可以依据地方实际情况制定相应的地方性法规和地方政府规章等规范性文件，其执政能力在一定程度上决定着当地的营商环境。

这一理论现状与实际情况的割裂对评估方法具有较高的要求，指标方法能否用于一国内部要素的比较至关重要。如何结合制度环境思考地方发展差异，重要线索是考察制度在地方的落实情况。世界银行发布的《2008 中国营商环境报告》，一方面进一步例证了即使"保持相同的政治法律等背景体制，国内各个地区也可以因政府的政策、规制和法律实施等方面的差异，形成投资的制度和政策'软环境'之差异"；①另一方面亦表明在基于世界银行的评估方法基础上，欲对一国（经济体）内部城市开展纵向比较，势必要针对各个城市开展切实评估，而不能以点带面。同时，在评估时需要贴近我国城市营商环境的现实，需要对指标内容和体系进行贴合我国国情的"增添删减"，使评估结果真正贴近城市营商环境改革的现实。唯需注意的是，时下距离《2008 中国营商环境报告》发布已逾十年，各地的涉企法律制度与监管环境已发生了重大变化，与时俱进地开展我国主要城市新一轮的评估活动正当其时。

2. 评估应更准确地"刻画"法律制度的实效

"制度至关重要"理论已证明"具有更好的'制度'、更有力的产权保护、更少的政策扭曲的那些国家，将比其他国家更富裕"，②但在国内以往的研究中，用于测量制度质量指标的诸如制度基础设施、产权保护指数抑或樊纲市场化指数，多系从经济表现来对制度作事后评价，尽管可以评测地区制度质量差异，并基于工具变量调整克服经验研究中的内生性问题，但其欲从广泛的制度背景之下识别特定的政策活动对经济发展有何影响则殊为困难。亦即这些指数虽然能够提供制度环境改善的大方向，但无法将某项公共政策活动具体对应到相关的制度环境改善情形上去，其评估的实效性相对不明显。而世界银行营商环境报告的方法论，基于其特殊的评估体系与数据处理方法，能够建立一套可用于国内比较且强调与公共监管政策直接关联的数据库系统，通过标准化案例场景假设开办、经营一家企业将会面临何种监管环境的约束；对经济过程进行考察得到的评估数据，比对经济现象的事后评价亦更具说服力。尽管如此，其方法论亦存在不足之处，世界银行主要关注制度之有无，而对更深层次的制度实效能否发挥则并不关注，这一点在开展我国法治化营商环境时需要予以关注，从而进一步细化法律法规与政府政策涵盖制定与实施的优化的具体指向，而不仅仅是针对改革的大方向，因而更具有实操性。

3. 评估应更精准"刻画"地区差异

在我国城市层面开展营商环境体系化评估具有显著的重要性：一方面开展营商环境评估能够暴露各地企业经营活动中面临的"痛点""堵点""难点"，为各地政府进一步通过相关优化措施提高营商便利度提供了努力的方向；另一方面，开展营商环境评估，其目的

---

① 董志强、魏下海、汤灿晴：《制度软环境与经济发展——基于 30 个大城市营商环境的经验研究》，《管理世界》2012 年第 4 期。

② 董志强、魏下海、汤灿晴：《制度软环境与经济发展——基于 30 个大城市营商环境的经验研究》，《管理世界》2012 年第 4 期。

就是制定完善、高效的监管规则，提高对企业经济往来活动"评价（监管）"的可预测性，为地方的涉企营商环境制度建设提供法治规则指引。"在我国改革开放过程中，各地大力改善投资营商环境的确对本地经济发展起到了重要的作用！……政府可以瞄准营商软环境指数的内容（企业开办、物权登记、信贷获取、保护合同履行等）来改善其制度和政策质量，营造更好的营商软环境，从而促进经济发展。"① 需要注意的是，尽管各地政府都投入了精力改善营商环境，但各地仍然存在着差异，法律法规在不同城市的实施情况也存在不同。因此开展评估时，应当基于地区差异，有针对性地开展工作，才能做到与时俱进、有的放矢，通过营商环境优化促进政府职能向"服务型"转变。

三、中国主要城市营商环境评价体系的功能定位与构建

优化营商环境作为 2018 年政府工作的重点，各地地方政府都积极采取各种措施，贯彻落实党中央和国务院关于深化"放管服"改革、推进新型监管机制建立，营造法治化、国际化、便利化的公平透明、可预期的营商环境的号召与要求。在此背景下，基于国务院优化营商环境要求的具体举措之一，国务院成立推进政府职能转变和"放管服"改革协调小组，并在其下设优化营商环境小组，由国家发改委专门负责"营商环境评价专项工作"，通过评估体系对选取的城市进行评估，并对其进行营商环境（营商便利度）排名，从而为企业和投资者的投资和经营活动提供参考，推动"放管服"改革的进一步深化及各地城市营商环境的优化。

开展营商环境评估的首要目的，是通过科学合理、量化可视的营商环境评估结果，在反映我国主要城市营商环境现状以及存在问题之基础上，推动各主要城市的政府开展相应的优化完善措施，切实推进国家"放管服"改革及政府职能转变的各项措施落地，从而推动各主要城市涉企营商监管环境的优化，从而形成并营造法治化、国际化、便利化的公平透明、可预期的营商环境。基于这一目的，我们在建构适用于我国主要城市营商环境的评估体系时，不仅要因应前述营商环境构建的法治化逻辑，并应在此基础上对评估体系的功能定位及构建标准有清晰的认识，才能为具有科学性、合理性、可适用性、可比较性的评估体系的构建提供智识上的指引。

与世界银行基于标准化案例的评估相比，本报告可以更好地刻画各地营商环境的差异性，而非以点带面，以上海和北京来代表中国整体。针对营商环境同一环节特定的制度规范，运用科学的评估赋值方法，对最佳与最差两极之间不同制度安排分别赋值，在此基础上运用权重将营商环境各个环节的制度规范的分值加总。这样，各地法治化营商环境到底发育到什么程度，最前沿到什么程度，不仅一目了然，而且增强了可比性。"和而不同"的格局，表明这一目标是完全可以实现的。基于此，兹作下述：

1. 主要城市营商环境评价体系的功能定位

评估体系须能客观反映我国主要城市营商环境的建设现状。评价体系需要全面、客观

---

① 参见董志强、魏下海、汤灿晴：《制度软环境与经济发展——基于 30 个大城市营商环境的经验研究》，《管理世界》2012 年第 4 期。

地认识待评估对象，亦即评估体系的指标区间应能最大化地反映关涉企业营商的各个城市的最主要因素，并首先对这些评估事实有客观描述与数据收集，在此基础上才能为各城市间的情况提供可供对比的"初始资料"。而依托于一系列具体指标所映射的现实状况，能够对营商环境的实然状况有基本清晰的认识，并为评估数据采集提供支撑，为评估的查验提供资料指引。

评价我国主要城市营商环境的法治化发展现状。借鉴世界银行的思路进行法治化营商环境的评估体系构建，本质上还是在法规文本的基础上，通过采集法治数据分析营商环境的法治化发展实况，其"最关键的贡献是为法治建设与相关的理论研究，提供相对客观、可供比较的评测标准、进而摆脱人为主观的概念分歧与理论纷争"。① 营商环境评价体系的法治化理念"嵌入"，能够通过设置合理、多层次的评价指标，客观反映并作出科学、有依据的判断与评价，有利于促进各主要城市在法治化层面的沟通与对话，进一步优化营商环境。

指引法治化营商环境的优化。我国主要城市营商环境评估体系的构建只是一种手段，根本目的仍然是通过评价促进改革。因而本报告评价体系必须亦应当是一个多层次的指标体系，各个指标所指向的须是具体的、可操作的营商环境优化措施，亦即将抽象的"法治化营商环境"概念项目化、具体化，使营商环境的优化具有可测量性。通过具体数值的比较，指明某个城市哪些方面具有优势以及在哪些方面存在不足，并通过我国最佳实践的样本，以及世界标准的最佳实践样本，为各个城市的优化提供"榜样的力量"，进而指引地方政府有针对、有根据、有计划地推动落实法治化营商环境的建设。②

2. 主要城市营商环境评价体系的构建原则

（1）以营商环境法治化为核心。

针对现代化经济体系的法治转向，国际前沿营商环境评估体系已经完成法律转向。以具有代表性的世界银行《全球营商环境报告》为例，其明确任何商事活动的发展和营商环境的建立都应当在法律、法规的框架内进行，故将评价焦点置于法律制度环境和法律改革。《全球营商环境报告》按照企业生命周期所设计的评价指标，③ 均是在通过考察内资中小企业运营的"生命周期"内所适用的法律法规，通过具体量化的方式对国家和地区的法律法规进行分析所创建的具有完整体系、可供比较的指标体系。

我国营商环境的优化进程，也是围绕着"法治化"而推进的。人们所期待的"良好"营商环境，正是稳定、公平、透明、可预期的营商环境，实际上也可以被等同地表述为"法治化"的营商环境。营商环境的"优化"，在本质上就是"法治化"。故，在考察国际前沿评估体系的同时，以我国营商环境的优化情境为落脚点，构建以"法治化"为核心的营商环境评价体系，不仅可以具体、量化地作出评价，为了解和改善国内主要城市的营商

---

① 李蕾：《法治的量化分析——法治指数衡量体系全球经验与中国应用》，《时代法学》2012 年第 2 期；综述可参见汪全胜：《法治指数的中国引入：问题及可能进路》，《政治与法律》2015 年第 5 期。

② 易海辉：《粤港澳大湾区内地城市群营商法治指数建构：动因、价值及路径》，《法治社会》2018 年第 2 期。

③ 娄成武、张国勇：《基于市场主体主观感知的营商环境评估框架构建——兼评世界银行营商环境评估模式》，《当代经济管理》2018 年第 6 期。

环境提供一个客观依据，也有利于针对营商环境相关的法律改革、制度设计提出综合意见，以促进各主要城市有针对性地优化本地区营商环境。

（2）围绕"放管服"改革要求。

近年来，李克强总理多次强调，必须把深化"放管服"改革作为推进供给侧结构性改革的重要内容，作为增强企业活力、释放市场潜力、提升未来竞争力的有力举措，以优质的营商环境推动有质量有效益的可持续发展。由此，党中央及地方各省市围绕"放管服"改革不断提出创新性政策，力图以"放管服"改革为抓手，不断优化营商环境。我们对中国主要城市法治化营商环境的评价亦须从中国实际出发，围绕党中央和国务院针对营商环境工作部署之大局展开，以"放管服"改革要求为纲要，合理设置评价指标，切实考察中国主要城市法治化营商环境的建设状况。

"放管服"改革主要在于持续推进简政放权、放管结合、优化服务。2017 年，李克强总理将"放管服"改革定位成"五个为"：为促进就业创业降门槛，为各类市场主体减负担，为激发有效投资拓空间，为公平营商创条件，为群众办事生活增便利。[①]这"五个为"全方位地指引着构建优良营商环境所需要的重点方向。从优化营商环境的角度，结合"放管服"改革的主要内容及定位，可以提取出简政放权、企业减负和政务保障三大逻辑，再沿着三大逻辑选取评价指标，构建评价体系。

（3）把握指标构建的共识性与地域性。

在确立了营商环境评价体系应当以"法治化"为核心后，我们需要进一步讨论"法治"这一概念在中国国情下的独特性，以及以"法治"为核心选取指标，构建评价体系应当注意的问题。就"法治"一词而言，其概念具体含义尚无定论，亦不易作出界定。[②]但无疑，法治作为人类文明的构成元素之一，其所表征的是人类共同生活经验和生活理想，因此也具有人类主体、世界空间与古今延续的普适性，[③]即法治具有共识性。正是这样的共识性为世界范围内的评价体系提供了基础，也构成了不同国家、不同地区之间法律制度的对比与借鉴。我们在借鉴世界范围内的评价体系构建中国范围内的评价体系时，亦应当注意法治的共识性，同样以世界银行《全球营商环境报告》为例，其所选定的指标在不同的国家具有一定的共识性。所以，中国主要城市法治化营商环境的评价体系在选定指标时，同样不能忽略"共识性"这一原则。

但重视指标构建共识性的同时，应当注意到我国是一个幅员辽阔且东中西发展很不平衡的国家，在体系构建时不能忽视我国各省市发展存在的差异。我国实行的是单一制的国家结构形式，法治具有同一性，但城市的地方政府在政策制定和执行国家法律法规方面仍有较高的自主权，各地政府的治理能力以及胸怀和眼光更有差异。以"多证合一"改革为例，2017 年 4 月 28 日，国家工商行政管理总局要求 2017 年 10 月底前，在全国全面推行"多证合一"，而各地落实"多证合一"改革的状况则存在着较大差异，北京市二十四证

---

① 《做好今年放管服改革，总理要求做到这五个"为"》，中华人民共和国中央政府网站，http：//www.gov.cn/xinwen/2017－06/13/content_5202205.htm。

② ［英］戴维·M.沃克著，李双元等译：《牛津法律大词典》，法律出版社 2003 年版，第 990 页。

③ 侯学宾、姚建宗：《中国法治指数设计的思想维度》，《西北政法大学学报》2013 年第 5 期。

合一,^① 成都市三十二证合一,^② 合肥市七十一证合一等等。^③ "多证合一"这一政策指标兼具共识性与地域性,共识性在于其在全国范围内统一推广,地域性在于各市落实存在差异。进而,如果某一制度仅具有共识性,而缺乏地域差异性,其作为评价指标所呈现的数据完全一致,无法体现层次性,则对各个城市营商环境的优劣对比不具有贡献值。

(4) 确保指标具有整体性、层次性、可操作性。

整体性原则作为科学认识的方法论原则,要求综合地、立体地、系统地研究事物:综合考察事物的各个方面、各个因素,注重事物各个部分之间的联系,用发展的、历史的眼光来看待事物。^④ 在分析法治化营商环境时,应当将营商环境视作一个有机整体,其包含着若干个、多层次的子系统,而这多层次的子系统便是我们所要构建的指标体系。这些指标之间并非孤立的,它们存在着一定的联系,以某种逻辑结构组合在一起,相互作用并综合地决定着某地的营商环境状况。以世界银行的营商环境报告的评估体系为例,其具有 11 个一级指标,并具有众多的更为细分的指标。每个细分指标是共同构成其上级指标的有机部分;而所有指标的结合最终是要体系化地表征、形塑营商全生命周期的所有重要监管领域,每个领域都对企业营商具有重要影响,企业也无法脱离某个环节而能够顺利地开展运营活动,这就是整体性的作用机理所在。

层次性原则要求人们在认识和改造系统对象时,要注意整体与层次、层次与层次之间的相互制约关系。任何形式结构内部的各部分(或要素)间都有一定的层次和顺序,形式结构内部层次的变化会引起整个事物的变化。^⑤ 营商环境评级体系的构建同样需要注意指标之间的层次和顺序,可借鉴世界银行的指标构建思路,但并非所有指标都平铺直叙地处于同一个层次,主次层次之间应当分明。每层指标要尽可能地完整表达其含义,层与层指标要内涵明确,不宜出现重叠。

可操作性原则需要针对营商环境所建立起来的评价指标兼具行动上的可行性和价值趋向上的实用性。前者表现为评价指标具有可观察性和可计量性,通过观察可以记录并形成材料,可计量是比较营商环境状况的数据基础;后者则指通过对营商环境的结构分析以及横向和纵向比较,可以发现各地在优化营商环境的过程中存在的优势和劣势,以科学地、综合地为各地营商环境的优化提出对策、建议。

3. 中国主要城市法治化营商环境评价体系构建的基本路径

(1) 坚持"制度—机制—实效"的研究路径。

为推动法治化营商环境,国家出台大量的政策法规,形成了较为齐备的规范体系。问题是,这些法律制度要在各个城市落地生根,还需要有实施体系和相应的保障体系。为此,对城市营商环境的研究就不能仅仅流于规范体系层面,而是应以实施体系和保障体系

---

① 《北京市将实现"二十四证合一"》,http://news.cnr.cn/native/gd/20180629/t20180629_524285799.shtml。
② 《成都"多证合一"再推进　实现"三十二证合一"》,http://www.sc.gov.cn/10462/10464/10465/10595/2017/11/10/10437746.shtml。
③ 《明天起合肥工商登记实施"七十一证合一"》,http://news.hf365.com/system/2017/11/30/015427120.shtml。
④ 吕国忱:《科学认识的整体性原则》,《哲学研究》1984 年第 10 期。
⑤ 瞿麦生:《论层次分析法的经济逻辑基础——兼论经济思维层次性原则》,《天津商业大学学报》2008 年第 4 期。

为着力点，沿着"制度—机制—实效"的研究路径展开。

沿着"制度—机制—实效"的研究路径，首先需要梳理国家关于优化营商环境出台了哪些政策法规，这些政策法规主要针对营商环境的哪些方面；就国家层面的政策法规，需要考量城市是否有出台相应的政策法规；城市就出台的配套政策制度的落实，是否以及制定了怎样的方式方法，有无真实推行，实效如何。一个城市有无厘定相关政策法规极为重要，但同等重要的是，这些政策是否真正实施。此时就不能仅仅依靠政策法规文本，而是要考察投资企业的感知度。如此，才能真正做到应然与实然有机统一，客观评估和主观评价有机融合，更精准地刻画各城市营商环境。

（2）明确指标选取的逻辑架构。

考察国内外现行营商环境评价体系所采用的评价方法，尤其是世界银行营商环境生命周期评价法、PEST 评价法以及联合国贸易和发展会议《世界投资报告》、IMD《全球竞争力报告》、GCI 全球竞争力指数、全球金融中心 GFCI 指数等，都根据评价的目标筛选重点指标，建构相应的评价标准。这些标准对我们考察和分析中国主要城市营商环境，都有借鉴意义。

但是，国际层面的评价体系并不能想当然地适用于国内，不论是国家结构还是经济发展的历史因素，我国自身所具有的独特性都无法从国际层面的评价体系具体体现。针对中国主要城市构建评价体系，需要从中国实际出发，因此我们围绕党中央和国务院针对营商环境的工作部署，首先梳理中央层面的规范性文件，确定创新驱动战略、供给侧结构性改革、支持实体经济发展三大主题，以及简政放权、企业减负和政务保障三大逻辑，计划从企业开办便利度、项目建设便利度、生产要素便利度、交易便利度、营商税费负担度、政务保障度等六个维度展开，层层落实指标选取。

第三章　中国主要城市营商环境 2017—2018 年度评估

第一节　纳人 2017—2018 年度营商环境评估的样本城市

近年来在党中央和国务院的高度重视下，关于营商环境的优化与制度建设日渐成为我国政府工作的中心。在此背景下，营商环境法治化目标之实现，前提是要开展营商环境评价，找准制约企业运营各环节的"痛点""堵点""难点"；重点则是要切实通过体制机制改革，改善各个城市的营商环境现状，将国家的法规、政策在各个城市予以落实。而要实现这一目标，需要充分认识到城市在现代经济体系中的地位：城市作为现代经济体系的重心与发展之关键载体，无论是拆解其在区域与国民经济发展中发挥的作用，还是服务于营商评估方法论之需要，都必须对评估的样本城市进行仔细挑选，以期客观公正地反映我国现阶段营商环境的真实水准。职是之故，本节以城市为核心观察对象，基于本报告评估工作开展之需要，对拟选择的样本城市及挑选标准，详述如下。

一、主要城市与我国国民经济

城市强，则国强。城市从产生之初即作为文明之重要载体而自然地成为区域发展的中心，随着生产社会化与现代化进程的不断推进，城市在经济体系中发挥的作用亦愈发突出，显著的例证即表现在：对于任何发展中的经济体而言，城市化率的目标择定始终是在国民经济发展进程中萦绕且无法回避的问题。更有学者断言："如果说 20 世纪是'城市化的世纪'，那么 21 世纪则是真正的'城市的世纪'，甚至可以说是'大城市的世纪'。20 世纪……称得上是全球城市化爆发性增长的世纪。城市化率迅猛增长，城市化速度加快，地球成了真正的'城市行星'。

2008 年全球城市人口首次超过农村人口，意味着地球上已有过半人口居住在城市。"① 城市尤其是大城市在 21 世纪以来的爆发式发展，是世界发展格局因应科技革命、技术革命、文化融合、制度融合而形成的产物。随着全球化浪潮的不断深入，因其强大的要素集聚、功能辐射、创新引领、示范带动作用，城市对于推动区域经济乃至整体国民经济发展的意义愈发重要，在国民经济体系中的地位亦日趋强化，对其重要性展开的论著亦如恒河沙数。毫无疑问，科技要素与产业要素的融合与变革，使得城市逐步发展为全球经济舞台中新的主角。

以城市为中心的世界性发展浪潮，不惟发生在域外"他者"的时空领域中，亦与我国城市发展的轨迹与思路吻合。自 1949 年伊始，在相对稳定和平的环境下，通过集中资源办大事，我国城市发生了翻天覆地的变化，并因其发挥之重要作用，成为推动国民经济发展的"发动机""助推器"。诚如法国学者弗朗索瓦·佩鲁所言：城市对于增加地区的差别效应发挥着显著作用，城市就是区域经济发展的"增长极"。② 我国的城市发展为这一断言进行了背书：自"1978—2012 年，中国城市化率与人均 GDP 的对数的相关系数高达 0.99%"。③ 以城市化率（或称城镇化率）为视角进行观察，城市在经济发展中的地位展现得更为明显：分别对应新中国成立初期经济发展摸索期与改革开放后经济发展腾飞期，我国的城市化率从 1950 年的 11.18%，缓步增长至 1980 年的 19.39%；而在改革开放后则迅速攀升至 2017 年的 58.52% 的高位（见图 3 - 1）。同时，自新中国成立以来中国总人口从 5.4 亿增长至 13.9 亿，增长 157%；城市人口则从新中国成立初期的 5 763 万增长至现今的 81 347 万，增长幅度为 1 312%。④ 自 1978 年改革开放以来，城市人口增速明显快于全国的人口增速，我国城市增长人口超过 250 万以上的城市达到了 30 座。⑤ 毋庸置疑，城市相较于农村在现代经济发展进程中发挥了更为重要的作用。我国城市凭借改革开放以来要素、技术、产业的融合、重组、变革，成功地与全球经济发展浪潮同频共振，逐渐成为引领发展潮流的"舵手"。

无论是人口向城市的时空集聚，抑或城市化率的大幅增长，本质上都反映了城市在我国国民经济发展中的重要地位。但在惊叹城市作为集合体（概念）取得"举世瞩目"成就的同时，需要注意不同城市因其所处发展阶段与环境的差异，对经济发展发挥的作用亦

---

① 周牧之：《世界发展格局与城市发展机理》，周牧之、陈亚军、徐林主编：《中国城市综合发展指标 2017》，人民出版社 2018 年版，第 2 页。

② 参见［法］弗朗索瓦·佩鲁：《略论"增长极"概念》。转引自叶南客、李程骅：《中国城市发展转型与创新》，人民出版社 2011 年版，第 3 页。

③ 郑鑫：《城镇化对中国经济增长的贡献及其实现路径》，《中国农村经济》2014 年第 6 期。需要注意的是，在本文中，作者对于城市与"城镇"语词未作概念区分，认为两者本质含义相同而作一体适用。

④ 数据主要来源于微信公众号山川网：《大国崛起：1949 年—2017 年，中国人口 5.4 亿～13.9 亿，城镇化率 10.64%～58.52%》，https://mp.weixin.qq.com/s/ieghxX2akglw9az53q23Fg，2018 年 2 月 16 日。

⑤ 周牧之：《世界发展格局与城市发展机理》，周牧之、陈亚军、徐林主编：《中国城市综合发展指标 2017》，人民出版社 2018 年版，第 3 页。同期全球人口增长超过 250 万人的城市共有 92 座，我国占据了其中的三分之一，具体包括北京、上海、深圳、广州、重庆、天津、东莞、佛山、南京、成都、武汉、杭州、苏州、西安、厦门、郑州、汕头、青岛、哈尔滨、中山、昆明、大连、长沙、沈阳、济南、宁波、乌鲁木齐、南宁、合肥、福州；主要集中在直辖市、省会及沿海地区。

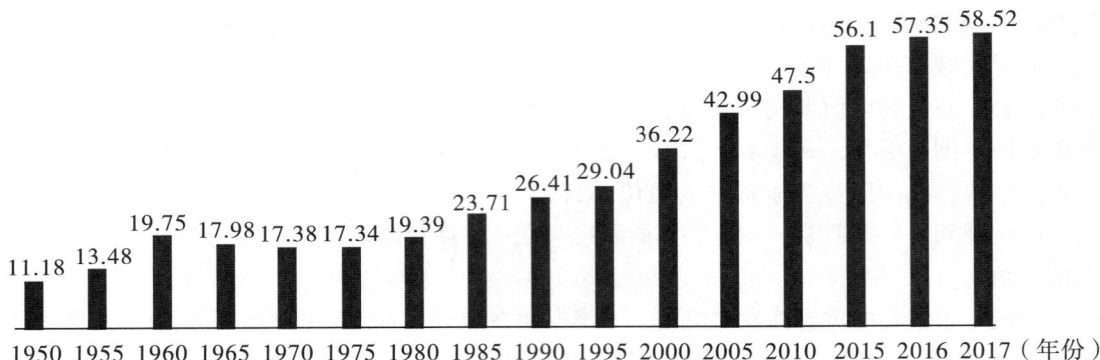

图 3 - 1   1950—2017 年中国城市化率变化图

数据来源：根据公开资料整理绘制。

大小有别。城市对经济发展的推动作用，抑或说城市展现的竞争力，一方面受到政治、经济、文化等自然禀赋差异的影响；另一方面，随着新世纪以降世界银行营商环境评估工作的深入开展，亦被证明与法律制度的建构、改革与完善存在着密切关联。世界银行营商环境评估针对的主要是涉企运营活动中的监管法律法规，评估数据来源于接受评估经济体的最大商业城市。以城市为评估"载体"，基于历年发布的营商便利度指数，营商环境报告为各经济体（亦可以说是各经济体中最大商业城市）的竞争力提供了衡量尺度与优化方向；努力通过优化营商环境以提高竞争力，俨然成为关涉经济体（城市）发展的世界性浪潮。而反本溯源，开展具有中国特色的营商环境评估，势必需要以城市为评估样本载体，这既由城市在现代国民经济中的地位所决定，亦是出于对标世界银行有益经验而进行的考量。下面就具体挑选的样本城市作进一步论述。

二、待评估样本抽取——主要城市

对城市与营商环境关系的认识，决定着评估体系的构建及评估工作的开展。作为本报告思考探究之发轫，世界银行《全球营商环境报告》选取最大商业城市作为评估样本，既源于其调研之"初心"，亦不乏评估操作的"窘境"：前者是因为世界银行在考察各城市中的私营经济时发现，私营企业（尤其是中小企业）开展运营活动之所以存在差异，不惟受到各经济体宏观政策对经济调节作用的影响，亦与各经济体的制度改革存在明显之相关关系，尤其是法律制度改革。相较于宏观政策，法律制度变革之于私营企业的运营活动具有明显的导向作用，由此催生出围绕城市进行的营商环境评估及营商便利度指数的迭次发布。而操作"窘境"，则根源于世界银行营商环境报告实际评估过程中的局限性：一方面受制于世界银行的"野心"——欲为全球所有经济体提供反映监管法律制度的可资对比（包括横向及纵向）的报告文本，以期为决策者作出判断提供辅助；另一方面则因评估指标几乎涵盖企业经营全周期所有的环节，故而评估工作量极其繁重。理想映照于现实，最终只能"以点带面",选取各个经济体中的最大商业城市作为样本载体。[①] 对于世界银行的"无奈之举",本报告在此基础上有所优化与推进,兼之考虑到我国幅员辽阔且各地区发展不均衡,将样本城市进一步延展为我国主要城市,以制度规范尤其是法律制度(文本)为中心,专注于评估我国主要城市的营商环境。

选取主要城市为观测样本相较于最大商业城市更具有极为现实的指导意义。主要城市(中心城市)在区域发展上的作用随着城市化率的提升而更趋加强。随着全球发展格局发生的变化,国家、地区、经济体的发展竞争,逐步聚焦至各自的中心城市的竞争。[②]以我国实际情况观之,可通过两组数据获得直观之认识:

(1)以全国27个省会城市和4个直辖市的面积、人口及国内生产总值(GDP)作为分析样本,2017年31个城市面积总和仅占全国总面积的5%,但聚集的人口数量之和及国内生产总值(GDP)之和占全国人口总量、全国国内生产总值(GDP)的20%及33%(见图3-2)。以数据比对结果观之,1/20的国土面积却聚集了全国1/5的人口及1/3的国内生产总值,实际上印证了主要城市(中心城市)在一国(经济体)内所占据的重要作用,间接反映出我国的主要城市越来越成为全国经济发展的主导力量与发展增长极。

(2)考察全国27个省会城市在本省国内生产总值中的首位度,并比较2010年的首位度。结果显示,相较于2010年,省会城市在一省中的首位度进一步提升,27个城市中只有沈阳与拉萨的首位度下降,其他城市的首位度均处于上升趋势。上升幅度最大的是甘肃的省会兰州,上升幅度达6.17百分点。尽管不乏负面影响,但首位度的提升事实上进一步强化了中心城市的作用。党的十九大报告强调要"实施区域协调发展战略……建立更加有效的区域协调发展新机制。以城市群为主体构建大中小城市和小城镇协调发展的城镇格局,加快农业转移人口市民化"。面对主要城市首位度提升的现状,应当充分发挥以省会城市为首的中心城市在区域经济发展中吸纳要素、影响辐射、资源配置的基础载体作用,缩小区域间的发展差距,推动整体经济协同发展。通过主要城市的现代化建设体系与区域经济发展战略的协调作用,在贯彻新发展理念的基础上,进一步推动供给侧结构性改革,促进区域经济发展方式的转变。

---

① 世界银行《全球营商环境报告》对目标国家的法律法规进行量化分析,构建了一系列可供横向比较的国家间商业环境指标。其实现前述目标的方法论之评测载体,就是城市(最大商业城市)。

② 参见[法]弗朗索瓦·佩鲁:《略论"增长极"概念》,转引自叶南客、李程骅:《中国城市发展转型与创新》,人民出版社2011年版,第3页。恰如佩鲁所强调:"城市(地理上集中的综合产业级)改变了它直接的地理环境,而且如果它足够强大,还会改变它所在的国民经济的全部结构。作为人力、资本资源的积累和集中中心,它促进了其他资源集中和积累中心的产生。当这样两组中心通过物质的和智力的高速公路相互联系到一起时,广泛的变化在生产者和消费者的经济视野和计划中就显示出来了。"

31个城市面积
占全国总面积的
比例

31个城市人口
占全国总人口
的比例

31个城市GDP
占全国总GDP
的比例

5%

95%

20%

80%

33%

67%

■ 31个城市面积

□ 除去31个城市面积后
全国剩余面积

■ 31个城市人口

□ 除去31个城市人口后
全国剩余人口

■ 31个城市GDP

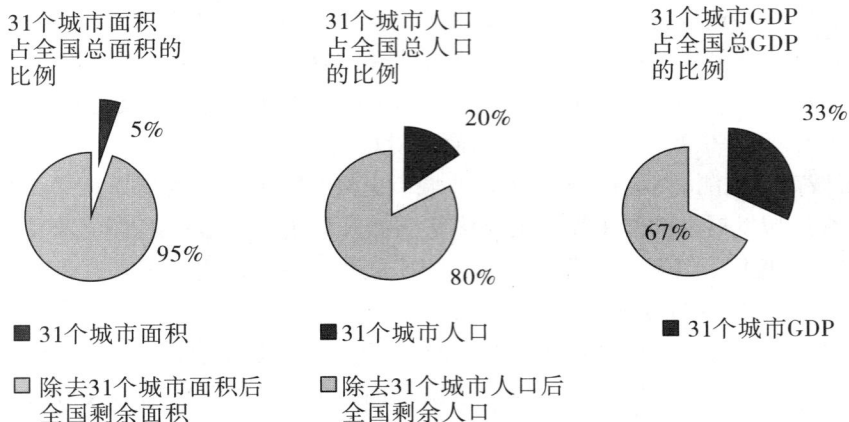

图3-2　31个城市面积、人口、GDP占全国总量的百分比

数据来源：根据国家统计局数据整理获得。

表3-1　我国省会城市首位度及变化情况（基于2010年与2017年数据的比较）

省会城市	2017年GDP（亿元）	省份	所在省GDP（亿元）	2017年首位度	2010年GDP（亿元）	所在省GDP（亿元）	2010年首位度	占比变化
石家庄	6 558	河北	35 964	18.23%	3 401	20 194	16.84%	1.40%
太原	3 200	山西	14 974	21.37%	1 778	9 088	19.56%	1.81%
呼和浩特	3 179	内蒙古	16 103	19.74%	1 866	11 655	16.01%	3.73%
哈尔滨	6 609	黑龙江	16 200	40.80%	3 666	10 235	35.82%	4.98%
长春	6 613	吉林	15 289	43.25%	3 329	8 577	38.81%	4.44%
沈阳	5 870	辽宁	23 942	24.52%	5 017	18 457	27.18%	− 2.66%
南京	11 715	江苏	85 901	13.64%	5 010	40 903	12.25%	1.39%
杭州	12 556	浙江	51 768	24.25%	5 946	27 227	21.84%	2.42%
济南	7 285	山东	72 678	10.02%	3 911	39 416	9.92%	0.10%
福州	7 128	福建	32 298	22.07%	3 068	14 357	21.37%	0.70%
合肥	7 191	安徽	27 519	26.13%	2 701	12 263	22.03%	4.11%
南昌	5 000	江西	20 819	24.02%	2 207	9 435	23.39%	0.62%
郑州	9 003	河南	44 988	20.01%	4 000	22 943	17.43%	2.58%
武汉	13 400	湖北	36 523	36.69%	5 516	15 806	34.90%	1.79%
长沙	10 200	湖南	34 591	29.49%	4 547	15 902	28.59%	0.89%
广州	21 503.15	广东	89 879	23.92%	10 604	45 473	23.32%	0.61%
南宁	4 118.83	广西	20 396	20.19%	1 800	9 502	18.94%	1.25%

（续上表）

省会城市	2017年GDP（亿元）	省份	所在省GDP（亿元）	2017年首位度	2010年GDP（亿元）	所在省GDP（亿元）	2010年首位度	占比变化
海口	1 390.48	海南	4 463	31.16%	591	2 052	28.80%	2.35%
成都四川	13 889.39	四川	36 980	37.56%	5 551	16 899	32.85%	4.71%
昆明	4 857.6	云南	16 531	29.38%	2 120	7 220	29.36%	0.02%
贵阳	3 538	贵州	13 541	26.13%	1 122	4 594	24.42%	1.70%
拉萨	424.95	西藏	1 310	32.44%	179	507	35.31%	−2.87%
西安	7 469.85	陕西	21 899	34.11%	3 241	10 022	32.34%	1.77%
兰州	2 523.54	甘肃	7 677	32.87%	1 100	4 119	26.71%	6.17%
银川	1 803.17	宁夏	3 454	52.21%	763	1 643	46.44%	5.77%
西宁	1 284.91	青海	2 643	48.62%	628	1 350	46.52%	2.10%
乌鲁木	2 744	新疆	10 920	25.13%	1 311	5 419	24.19%	0.94%

数据来源：根据国家统计局数据整理获得。

　　提升城市尤其是区域中心城市的竞争力，就是提升我国的竞争力与综合国力。选取主要城市作为待评估的样本城市，亦是对区域中心城市的作用扩张之于现代化经济体系的全局优化之回应。毋庸置疑，选取主要城市进行评估的思路，恰与世界银行开发的营商环境评估、优化的方法论具有异曲同工之妙。世界银行通过设置标准化案例场景，考量在各个经济体最大商业城市中，私营企业在运营过程中面临的商业监管环境，评估参评经济体的监管环境及开展经营活动的便利程度，通过营商便利度排名为企业提供指引，事实上为各经济体（抑或说各经济体内部最大商业城市）的竞争力提供了比较、衡量的"尺度"。

　　综合前述，本报告参考世界银行选择调研样本的思路，但待评估的样本城市更为多元，进一步延展为我国主要城市，具体选择的"主要城市"涵盖主要省会城市以及国家级新区和自由贸易试验区所在地城市，共计33个，包括：

　　①自贸区所在地城市，包括上海、广州、深圳、天津、福州、厦门、沈阳、郑州、洛阳、武汉、宜昌、舟山、重庆、成都、西安15市；

　　②国家级新区所在地城市，包括兰州、青岛、长沙、南京、昆明、哈尔滨、长春、南昌、保定9市；

　　③省会城市、自治区所在地城市及直辖市，其排除与①②两项中重合的相关城市包括北京、石家庄、太原、济南、合肥、海口、贵阳、杭州、南宁9市。

　　以我国主要城市为本报告评估的样本，能够更为全面地展现我国当前营商环境的大体面貌。[①] 从中国实践情况出发，围绕党中央和国务院针对营商环境优化工作部署之大局展开，才能充分地认识与探明优化营商环境在世界改革发展浪潮中所发挥的积极作用。通过开展评估，更为真实地"刻画"各地法治化营商环境的发展状态，展现我国各主要城市通过各种措施改善营商环境便利度的实践，真正从中国情况出发，认识中国"本土环境"下企业生命周期中的各类运营成本，使优化营商环境的各项改革措施有的放矢，不仅为企业提供投资路线图，也为各地进一步改善营商环境提供参照系；切实为企业发展提供良好的服务，增强企业的创新能力，奠定主要城市法治化营商环境评估的基本面向，就中国主要城市营商环境的优化问题提供"中国方案"。这一切的起点，即在于对上述主要城市展开的评估。

第二节　中国主要城市 2017—2018 年度营商环境评估指标

我国主要城市法治化营商环境评估体系的构建，是以企业为中心，结合具体国情在指标设置上展现"中国问题"，通过评估、分析、论证开展的具有中国特色的微观法治环境评估。[②] 具体观之，评价体系遵循"三大主题、三大逻辑、六个维度"的建构思路：着眼于中国实际，紧密围绕党中央和国务院针对营商环境的工作部署，在梳理涉及营商环境的中央层面的规范性文件基础上，确定了创新驱动战略、供给侧结构性改革、支持实体经济发展的三大主题，沿着简政放权、企业减负和政务保障的三大逻辑，从企业开办便利度、项目建设便利度、经济要素便利度、市场交易便利度、税费负担度及政务保障度六个维度展开，详细拆解相关商事法规和政策文件关涉营商环境的关键节点，按照科学的评估方法，编制覆盖企业生命周期全过程的评估指标体系，从商事法落地的视角，考察和评估我国 33 个主要城市的营商环境。

"三大主题、三大逻辑、六个维度"的思维路线，是在借鉴国际与国内关于营商环境报告的经验与弊端的基础上，综合考量关涉我国企业开展营商活动所可能涉及的相关领域，结合我国的法律法规文本和政府政策而综合确定。具体的指标体系维度，兹作下述：

一、企业开办便利度

企业开办既是群众投资创业的首要门槛，也是一个企业生命周期的起点。企业开办便利度是衡量一个国家和地区营商环境优劣的重要指标之一。我国企业开办便利度的改革历经从探索试点到重点突破、从逐步深化到全面扩大的顶层设计和基层实践有机结合的互动

---

① 世界银行为了驾驭 190 个经济体复杂的天量评估，起初每个经济体仅以其最大商业城市为样本，2013 年开始对人口 1 亿以上的 11 个国家选取最大的两个商业城市为样板，例如对中国就是上海和北京，两者的权重分别为 55% 和 45%。以上海和北京来衡量中国这样一个幅员辽阔，且东中西发展很不平衡的国家，忽略了中国内部因地域、发展历史等原因产生的巨大差异性，因而难以保证客观全面。

② 张志铭、王美舒：《中国语境下的营商环境评估》，《中国应用法学》2018 年第 5 期。

过程，通过积极开展企业名称预核准、多证合一、先照后证、公章刻制、发票申领等一系列改革举措，有效提高了企业开办便利度，极大优化了企业营商环境。

企业开办便利度的高低主要取决于工商登记制度的优劣，我国企业开办便利度改革也源于工商登记制度改革。十一届三中全会以来，我国逐渐形成了以实收资本制、审批和准则制并存与企业年检为主要特征的工商登记制度。[①] 然而，经过四十年的改革开放，我国进入社会主义新时代，上述工商登记制度与当前经济社会发展明显不匹配，突出表现为登记难度大和行政审批多，[②] 新时代工商登记制度改革迫在眉睫。公章刻制和发票申领是企业开办的必经阶段和环节，提高办理效率、缩短办理时限和减少办理材料是主要的改革内容，企业的预备经营便利度与其密切相关。总体而言，企业开办便利度改革的顶层设计应与持续完善的政策法规同步。

依据世界银行《全球营商环境报告》的评估实践，我国现阶段开办企业的主要环节包括企业名称预核准、申请办理营业执照、申请制作企业公章许可、制作企业公章、申请购买发票、登记招聘文件和社保登记等 7 个阶段，其中，设立登记内容主要包括"多证合一"和"先照后证"，二者与企业名称预核准可以合称为工商登记。职是之故，企业开办便利度指标主要关注企业开办过程中必备的企业名称预核准、设立登记、公章刻制和发票申领等环节。

随着压缩企业开办时间的改革持续深入，清理和取消工商登记审批事项逐渐成为后续改革的重中之重，中央先后制定出台"多证合一、一照一码""先照后证""证照分离"等系列改革文件，主要目的还是要着力解决"办照容易办证难"和"准入不准营"等老大难问题。由于国家层面对企业开办的相关改革并未像注册资本改革那样统一作出具体规定，各地可以根据自身实际作具体规定。故而各地实践出现不同程度的差异性，各地的企业开办便利度高低有别。为了直观评估地方对中央改革政策的落实情况，企业开办便利度指标选取我国主要城市落实中央出台的各项关于企业开办便利度改革政策文件的现状，从整体上把握我国的企业开办便利度改革的实施状况，并根据中央出台的各项与企业开办便利度相关的改革文件，选取工商登记便利度和预备经营便利度两个次级指标以构建企业开办便利度的评估指标体系。其考量因素如下：

（1）工商登记便利度。商事制度改革是当前推进"放管服"改革的重要抓手，聚焦于工商登记领域，就是要从反映创办企业难易程度的视角进入，测评企业从注册到正式运营所需的步骤、花费的时间和费用，以此考察各城市在简政、减负方面的地方性法规及地方政府规章的实际效用，并考评企业在工商登记及其具体实施方面的真实情况。在本指标项下，具体考察我国主要城市出台的有关企业开办便利度的政策文件是否比中央的改革政策更为细化、超前和可具操作性，从名称预核准、先照后证、多证合一、公章刻制、税务

① 从商事主体的角度看，商事制度是商事主体的相关权利人依法设立、变更和终止商事主体资格，向工商登记机关提出登记事项并经工商登记机关审核载于商事登记簿的综合法律行为，也称为商事登记制度。参见李德洗、张晓波：《商事制度改革效应研究》，《中国市场监管研究》2017 年第 11 期。

② 我国工商登记制度改革前，成立一家企业需跨越多个门槛，其中，注册资本和前置审批的门槛最高，除具备足够注册资本外，还要取得各类主管部门的行政许可证，才可获工商营业执照。

票据和简易注销等 6 个子指标维度全面评估各地的企业开办便利度情况。

（2）预备经营便利度。这是企业开办便利度指标评估的二级指标，主要包括公章刻制和发票申领两个环节，涵盖了有无落实公章刻制改革的地方规范性文件、公章刻制的办理时限、现场次数、发票申领是否改审批为备案、发票申领的办理时限和现场次数等 6 个子评价指标。

二、项目建设便利度

项目建设许可是我国各地方市场环境中不利于企业开展营商活动的"老大难问题"，关注于此也是彰显直面改革最艰险问题的决心。[①] 项目建设审批体系包括从项目立项到竣工验收和公共设施接入服务。而项目建设行政许可的实践状况可以反映企业建设标准化厂房的难度：某个城市是否拥有科学、便捷、高效的工程建设项目审批和管理体系，关系到企业从设立到真正营业的效率；通过测评企业开工到建成所需完成的步骤、花费的时间和费用，能够展现各个地方政府针对其进行改革的具体进度和力度，亦是对党中央、国务院关于深化"放管服"改革和优化营商环境部署的根本遵循。

毋庸讳言，项目建设施工许可证办理时间长的症结，在于我国目前的工程建设项目审批制度存在一些问题：项目审批手续复杂、涉及部门繁多，办事难、办事慢、多头跑、来回跑等问题较为突出，导致审批效率低、审批时间长，究其原因，在于审批流程不规范、不科学、不统一，审批环节杂多，前置审批、串联审批事项过多，甚至有些地方出现审批事项互为前置的"怪象""乱象"。李克强总理在 2018 年 3 月全国"两会"上明确提出将实施放宽市场准入的"六个一"改革举措：企业开办时间再减少一半、项目审批时间再砍掉一半、政务服务一网通办、企业和群众办事力争只进一扇门、最多跑一次和凡是没有法律法规规定的证明一律取消。[②] 故此，着力精简工程建设项目审批的流程和环节、切实大幅缩减工程建设项目审批时间成为深入推进工程建设项目审批改革的应有之义和必由之举。

党的十八大以来，党中央对全面深化改革、加快转变政府职能做了部署并提出了要求；把简政放权作为全面深化改革的"先手棋"和转变政府职能的"当头炮"，先后实施了一系列重大改革举措，有效推动了政府管理职能创新和转变，取得了显著的积极成效。而要解决工程建设项目的审批制度问题，归根结底需要简政放权，精简审批的事项、流程和时间。近年来，中央先后制定出台了一系列相关政策文件，着力解决我国存在的工程建设项目审批时间长、效率低、流程多和环节杂等突出问题，要求各地积极贯彻落实中央的

---

① 2018 年世界银行《全球营商环境报告》指出，我国办理施工许可证的时间是 247.1 天，在所有参与评价的国家和地区中排名第 172 位，与先进经济体差距较大；其中，美国办理施工许可的平均时间为 80.5 天，英国为 86 天，排名均靠前。即便与我国其他 9 个指标相比，这个指标的排名也是最低的，整体拉低了我国营商环境的综合排名，世界银行于 2018 年 10 月 31 日发布的《2019 年营商环境报告：强化培训　促进改革》显示，我国施工许可证的办理时间需要 169.5 天，在 190 个经济体中排名第 121 位，在所有的评价指标当中排名最后。

② 《李克强谈放管服改革："伤筋动骨"也要做到"六个一"》，中国网，http：//www. china. com. cn/lianghui/news/2018－03/20/content_50727914. shtml？ f = pad&a = true。

相关改革决策和部署，以顶层设计和摸着石头过河相结合的方式全力推动工程建设项目审批时效全面"提速"，进一步改善和优化我国营商环境，推动经济社会健康、稳定、可持续发展。

世界银行《2019 年营商环境报告：强化培训　促进改革》关于办理施工许可证评价指标，主要关注程序、时间、成本和建筑质量控制等四个方面。基于前述，项目建设便利度指标在结合我国具体实际情况的基础上，选取我国主要城市落实中央制定出台的各项关于建设项目便利度的政策文件，从整体上把握我国的企业工程建设项目便利度改革的实施状况，并根据中央出台的各项与企业开办便利度相关的改革文件，选取审批时限、审批流程、审批环节和审批体系四个次级指标以构建企业项目建设便利度的评估指标体系。其考量因素如下：

（1）审批时限。待评估的子评价指标主要有两个：全流程审批时限规范性文件和全流程审批的具体时限。

（2）审批流程。具体包括出台优化审批阶段的规范性文件、审批阶段的数量、是否出台并联审批的规范性文件、并联审批数量和并联审批与审批阶段的数量之比等 5 个子评价指标。

（3）审批环节。评估审批环节各指标可在一定程度上窥见各市工程项目建设审批的效率高低、时限长短，是评估项目建设便利度的重要指标。具体包括是否出台精简报建审批事项的规范性文件、精简报建审批事项清单、是否出台合并审批的规范性文件、合并审批事项的数量、是否出台告知承诺的规范性文件和实行告知承诺制的审批事项清单等 6 个子评价指标。

（4）审批体系。要完善审批体系，具体将涉及实施一张蓝图、一个系统，实行一个窗口、一张表单和一套机制（下文简称"五个一工程"），压减审批程序，提升审批效率，缩短审批时限等方面，以期使市场主体能够腾出更多时间和精力"跑市场"。本项下待评估的子评价指标包括是否出台"五个一工程"的规范性文件、"五个一工程"的数量等。

三、生产要素便利度

生产要素是企业进行物质生产所必需的一切要素及其环境条件。随着社会经济的发展，生产要素的内涵日益丰富，但以企业视角观之，最核心的生产要素，应至少包含人力资源、资本、土地三大类型。职是之故，获得这三类生产要素的成本及其便利程度，成为衡量一个地区营商环境的重要指标。结合生产要素的定义及供给侧结构性改革的导向，综合中国市场经济和营商环境建设的发展历程和特点，从政策评价的角度出发，"生产要素便利度"指标可从融资环境、用工成本、用能用地成本等三个方面进行设置，其考量因素如下：

（1）资本是企业的血液。中小企业获得信贷的便利度是世界银行衡量一国营商环境的十个指标之一，也是我国对标国际、优化营商环境不可回避的一个重要衡量标准。近年来，围绕供给侧结构性改革，政府不断强调通过推动生产要素的有效整合，保证各类市场主体依法平等使用生产要素。国家层面加大力度，制定了大量法规政策以解决中小企业融资难题。这些法规政策是否在地方层面得到执行，是衡量一个城市融资环境是否改善的重要标准。

通过对国家融资政策的归纳分析，将国家融资政策划分为三类：一是优化商业性金融配置方式；二是重视政策性金融配置方式；三是调动民间性金融配置方式。在此基础上提出"是否降低银行信贷收费""是否提高银行审批和发放贷款效率""是否鼓励、发展企业直接融资""是否设立中小企业创业投资引导基金""是否设立中小微企业融资风险补偿资金""是否设立中小微企业应急转贷资金""是否推进民营银行设立，发展中小金融机构""是否鼓励民间资本投资设立产业（股权）投资基金、创业投资基金"以及"是否大力发展融资租赁业"等 9 个子评价指标以衡量一个城市的融资环境。

（2）劳动力是企业最重要的生产要素之一。企业用工成本是企业和政策制定者共同关注的问题。[1] 降低"五险一金"费率，减轻企业生产经营负担，是国家制度层面降低企业用工成本的重要举措。针对国家政策层面提出的要求各地阶段性降低企业所缴纳的社保费率以及住房公积金费率的措施，选取"基本养老保险单位费率""失业保险单位费率""医疗保险单位费率""生育保险单位费率"以及"企业职工住房公积金单位缴存比例"作为衡量各个城市企业用工成本的子评价指标。

（3）电力和土地是所有企业正常运转和扩张的必需品。研究数据表明，较高的电力成本往往会对企业产生不利影响；随着电力价格上涨，企业将注意力转向电力密集度较低的生产过程，导致产量和生产效率的下降[2]。基于我国的改革现状，对标世界银行评估体系中的"获得电力"指标，选取"2018 年一般工商业用电价格平均降幅""不满 1 千伏工商业用电销售电价占该国居民人均收入的比重""是否简化审批程序，缩短办理时限"以及"是否清理规范电网企业在输配电价之外的收费项目"作为各城市企业用能成本的子评价指标。

此外，任何行业都无法离开土地的有效供给。决定土地要素配置的土地制度安排是影响一国经济增长的基本经济制度。长期以来我国的工业土地是按照 50 年的最高年限进行招标、拍卖和挂牌一次性出让。这种 50 年"一刀切"的供地方式既导致了资本集团圈地、囤地，使得土地利用率低，也提高了企业的初始用地成本。基于此，我国近年来开始对土地要素的配置方式进行改革，其政策要领，是将工业用地出让年期 50 年的固定模式，发展为弹性年期出让、先租后让、租让结合、长期租赁等多种出让模式。基于此，针对该改革在各个城市的实施情况，选取了"是否实行工业用地使用权租让结合、弹性年期出让制度"，以及"是否出台专门性的规范性文件"作为子评价指标。

---

① 据统计，我国企业职工五项社会保险总费率为企业职工工资总额的 39.25%，在列入统计的 173 个国家和地区中位列第 13。再加上各地 10%～24% 的住房公积金缴费，"五险一金"名义费率已经达到 60% 左右。参见关博：《降低"五险一金"缴费率　合理降低企业人工成本》，《中国经济导报》，2016 年 10 月 26 日第 A02 版。

② Hallward-Driemeier and Pritchett 2015. 转引自《2019 年营商环境报告：强化培训　促进改革》，世界银行集团发布。

四、交易便利度

提高交易便利度是指构建公平诚信的竞争环境、清晰简洁的交易程序、完备可靠的信用体系、低廉畅通的交通配套和高效便利的海关机制，为市场主体进行各种交易创造协调、透明和可预见的政策和法律环境。交易便利度指标脱胎于世界银行《全球营商环境报告》的跨境贸易指标，与后者仅关注国际贸易便利度不同，交易便利度指标兼顾国内和对外贸易，通过对交易所需各项政策和不同城市交易环节相关数据的收集，展现不同城市交易便利度差异，因而成为体现我国营商环境国际化的重要方面。

交易便利度涵盖贸易便利度，其外延又大于贸易便利度。对贸易便利度的考察并未形成统一体系，不同国际机构和学者采用不同的方法和体系：世界银行在《全球营商环境报告》中主要通过考察进出口的时间和金钱成本比较跨境贸易；经济合作与发展组织（OECD）设计的贸易便利化指标，包括信息公开、商界参与、预裁定、行政救济、收费、通关单据、自动化、通关流程、境内边境机构合作、境外边境机构合作以及治理能力和公正性 11 个项目；亚太经合组织采用口岸效率、海关环境、规则环境、电子商务应用共 4 个一级指标以及 16 个二级指标衡量贸易便利度。国内学者在考察贸易指标度时往往构建单独的指标体系，如段景辉等在研究贸易便利度时构建的指标体系包括政策环境、海关与边境管理、物流与基础设施环境、政府与金融环境指标。[①]

与已有研究多关注国家之间跨境贸易便利度差异不同，交易便利度指标的构建注重体现中国主要城市间交易状况的差别。具体而言，交易便利度指标从竞争环境、电子商务便利度、信用体系、运输便利度、海关跨境贸易服务差异五个方面进行构建，其考量因素如下：

（1）竞争环境。中国各地市场在一定程度上受到地方保护主义和行政干预的影响，存在行政垄断、市场准入受限、不公平的交易条件等问题。2008 年，中国颁布反垄断法；2016 年出台公平竞争审查机制，力图破解政府对市场的过度干预，创造公平的市场环境。由于前述机制的效果有赖于各地政府的具体实施，故而交易便利度指标项下在衡量政府推动市场便利度的力度上，首选竞争环境指标，具体包括本市政府被查处行政垄断案件数量/GDP、本市自查个案公示数量、公平竞争审查定期评估时间、是否建立市级公平竞争审查联席会议、是否建立政务诚信约束和问责机制、是否明确将公平竞争审查纳入政府绩效评价体系等 6 个子评价指标。

（2）电子商务便利度。移动支付、网络购物已然成为中国居民生活消费的主要方式，城市电子商务的发展态势集中反映了地方政府对新兴市场的支持力度。职是之故，交易便利度设置的第二个子指标主要关涉城市电子商务便利程度，包含各城市电子商务交易额/GDP 指标、移动支付使用率、各地跨境电子商务政策性文件出台情况等 3 个子评价指标。

---

① 王中美：《全球贸易便利化的评估研究与趋势分析》，《世界经济研究》2014 年第 3 期；段景辉、黄丙志：《贸易便利化水平指标体系研究》，《科学发展》2011 年第 7 期。

（3）信用体系。信用体系是市场交易繁荣的重要保障。我国人口众多，信息收集困难，信用体系不完备，严重制约了市场交易的安全性。考察不同城市的交易便利度，必须考虑信用体系的推进政策和效果。本项指标具体包含黑名单市场主体公开相对数量、单位黑名单记录数、信用事件信息公开相对数量、征信机构数量以及是否有政府信用监管体制评价等 5 个子评价指标。

（4）运输便利度。市场交易离不开物流和运输，在市场交易中运输成本是不可忽略的成本，不同城市在交通运输的相关政策和实施效果存在差异。通过本市高速公路里程数/GDP、本市高速公路收费标准/GDP、交通行政许可事项数目、是否收取高速公路"超时费"及开通"12328"监督平台等 5 个子评价指标可以直观检视主要城市运输便利度。

（5）海关跨境贸易服务差异。近年来，受世界银行营商环境评价项目的影响，中国在海关相关程序和服务上进行了多项改革。在中国主要城市海关跨境贸易服务差异分析中，我们选取本市海关处理的进出口贸易量/GDP、各城市进出口通关时间、是否实现电子化通关等子评价指标来衡量不同城市海关的改革效果。

五、营商税费负担度

企业税费负担度与企业的生存息息相关，高税率是经济增长的"抑制剂"，减轻企业税费负担是助推企业经济发展的第一动力。唯有降低税率才能增加生产要素供给，提升资源的配置效率，刺激经济增长，进而营造公平竞争环境所推行增强企业发展活力。

降低税费负担是推进"放管服"改革，提高实体经济竞争力，助力供给侧结构性改革，稳定和改善市场预期的重要措施。2017—2018 年度，国务院在减轻企业负担，降低企业成本方面相继出台了一系列关于减轻企业税费负担的规范性文件。根据《国家发展改革委、工业和信息化部、财政部、人民银行关于做好 2017 年降成本重点工作的通知》《国务院减轻企业负担部际联席会议关于做好 2017 年减轻企业负担工作的通知》等文件，国务院为降低实体经济企业成本、减轻企业税费负担、营造良好营商环境所推行的举措主要包括如下几个方面：第一，落实和完善全面推开营改增试点政策；第二，进一步减轻企业税收负担，落实企业税收优惠政策；第三，全面清理规范政府性基金；第四，取消或停征中央涉企行政事业性收费；第五，大幅减少涉企经营服务性收费等。

中央制定的税收优惠政策是各地方实施税收优惠政策的基础。国务院为推动实体经济降成本，减轻企业负担，推出了进一步的减税措施，并制定了税收优惠政策鼓励企业发展。2017—2018 年，中国各主要城市围绕中央发布的规范性文件和制定的税收优惠政策，结合自身实际条件，贯彻落实税收优惠政策。国务院关于企业税收优惠政策有以下几个主要特点：第一，继续推进营改增，简化增值税税率结构；第二，支持科技型企业发展，提高研发费用加计扣除比例并提供财政支持；第三，扩大享受企业所得税优惠的小型微利企业范围。

基于此，税费负担度成为衡量各地营商环境建设的重要维度。营商税费负担度从地方立法与政策制定情况、税收优惠政策（减税）情况、政府性基金情况、涉企收费（降费）

情况等4个子指标衡量各个城市的税费负担度，其考量因素如下：

（1）地方立法与政策制定。主要涉及各城市地方人大和政府是否有围绕税费等相关内容的立法，地方政府及其职能部门在2017—2018年度出台的营商环境、减税降费、落实各项税收优惠政策的规范性文件以及相关规范性文件出台数量的多少。

（2）税收优惠政策。从各地方政府及其职能部门于2017—2018年度公布的规范性文件分析各城市2017—2018年度落实营改增政策情况和落实各项税收优惠及财政支持情况，主要包括：研发费用加计扣除政策、小微企业所得税减免制度、创业发展相关产业税收优惠、研发创新的财政支持政策。

（3）政府性基金。各城市于2018年度建立政府性基金目录清单的情况，政府性基金目录所涉及的项目数量，以及2018年度各城市政府性基金的收入占2018年该城市的GDP比例情况。

（4）涉企收费。各城市于2018年度建立行政事业性收费目录清单、涉企行政事业性收费目录清单、行政审批中介服务收费目录清单的情况，目录清单项目数量，是否有小微企业优惠政策，各城市于2018年度建立政府定价的经营服务性收费目录清单情况以及目录清单项目数量。

六、政务服务保障度

政务服务保障度是人民政府以更加规范的形式服务于经济社会发展，以深化行政管理体制改革、建设服务型政府为努力方向，优化市场经济环境，营造良好营商环境，人民群众和企业在办事过程中实现"环节最少、程序最简、时间最短、服务最好、效率最高"。

2016年12月，国务院办公厅印发了《"互联网＋政务服务"技术体系建设指南》，指南从八大部分系统、详细地对我国新型政务服务体系作出了部署。2017年2月，国务院办公厅开展了全国政务服务体系普查，调查主要从八个方面展开：政务服务体系概况、政务服务管理机构、综合性实体政务大厅、一体化互联网政务服务平台、综合的政务移动客户端、统一的政务服务热线、公共资源交易平台、支撑保障体系。2017年6月，国务院办公厅印发了《全国深化简政放权放管结合优化服务改革电视电话会议重点任务分工方案的通知》，为营造公平的营商环境提供了政务保障。深化简政放权，就要破解企业设立办证难题，降低市场准入门槛，通过"多证合一、一照一码"和"证照分离"等商事制度改革，加强事中、事后监管，深化放管结合和监督管理，确保市场健康运行。综合行政管理部门和业务监管部门要严格落实"谁审批谁监管、谁主管谁监管"的要求，实现"双随机、一公开"监管全覆盖，健全随机抽查系统，更大力度推动跨部门联合检查，推行综合执法改革，完善以信用为基础的监管模式。通过优化服务，运用电子政务，加快部门和地方政务信息整合、共享，打破信息孤岛，推进"互联网＋政务服务"和"最多跑一次"政务改革，减证便民。

健全完善政务服务体系，是贯彻落实党中央、国务院决策部署，提升政府服务效率和群众获得感的重要举措，是推动"放管服"改革各项措施落实到位的重要支撑。政务服务保障度指标从地方立法与政策制定、政务服务创新、执法监管转型、商事纠纷解决机制创新四个角度进行构建，其考量因素如下：

（1）地方立法与政策制定是我国政务服务保障的前提。我国是单一制国家，政府制度的建设是从上到下的，中央政策的落实常需要地方政府通过地方立法和政策制定予以贯彻，还需地方政府依法依规行政，才能为营商环境提供良好的政务环境。本项下主要涉及各城市地方人大和政府是否有围绕政务服务税费等相关内容的立法，地方政府及其职能部门是否有出台与政务服务有关的规范性文件以及相关规范性文件出台数量的多少，地方人大和政府（包括省人大和省政府）是否有关于多元商事纠纷解决机制的地方性法规或地方政府规章，省、市人民法院是否有关于多元商事纠纷解决机制的司法文件等子评价指标。

（2）政府政务创新可以为企业办事提供便利，简化办事程序，优化办事服务，提高企业办事效率。本项下从各城市地方政府及其职能部门于 2016—2018 年度（主要是 2017—2018 年度）公布的规范性文件分析各城市政务创新情况，主要包括：是否落实"多证合一、一照一码"等商事制度改革政策、是否实施商事制度登记电子化、是否搭建信息共享机制、是否实施"最多跑一次"改革、是否建立"互联网＋政务服务"服务平台等子评价指标。

（3）政府依法监管，企业依法经营才能营造良好稳定的营商环境。本项下从各城市地方政府及其职能部门于 2016—2018 年度（主要是 2017—2018 年度）公布的规范性文件分析各城市执法监管转型情况，主要包括：是否建立"双随机、一公开"监管体制、是否建立以信用体系为基础的联合执法监管模式、是否建立"互联网＋"监管模式等子评价指标。

（4）多元化的商事纠纷解决机制为企业提供多样化的纠纷解决途径，加速纠纷解决。本项下从各城市中级人民法院公布的 2017 年度法院工作报告提取数据，主要包括：法院减缩民商事案件审理时限情况、法院审理民商事案件繁简分流机制情况、法院民商事案件调解撤诉率、法院是否有探索创新商事纠纷解决机制等子评价指标。①

第三节　中国主要城市营商环境2017—2018年度评估过程

一、我国营商环境法治化历程及其评估

基于评估方法（方法论）的发展方向与评估方法的自身特性，营商环境评估获得的评估结果及营商便利度排名，不仅能满足营商环境衡量之需要，实则亦推动了通过改善法律及政策制度以完善营商环境的优化路径的形成。通过评测监管规则以推动其"立改废释"的相关活动，从定性评价向以法律制度建构为中心的模式转型，促进了法治化营商环境改

---

① 需要注意的是，部分城市的中级人民法院并未在互联网上公开其工作报告。

革的形成。

以法律制度建构为中心的方法转变，对处于转型时期的我国同样具有显著而重要的意义。虽则经济体制的革新必然带来营商（市场）环境的改变及优化，但市场经济是法治经济的本质属性则是确定无疑的。我国自党的十八大以来的政策导向亦印证了"法治化"是优化营商环境的必然方向。党中央在《中共中央关于全面深化改革若干重大问题的决定》中提出"使市场在资源配置中起决定作用和更好的发挥政府作用"，市场在资源配置中的作用从"基础性"向"决定性"的突破，不仅是解决市场经济中存在的经济结构与发展方式不合理的现实需要，也是建设法治化营商环境的需要。[①] 需要明确的是，营商环境的建设及优化，并非是经济机制革新的被动产物，本质上也是制度建设的主动实践。以我国营商便利度排名为例，我国排名从 2005 年的第 108 名提升到 2019 年的第 46 名，这不仅是社会主义市场经济体制优化完善的结果，更是我国涉企的法律制度不断完善的效果。"如果说旧一代的发展模型认为走向增长和繁荣的路径有赖于建设有效率的市场，那么新的正统性强调的是市场本身依赖于法治。"[②] 以法律制度建设为中心的发展趋势，不仅印证了我国营商环境发展的历程，亦为我国推进营商环境评估的法治化提供了回溯与展望的契机。

我国营商环境法治化的渐进历程，自十八届三中全会后进入"加速发展"的阶段。十八届三中全会报告强调"推进工商注册制度便利化，削减资质认定项目，由先证后照改为先照后证，把注册资本实缴登记制逐步改为认缴登记制"。紧随其后的公司法修法（第三次修正），明确"通过改革公司注册资本及其他登记事项，进一步放松对市场主体准入的管制，降低准入门槛，优化营商环境"，并对公司资本制度进行了重大调整，取消股东出资最低限额要求，出资形式从实缴转变为认缴，给投资者更为宽松自由的资本支配与企业运营空间。事实证明这一举措对于激发市场活力成效显著，注册资本登记制度改革实施仅三个月，全国新登记注册企业 92.88 万户，同比增长 74.47%，新增注册资本（金）4.8 万亿元，同比增长 1.07 倍。[③]

十八届四中全会提出，"加强市场法律制度建设，编纂民法典，制定和完善发展规划、投资管理、土地管理、能源和矿产资源、农业、财政税收、金融等方面法律法规，促进商品和要素自由流动、公平交易、平等使用"，进一步强调了法律制度建设的重要性。十八届五中全会则进一步提出要坚持目标导向和问题导向，形成"完善法治化、国际化、便利化的营商环境"，适应、把握、引领具有速度变化、结构优化、动力转换等特点的经济发展新常态。而《国民经济和社会发展第十三个五年规划纲要》更是在第三十七章"深入实施区域发展总体战略"第二节强调要"加快市场取向的体制机制改革，改善营商环境，

---

① 十八届三中全会在《中共中央关于全面深化改革若干重大问题的决定》中提出的法治政府建设的核心内容之一就是要"建设法治化营商环境"。

② 钟飞腾、凡帅帅：《投资环境评估、东亚发展与新自由主义的大衰退——以世界银行营商环境报告为例》，《当代亚太》2016 年第 6 期。

③ 《工商总局：注册资本登记制度改革取得阶段性成果》，中华人民共和国中央政府网站，http：//www.gov.cn/xinwen/2014 - 06/16/content_2701774.htm。

加快发展民营经济"，并在第五十章中着重规定"完善法治化、国际化、便利化的营商环境"，强调通过统一内外资法律法规、创新外资监管服务方式、健全服务贸易促进体系、加强知识产权保护和反垄断执法等手段，营造公平竞争的市场环境、高效廉洁的政务环境、公正透明的法律政策环境和开放包容的人文环境。

十九大报告中就"加快完善社会主义市场经济体制"提出要以完善产权制度和要素市场化配置为重点，全面实施市场准入负面清单制度，清理废除妨碍统一市场与公平竞争的各种规定与做法，支持民营经济发展，激活各类市场主体活力；深化商事制度改革，打破行政性垄断，防止市场垄断，加快要素价格市场化改革，完善市场监管体制；深化投融资体制改革，发挥投资对优化供给结构的关键性作用；深化税收制度改革，健全地方税体系等相关致力于优化企业运营活动面临的营商环境的制度建设。

以法律制度建设为中心的营商环境优化理念，不仅贯彻于党的十八大以来各个重要政策文件中，各地政府也通过众多方式予以落实，优化措施实招、奇招频出，效果显著。但也需要注意避免制度建设的"形式主义"。以各个城市开展的"多证合一"改革为例，关键不是单纯地强调加快审批、简化流程等，而是要真正在审批过程中提高企业的满意度，通过制度化建设切实提高审批效率。为了推动营商环境法治化，国家出台了大量的政策法规，形成了较为齐备的规范体系。但事关法律制度建设，不能简单着眼于相关营商环境法律及政策文件的多寡，更为重要的是跟踪观察这些法律制度是否在各个城市"落地生根"，这显然需要制度实施体系和相应制度救济体系予以保障。由此，对主要城市营商环境开展的研究与评估，就不能仅仅流于规范体系的"表面"，而应当深入实践"里层"，严格以制度实施体系和制度保障体系为着力点，沿着"制度—机制—实效"的路径切入，重视地方政府如何将营商环境法治化建设的理念贯彻在市场环境优化的实践中，并将这种实然的发展状况反映到评估结果和优化改善措施中去。

二、主要城市营商环境 2017—2018 年度评估方法

1. 数据来源

本报告进行营商环境评估的过程，是基于中国市场交易的发展历程和特点，从政策评价的角度出发，围绕党中央和国务院针对营商环境的工作部署，查验中央与地方政府层面涉企营商环境规范性文件，结合企业运营活动的实际情况，对主要城市的营商环境进行评价。

评估体系主要是从政策的角度出发对各主要城市的营商环境进行评估，故采用的数据主要来源于各主要城市的法律法规及规范性文件，收集各主要城市与营商环境有关的法律法规和规范性文件，并对其文本进行研究，结合各项营商环境制度的落实情况进行分析评估。

2. 计算方法

（1）评价指标。

评价指标，又称为是否指标。评价指标的衡量采取赋分制，主要针对各地方是否有出

台相应的具体政策、各地是否制定相关的地方性规则以及各地是否有相关制度建设等情况进行赋分评价。具体赋分标准：采用 0～1 赋分衡量，否为 0 分，是为 1 分。

（2）数据指标。

这类指标反映相关政策实施效果。在指标量化衡量上，采用 0～2 分的评价体系，相关计量公式如下：

$$特定指标分数 = \frac{2 \times（当前值 - 设定最差值）}{设定最佳值 - 设定最差值}$$

上述公式设定最差值和设定最佳值可以考虑数据展示的排名取值，也可以考虑对该指标的专业评价进行设定。另外，在具体指标中，可分为正面数据指标和负面数据指标。正面指标在 0～2 之间取值，负面指标可看作矫正因子，在 -2～0 之间取值。正面指标与负面指标相结合，全面展现特定城市某一指标下的政策环境和效果。考虑本报告主要基于政策实施进度及效果衡量展开，政策之间难以区分重要程度，各个指标权重等权分布。考虑到是否指标无法直接指示效果，是否指标的权重为 20%，数据指标的权重为 80%。

三、主要城市营商环境 2017—2018 年度评估过程

1. 梳理概念

《论语·卫灵公》有云："工欲善其事，必先利其器。"欲获致评估过程之妥帖认识，首先需对"营商环境"的概念作适切之解释，并明确其内涵与外延指向。由于对事物本质属性认识的角度与内容的把握程度不同，现有文献对营商环境概念的界定，在一定程度上是出于服务于自身的论证目标而进行的；加之各自观察路径切入的差异，对营商环境进行清晰厘定常陷入困境。目前学界对营商环境的学术概念并不存在统一认识，对其的清晰界定亦暂告阙如。有的学者将营商环境等同一国竞争力，认为其包括"与企业营利活动有关的一切要素综合而成的动态体系，涵盖了影响企业活动的经济、政治、文化、社会乃至环境质量等各方面要素"，并进一步区分为广义的营商环境与狭义的营商环境（其中狭义的营商环境还可继续细分为营商硬环境与营商软环境等类别，主要是从影响企业活动的全要素进行拆分论述）。[①] 有学者将营商环境定义为与市场和基础设施等硬环境相对应的，主要指有利于企业经营的政府政策、服务及司法、行政税收体系等软环境的集合。[②] 就此，有学者则认为虽然通常意义上的营商环境更多指软环境，但营商环境作为外部环境，其实

---

①　张志铭、王美舒：《中国语境下的营商环境评估》，《中国应用法学》2018 年第 5 期。
②　倪鹏飞：《中国城市拿什么吸引投资者——〈2008 中国营商环境报告〉摘要》，《资本市场》2008 年第 5 期。

已经包括了物质环境（硬环境）。[①] 但是这一看法实则是将营商环境等同于一国（经济体）整体的发展环境，显然已超出了世界银行营商环境报告所适用的评价范围。另有学者着眼于经济软环境的视角，将营商环境抽象为"商事主体从事商事组织或经营行为的各种境况与条件，包括影响商事主体行为的政治要素、经济要素、文化要素等"。[②] 不过这种观点虽然也从外部条件上将营商环境界定为影响企业经营活动的有利与不利因素的综合，但本质上还是一种抽象的概括，营商环境的界定仍旧陷入一种朦胧的概念迷雾当中。

在对世界银行营商环境报告历年评估指标进行"提取最大公因式"的类型化分析下，有学者将营商环境界定为"企业申请开设、生产经营、贸易活动、纳税、关闭及执行合约等方面遵循政策法规所需要的时间和成本等条件的总和"，[③] 对此有学者将其进一步简化为"影响企业从开办、运行到结束全过程之效率、质量的要素综合"。[④] 但"要素综合"的界定犹显抽象。另有学者基于营商环境系关涉经济改革众多监管领域的系统性工程之角色定位，将"要素综合"分拆提炼为经济政策的明确性、要素供给的支撑性、政府服务的便利性、法治体系的完备性、要素资源的流动性、市场体系的公平性与市场准入的统一性等七个方面，并服务于提出（营商环境存在的）问题并给出优化建议的论证逻辑之下。[⑤]

2. 厘清特征

在评估之初对营商环境概念进行梳理，事实上仍不能对"营商环境"一词提出一个放诸四海而皆准的标准定义。但在学界前人论述的基础上，服务于评估工作的开展，结合本报告的评估目标，在评估过程中，应当注意以下几点，以便加深对营商环境的理解：①营商环境评估语境下的观察对象是企业，重点关注的是企业运营（活动）面临的监管质量与效率。②营商环境涵射的内容是企业生命周期中运营（活动）面临的法治与政策环境，这些环境可能影响到政府服务、要素供给、资源流动、产权保护等相关经营领域。③营商环境的目标是通过制定高效率的监管规则，提供给所有需要使用监管规则的人，并且这些规则简单且便于实施；规则建构的逻辑立基于经济活动需要良好的规则，其特征是能够建立和界定财产权，降低解决冲突的成本，提高经济往来的可预测性，并为合同伙伴提供制止

---

① 娄成武、张国勇：《治理视阈下的营商环境：内在逻辑与构建思路》，《辽宁大学学报（哲学社会科学版）》2018 年第 2 期。营商环境之前也被称为投资环境，主要是从吸引外资的角度观察一个地区的发展环境，也叫作投资营商环境（硬环境）。与其相关的另一个概念是软环境，又叫经济软环境。硬环境一般是指一个国家或地区的自然禀赋和硬件设施，也可称为物质环境；软环境则是物质环境以外的因素总和，包括经济体系、政治政策、社会传统、文化风俗等，也可称为制度环境。作为硬环境的物质环境与作为软环境的制度文化环境共同构成了一个国家或地区整体的发展环境。

② 董彪、李仁玉：《我国法治化国际化营商环境建设研究——基于〈营商环境报告〉的分析》，《商业经济研究》2016 年第 13 期。

③ 娄成武、张国勇：《治理视阈下的营商环境：内在逻辑与构建思路》，《辽宁大学学报（哲学社会科学版）》2018 年第 2 期。

④ 华东师范大学法学院、企业合规研究中心"中国营商环境评价指数研究"课题组（王美舒执笔）：《如何开展营商环境评估》，法学学术前沿公众号，https：//mp.weixin.qq.com/s/wCo1y4k－94MW6JtSZeZx2w，2018 年 4 月 3 日。

⑤ 张威：《我国营商环境存在的问题及优化建议》，《理论学刊》2017 年第 5 期。

有害行为的核心保护。[①] ④营商环境不是国家竞争力概念的更新迭代，亦不等同于发展环境，其关注的是影响企业发展的外部经营环境。

3. 客观评价

事实上，随着世界银行发布的历年《全球营商环境报告》的广泛传播，营商环境评估具有了越来越重要的地位。世界银行发展经济学局高级局长尚塔·德瓦拉扬指出："公共政策在赋能中小企业开办、运营和扩大规模方面起着决定性作用。"世界各国政府日益将从《全球营商环境报告》获得的客观数据作为行动依据。

在厘定营商环境之特征的基础上，本报告基于中国问题寻求解决方案。评估过程主要围绕党中央和国务院针对营商环境的工作部署展开，梳理了中央与地方政府层面的规范性文件，结合企业运营活动的实际情况，采取评价指标和数据指标权重评分机制对主要城市的营商环境进行客观评价。本报告的评估过程贯穿于企业生命周期全过程，突出了经济新常态转轨时期下创新驱动战略、供给侧结构性改革、支持实体经济发展三大主题要求，评估过程中的时间链条主要贯穿企业开办、项目建设、生产要素供给、交易流程、营商税费、政务保障等六个互相衔接的阶段，通过"查验"涉企经营活动在立法、执法、司法及守法等微观法治维度中面临的成本与效率问题，并以此作为本报告评估主要城市营商环境发展现状的六个基点。

值得注意的是，作为深受新制度经济学影响、法律与经济发展思潮由自由化转向制度化与法治化的产物，营商环境评估的定位是"提供相关知识并推动改革，以改善对私营部门活动设立的规则的质量"，[②] 因而营商环境不是国家竞争力概念的更新迭代，但其可作为衡量一国（经济体）竞争力与软实力的重要指标。更重要的是，《全球营商环境报告》的公开意味着，公民可以要求政府对有利于企业、居民和整个社会的改革承担责任。[③] 这一论断充分肯定了营商环境评估报告在指导一国（经济体）开展改革活动时提供的积极指引作用，党和政府也高度重视营商环境报告对我国市场营商监管环境的评价作用。党的十九大报告中就有涉及营商环境的相关论题，明确提出："全面实施市场准入负面清单制度，清理废除妨碍统一市场和公平竞争的各种规定和做法，支持民营企业发展，激发各类市场主体活力。深化商事制度改革，打破行政性垄断，防止市场垄断，加快要素价格市场化改革，放宽服务业准入限制，完善市场监管体制。"社会各界对营商环境的重视程度高涨，使营商环境与国家竞争力具备了一定的功能等同性。对于这一功能等同性和营商环境概念的适切性认识，应当贯穿于营商环境的评估过程中，形成以改善营商环境推动我国经济发展的共识，并汇入优化营商环境的世界性浪潮中。

---

①　世界银行：《2009 年营商环境报告》，第 1 页。

②　世界银行：《2014 年营商环境报告：了解针对中小企业的法规》。

③　世界银行：《〈营商环境报告〉记录过去 15 年全球实施营商环境改革近 3200 项》，世界银行，http://www. shihang. org/zh/news/press - release/2017/10/31/doing - business - records - nearly - 3200 - reforms - in - 15 - years - to - improve - business - climate - worldwide。

第四节 中国主要城市营商环境 2017—2018 年度评估总体结论

一、2017—2018 年度评估总体结论

"水深则鱼悦,城强则贾兴。"我国作为对世界经济复苏与发展卓有贡献的负责任大国,为应对经济新常态,推动从高速率增长向高质量增长的转型,通过营造法治化、国际化、便利化的营商环境,各主要城市竞相推出营商环境法治化新举措,不断给企业"松绑",增强了市场活力并提高了企业的满意度。核心要义,即是"以商兴法,以法促商"。

(1) 总体取得优异成绩。优化营商环境作为近年来党和政府不断强调并稳步推进的国家发展战略,成为各主要城市政府彰显竞争力的"展示舞台"。从"成绩单"上来看,各地优化营商环境进展迅速,成绩斐然;即以全球影响力最大的世界银行年度《全球营商环境报告》来看,中国从 2005 年的第 108 名,到 2017 年和 2018 年连续两年稳居第 78 名,到 2019 年位列全球第 46 名。排名的大幅提升,既是过去一年中国在改善营商环境上付出努力和取得成果之集中展现,也表明中国营商环境被外商看好,中国逐渐成为国际投资的热土。

(2) 各城市改革和而不同。优化营商环境,各主要城市的态度是认真的,措施是雷厉风行的,效果是显著的。各主要城市优化营商环境实招、奇招、妙招频出,营商环境的优化样态"精彩纷呈"。基于我国主要城市法治化营商环境的现状,梳理法治化营商环境的特色发现:"和而不同"乃各地法治化营商环境的真实写照。"和"在于党中央的集中统一领导,在于统一的商事法,在于改革与法治"双轮驱动",以企业为中心与政府职能转变、行政服务与市场监管的系统集成、综合推进;通过内强制造业企业创新力与外减税费负担有机融合,提升了企业办事便利度、满意率和获得感。"不同"在于各地营商环境改革的政策和地方立法,因地制宜,因事制宜,甚至因时制宜,各显神通,各有实招、奇招、妙招。正是有"和",本报告才可以建立统一的政策法规评估框架;而基于"不同",我们又可以用不同的刻度刻画各地特定营商政策法规的落地情况,将发育和成长在不同程度的地方性政策规范予以量化,让法治化营商环境横向更可比,也更有共同语言,而不再是抽象的定性描述。

(3) 改革与法治并重。在法治化营商环境的构建过程中,改革与法治"双轮驱动,比翼双飞",以重大改革推进营商制度创新,以法治保障改革,有破有立、大破大立、相互促进、相互支持。以企业为中心与政府职能转变有机融合,行政服务与市场监管有机结合,一系列改革举措系统集成、综合推进,不仅成为营商环境优化的关键因子,而且为我国主要城市法治化营商环境向着系统性构建指明了前路与方向。沿着这一基本走向,各主要城市大刀阔斧地减税降费,降低制造业企业的运行成本,"大手笔"培育制造业新兴支柱产业,提高企业创新力,切实改变"缺芯少核"、受制于人的局面,战略性的"指引"

更是呼之即出。

（4）建设法治化营商环境。各主要城市通过贯彻党的领导精神，在以企业为中心的"重商兴商"理念指引下，不断推进营商环境向法律基础制度与法律保障制度的建设，成为我国主要城市营商环境有序渐进的最大后发优势；坚持重大营商环境改革措施于法有据，确保了法治化营商环境的优化方向符合法治国家与法治政府的建构潮流；持续的营商环境优化显著推动了国家治理体系和治理能力现代化，成为我国主要城市提升竞争力的行动标尺。而只有进行时、没有完成时的营商环境的量化评估研究，更是指向于未来：其不仅能历时性地反映我国主要城市法治化营商环境的现状、存在的问题，还能通过对营商环境不足之处进行剖析，为我国法治化营商环境提供走向之展望，并致力于为中国问题提供答案。

二、评估结果导向的营商环境优化发展方向

当下我国的经济面临着下行压力，国际经济局势亦波诡云谲不容乐观。新常态下经济指标间的联动背离，加深了供给侧的结构性难题；宏观经济及财政政策在解决发展问题上呈现的"疲态"，亦不断督促我们尽快找出经济发展的新的增长点。而国际社会正在形成通过营商环境优化提振自身经济实力的发展浪潮，从对硬件设施的强调转向对制约经济发展的软环境（本报告尤指营商环境）的评估成为各经济体关注的重点，我国亦不能置身事外。从中国经济新常态下的多维变革视角进入，不论是推动国民经济从高速增长向高质量增长转型，抑或推动供给侧结构性改革向深水区"攻坚"，还是通过振兴实体经济以提升"中国智造"的国际地位和竞争力，都需要围绕企业开办、运营和退出全过程各环节的"痛点""堵点""难点"，在体制机制与法律制度革新的基调下，逐步而又坚定地推进法治化、国际化、便利化的营商环境制度塑造，以适应风起云涌的营商环境优化的世界性浪潮。

在此背景下，开展法治化营商环境的制度建构（包括评估及进一步优化）具有可行性：一方面，党的十八大以来，党中央和政府不断提出要"使市场在资源配置中起决定性并更好地发挥政府作用"，通过以"放管服"及政府职能转变为代表的各项改革活动，不断调整经济发展结构和优化配置资源，在保证发展数量的基础上提高我国经济增长的质量，正与营商环境报告强调的改革活动不谋而合。其中对标世界银行营商环境报告，针对营商监管规则与法律制度所做的各项改革活动，对于优化市场结构、增强市场活力与商事主体的信心及满意度，产生了十分积极而又效果显著的现实作用。另一方面，党中央在十八届三中全会报告中明确提出"建设法治化营商环境"以来，各主要城市开展了轰轰烈烈的营商环境改革，提高了市场主体的活力、解放了生产力、提高了区域竞争力，为梳理和研判各地营商环境的"实然"提供了机遇和丰富多彩的素材。

贯彻中央精神开展法治化营商环境的评估、优化工作亦具有紧迫性，不仅表现在急需中国本土版本的营商环境评估，以克服世界银行仅以两个最大城市对中国"一刀切"式评

估的局限性,① 更在于距离 2008 年版世界银行对中国 30 个城市的营商环境评估已逾 10 年,中国各地营商环境均发生了重大变革,因此必须与时俱进,开展新一轮的评估。目前国内已有部分科研机构和社会组织所开展的城市营商环境评估,② 一些亦步亦趋地对标世界银行的评估指标,剩余的则单纯采用问卷等主观评价形式,并没有真正系统性地触及国内营商环境改革的各项政策法规的节点,既不全面、不系统,也难以有效地贴近现实,反映商事法在各地实施之"实然"现状。

第五节   进一步优化中国城市营商环境的意见和建议

在世界银行《2019 年营商环境报告:强化培训   促进改革》中,中国营商环境便利度排名从 2018 年的全球第 78 位,跃升至第 46 位,排名首次进入全球前 50 位。这一成绩无疑是对过去一年中国政府大力改善营商环境的有效反馈。但这只是时间维度上的纵向提升,从整体榜单而言,我国营商环境便利度排名在世界银行评估的 190 个经济体之中仅处于中游水平。因此,急需通过法治化的营商环境评估工作,找准阻碍营商环境便利度提升的"难点""痛点",精准施策,进一步优化我国的法治化、国际化、便利化的营商环境。质言之,营商环境的优化与改革,没有完成时,只有进行时,我们永远在路上。③

在对我国主要城市的营商环境进行评估的过程中,不难发现评估结果与我国经济发展现状存在着一定的"二律背反":随着中国特色社会主义法律体系的逐渐完善,尤其是十八届三中全会以来,党中央和国务院全面推进依法治国战略和法治政府建设,我国各项法律制度尤其是减轻公众负担的法律制度不断完善,在以法律法规为主要查验文本的营商环境评估中,我国本应取得更加显眼的成绩。但现实情况是我国营商环境显然并未取得应有的地位,何以有"冤枉失分"之问,④ 值得我们思考。就评估结果反思我国主要城市营商环境存在之问题,于今后之发展则大有裨益,并指向新常态下结构性难题的破解。

作为法律人,更值得深思的问题还在于商事法国家层面的"应然"与各地实施情况之"实然"不可等量齐观。所谓"县官不如现管",中央政府的法律法规与政府决策需要地方政府具体予以执行,地方政府事实上享有较为灵活的自主权力,国家层面的商事法规在地方上执行本就因地而异、因时而异。更进一步地分析,尽管中国作为单一制国家,全国

①   Mary Hallward-Driemeier and Lant Pritchett, How Business is Done and the Doing Business Indicators: The Investment Climate When Firms Have Climate Control, Policy Research Working Paper No. WPS 5563, the World Bank, 2011; Mary Hall-ward-Driemeier and Lant Pritchett, How Business is Done in the Developing World: Deals versus Rules, Journal of Economic Per-spectives, Vol. 29, No. 3, 2015, pp. 121 – 140.

②   如中国社会科学院财贸所与世界银行集团国际金融公司的《2008 中国营商环境报告》,华南美国商会发布的《中国营商环境白皮书》及《华南地区经济情况特别报告》年度报告,中国经济信息社亚布力中国企业家论坛、北京大学、国家竞争力研究院和清华大学民生经济研究院合作研制的"亚布力论坛·新华中国营商环境指数"。参见倪鹏飞:《中国城市拿什么吸引投资者——〈2008 中国营商环境报告〉摘要》,《资本市场》2008 年第 5 期。

③   罗培新:《世界银行营商环境评估方法论:以"开办企业"指标为视角》,《东方法学》2018 年第 6 期。

④   罗培新:《世行营商环境排名问卷,中国如何挽回"冤枉失分"?》,上观新闻,2018 年 3 月 30 日。

施行统一的商事法，但是鉴于内部巨大的地域差异，（营商环境）评估员虽人在上海和北京这些较发达的区域，但依据个人的经历和体验作出的"标准案例情景"下的反映"实然"的问卷调查，其"初心"很难不被其他地方的"实然"感染。显可易见，以中国商事法之"应然"无法真实反映国内营商环境，上升的营商便利度排名也无法为我国营商环境尚存不足之现实背书。而本报告从各主要城市实施商事法之"实然"着手，通过对主要城市的法治化营商环境开展评估，更为贴近现实地刻画各地真实的营商环境，就显得尤为具有学术研究与实践探索上的关怀与指导意义。在经过待评估样本城市挑选、评价指标体系构建之后，基于中国市场交易的发展历程和特点，从政策评价的角度出发对我国 33 个主要城市进行法治化营商环境评估后，着眼于中国城市营商环境的优化之视角，提炼了一些可供后续相关营商环境评估工作参照施行的建议，以期在评估、分析、论证的基础上，提出改善我国营商环境的"中国方案"。

一、党的领导推动主要城市营商环境法治转型

解放和发展社会生产力，是社会主义的本质要求；中国共产党领导是中国特色社会主义最本质的特征。[①] 党在"润物细无声"中逐步推动着各项改革措施细化、坚定地落实与实施。党的十八届三中全会《中共中央关于全面深化改革若干重大问题的决定》明确提出建设法治化营商环境后，十八届四中全会《中共中央关于全面推进依法治国若干重大问题的决定》有的放矢，提出"加强市场法律制度建设，编纂民法典，制定和完善发展规划、投资管理、土地管理、能源和矿产资源、农业、财政税收、金融等方面法律法规"。十八届五中全会《中共中央关于制定国民经济和社会发展第十三个五年规划的建议》进一步确认"完善法治化、国际化、便利化的营商环境"。为加快建设开放型经济新体制，推动我国经济持续健康发展，中共中央总书记习近平在 2017 年 7 月 17 日主持召开的中央财经领导小组第十六次会议上，强调营造稳定公平透明、可预期的营商环境。随即，党的十九大报告又明确地指出"深化商事制度改革"。为了转变我国经济发展方式、优化经济结构、转化增长动力，党中央高瞻远瞩、果断决策，优化营商环境，建设法治化营商环境成为建设现代化经济体系的核心内容。为应对经济新常态，党中央全面推动营商法治建设，不断推出重大改革举措，精准治理营商过程的"痛点""堵点"和"难点"问题，成效愈来愈显著。

因循党中央提出的营造"法治化、国际化、便利化营商环境"的重大战略决策，营商法治的规范体系建设也取得了举世瞩目的成就。2016 年，全国人大通过的《国民经济和社会发展第十三个五年规划纲要（2016—2020）》，即在第 50 章专辟一节"营造优良营商环境"，旨在统一内外资法律法规，营造公平竞争的市场环境、高效廉洁的政务环境、公正透明的法律政策环境和开放包容的人文环境。全国人大及其常委会坚决执行十八届四中全会关于加强市场法律制度建设、编纂民法典的决定，按照"两步走"的工作思路，先制

---

① 我国《宪法》第 1 条第 2 款。

定在民法典中起统领作用的民法总则，再编纂各分编，争取到 2020 年形成统一的民法典。2017 年 3 月，历经全国人大常委会三次审议和反复修改，十二届全国人大五次会议通过民法总则，完成民法典开篇之作，为编纂一部具有中国特色、体现时代精神、反映人民意愿的民法典打下坚实基础。民法典各分编的编纂工作正在扎实推进。十二届全国人大期间，全国人大常委会还相应完成了一系列市场运行的框架性法律，如《公司法》第三次修订及公司法司法解释四出台，《中外合资经营企业法》第三次修正，《中外合作经营企业法》和《外资企业法》第二次修正，《台湾同胞投资保护法》和《反不正当竞争法》首次修正，以促进商品和要素自由流动、公平交易、平等使用，加强和改善市场监管，反对垄断，促进合理竞争，维护公平竞争的市场秩序。

在未来法治化营商环境的优化进程中，必须遵循党的领导，深入贯彻党的领导是全面依法治国的应有之义。[①] 推动营商环境向法治化转型，亦尤需遵循党的三大领导方式中与法治实践最为密切的政治领导。坚持党对法治实践的政治领导，就是要"党的主张在法治实践中所起到（发挥）的政治主导作用……党制定的路线、方针、政策对于社会主义法治实践的各个环节、各个领域、各个层面的政治主导作用"。[②] 这就包括党领导"立法者的立法行为，执法者的执法行为，法官检察官的司法行为，全体公民和社会组织的守法行为"。[③] 面对党中央不断深化营商环境重大改革举措和营商法治化，各主要城市应当积极行动，竞相改革体制机制，营造"重商、亲商、安商和富商"的良好氛围，不断提升企业办事便利度、满意率和获得感，促进更高质量、更有效率、更加公平、更可持续的发展。同时，为使党中央改革营商环境的重大举措能够落地，贯彻落实商事法，各级政府应当真抓实干，拿出"抓铁留痕"的精神，各种实施意见、实施方案、行动方案要名副其实，真正做到在抓"实施"、抓"行动"；适时确认优化营商环境实践中的成熟经验和做法，围绕企业营商的全过程各环节的"短板"开展地方立法，直面我国涉企商事法的"盲点"，用心构建法治化、国际化、便利化的营商环境。

值得注意的是，各地党委优化营商环境的态度是坚决的，行动是迅速的，改革营商环境法治的举措也是丰富多彩的，但是必须正视各地的巨大差异。我国幅员辽阔，沿海地区与内陆地区相比，即华东、华南与东北、华北、华中、西南、西北相互之间，无论是资源禀赋，还是经济发展水平，都不平衡。即使是执行全国统一商事法，各地的绩效也会截然不同，更何况各地政府的执政能力和见识也有差异，[④] 各地落实商事法的举措和做法需要因地制宜、因时制宜。各地党委在推动营商环境法治化改革的进程中，应当以企业为中心构建服务体系和举措，尤须以法律制度为中心：围绕企业开办、项目建设、运营、退出全过程各环节的"痛点、堵点、难点"，展开制度体制、法律机制改革，有的放矢，不断提

---

① 全面依法治国的重要目标就是要在中国共产党领导下，形成完备的法律规范体系、高效的法治实施体系、严密的法治监督体系、有力的法治保障体系，以及完善的党内法规体系。

② 喻中：《改进党对法治建设的领导方式》，《北京行政学院学报》2013 年第 1 期。

③ 李林：《党与法的高度统一》，《法制与社会发展》2015 年第 3 期。

④ 董志强、魏下海、汤灿晴：《制度软环境与经济发展——基于 30 个大城市营商环境的经验研究》，《管理世界》2012 年第 4 期。

升企业办事便利度、满意率和获得感。营商环境概念甚为宽泛，从国家体制结构到道路交通运输，无所不包。而营商环境建设转向软环境建设，以法律制度为中心，显然是回应了我国经济从高速增长向高质量增长转型的新时代需求。这也体现了我国营商环境建设的最大优势：党的领导确保了法治化营商环境的正确方向，推动以企业为中心的营商法制转型。

二、重大改革于法有据——营商环境优化的改革与法治统合推进

优化法治化营商环境，与改革如影随形。习近平总书记在《关于深化党和国家机构改革决定稿和方案稿的说明》中强调："改革和法治是两个轮子……要做到改革和立法相统一、相促进，发挥法治规范和保障改革的作用。"[①] 而地方性营商法治的基本定位，需要为商事法落地打通"最后一公里"，改革关乎企业开办、运营和退出全过程各环节的体制机制，消除"痛点"，打通"堵点"，治理"难点"。以商事制度为例，依据《公司法》第 6 条、《民法总则》第 58 条和第 77 条，确实很简单：一般情况下实行准则主义，例外情形才属于行政许可主义。但正是由于各种体制机制的障碍，哪怕是通常的准则主义，公司登记到底要经过多少道手续，盖多少个章，缴多少费，跑多少趟路，在不同城市甚至同一城市不同地方都截然不同，动辄花费几个月。特殊情形下，哪些程序属于前置许可，哪些属于后置许可；如遇多项行政许可，它们相互是什么关系，是并联还是串联，不同城市甚至同一城市不同部门都存在着不一致的地方。公司申请人往往为此"跑断腿"，缴交"冤枉费用"，也未必能顺利注册。如果企业的精力和资源都被迫投入这些无谓的手续之中，谈何创新驱动？这与推动经济高质量发展的转型无疑是背道而驰的。

为此，各主要城市应当大力回应注册资本制度、先照后证、多证合一、照后减证等一系列改革要求，不断提升企业办事便利度、满意率和获得感。但需要注意的是，在优化营商环境的过程中，重大改革与法治必须"双轮驱动"、比翼双飞，缺一不可。党的十八届四中全会通过的《中共中央关于全面推进依法治国若干重大问题的决定》明确指出，"实现立法和改革决策相衔接，做到重大改革于法有据、立法主动适应改革和经济社会发展需要。实践证明行之有效的，要及时上升为法律。实践条件还不成熟、需要先行先试的，要按照法定程序作出授权。对不适应改革要求的法律法规，要及时修改和废止"。这就意味着，一方面通过这些改革，商事法能够在各地真正落地生根，开花结果，推动创新创业。另一方面，则是在改革过程中行之有效的做法和经验，可以先上升为地方营商法制。至于妨碍改革的"旧法"，当废则废，以便重大改革于法有据。

各地商事制度改革完全以企业为中心，而企业办事是否便利，是否满意，是否真有获得感，企业自知冷暖，最有发言权。近年来，各地都落实了注册资本认缴制，扫除了妨碍初创企业的资本障碍，消除了政府干预，还权于企业，由企业自主筹措资本，安排资本催

---

① 习近平：《关于深化党和国家机构改革决定稿和方案稿的说明》，新浪网，http://news.sina.com.cn/c/xl/2018-04-11/doc-ifyzeyqa5509095.shtml。

缴和使用进度。这无疑更符合市场规律，更有助于构建"亲清"新型政商关系，利于政府部门联动，实施协同监管、简约监管、审慎监管，推进监管智慧化。

三、营商环境法治化发展应当具有"系统性"

企业运营不仅关乎企业内部诸多生产要素的配置与整合，还面临更为复杂且变动不居的外部环境。企业活不活、运行高效与否，从来不是由单个要素所决定的，而是复杂而微妙的系统性整合。如是，营商环境改革往往牵一发而动全身，必须具有系统性、整体性。此轮法治化营商环境改革，各地都收获实效，增强了企业办事便利度、满意率和获得感，成绩斐然，系统集成、综合推进乃是关键。以企业为中心与政府职能转变有机融合，行政服务与有效监管有机结合，必须坚持系统集成，有机融合行政服务与政府监管，实现以企业为中心与政府职能转变的统筹一体推进，实现我国营商环境整体的优化完善。

纵观各地营商环境改革举措，从注册资本制度改革，到"先照后证""多证合一""证照分离""照后减证"等系列改革，无不以企业需求及其满意率、获得感为出发点。这些改革的成败以及在何种程度上提升企业的满意率、获得感，必须坚持综合改革，必须系统集成；推进"放管服"改革，加快政府职能转变，以体制机制创新为关键，经济体制、行政管理体制等各项改革协同推进。就商事制度论商事制度，如不触及政府职能转变，注定会功亏一篑。相应地，"放管服"改革，政府职能转变，更不是为了改革而改革，而是以企业为中心，是为了"亲商、重商、安商、富商"。什么时候政府服务效率提高了、管理规范了，企业办事便利度、满意率和获得感无疑会大大提高。

以企业为中心与政府职能转变相辅相成，相互支撑，相互促进。近年来，正是"先照后证""多证合一""证照分离""照后减证"等系列改革，"撬动"了政府职能转变，加快了"放管服"改革的步伐。考察各地营商环境改革政策和地方立法，无论是综合改革方案，还是专项改革，无不关乎同级政府近乎所有的部门。正是经历这一系列改革的洗礼，各部门逐渐适应了在各项改革之中各就其位、各司其职，按照要求和本部门职能推进相关改革。如不能按期推动相关改革的进程，就可能被问责。正是在这个过程当中，各部门逐步习惯了相互联动、相互协同，信息共享，而非各自为政，互不买账，让企业"跑断腿"。如是，政府推进"放管服"改革时，转变政府职能便是水到渠成，瓜熟蒂落，顺理成章。

没有高效的行政服务，以企业为中心就会沦为一句空话；而没有有效的市场监管，交易安全没有保障，不能实现企业最终为人类服务的目的，这样的营商环境注定是没有意义的。法治化的营商环境，关键就在于这两者有机结合，而这正好贯穿于各地营商环境改革之始终。特定城市何时将两者完美结合，营商环境无疑会优化；而任何时候将两者偏废，无论是重监管轻服务，抑或重服务轻监管，都会破坏营商环境。相应地，各地政府都在与时俱进，创新与强化监管措施的有效性。正是统一权威、科学高效的市场监管，维护了公平竞争秩序，为营商的全过程各环节提供了有力的监管保障，促进了更高质量、更有效率、更加公平、更可持续的发展。

四、营商环境法治化发展应该具有战略性

没有企业的发展，最终都是竭泽而渔。当下，供给侧结构性改革进入攻坚期、关键期，优化营商环境以振兴实体经济成为建设现代化经济体系的战略性举措。党中央高瞻远瞩，十九大报告明确提出了着力发展实体经济的战略性论断，报告指出："建设现代化经济体系，必须把发展经济的着力点放在实体经济上，把提高供给体系质量作为主攻方向，显著增强我国经济质量优势。"这是在认真分析国际国内形势后作出的重要判断：一方面，世界各经济体都在争相介入新一轮国际"分工争夺战"，随着比较优势逐步转化，全球制造业版图将被重塑。作为全球科技创新中心，美国在制造业基础及最前沿科技创新方面仍将处于领先地位；第二梯队中，德国、日本等国家地位将进一步巩固，一些后发国家有望通过技术、资本和人才积累，通过产业升级进入这一梯队；第三梯队中，大量新兴经济体通过要素成本优势，积极参与国际分工，也将逐步纳入全球制造业体系。中国目前处于第三梯队的格局在短时间内难有根本性改变，面对技术和产业变革及全球制造业竞争格局的重大调整，我国既面临重大机遇也面临重大挑战。只有加倍努力，才能进一步提升位次以应对国际竞争，为把我国建设成为引领世界制造业发展的制造强国，为实现中华民族伟大复兴的中国梦打下坚实基础。另一方面，实体经济面对"死亡税率"和"死亡成本"的双向挤压，民营制造业的倒闭潮、"曹德旺跑了"以及制造业巨头拼命挤入房地产或金融领域，引发社会各界深思：要真正推动经济结构转型升级，就得为企业减负，真正降低成本；就得让资金流入制造业，特别是制造业的创新环节。① 质言之，各地营商环境如何，实体经济就是晴雨表；营商环境法治化成效如何，支持实体经济的力度就是试金石。地方政府纷纷拿出实招、奇招，包括减税降费、降低经济要素成本、培育制造业新兴支柱产业等便民利企措施，本质都是通过优化企业面临的外部环节要素，起到支持实体经济发展作用，最终服务于建设制造强国的目标。

明确营商环境法治化发展的战略性，要求各地认真贯彻落实国务院《降低实体经济企业成本的工作方案》，真正与企业同甘共苦，真正过"紧日子"：①自 2013 年以降，经过持续的清理规范工作，中央设立的行政事业性收费由 185 项减少至 51 项，减少幅度为 72%；其中涉企收费事项由 106 项减少到 33 项，减少幅度为 69%；政府性基金收费由 30 项减少到 21 项，减少幅度为 30%。②为将减费降税的战略性举措落到实处，减轻企业缴费负担以优化涉企营商环境，各省（区、市）设立的行政事业性收费平均约 14 项，其中涉企收费平均约 3 项，政府性收费项目已大幅减少。降税方面，各地都在国家规定的税额幅度内竭力为制造业企业减负，切实推行涉企税费"一张表""一张网"，实行税费目录清单管理，实时对外公布，表外收费项目一律取消。③为切实降低制造业企业的成本，增强企业竞争力，各地都在降低用地成本、社会保险成本、用电成本、运输成本、融资成

---

① 原上草：《曹德旺跑了，宗庆后会跑吗？》，和讯网，http://news.hexun.com/2016 - 12 - 19/187404551. html；周哲、王延春：《制造业税负调查》，《财经》2017 年第 2 期。

本、制度性交易成本以及盘活工业企业土地资源利用率等方面下足功夫，实招频出，精彩纷呈。④降低成本与增加资本供给"双管齐下"，各地着力于优化企业融资环境，缓解企业"融资难""融资贵"的难题；为增加融资渠道，稳妥推进民营银行设立，发展中小金融机构；加强资金清欠，化解企业债务链风险。制造业企业实惠多了，竞争力强了。

凡此种种，不一而足。制造业企业从被挤压到获强力扶持，资本流向新兴支柱产业，强化创新环节，无疑有助于改变我国制造业"缺芯少核"的局面，提升国际地位和竞争力，法治化营商环境改革用力精准，其战略性意义值得称道。

第四章　中国主要城市的企业开办便利度

　　企业开办既是群众投资创业的首要门槛，也是一个企业生命周期的起点。企业开办便利度是衡量一个国家和地区营商环境优劣的重要指标之一。世界银行集团在 2017 年 10 月 31 日发布的《2018 年营商环境报告：改革以创造就业》（以下简称《世行报告》）揭示了各国营商环境的主要评价指标，包括以下 10 项：开办企业、办理施工许可证、获得电力、登记财产、获得信贷、保护中小投资者、纳税、跨境贸易、执行合同和办理破产。《世行报告》显示，我国营商环境便利度位列全球第 78 位，比 2013 年提高了 18 位，其中，企业开办便利度位列全球第 93 位，比 2013 年提升了 65 位，企业开办的平均手续减至 7 项，平均办理时限缩短为 22.9 天[①]，我国的营商效率明显提高。五年多来，我国企业开办便利度的改革历经从探索试点到重点突破、从逐步深化到全面扩大的顶层设计和基层实践有机结合的互动过程，通过积极开展企业名称预核准、多证合一、先照后证、公章刻制、发票申领等一系列改革举措，有效提高了企业开办便利度，极大优化了企业营商环境。毋庸讳言，与世界先进水平相比，我国营商环境仍有较大改善空间，加快追赶刻不容缓。2018 年 5 月 2 日召开的国务院常务会议决定采取措施压缩企业开办时间，进一步优化营商环境。

第一节　企业开办便利度政策与评估指标体系

　　企业开办便利度高低主要取决于工商登记制度优劣，我国企业开办便利度改革也源于工商登记制度改革。十一届三中全会以来，我国逐渐形成了以实收资本制、审批和准则制并存及以企业年检为主要特征的工

[①] 《2018 年营商环境报告：改革以创造就业》，http：//chinese. doingbusiness. org/~/media/WBG/DoingBusiness/Documents/Annual-Reports/English/DB2018 - Full - Report. pdf。

商登记制度。然而，经过四十年的改革开放，我国进入社会主义新时代，上述工商登记制度与当前经济社会发展明显不匹配，突出表现为登记难度大和行政审批多，新时代工商登记制度改革迫在眉睫。公章刻制和发票申领是企业开办的必经阶段和环节，提高办理效率、缩短办理时限和减少办理材料是主要的改革内容，企业的预备经营便利度与其密切相关。总体而言，企业开办便利度改革的顶层设计应当以持续完善的政策法规作为法律基础和制度保障。

一、企业开办便利度的政策法规文件

2018 年 1 月 3 日召开的国务院常务会议明确指出，对企业开办等事项大幅精简审批，压缩办理时间。2018 年 3 月 20 日，李克强总理在中外记者见面会上明确提出在 2018 年把企业开办时间再减少一半。2018 年 5 月 2 日，国务院常务会议确定，进一步简化企业从设立到具备一般性经营条件的办理环节，包括推行企业登记全程电子化、除特别规定外对企业名称不再实行预先核准、将公章刻制备案纳入"多证合一"事项、对已领取加载统一社会信用代码营业执照的企业不再单独进行税务登记、核发社保登记证和压缩发票申领和参保登记时间。2018 年各直辖市、计划单列市、副省级城市和省会城市要将企业开办时间压缩一半以上，由目前平均 20 多个工作日减至 8.5 个工作日，其他地方也要积极压减企业开办时间，2019 年上半年在全国实现上述目标。2018 年 5 月 17 日，国务院办公厅印发的《关于进一步压缩企业开办时间的意见》除再次明确上述会议确定的目标和任务外，还鼓励各地在立足本地实际、确保工作质量的前提下，进一步加大压缩企业开办时间工作力度。① 健全压缩企业开办时间工作长效机制和企业开办的制度规范，持续提升我国企业开办便利度。这是目前直接规定压缩企业开办时间的综合性政策文件，也是各地落实改革目标的具体依据。

1. 注册资本改革的政策法规

注册资本登记制度改革的政策法规始于 2013 年 3 月 14 日十二届全国人大一次会议审议批准的《国务院机构改革和职能转变方案》，决定改革工商登记制度，放宽商事登记条件。2013 年 8 月，国务院常务会议审议通过《注册资本登记制度改革方案》，确立了我国商事制度改革的总体设计方案，包括实行注册资本认缴登记制度、将企业年度检验制度改为企业年度报告公示制度、简化住所登记手续等主要改革举措。2013 年 11 月，党的十八届三中全会通过《中共中央关于全面深化改革若干重大问题的决定》，重申推进工商注册制度便利化，把注册资本实缴登记制逐步改为认缴登记制。2013 年 12 月，十二届全国人大六次会议审议修改《公司法》，将公司注册资本实缴登记制改为认缴登记制，取消了公司注册最低资本限额制度，为我国商事制度改革提供了法律依据。2014 年 2 月，国务院决定修改《公司登记管理条例》《企业法人登记条例》等行政法规。随后，国家工商行政管理总局制定出台《公司注册资本登记管理规定》。从 2014 年 3 月 1 日起，工商登记制度改

---

① 《国务院办公厅关于进一步压缩企业开办时间的意见》，国办发〔2018〕32 号。

革在全国范围内正式实施。

2. "多证合一"改革的政策法规

"多证合一"改革开端于"三证合一"改革。2015年6月，国务院办公厅出台的《关于加快推进"三证合一"登记制度改革的意见》明确指出，"三证合一"登记制度是指将企业登记时依次申请，分别由工商行政管理部门核发工商营业执照、质量技术监督部门核发组织机构代码证、税务部门核发税务登记证，改为经一次申请后由工商行政管理部门核发一个营业执照。① 2015年8月，国家工商管理总局等六部门联合发布了《关于贯彻落实〈国务院办公厅关于加快推进"三证合一"登记制度改革的意见〉的通知》，要求全国各级工商行政管理部门自2015年10月1日起对新设立和变更的企业发放加载了统一社会信用代码的营业执照，"三证合一、一照一码"登记模式在全国推广实施。②

2016年5月18日召开的国务院常务会议指出，在全面实施企业"三证合一"基础上，再整合社会保险和统计登记证，实现"五证合一、一照一码"，降低创业准入的制度性成本，"五证合一"改革呼之欲出，成为"三证合一"的升级版。《国务院关于印发2016年推进简政放权放管结合优化服务改革工作要点的通知》要求全面实行企业"五证合一"登记制度。③ 国务院办公厅发布的《关于加快推进"五证合一、一照一码"登记制度改革的通知》明确提出，从2016年10月1日起实施"五证合一"登记改革。④ 国家工商总局等五部门联合发布的《关于贯彻落实〈国务院办公厅关于加快推进"五证合一"登记制度改革的通知〉的通知》提出，要确保从2016年10月1日起在全国范围内推行"五证合一"改革。

"多证合一"是精简涉企证照数量的改革终极版。2017年4月26日召开的国务院常务会议指出，全面推行"多证合一"，把涉及市场主体登记、备案等有关事项和各类证照进一步整合到营业执照内。《国务院办公厅关于加快推进"多证合一"改革的指导意见》明确要求，各地区要按照能整合的尽量整合、能简化的尽量简化、该减掉的坚决减掉的原则，全面梳理、分类处理涉企证照事项，将信息采集、记载公示、管理备查类的一般经营项目涉企证照事项，以及企业登记信息能够满足政府部门管理需要的涉企证照事项，进一步整合到营业执照上，被整合证照不再发放，实行"多证合一、一照一码"，使企业在办理营业执照后即能达到预定可生产经营状态，大幅缩短企业从筹备开办到进入市场的时间，确保"多证合一"改革在2017年10月1日前落到实处并取得实效。⑤

3. "先照后证"改革的政策法规

"先照后证"是我国工商登记制度改革的重要措施之一，主要目标是解决企业工商登记时的前置审批事项繁多的问题。长期以来，企业在获取营业执照之前必须到相关行政部

① 《国务院办公厅关于加快推进"三证合一"登记制度改革的意见》，国办发〔2015〕50号。
② 《关于贯彻落实〈国务院办公厅关于加快推进"三证合一"登记制度改革的意见〉的通知》，工商企注字〔2015〕121号。
③ 《国务院关于印发2016年推进简政放权放管结合优化服务改革工作要点的通知》，国发〔2016〕30号。
④ 《国务院办公厅关于加快推进"五证合一、一照一码"登记制度改革的通知》，国办发〔2016〕53号。
⑤ 《国务院办公厅关于加快推进"多证合一"改革的指导意见》，中国政府网，http://www.gov.cn/zhengce/-content/2017-05/12/content_5193122.htm。

门办理各类前置审批许可事项，极大阻碍了我国市场经济的健康发展。实施"先照后证"改革之后，除少部分法律或国务院规定须保留的前置审批事项以外，绝大多数工商登记前置审批事项改为后置审批事项，创业者可先领取营业执照，然后再到相关部门办理相关经营许可证。

"先照后证"改革的政策文件早见于《国务院机构改革和职能转变方案》，该方案明确提出将"先证后照"改为"先照后证"。2014 年 6 月 4 日召开的国务院常务会议提出，要继续清理和压缩现有前置审批事项，将其中的大多数改为后置审批，由先证后照改为先照后证，并实行目录化管理制度，向社会公开，接受监督。《国务院关于促进市场公平竞争维护市场正常秩序的若干意见》明确提出，改革工商登记制度，推进工商注册制度便利化，大力减少前置审批，由先证后照改为先照后证。① 《国务院关于"先照后证"改革后加强事中事后监管的意见》明确提出，工商总局负责公布工商登记前置审批事项目录。除法律、行政法规和国务院决定外，一律不得设定工商登记前置审批事项，也不得通过备案等方式实施变相前置审批。

"证照分离"是"先照后证"的改革升级版。2015 年 12 月 29 日，国务院发布《关于上海市开展"证照分离"改革试点总体方案的批复》，同意在上海市浦东新区开展"证照分离"改革试点。2017 年 9 月，国务院发布《关于在更大范围推进"证照分离"改革试点工作的意见》提出，在广东、浙江、天津等 10 个自贸试验区复制推广上海市改革试点的成熟做法，除涉及国家安全、生态安全和公众健康等重大公共利益外，能分离的许可类的证都分离出去，根据地方实际分别采用适当管理方式，包括直接取消审批、由审批改为备案、实行告知承诺制等，这标志着进一步清理和取消工商登记审批事项的改革进入深化阶段。②

"照后减证"是"证照分离"的进一步改革举措。2018 年 1 月 17 日召开的国务院常务会议决定，在前期已对 116 项审批事项开展"证照分离"改革试点并向全国各自贸试验区推广的基础上，由上海市进一步在浦东新区对商事制度、医疗、投资、建设工程、交通运输、商务、农业、质量技术监督、文化、旅游等 10 个领域 47 项审批事项进行改革试点，推进"照后减证"。2018 年 9 月 22 日召开的国务院常务会议决定，从 2018 年 11 月 10 日起，在全国对第一批上百项涉企行政审批事项推进"照后减证"，直接取消审批或改为备案或实行告知承诺制或优化准入服务、减少申报材料和环节、压缩审批时限，强调推进"证照分离"改革，在放宽准入的同时要把更多力量放到创新和强化事中事后监管上，加强公正监管。李克强总理在 2018 年全国深化"放管服"改革转变政府职能电视电话会议上指出，企业拿"照"后的各种"证"还是太多，迟迟办不下来，无法进行生产经营。今年要在全国推开"证照分离"改革，重点在"照后减证"上下功夫，能取消审批的予以取消，有些可改为备案、告知承诺；对暂时不具备条件取消的，要通过"多证合一"等

---

① 《国务院关于促进市场公平竞争维护市场正常秩序的若干意见》，国发〔2014〕20 号。
② 《国务院关于在更大范围推进"证照分离"改革试点工作的意见》，国发〔2017〕45 号。

方式优化服务。① 可以预见，后续改革的主要内容是照后减证，最大限度解决企业"准入不准营"的难题，但从本质上看，无论是先照后证、证照分离还是照后减证，都是行政审批事项改革问题。

4. 简易注销改革的政策法规

根据《国务院关于促进市场公平竞争维护市场正常秩序的若干意见》（国发〔2014〕20 号）和《国务院关于印发 2016 年推进简政放权放管结合优化服务改革工作要点的通知》（国发〔2016〕30 号），国家工商总局于 2016 年 12 月 26 日发布《关于全面推进企业简易注销登记改革的指导意见》（工商企注字〔2016〕253 号），提出从 2017 年 3 月 1 日起，在全国范围内实行企业简易注销登记改革。该指导意见的主要内容包括：规定了简易注销的适用范围，简化了企业需要提交的申请材料，明确了登记机关应在 3 个工作日之内依法作出予以或不准予登记决定，并明晰了登记各方的权责。

5. 公章刻制改革的政策法规

根据《国务院关于第三批取消中央指定地方实施行政许可事项的决定》（国发〔2017〕7 号），公章刻制成为国务院决定第三批取消的中央指定地方实施的行政许可事项之一。该决定要求各地取消审批后要加强事中事后监管，具体措施包括：实行公章刻制备案管理，继续保留公安机关对公章刻制企业的审批。要修订《印铸刻字业暂行管理规则》，明确监管标准、要求和处罚措施，要求公章刻制企业在刻制公章后，将用章单位、公章刻制申请人、印模等基本信息报公安机关备案。公安机关要加强事中事后监管，建立统一的公章治安管理信息系统，逐步实现公章刻制网上备案、信息采集及公众查询。该决定将公章刻制的审批改为备案管理后，为提高公章刻制的办结效率和缩短办理的时限提供制度保障和法律基础，成为各地制定更为细化的政策文件和进一步落实中央改革精神的重要政策依据。《关于进一步压缩企业开办时间的意见》明确提出，公章制作单位应在 1 天内完成印章刻制，并按照规定向公安机关备案。

6. 发票申领改革的政策法规

发票申领的政策依据主要是 2017 年 5 月 5 日国务院办公厅发布的《关于加快推进"多证合一"改革的指导意见》，该意见指出，各地区要按照能整合的尽量整合、能简化的尽量简化、该减掉的坚决减掉的原则，全面梳理、分类处理涉企证照事项，将信息采集、记载公示、管理备查类的一般经营项目涉企证照事项，以及企业登记信息能够满足政府部门管理需要的涉企证照事项，进一步整合到营业执照上，被整合证照不再发放，实行"多证合一、一照一码"，使企业在办理营业执照后能达到预定可生产经营状态，大幅度缩短企业从筹备开办到进入市场的时间。已按照"五证合一"登记模式领取加载统一社会信用代码营业执照的企业，不需要重新申请办理"多证合一"登记，由登记机关将相关登记信息通过全国信用信息共享平台共享给被整合证照涉及的相关部门。根据上述规定，税务登记证被整合在企业统一社会信用代码证上，不再单独办理登记发放，不仅为提高纳税人

---

① 《李克强在全国深化"放管服"改革　转变政府职能电视电话会议上的讲话》，新华网，http://www.xinhua.net。

增值税发票申领的办理效率和减少办理时限提供了制度基础，而且为后续中央制定更为细化的缩短发票申领的办理时限相关文件奠定了政策基础。《关于进一步压缩企业开办时间的意见》对申领发票的办理时限做了明确规定，将新办企业首次办理申领发票的时间压缩至 2 天以内。

综上可见，我国企业开办便利度改革有序向纵深推进是以法治的思维和方式为基本理念和原则的。概言之，上述改革的政策法规可分为以下三个类别：全局性文件、落实性文件和阶段性文件（见表 4－1）。

表 4－1   我国企业开办便利度的政策法规

改革举措	文件名称	文件分类
注册资本	《中华人民共和国公司法》 《国务院关于印发注册资本登记制度改革方案的通知》 《公司注册资本登记管理规定》 《2015 年推进简政放权放管结合转变政府职能工作方案》	全局性文件
企业名称预核准	《国务院关于印发"十三五"市场监管规划的通知》 《工商总局关于开放企业名称库有序推进企业名称登记管理改革的指导意见》 《关于进一步压缩企业开办时间的意见》	全局性文件 落实性文件
多证合一	《国务院关于促进市场公平竞争维护市场正常秩序的若干意见》 《国务院办公厅关于加快推进"五证合一、一照一码"登记制度改革的通知》 《国务院办公厅关于加快推进"多证合一"改革的指导意见》 《2015 年推进简政放权放管结合转变政府职能工作方案》 《关于进一步压缩企业开办时间的意见》	全局性文件 落实性文件 阶段性文件
先照后证	《国务院关于促进市场公平竞争维护市场正常秩序的若干意见》 《工商总局关于落实"证照分离"改革举措促进企业登记监管统一规范的指导意见》 《国务院关于在更大范围推进"证照分离"改革试点工作的意见》 《2015 年推进简政放权放管结合转变政府职能工作方案》	全局性文件 落实性文件 阶段性文件
简易注销	《国务院关于促进市场公平竞争维护市场正常秩序的若干意见》 《国务院关于印发 2016 年推进简政放权放管结合优化服务改革工作要点的通知》 《国务院关于印发"十三五"市场监管规划的通知》 《工商总局关于全面推进企业简易注销登记改革的指导意见》	全局性文件 落实性文件
公章刻制	《国务院关于第三批取消中央指定地方实施行政许可事项的决定》 《关于进一步压缩企业开办时间的意见》	阶段性文件
发票申领	《国务院办公厅关于加快推进"多证合一"改革的指导意见》 《关于进一步压缩企业开办时间的意见》	落实性文件

二、企业开办便利度的评估指标体系

《世行报告》将我国目前企业开办所需的环节评定为 7 个，包括企业名称预核准、申请办理营业执照、申请制作企业公章许可、制作企业公章、申请购买发票、登记招聘文件和社保登记。据此，我国现阶段企业开办的主要环节包括以上 7 个阶段，其中，设立登记内容主要包括"多证合一"和"先照后证"，二者与企业名称预核准可以合称为工商登记。故此，本报告考察企业开办便利度的具体指标主要是指企业开办过程中必备的企业名称预核准、设立登记、公章刻制和发票申领等环节。随着压缩企业开办时间改革的持续深入，清理和取消工商登记审批事项逐渐成为后续改革的重中之重，中央先后制定出台"多证合一、一照一码""先照后证""证照分离"等系列改革文件，主要目的还是着力解决"办照容易办证难"和"准入不准营"等老大难问题。由于国家层面对企业开办的相关改革并未像注册资本改革那样统一作出具体规定，各地可以根据自身实际作具体规定，故此，各地实践出现不同程度的差异性，具体表征为各地的企业开办便利度高低有别。

为了直观评估地方对中央改革政策的落实情况，本报告选取我国 33 个主要城市作为考察对象，评估每个城市落实中央出台的各项关于企业开办便利度改革政策文件的现状，以期从整体上把握我国的企业开办便利度改革的实施状况。根据中央出台的各项与企业开办便利度相关的改革文件，本报告设计了企业开办便利度的评估指标体系。该指标体系共划分为三级：第一级指标是企业开办便利度；第二级指标是工商登记便利度和预备经营便利度；第三级指标共有 18 个，分为数据指标和评价指标，指标属性均为正向指标（见表 4-2），数据指标的分值区间是 0~2 分，评价指标的分值区间是 0~1 分。

表 4-2　企业开办便利度的评估指标体系

一级指标	二级指标	三级指标	指标属性（正向）
企业开办便利度	工商登记便利度	1. 是否有名称预核准的规范性文件（1 分）	评价指标
		2. 名称预核准的办理时限（2 分）	数据指标
		3. 是否有先照后证的规范性文件（1 分）	评价指标
		4. 前置审批事项的数量（2 分）	数据指标
		5. 后置审批事项的数量（2 分）	
		6. 是否有多证合一改革的规范性文件（1 分）	评价指标
		7. 多证合一整合的证照是否多于 5 个（1 分）	
		8. 是否有简易注销的规范性文件（1 分）	
		9. 简易注销的公告期（2 分）	数据指标
		10. 简易注销的受理期（2 分）	
		11. 提交简易注销材料的数量（2 分）	

（续上表）

一级指标	二级指标	三级指标	指标属性（正向）
企业开办便利度	预备经营便利度	12. 是否有公章刻制的规范性文件（1 分）	评价指标
		13. 公章刻制有无改审批为备案（1 分）	
		14. 公章刻制的办理时限（2 分）	数据指标
		15. 公章刻制办理的现场次数（2 分）	
		16. 是否有发票申领的规范性文件（1 分）	评价指标
		17. 发票申领的办理时限（2 分）	数据指标
		18. 发票申领办理的现场次数（2 分）	

对照表 4 - 2 所列的三级指标，分三个步骤获取各市企业开办便利度的评估分值。[①] 第一步是依次评估每个三级指标分值。其中，数据指标的赋分区间为 0～2 分，把 33 个城市中最好的城市设定为 2 分，最差的城市设定为 0 分，居于最好与最差之间的城市均等划分为若干等次，获得相应评估分值；有与无的评价指标赋分标准是有则赋值 1 分，无则不赋分。特别需要说明的是，为尽量缩小该类指标与数据指标对计算最后分值的偏差，评价指标的最终分值需乘以 20% 权重。数据指标和评价指标的计算公式如下所示：

①数据指标计算公式：$2 \text{ 分} \div N \times (0, 1, 2, \cdots, N)$ $(N \geqslant 2)$
②评价指标计算公式：$0/1 \text{ 分} \times 20\%$

第二步是汇总上一步的若干个三级指标分值，相加得出两个二级指标的分值，即工商登记便利度和预备经营便利度的评估分值。最后一步是综合上述两个二级指标的分值，相加得出本报告考察的 33 个主要城市企业开办便利度的评估总分，并按照各市的总分由高到低依次列出。对照表 4 - 2 所列的评估指标体系，具体考察我国 33 个主要城市对中央改革政策的落实状况，包括工商登记和预备经营等两个层面，评估每个城市出台或制定的名称预核准、多证合一、先照后证、简易注销、公章刻制和发票申领等 6 个维度的规范性文件或政策制度，从整体上评估上述待考察的城市的企业开办便利度的差异状况。

三、主要城市企业开办便利度的评估结果

根据上文设定的指标评价体系，综合考察 33 个主要城市出台的相关规范性文件和制定的政策制度，得出每个城市的企业开办便利度的最终评估分值。按照每个城市的分值由高到低排序，排名前十位的城市依次为杭州、舟山、深圳、广州、青岛、南京、厦门、福州、成都和西安，排名后十位的城市依次是重庆、长春、昆明、南昌、北京、海口、石家

---

① 所有分值除 0、0.5、1、1.5 和 2 等可以整除的分值以外，其他分值均四舍五入并保留小数点后两位。

庄、南宁、合肥和太原（见表 4 - 3）。

表 4 - 3　33 个城市的企业开办便利度评估分值

城市	工商登记便利度	预备经营便利度	总分	城市	工商登记便利度	预备经营便利度	总分
杭州	10.29	4.8	15.09	长沙	6.96	2.8	9.76
舟山	9.09	4.8	13.89	天津	6.09	3.6	9.69
深圳	7.91	4.8	12.71	郑州	6.09	3.6	9.69
广州	9.51	2.8	12.31	贵阳	5.69	3.6	9.29
青岛	7.69	4.6	12.29	沈阳	5.69	3.6	9.29
南京	8.27	3.6	11.87	哈尔滨	5.69	3.6	9.29
厦门	7.74	3.8	11.54	太原	4.69	3.6	8.29
福州	7.69	3.8	11.49	合肥	5.69	2.6	8.29
成都	7.63	3.6	11.23	南宁	5.56	2.6	8.16
西安	6.49	4.6	11.09	石家庄	6.49	1.6	8.09
上海	6.2	4.8	11.00	海口	6.26	1.6	7.86
济南	5.82	4.6	10.42	北京	4.69	2.6	7.29
武汉	5.69	4.6	10.29	南昌	6.49	0.6	7.09
宜昌	5.69	4.6	10.29	昆明	5.82	0.6	6.42
保定	6.49	3.6	10.09	长春	5.44	0.8	6.24
洛阳	6.41	3.6	10.01	重庆	4.76	0.6	5.36
兰州	8.29	1.6	9.89				

第二节　主要城市工商登记便利度的评估状况

对照表 4 - 2 所列的评估指标体系，具体考察上述 33 个城市出台的有关企业开办便利度的政策文件是否比中央的改革政策更为细化、超前和可具操作性，从名称预核准、先照后证、多证合一、公章刻制、税务票据和简易注销等 6 个维度全面评估各市的企业开办便利度情况。

一、名称预核准各指标的评估分值

《关于进一步压缩企业开办时间的意见》明确提出，扩大企业名称自主申报范围，除涉及前置审批事项或企业名称核准与企业设立登记不在同一机关外，企业名称不再实行预先核准，申请人可在办理企业登记时，与自主申报的企业名称一并办理。根据这项中央最新政策，评估 33 个城市的企业名称预核准改革情况，主要通过考察各市有无相应的改革文件和承诺办理的时限来反映。

1. 有无规范性文件或制度的指标分值

企业名称预核准改革文件的出台主要涉及两个方面，一是在法定时限内，各市承诺办理时限的长短，另一个则是是否不再实行企业名称预核准，改为自主申报。从是否短于法定办结时限的角度看，各市均出台相应文件要求承诺办结的时限要远少于法定办结的 20 个工作日，故这个方面尚不足以比较各市出台改革文件的优劣。从是否不再实行企业名称预核准而改为自主申报这个方面看，首先，这个改革方向是确定的，甚至会在全国范围内迅速普及，但就目前而言，此项改革并没有涵盖全部城市，即只有部分城市出台了相应的规范性文件落实并推进此项改革。因此，可以从这个方面考察各市改革企业名称预核准的状况，具体的考察方法是评估各市有无出台相应的文件落实此项改革举措。通过检索各市出台的相关规范性文件，上海、广州、深圳、天津、厦门、青岛、成都、南昌、南京、长沙、杭州、南宁和兰州等 13 市已取消企业名称预核准登记，改为企业自主申报登记，其中，上海更是进一步把企业名称预核准程序和企业设立登记程序合并，企业可以自主向工商部门申请，改革力度较大。其他 20 个城市仍保留不同办结时限的名称预核准登记制度（见表 4-4）。据此，取消名称预核准而改为自主申报的城市分值为 1 分，仍保留名称预核准的城市分值为 0 分，各市的具体分值如表 4-5 所示。

表 4-4   各市的企业名称预核准承诺的办理时限①

城　市	时间（工作日）	城市	时间（工作日）	城市	时间（工作日）
上海	0	南宁	0	贵阳	1
广州	0	兰州	0	舟山	1
深圳	0	沈阳	1	济南	1
天津	0	武汉	1	海口	1
厦门	0	昆明	1	合肥	1
青岛	0	福州	1	重庆	1
成都	0	长春	1	石家庄	1
南昌	0	洛阳	1	西安	1
南京	0	保定	1	哈尔滨	3
长沙	0	宜昌	1	太原	3
杭州	0	郑州	1	北京	3

---

① 表格中工作日标示为 0 的城市即为取消名称预核准的城市，有具体时限的城市则仍保留名称预核准。

表4-5　各市有无出台名称自主申报制度的评估分值①

城　市	时间 （工作日）	城市	时间 （工作日）	城市	时间 （工作日）
上海	1	南宁	1	贵阳	0
广州	1	兰州	1	舟山	0
深圳	1	沈阳	0	济南	0
天津	1	武汉	0	海口	0
厦门	1	昆明	0	合肥	0
青岛	1	福州	0	重庆	0
成都	1	长春	0	石家庄	0
南昌	1	洛阳	0	西安	0
南京	1	保定	0	哈尔滨	0
长沙	1	宜昌	0	太原	0
杭州	1	郑州	0	北京	0

2．承诺办结时限指标的评估分值

由表4-5可见，上海、广州、深圳、天津、厦门、青岛、成都、南昌、南京、长沙、杭州、南宁和兰州等13市已取消企业名称预核准登记，改为企业自主申报登记，实际办结时限为0个工作日，故这些城市的承诺办结时限指标的分值为2分，其他继续实施企业预核准名称登记制度的城市之中，沈阳等17个城市承诺的办理时限是1天，评估分值为1分，哈尔滨、太原、北京等3市承诺的办结时限为3个工作日，故这3个城市的得分为0分（见表4-6）。在目前中央和部分城市已转向改名称预核准为企业自主申报登记的背景下，仍有不少城市尚未取消名称预核准制度，后续须进一步加大改革力度，亟待快马加鞭改变相对滞后状态。

表4-6　各市企业预核准承诺办理时限的分值

城市	得分	城市	得分	城市	得分
上海	2	南宁	2	贵阳	1
广州	2	兰州	2	舟山	1
深圳	2	沈阳	1	济南	1
天津	2	武汉	1	海口	1
厦门	2	昆明	1	合肥	1
青岛	2	福州	1	重庆	1
成都	2	长春	1	石家庄	1
南昌	2	洛阳	1	西安	1

---

① 该评价指标的分值为乘以20%权重后获得。

（续上表）

城市	得分	城市	得分	城市	得分
南京	2	保定	1	哈尔滨	0
长沙	2	宜昌	1	太原	0
杭州	2	郑州	1	北京	0

二、多证合一各指标的评估分值

考察显示，各市均已落实"五证合一、一照一码"改革政策，除"五证"以外，各市均出台相应的规范性文件落实多证合一的改革政策，增加了一些证，但是数量不等。多数城市整合的证在 30 个以内，但超过 30 个的城市也有 12 个。此外，合肥、西安、兰州和长沙 4 市整合的证超过 40 个，其中，合肥多达 71 证合一。北京、上海、广州和深圳等 4 个一线城市合并了 10 证左右，而杭州是唯一没有规定具体数量的城市，其出台的"1 + N + X"模式没有严格限制证数。[①] 2017 年 8 月 1 日，杭州首批确定了 N 事项为 17 项，X 事项为 27 项。[②] 由图 4 - 1 可见，各市均不同程度地积极主动落实"多证合一"改革政策。

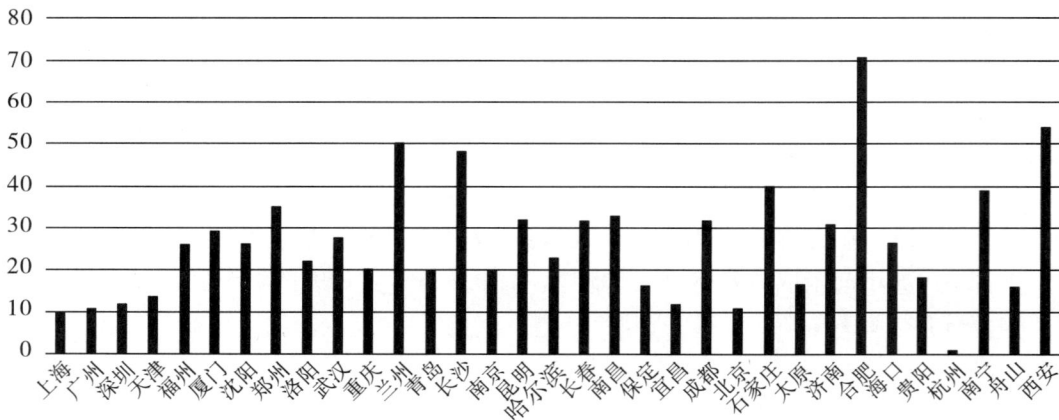

图 4 - 1   各市"多证合一"政策整合证照的数量

值得注意的是，合并的"证"越多是否意味着所在城市落实改革政策越有实效？相反，合并的"证"越少是否意味着所在城市落实力度不足？答案并不尽然。关键在于合并了哪些证，这些证是否可以合在一起，有无存在为了盲目追求合并的数量而出现乱作为现

---

① "1"指五证合一、一照一码的营业执照，"N"是指通过数据共享整合的备案、审批事项，"X"是指目前难以实现'多证合一、一照一码'的审批事项，通过实行证照联办，达成"一件事最多跑一次"目标。

② 《17 个备案审批事项取消　杭州多证合一成绩显著》，浙江在线，http：//xjnews. zjol. com. cn/xww/lskb/201708/t20170801_4691829. shtml。

象。从各市的实际操作来看，目前也仅初步考察各市当前合并证照的数量，这些证照是否可以整合及哪些证可以整合，还需要后续深入评估。"多证合一"改革在全国范围内实施后，各地先后出台进一步的细化政策，但"多"到多少、"证"有哪些，各地并不相同，不同的实践折射出存在认知偏差，可能导致"多证合一"改革实效偏离预期轨道。因此，需要严格区分不同的证的不同属性，若将企业的主体资格与经营资格混同，一味追求合的数量可能有违改革本意。基于此，本报告限于初步考察，暂时以合并的证数来判断各市的落实情况，但兼顾评估的客观和严谨，不以合并的数量作为唯一的衡量指标。故本报告选取是否有出台相应的多证合一改革文件和合并证照的数量作为考察指标，前者属于评价指标，后者属于数据指标，均为正向指标，从图 4-1 可以看到，33 个城市均有出台相应的规范性文件落实中央提出的多证合一改革要求，并且各市合并的证照数量均超过五证，基于此，各市的评价指标得分均为 1 分，数据指标得分均为 1 分，两个指标相加乘以权重 20% 后的评估分值如表 4-7 所示。

表 4-7　各市"多证合一"指标的评估分值

城市	分值	城市	分值	城市	分值
上海	0.4	北京	0.4	兰州	0.4
广州	0.4	青岛	0.4	石家庄	0.4
深圳	0.4	长沙	0.4	太原	0.4
天津	0.4	南京	0.4	济南	0.4
福州	0.4	昆明	0.4	合肥	0.4
厦门	0.4	哈尔滨	0.4	海口	0.4
沈阳	0.4	长春	0.4	贵阳	0.4
郑州	0.4	南昌	0.4	杭州	0.4
洛阳	0.4	保定	0.4	南宁	0.4
武汉	0.4	宜昌	0.4	舟山	0.4
重庆	0.4	成都	0.4	西安	0.4

三、先照后证各指标的评估分值

"先照后证"改革是为了解决工商登记前置审批事项繁多的问题，目标是将前置审批改为后置审批或取消审批，进一步缩短企业取得营业执照并进入营业状态的时间。"先照后证"改革的对象是改前置审批为后置审批或备案。截至 2017 年 11 月，国家工商总局发布的《工商登记前置审批事项目录》清晰显示，目前由法律明文规定和国务院决定保留的工商登记前置审批事项目录共有 32 项，其他事项均不得作为前置的事项，否则，属于违法事项，为法律所禁止。据此，考察各市保留的前置审批事项数量可在很大程度上反映中央出台的"先照后证"政策在各地的落实情况。各市工商登记前置审批事项的数量如图 4－2 所示。

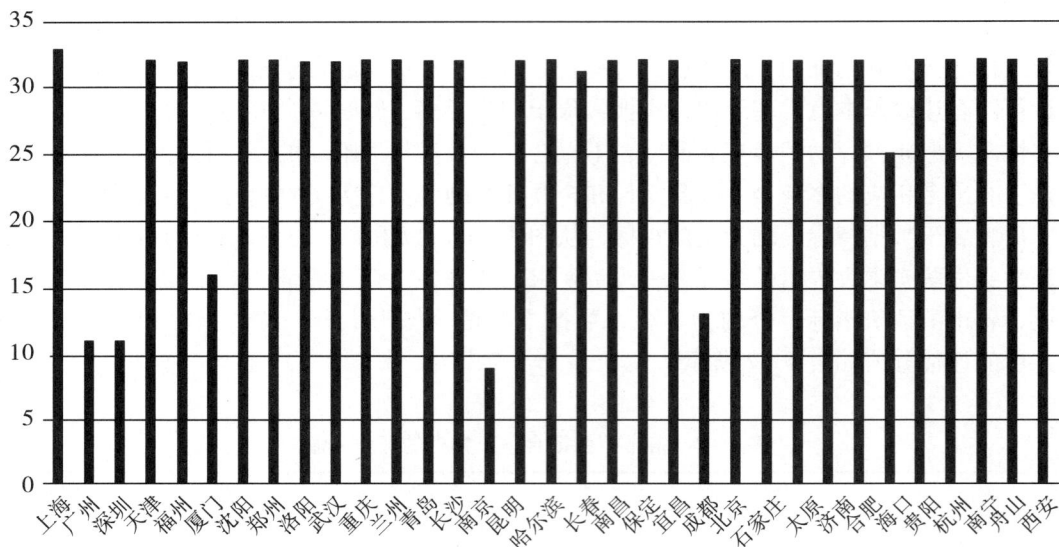

图 4－2   各市的工商登记前置审批事项

1．前置审批事项指标的评估分值

各市保留的前置审批事项必须有法律和国务院文件作为法律依据，工商总局负责制定并发布工商登记的前置审批事项目录，但趋势是只减不增，各省、自治区和直辖市不得自行或变相设立前置审批事项。考察发现，各市普遍已按照国家工商总局要求，对工商登记的前置审批事项做了同步削减，这是其一；其二，多数城市与国家工商总局最新保留的 32 项前置审批事项一致，部分城市甚至更为超前。如南京、广州、深圳、成都、厦门、海口和长春，其保留的前置审批目录少于 32 项，表明这些城市落实改革的力度更大。其中，南京保留前置审批事项有 9 项，该市的分值为 2 分；广州和深圳次之，其保留的前置审批事项有 11 项，评估分值为 1.71 分；成都保留的前置审批事项有 13 项，评估分值为 1.43 分；厦门保留 16 项，评估分值为 1.14 分；海口保留 25 项，得分为 0.86 分；长春保留了 31 项，得分为 0.57 分。另外，上海仍保留 33 项前置审批事项，故评估分值为 0 分。其他城市与国家工商总局保留的前置审批事项的数量一致，均为 32 项，评估分值为 0.29 分（详见表 4－8）。

表 4－8   各市工商登记前置审批事项指标的评估分值

城市	分值	城市	分值	城市	分值
南京	2	北京	0.29	兰州	0.29
广州	1.71	青岛	0.29	石家庄	0.29

（续上表）

城市	分值	城市	分值	城市	分值
深圳	1.71	长沙	0.29	太原	0.29
成都	1.43	西安	0.29	济南	0.29
厦门	1.14	昆明	0.29	合肥	0.29
海口	0.86	哈尔滨	0.29	福州	0.29
长春	0.57	沈阳	0.29	贵阳	0.29
郑州	0.29	南昌	0.29	杭州	0.29
洛阳	0.29	保定	0.29	南宁	0.29
武汉	0.29	宜昌	0.29	舟山	0.29
重庆	0.29	天津	0.29	上海	0

2. 后置审批事项指标的评估分值

按照《国务院关于"先照后证"改革后加强事中事后监管的意见》规定，国家工商总局负责公布工商登记前置审批事项目录，省级人民政府依法制定并公布后置审批事项目录。[①] 从有无规范性文件或政策制度指标看，33 个城市均不同程度地按照国家工商总局的要求，先后制定并通过各市官网或其他官方媒体渠道向社会公布后置审批事项目录。因此，这个评价指标各市均可获得 1 分。而在具体事项的数据指标方面，如图 4 – 3 所示，每个城市的后置审批事项指标呈以下 6 个区间分布：50～100 项的城市仅有天津市，101～150 项的城市分别是上海、深圳、南昌和成都 4 市，151～200 项的城市有福州、厦门、沈阳、武汉、南京、哈尔滨、长春、宜昌、北京、太原、合肥、海口、贵阳和南宁 14 市，201～250 项的城市是郑州、洛阳、重庆、兰州、长沙、杭州和舟山 7 市，青岛、昆明、保定、石家庄、济南、西安 6 市是 251～300 项，广州的前置审批改为后置审批的事项多达 412 项，在 33 个考察城市中数量最多。

---

① 《国务院关于"先照后证"改革后加强事中事后监管的意见》，国发〔2015〕62 号。

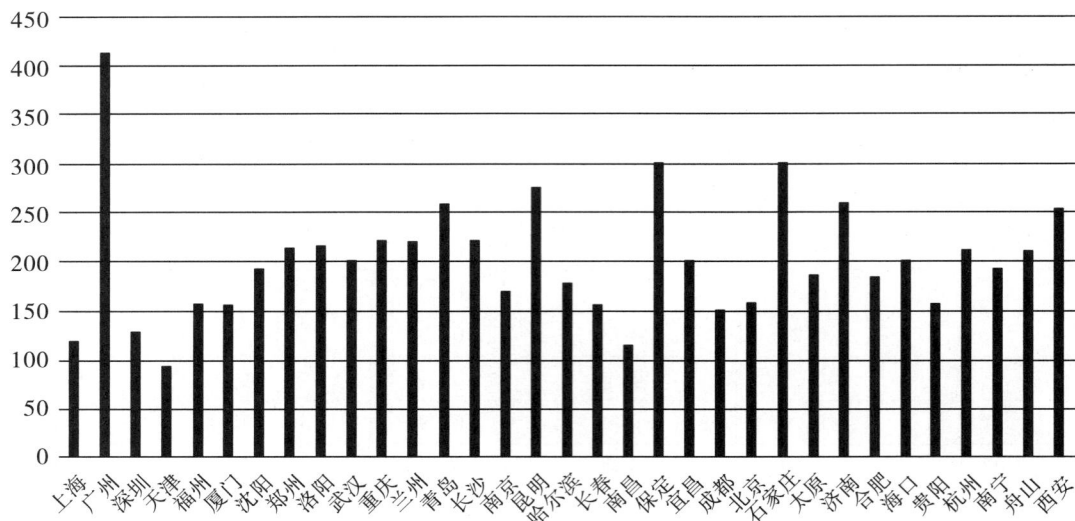

图 4 - 3   各市工商登记前置改为后置审批事项概况

综上考察，33 个城市在前置审批改为后置审批数据指标的评估分值按照后置审批事项数量均等划分为 6 档，每档之间的分差为 0.4 分，由此可得各市的评估分值如下：天津为 0 分，上海、深圳、南昌和成都 4 个城市为 0.4 分，福州、厦门、沈阳、武汉、南京、哈尔滨、长春、宜昌、北京、太原、合肥、海口、贵阳和南宁 14 个城市为 0.8 分，郑州、洛阳、重庆、兰州、长沙、杭州和舟山 7 个城市为 1.2 分，青岛、昆明、保定、石家庄、济南和西安 6 个城市为 1.6 分，广州为 2 分（见表 4 - 9）。

表 4 - 9   各市工商登记后置审批事项指标的评估分值

城市	分值	城市	分值	城市	分值
广州	2	杭州	1.2	厦门	0.8
青岛	1.6	舟山	1.2	福州	0.8
保定	1.6	长沙	1.2	太原	0.8
石家庄	1.6	北京	0.8	武汉	0.8
济南	1.6	南宁	0.8	合肥	0.8
西安	1.6	哈尔滨	0.8	海口	0.8
昆明	1.6	沈阳	0.8	成都	0.4
郑州	1.2	长春	0.8	南昌	0.4
洛阳	1.2	南京	0.8	深圳	0.4
兰州	1.2	宜昌	0.8	上海	0.4
重庆	1.2	贵阳	0.8	天津	0

四、简易注销各指标的评估分值

《工商总局关于全面推进企业简易注销登记改革的指导意见》要求，全国范围内自 2017 年 3 月 1 日起全面实行企业简易注销登记改革，其改革内容主要有以下四个方面：一是明确适用简易注销程序的对象；二是规定向社会公告拟申请简易注销登记及全体投资人承诺等信息的公告期为 45 天；三是确定申请注销时提交的材料，包括《注销申请书》《指定代表或者共同委托代理人授权委托书》《全体投资人承诺书》和营业执照正、副本等 5 份材料；四是要求工商登记机关必须在公告期满后 3 个工作日之内作出是否准予注销登记的决定。① 对照上述改革内容，各市落实企业简易注销改革政策的具体情况如下图所示（见图 4 - 4）。

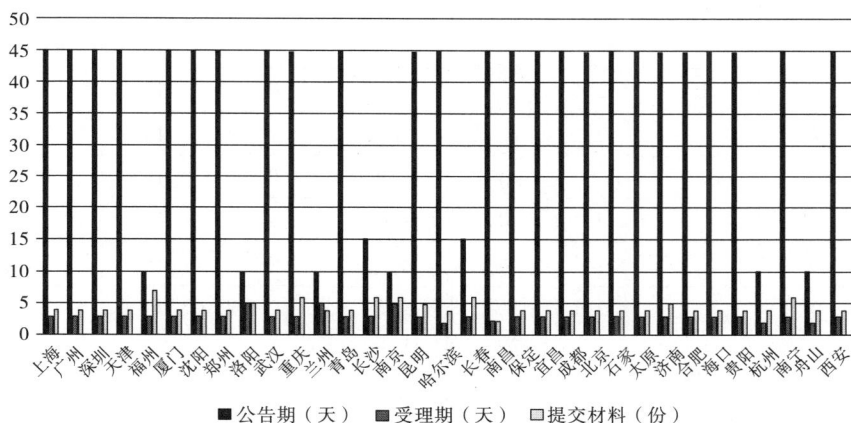

图 4 - 4　各市简易注销的公告期、受理期和提交材料情况

考察发现，各市均有出台相应的落实政策并遵照执行，故各市在是否出台相应的规范性文件这一评价指标均为 1 分，乘以权重 20%，评估分值为 0.2 分。而三个数据指标的情况分别是：①各市的公告期均在 45 日以内，整体的落实状况较好。其中，公告期的数据指标可均等划分为 45 日、15 日和 10 日，对应的指标分值为 0 分、1 分和 2 分。由此可知，每个城市的评估分值如下：大多数城市的公告期为 45 日，故为 0 分；福州、洛阳、兰州、南京、杭州和舟山 6 个城市的公告期为 10 日，评估分值为 2 分；长春和长沙的公告期是 15 日，评估分值为 1 分，其他城市的公告期均为 45 日，评估分值为 0 分。②各市的受理期不相同，多数城市严格按照国家工商总局的要求规定为 3 个工作日，评估分值为 1 分；少数城市少于 3 个工作日，如杭州、舟山和哈尔滨等 3 市为 2 个工作日，改革力度最大，评估分值为 2 分；也有部分城市多于 3 个工作日，如洛阳、兰州和南京 3 市为 5 个工作日，落实状况稍差，评估分值为 0 分。③多数城市按照工商总局的要求提交 4 份申请材

---

① 《工商总局关于全面推进企业简易注销登记改革的指导意见》，工商企注字〔2016〕253 号。

料，分值为 2 分，但仍有 9 个城市需提交四份以上的申请材料，其中，济南、昆明和洛阳 3 市需提交 5 份申请材料，分值为 1.33 分；长春、长沙、重庆、南京和南宁 5 市需提交 6 份，分值为 0.67 分；福州多达 7 份，分值为 0 分。综合前述 3 个数据指标的评估分值，各市简易注销指标的得分如表 4-10 所示：杭州、舟山、福州、哈尔滨和兰州的分值较高，济南、昆明、重庆和南宁 4 个城市分值较低。

表 4-10　各市简易注销指标的评估分值①

城市	简易注销				城市	简易注销			
	公告期	受理期	材料份数	总分		公告期	受理期	材料份数	总分
杭州	2	2	2	6.2	天津	0	1	2	3.2
舟山	2	2	2	6.2	西安	0	1	2	3.2
福州	2	1	2	5.2	合肥	0	1	2	3.2
哈尔滨	0	2	2	4.2	贵阳	0	1	2	3.2
兰州	2	0	2	4.2	郑州	0	1	2	3.2
洛阳	2	0	1.33	3.53	深圳	0	1	2	3.2
青岛	0	1	2	3.2	石家庄	0	1	2	3.2
南昌	0	1	2	3.2	太原	0	1	2	3.2
海口	0	1	2	3.2	北京	0	1	2	3.2
成都	0	1	2	3.2	长春	1	1	0.67	2.67
上海	0	1	2	3.2	长沙	1	1	0.67	2.87
厦门	0	1	2	3.2	南京	2	0	0.67	2.87
武汉	0	1	2	3.2	济南	0	1	1.33	2.53
保定	0	1	2	3.2	昆明	0	1	1.33	2.53
宜昌	0	1	2	3.2	重庆	0	1	0.67	1.87
沈阳	0	1	2	3.2	南宁	0	1	0.67	1.87
广州	0	1	2	3.2					

五、工商登记便利度指标的评估分值

初步考察 33 个主要城市制定发布的工商登记制度改革的相关政策文件后，再根据上述数据和评价指标的分值，33 个城市工商登记便利度的评估分值如下：杭州、广州、舟

---

① 简易注销指标的评估分值是公告期、受理期和材料份数等 3 个数据指标与是否出台规范性文件评价指标的分值之和。

山、兰州和南京 5 个城市排名靠前，南宁、长春、重庆、北京和太原 5 个城市分值较低（见表 4 - 11）。

表 4 - 11　各市工商登记便利度指标的评估分值

序号	城市	名称预核准	先照后证	多证合一	简易注销	总分
1	杭州	2.2	1.49	0.4	6.2	10.29
2	广州	2.2	3.71	0.4	3.2	9.51
3	舟山	1	1.49	0.4	6.2	9.09
4	兰州	2.2	1.49	0.4	4.2	8.29
5	南京	2.2	2.8	0.4	2.87	8.27
6	深圳	2.2	2.11	0.4	3.2	7.91
7	厦门	2.2	1.94	0.4	3.2	7.74
8	青岛	2.2	1.89	0.4	3.2	7.69
9	福州	1	1.09	0.4	5.2	7.69
10	成都	2.2	1.83	0.4	3.2	7.63
11	长沙	2.2	1.49	0.4	2.87	6.96
12	南昌	2.2	0.69	0.4	3.2	6.49
13	石家庄	1	1.89	0.4	3.2	6.49
14	保定	1	1.89	0.4	3.2	6.49
15	西安	1	1.89	0.4	3.2	6.49
16	洛阳	1	1.49	0.4	3.52	6.41
17	海口	1	1.66	0.4	3.2	6.26
18	上海	2.2	0.4	0.4	3.2	6.20
19	郑州	1	1.49	0.4	3.2	6.09
20	天津	2.2	0.29	0.4	3.2	6.09
21	昆明	1	1.89	0.4	2.53	5.82
22	济南	1	1.89	0.4	2.53	5.82
23	武汉	1	1.09	0.4	3.2	5.69
24	合肥	1	1.09	0.4	3.2	5.69
25	贵阳	1	1.09	0.4	3.2	5.69
26	宜昌	1	1.09	0.4	3.2	5.69
27	沈阳	1	1.09	0.4	3.2	5.69
28	哈尔滨	0	1.09	0.4	4.2	5.69
29	南宁	2.2	1.09	0.4	1.87	5.56
30	长春	1	1.37	0.4	2.67	5.44

（续上表）

序号	城市	名称预核准	先照后证	多证合一	简易注销	总分
31	重庆	1	1.49	0.4	1.87	4.76
32	北京	0	1.09	0.4	3.2	4.69
33	太原	0	1.09	0.4	3.2	4.69

第三节　主要城市预备经营便利度的评估状况

预备经营便利度是本报告评估的二级指标，主要包括公章刻制和发票申领两个环节，具体包括有无落实公章刻制改革的地方规范性文件、公章刻制的办理时限、现场次数、发票申领是否改审批为备案、发票申领的办理时限和现场次数等 6 个三级指标。其中，3 个是评价指标，3 个是数据指标。下文将从这 6 个三级指标对 33 个主要城市开展评估。

一、公章刻制各指标的评估分值

诚如上文所述，公章刻制是企业开办的必经环节之一，与企业开办便利度密切相关，基于此，申请公章刻制是评价企业开办便利度的重要指标之一。当前公章刻制的办理主要包括两个阶段：申请刻制许可和制作公章。《世行报告》显示，我国现阶段的公章刻制许可办理需 1~2 天，制作公章用时为 1~2 天，两个阶段加起来的时限为 2~4 天，相比其他环节，用时不长，但就公章刻制这一环节与其他发达国家和地区相比，我国的办理时限竟多出几倍，为此，中央制定出台了相关改革文件，主要目标是简化审批流程，提高办理效率，从而压缩办理时限。本报告主要从三个维度考察各市落实公章刻制的改革情况，这三个考察点分别是：改审批为备案、公章刻制办理时限和现场办理次数，对照表 4-2 的指标评价体系进而估算各市公章刻制改革的评估分值。

首先，根据《国务院关于第三批取消中央指定地方实施行政许可事项的决定》（国发〔2017〕7 号），各地取消公章刻制审批，实行公章刻制备案管理，要求企业在刻制公章后将用章单位、公章刻制申请人、印模等基本信息报公安机关备案，公安机关要加强事中事后监管。通过考察，各市均已落实该决定，取消了公章刻制审批，改为备案管理。各市先后出台的相关通知文件均有阐述或涉及，因此，对此评价指标，每个城市均可得 1 分。

其次，改公章刻制审批为备案是为提高办事效率、缩短办理时限清除制度障碍，因此，在审批改为备案后，企业办理公章刻制的时间应有所缩减，这是公章刻制改革的落脚点。通过考察，各市现阶段办理公章刻制的时限相比以往均有所缩短，全部城市承诺的办理时限在 24 小时之内，即 1 个工作日之内可以完成公章刻制的申请和制作。其中，部分城市的实践比较超前，承诺当场办结公章刻制并可领取，为便于区别其他不能当场办结领取的情况，当场办理的城市可标示为 0 个工作日，不能当场办结的城市标示为 1 个工作日。考虑到所有城市承诺办结的时限在 1 个工作日以内，故这个指标的评估采用评价指标，实质是评估各市是否有当场办结的制度规定，当场办结的城市为 1 分，不能当场办结的城市为 0 分。据此，上海、广州、深圳、福州、厦门、长沙、长春、杭州和舟山 9 个城市规定当场办结，评估为 1 分，其他 24 个城市暂无出台当场办结的规定，评估为 0 分。各市的公章刻制办理时限如表 4 - 12 所示。

表 4 - 12 各市公章刻制承诺的办理时限和分值

城市	工作日	分值	城市	工作日	分值	城市	工作日	分值
上海	0	1	北京	1	0	兰州	1	0
深圳	0	1	长沙	0	1	太原	1	0
天津	1	0	南京	1	0	济南	1	0
福州	0	1	昆明	1	0	合肥	1	0
厦门	0	1	哈尔滨	1	0	海口	1	0
沈阳	1	0	长春	0	1	贵阳	1	0
郑州	1	0	南昌	1	0	杭州	0	1
洛阳	1	0	保定	1	0	南宁	1	0
武汉	1	0	宜昌	1	0	舟山	0	1
重庆	0	1	成都	1	0	西安	1	0
广州	0	1	青岛	1	0	石家庄	1	0

最后考察企业需要到现场办理公章刻制的次数，改审批为备案后的现场次数也应有所减少，这也是公章刻制改革的具体目标。通过考察发现，各市现阶段需到达现场办理公章刻制的次数均为 1 次，符合中央的改革预期，需要指出的是，"1 次"可能包括企业当场申请并领取公章的全部次数，也可能是指通过网上提交公章刻制申请材料待制作完成后通过企业到现场领取的次数。总之，目前办理公章刻制的总次数与中央提出的最新要求一致。有些地方甚至提出"为新办企业刻制印章提供'零跑路'线上自助服务和送章上门服务"。[1] 因此，该指标为评价指标，各市均为 1 分。各市公章刻制的现场办理次数如表 4 - 13 所示。

表 4 - 13 各市办理公章刻制的现场次数

城市	现场次数	城市	现场次数	城市	现场次数
上海	1	北京	1	兰州	1
广州	1	青岛	1	石家庄	1

---

[1] 《广西提出 3 个工作日完成企业开办工作目标》，人民网，http://gx. people. com. cn/n2/2018/0611/c349603 - 31691119. html。

（续上表）

城市	现场次数	城市	现场次数	城市	现场次数
深圳	1	长沙	1	太原	1
天津	1	南京	1	济南	1
福州	1	昆明	1	合肥	1
厦门	1	哈尔滨	1	海口	1
沈阳	1	长春	1	贵阳	1
郑州	1	南昌	1	杭州	1
洛阳	1	保定	1	南宁	1
武汉	1	宜昌	1	舟山	1
重庆	1	成都	1	西安	1

　　综合以上指标得分，各市公章刻制指标的分值如表 4 - 14 所示，上海、广州、深圳、福州、厦门、长沙、长春、杭州和舟山 9 个城市的总分为 0.6 分，其他 24 个城市的总分为 0.4 分，高低差异主要体现在办理时限这个指标上。

表 4 - 14　各市公章刻制指标的评估分值[①]

城市	公章刻制				城市	公章刻制			
	审批改为备案	办理时限	现场次数	总分		审批改为备案	办理时限	现场次数	总分
杭州	0.2	0.2	0.2	0.6	长春	0.2	0.2	0.2	0.6
广州	0.2	0.2	0.2	0.6	西安	0.2	0	0.2	0.4
深圳	0.2	0.2	0.2	0.6	合肥	0.2	0	0.2	0.4
舟山	0.2	0.2	0.2	0.6	贵阳	0.2	0	0.2	0.4
厦门	0.2	0.2	0.2	0.6	郑州	0.2	0	0.2	0.4
天津	0.2	0	0.2	0.4	兰州	0.2	0	0.2	0.4
青岛	0.2	0	0.2	0.4	石家庄	0.2	0	0.2	0.4
南昌	0.2	0	0.2	0.4	太原	0.2	0	0.2	0.4
海口	0.2	0	0.2	0.4	北京	0.2	0	0.2	0.4
成都	0.2	0	0.2	0.4	福州	0.2	0.2	0.2	0.6
上海	0.2	0.2	0.2	0.6	重庆	0.2	0	0.2	0.4
洛阳	0.2	0	0.2	0.4	南京	0.2	0	0.2	0.4
武汉	0.2	0	0.2	0.4	南宁	0.2	0	0.2	0.4

---

　　①　公章刻制指标评估分值是改审批为备案的评价指标与办理时限和现场次数这两个数据指标分值之和。

（续上表）

城市	公章刻制				城市	公章刻制			
	审批改为备案	办理时限	现场次数	总分		审批改为备案	办理时限	现场次数	总分
保定	0.2	0	0.2	0.4	昆明	0.2	0	0.2	0.4
宜昌	0.2	0	0.2	0.4	济南	0.2	0	0.2	0.4
沈阳	0.2	0	0.2	0.4	长沙	0.2	0.2	0.2	0.6
哈尔滨	0.2	0	0.2	0.4					

从上表可知以下三个事实：第一，考虑到各市均已落实改审批为备案，故各市没有差异；第二，基于上文所述，各市办理公章刻制的现场次数均为 1 次，故各市在这一考察点亦无差别；第三，各市承诺的公章刻制办理时限长短有别，尽管总体上在 1 天以内，但仍有即时办结和非即时办结的区别。因此，综合考虑以上因素，对公章刻制的考察主要是通过各市承诺的办理时限的差异情况体现出来，即办理时限的差异性直接反映了各市公章刻制办理的便利度，且二者呈正相关。

二、发票申领各指标的评估分值

发票申领是指新开办企业的纳税人首次申领增值税发票，发票申领的时间是指主管税务机关承诺自受理纳税人申请之日起办结该业务所需的时间。世界银行 2017 年发布的营商环境报告显示，我国企业开办过程中申请购买发票的耗时约 10 天，在我国开办企业总耗时 22.9 天中所占比例为 43.67%，不仅比世界发达经济体耗时长很多，即便在世界银行评定的我国开办企业必备的 7 个环节中也是耗时最长的，比申请办理营业执照的耗时还要多 3 天。在中央提出进一步压缩企业开办时间的背景下，大幅减少新开办企业纳税人申领增值税发票的时间成为改革的重要环节，发票申领时间直接关系到企业开办时间。

根据《国务院办公厅关于加快推进"多证合一"改革的指导意见》，各地不再对新开办的企业单独进行税务登记，由加载统一社会信用代码的营业执照取而代之，采用统一社会信用代码进行登记管理，为后续的优化发票申领程序和压缩发票申领时间提供了政策依据和制度保障。《关于进一步压缩企业开办时间的意见》明确提出，进一步优化发票申领程序，压缩发票申领时间，将新办企业首次办理申领发票的时间压缩至 2 天以内。各地均能出台相应的落实方案，自觉贯彻落实中央文件精神，出台相应的规范性文件或制定相应的政策制度，因此，各市有无规范性落实文件这个评价指标均为 1 分。此外，为体现各地的差异化，本报告还选取两个数据指标来评估各市的落实情况，包括发票申领的时间和到现场办理的次数，综合 3 个指标的评估分值获知各市落实发票申领改革的差异。

表 4 – 15　各市新办企业首次领取发票的办理时限

城市	工作日	城市	工作日	城市	工作日
上海	0	北京	1	兰州	5
深圳	0	长沙	5	太原	0
天津	0	南京	0	济南	0
福州	0	昆明	5	合肥	1
厦门	0	哈尔滨	0	海口	5
沈阳	0	长春	5	贵阳	0
郑州	0	南昌	5	杭州	0
洛阳	0	保定	0	南宁	5
武汉	0	宜昌	0	舟山	0
重庆	5	成都	0	西安	0
广州	1	青岛	0	石家庄	5

从表 4 – 15 可见，各市承诺首次申领发票的办理时限有三种情况，分别是：0、1 和 5 个工作日，需要说明的是，标示为"0 个工作日"的城市主要是指自受理申请之日可即时办结或当场办结，标示为"1 个工作日"的城市主要是指自受理申请之日起 24 小时之内可办结，标示为"5 个工作日"的城市是指自受理申请之日起 5 个工作日内可办结。根据中央最新出台的政策要求，税务机关应该自受理申请之日起不超过 2 个工作日办结。按照上述的评价指标体系，即时办结或当场办结的城市可得 2 分，24 小时之内承诺办结的城市可得 1 分，承诺 5 个工作日办结的城市为 0 分。据此，2 分的城市有：上海、深圳、天津、福州、厦门、沈阳、郑州、洛阳、武汉、南京、哈尔滨、保定、宜昌、成都、青岛、太原、济南、贵阳、杭州、舟山和西安 21 个城市；1 分的城市有：广州、北京和合肥 3 个城市；0 分的城市有：重庆、长沙、昆明、长春、南昌、兰州、海口、南宁和石家庄 9 个城市。

表 4 – 16　各市首次申领发票到现场办理的次数

城市	现场次数	城市	现场次数	城市	现场次数
上海	0	北京	1	兰州	1
深圳	0	长沙	0	太原	1
天津	1	南京	1	济南	0
福州	1	昆明	2	合肥	1
厦门	1	哈尔滨	1	海口	1
沈阳	1	长春	2	贵阳	1
郑州	1	南昌	2	杭州	0
洛阳	1	保定	1	南宁	0
武汉	0	宜昌	0	舟山	0

（续上表）

城市	现场次数	城市	现场次数	城市	现场次数
重庆	2	成都	1	西安	0
广州	1	青岛	0	石家庄	1

　　如表 4－16 所示，各市申领发票的现场办理次数出现 0～2 次不等。标示为 0 次的城市是指该城市实行"网上申领、线下配送"的零跑动发票邮政寄递模式，纳税人足不出户可申领增值税发票，标示为 1 次的城市是指该城市可即时办结发票申领业务，标示为 2 次的城市是指发票申领需要到现场两次，不可当场办结。按照上文的评价指标体系，0 次的城市可得 2 分，1 次的城市可得 1 分，2 次的城市不得分。据此，得 2 分的城市包括：上海、深圳、武汉、长沙、宜昌、青岛、济南、杭州、南宁、舟山和西安 11 市；得 1 分的城市包括：天津、福州、厦门、沈阳、郑州、洛阳、广州、北京、南京、哈尔滨、保定、成都、兰州、太原、合肥、海口、贵阳和石家庄 18 市；重庆、昆明、长春和南昌 4 市为 0 分。

表 4－17　各市发票申领改革的评估分值

城市	数据指标				城市	数据指标			
	出台制度	办理时限	现场次数	总分		出台制度	办理时限	现场次数	总分
杭州	0.2	2	2	4.2	长春	0.2	0	0	0.2
广州	0.2	1	1	2.2	西安	0.2	2	2	4.2
深圳	0.2	2	2	4.2	合肥	0.2	1	1	2.2
舟山	0.2	2	2	4.2	贵阳	0.2	2	1	3.2
厦门	0.2	2	1	3.2	郑州	0.2	2	1	3.2
天津	0.2	2	1	3.2	兰州	0.2	0	1	1.2
青岛	0.2	2	2	4.2	石家庄	0.2	0	1	1.2
南昌	0.2	0	0	0.2	太原	0.2	2	1	3.2
海口	0.2	0	1	1.2	北京	0.2	1	1	2.2
成都	0.2	2	1	3.2	福州	0.2	2	1	3.2
上海	0.2	2	2	4.2	重庆	0.2	0	0	0.2
洛阳	0.2	2	1	3.2	南京	0.2	2	1	3.2
武汉	0.2	2	2	4.2	南宁	0.2	0	2	2.2
保定	0.2	2	1	3.2	昆明	0.2	0	0	0.2
宜昌	0.2	2	2	4.2	济南	0.2	2	2	4.2
沈阳	0.2	2	1	3.2	长沙	0.2	0	2	2.2
哈尔滨	0.2	2	1	3.2					

三、预备经营便利度指标的评估分值

初步考察 33 个城市出台的公章刻制和发票申领的政策性文件和实际做法后，再根据上述数据和评价指标的分值，每个城市的预备经营便利度评估分值如表 4 - 18 所示，由此可见，杭州、深圳、舟山和上海 4 个城市的预备经营便利度分值最高，重庆、昆明和南昌 3 个城市的预备经营便利度分值最低。

表 4 - 18   主要城市预备经营便利度的评估分值

序号	城市	刻制公章	发票申领	总分	序号	城市	刻制公章	发票申领	总分
1	杭州	4.2	0.6	4.8	18	贵阳	3.2	0.4	3.6
2	深圳	4.2	0.6	4.8	19	太原	3.2	0.4	3.6
3	舟山	4.2	0.6	4.8	20	成都	3.2	0.4	3.6
4	上海	4.2	0.6	4.8	21	郑州	3.2	0.4	3.6
5	青岛	4.2	0.4	4.6	22	广州	2.2	0.6	2.8
6	武汉	4.2	0.4	4.6	23	长沙	2.2	0.6	2.8
7	西安	4.2	0.4	4.6	24	南宁	2.2	0.4	2.6
8	宜昌	4.2	0.4	4.6	25	济南	2.2	0.4	2.6
9	北京	4.2	0.4	4.6	26	合肥	2.2	0.4	2.6
10	厦门	3.2	0.6	3.8	27	海口	1.2	0.4	1.6
11	福州	3.2	0.6	3.8	28	石家庄	1.2	0.4	1.6
12	天津	3.2	0.4	3.6	29	兰州	1.2	0.4	1.6
13	南京	3.2	0.4	3.6	30	长春	0.2	0.6	0.8
14	保定	3.2	0.4	3.6	31	重庆	0.2	0.4	0.6
15	洛阳	3.2	0.4	3.6	32	昆明	0.2	0.4	0.6
16	沈阳	3.2	0.4	3.6	33	南昌	0.2	0.4	0.6
17	哈尔滨	3.2	0.4	3.6					

第四节   综合评价

基于上述考察，分别得出 33 个城市的工商登记便利度和预备经营便利度的评估分值，二者相加后得到每个城市的企业开办便利度总分值。依据评估分值，大致可先得出两个总体结论：第一，从纵向对比，我国整体的企业开办便利度有较大改善，这也可以从世界银行报告中反映出来。第二，从横向看，一方面，就考察城市的内部比较来看，33 个城市

的企业开办便利度存在一些差异性；另一方面，与国外发达经济体相比，33 个城市仍存在不同程度的短板，需要对标发达经济体，持续不断地深化改革和完善政策。

一、评估分值

综合评估上述 33 个主要城市出台的企业开办便利度改革的相关落实文件和实践，得出 33 个城市的企业开办便利度的评估结果（见图 4 - 5）。根据最后分值，总分由高到低排在前十位的城市依次为杭州、舟山、深圳、广州、青岛、南京、厦门、福州、成都和西安，而排名在末十位的依次是重庆、长春、昆明、南昌、北京、海口、石家庄、南宁、合肥和太原。其余 13 个城市排在第 11 至第 23 位，依次是上海、济南、武汉、宜昌、保定、洛阳、兰州、长沙、天津、郑州、贵阳、沈阳和哈尔滨。

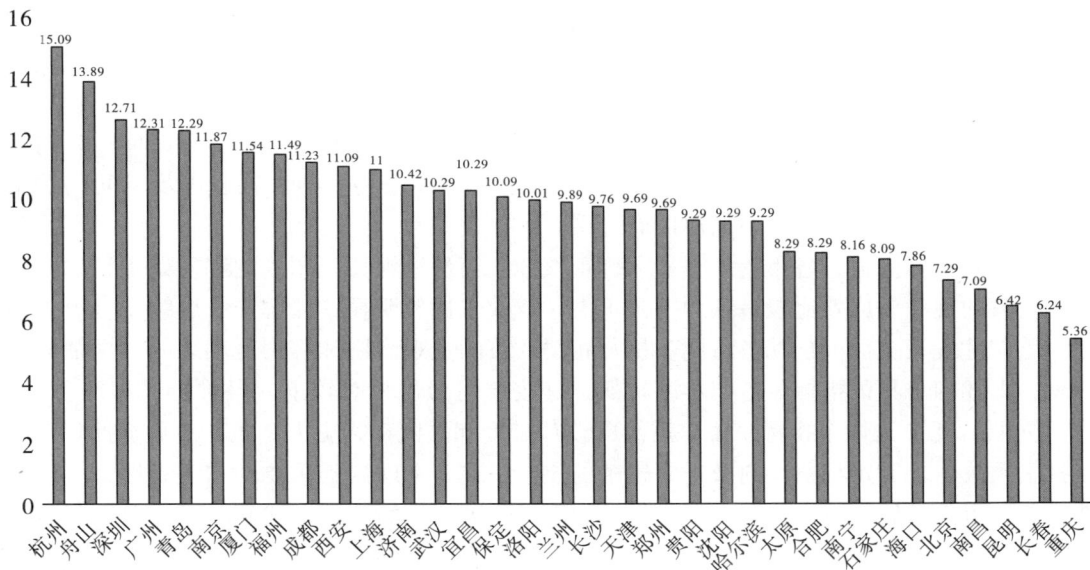

图 4 - 5 33 个城市企业开办便利度的评估分值

二、评估结论

结果显示，各市企业开办便利度存在差异，但毋庸讳言，各市整体上落实中央改革政策的态度和做法较为积极，主动适应且制定相关政策文件，付诸实践且取得一定成效，总体上推动了我国营商环境的持续改善，人民群众的满意度和相关数据均可佐证。相关部门的分析显示，人民群众的满意度持续上升，2017 年网民的满意度上升至 89.9%。其中，认为改革激发了企业活力和社会创造力的满意度为 96.6%，认为营商环境进一步优化的满意度为 82%。① 此外，2014 年 3 月以来，我国新设市场主体 7 292.9 万户，新设企业 2 160.9 万户，日均新设市场主体从改革前的 3.1 万户增加至 5.2 万户，日均新设企业从改革前的 0.69 万户提高至 1.6 万户②，这很大程度归功于各地能够较好地贯彻党中央、国务院的决策部署，落实中央的各项改革政策措施，体现了"民之所望乃施政所向"的新时代政府施政理念。

就地区而言，各市的具体评估指标有高低之分，落实力度也不一致，概言之，经济较为发达的城市相对而言其改革强度也较高，如深圳、厦门、杭州、广州、上海、舟山等沿海城市皆排名靠前，而排名靠后的城市主要分布在我国的中西部内陆地区，基本折射出我国目前总体存在的地级以上城市的落实现状。这一现状与经济社会发展程度大致呈正相关关系，也反映出企业开办便利度对地区经济社会发展产生重要的推动作用。因此，分值较低的城市必须进一步革新理念，加大改革和落实力度，对标先进城市，加快追赶领先者的步伐。

毋庸讳言，除深圳、杭州、厦门、广州、舟山和北京等少数城市之外，多数城市的企业开办便利度存在不同程度的短板，主要表现为某个指标或某些指标表现较好，但其他指标表现相对一般或较差。可能由此产生"木桶效应"③，或是所有指标都表现一般或较差。无论如何，都不利于整体上提高企业的开办便利度，不利于缩短企业的开办时间，阻碍了企业快速进入市场开业经营。由此可见，各市企业开办便利度的改善、进步空间仍然很大，进一步压缩企业开办的时间属应有之义。

就个别指标而言，各市落实企业名称预核准、简易注销、公章刻制和发票申领的相关改革政策的现状和成效比较一致，差异不大，成效也比较明显，随着中央后续出台更为细化的落实性政策文件，预期各市同步执行相关政策的主观意愿和客观行动趋同。评估同时发现，上述四个具体指标的落实难度较低，其改革阻力也相对较小。但对于"多证合一"和"先照后证"这两个指标来说，后续的改革难度和强度都将更大，尤其前置审批和后置审批事项改革，无疑将是当前及未来改革的焦点所在。考虑到其重要性和关键性，可以预期，前置审批和后置审批改革的任务将尤为艰巨和紧迫，而解决上述问题又将对我国后续进一步压缩企业开办时间和提高企业开办便利度产生深远的影响。

第一，正如图 4-1 所示，各市整合的"证"数差异较大，少则数证，多则 71 证，本报告仅限于评估合并的证照数量，但不认为合并的证照的数目越大，落实的情况就越好，反之亦然。各市在实施"五证合一"的基础上，到底该合多少证、合哪些证，是考察"多证合一"改革最终取得成效的关键因素，《工商总局关于做好"多证合一"改革工作的指导意见》一针见血地指出："各地在推进过程中也出现了证照整合标准不统一、盲目

---

① 《李克强在全国深化简政放权放管结合优化服务改革电视电话会议上的讲话》，中国政府网，http://www.gov.cn/guowuyuan/2017-06/29/content_5206812.htm.

② 《商事制度改革 5 年成绩单——日均新设企业从改革前的 0.69 万户提高到今年的 1.6 万户》，中国经济网，http://www.ce.cn/xwzx/gnsz/gdxw/201712/31/t20171231_27506205.shtml.

③ 从管理学角度看，"木桶理论"是指用一个木桶来装水，如果组成木桶的木板参差不齐，那么它能盛下的水的容量不是由这个木桶中最长的木板来决定的，而是由这个木桶中最短的木板决定的，所以它又被称为"短板效应"。由此推之，在事物的发展过程中，"短板"的长度决定其整体发展程度。

追求证照整合数量、部门信息共享不顺畅，营业执照互通互认有障碍等问题。"考虑到这一实际，本报告暂未深入考察，各市应按照中央要求继续深化改革，不仅合证，也要使所合之证符合改革之需。

第二，工商登记前置审批改为后置审批过程中，各市与中央的改革步调基本一致，前置审批事项大幅度减少，更有少数城市主动引领更大幅度的削减和取消之风气，但各市的后置审批事项改革仍有两个亟待解决的问题：一是后置审批事项仍然较多，二是各市规定的数量差异较大。目前难以评估各市的后置审批改革实效，因此，本报告暂未将后置审批事项列入评估指标之内，但可以肯定的是，后置审批事项改革将是后续商事制度改革的重点，各市仍需在落实中央政策之余，结合本市实际，持续深化扩大改革成效。

习近平总书记指出，营造稳定公平透明的营商环境，加快建设开放型经济新体制。李克强总理强调，营商环境就是生产力。世界银行于2018年10月31日发布的《2019年营商环境报告：强化培训，促进改革》显示，我国的营商环境从去年的第78位跃升至第46位，跻身今年营商环境改善排名前十，其中，企业开办便利度得分93.52分，办理环节由去年的7个减为4个，办理时间由去年的22.9天缩减为8.6天，排在第28位，营商环境改革成效显著。党的十九大报告和2018年政府工作报告再次吹响我国营商环境持续优化的改革号角，进一步深化"放管服"改革和优化营商环境是政府的中心工作。企业开办的主要问题突出表现为效率低、环节多和时间长，从根本上解决这些问题刻不容缓，中央也将相继出台系列的改革政策和举措，最终目标是不断压缩企业的开办时间。李克强总理在2018年全国深化"放管服"改革转变政府职能电视电话会议上明确指出，企业开办时间是营商便利度的关键性指标。现在我国企业开办时间已大幅压减至22.9天，但还是太长，要对标国际先进水平，进一步压缩企业开办时间，明年上半年企业开办时间压缩到8.5个工作日以内，五年内压缩到5个工作日以内。① 本报告考察和评估的33个城市是我国现阶段的主要代表城市，各市的改革力度和落实成效同时反映了中央各项改革政策在其他城市的落实情况。持续深化工商登记审批事项改革是解决"准入不准营"问题的重要举措，不断压缩企业开办时间是优化我国营商环境的主要路径，各地亟待更加主动作为，更加敢于担当，更加积极落实中央出台的有关提高企业开办便利度的各项改革政策文件，层层压实责任，形成各地"百舸争流"的良好竞争氛围，推动营商环境改革取得更大成效，持续优化我国营商环境，促进经济社会的可持续发展。

---

① 《李克强在全国深化"放管服"改革转变政府职能电视电话会议上的讲话》，新华网，http://www.xinhua.net。

第五章 中国主要城市的项目建设便利度

世界银行于 2017 年 10 月 31 日发布的《2018 年营商环境报告：改革以创造就业》揭示的全球 190 多个国家和地区的营商环境评价指标涵盖了 10 个领域：[①] 开办企业、办理施工许可证、获得电力、登记财产、获得信贷、保护中小投资者、纳税、跨境贸易、执行合同和办理破产等。该报告指出，我国办理施工许可证的时间是 247.1 天，在所有参与评价的国家和地区中排名第 172 位，与先进经济体差距较大[②]，即便与我国其他 9 个指标相比，这个指标的排位也是最低的，因而拉低了我国营商环境的综合排名。[③] 可见办理施工许可证的快慢对营商环境优劣的重要性。

毋庸讳言，施工许可证办理时间长的症结在于我国目前的工程建设项目审批制度存在严重问题，突出表现为：项目审批手续复杂、涉及部门繁多，办事难、办事慢、多头跑、来回跑等问题较为突出，导致审批效率低、审批时间长，究其原因，在于审批流程不规范、不科学、不统一，审批环节杂多，前置审批、串联审批事项过多，甚至有些地方出现审批事项互为前置的怪乱现象。李克强总理在 2018 年 3 月全国"两会"上明确提出将实施放宽市场准入的"六个一"改革举措：企业开办时间再减少一半、项目审批时间再砍掉一半、政务服务一网办通、企业和群众办事力争只进一扇门、最多跑一次和凡是没有法律法规规定的证明一律取消。[④] 故此，着力精简工程建设项目审批的流程和环节、切实大幅缩减工程建设项目审批时间成为深入推进工程建设项目审批改革的应有之义和必由之举，进一步优化我国营商环境时不我待。

---

① 《2018 年营商环境报告：改革以创造就业》，http：//chinese. doingbusiness. org/zh/reports/qlobal-heports/doing - business – 20118。

② 该报告同时披露了其他国家和地区的办理时间，其中，美国办理施工许可的平均时间为 80.5 天，英国为 86 天，排名均靠前。

③ 世界银行于 2018 年 10 月 31 日发布的《2019 年营商环境报告：强化培训 促进改革》显示，我国施工许可证的办理时间需要 169.5 天，在 190 个经济体中排在第 121 位，在所有的评价指标当中排名最后。

④ 《李克强谈放管服改革："伤筋动骨"也要做到"六个一"》，中国网，http：//www. china. com. cn/lianghui/news/2018 – 03/20/content_50727914. shtml？f = pad&a = true。

第一节　项目建设便利度政策与评估指标体系

党的十八大以来，党中央对全面深化改革、加快转变政府职能做了部署并提出了要求。五年多来，国务院把简政放权作为全面深化改革的"先手棋"和转变政府职能的"当头炮"，先后实施了一系列重大改革举措，有效推动了政府管理职能创新和转变，取得了显著的积极成效。解决工程建设项目的审批问题，归根结底是简政放权，精简审批的事项、流程和时间。为此，过去五年多，中央先后出台了一系列相关政策文件，主要是解决当前我国存在的工程建设项目审批时间长、效率低、流程多和环节杂等突出问题，要求各地积极贯彻落实中央的相关改革决策和部署，以顶层设计和摸着石头过河相结合的方式全力推动工程建设项目审批时效全面提速，进一步改善和优化我国营商环境，推动经济社会健康稳定可持续发展。通过梳理发现，近年来中央先后出台的建设项目审批改革文件总体上遵循了从宏观到微观、由粗及细、上下联动和虚实结合的原则，稳步推进建设项目审批改革朝向法治化轨道有序运行。

一、项目建设便利度的政策法规回顾

企业的工程建设项目审批改革的宏观政策文件主要包括党中央、国务院制定的具有宏观指导意义的政策法规文件。其中，《中共中央关于全面深化改革若干重大问题的决定》和《2015年推进简政放权放管结合转变政府职能工作方案》及《2016年推进简政放权放管结合优化服务改革工作要点》尤为重要，具有全局性的指导意义。下文将主要围绕上述企业的工程建设项目改革政策作相关阐述。

1. 宏观政策

（1）2013年11月12日，中共十八届三中全会通过了《中共中央关于全面深化改革若干重大问题的决定》（以下简称《决定》），这是一份关于我国经济社会各项改革的纲领性文件，同时为工程建设项目审批改革提供了顶层设计。[①]《决定》明确提出，要进一步简政放权，深化行政审批制度改革，最大限度减少中央政府对微观事务的管理，对市场机制能有效调节的经济活动一律取消审批，对保留的行政审批事项要规范管理、提高效率；直接面向基层、量大面广、由地方管理更方便有效的经济社会事项，一律下放地方和基层管理，宏观上为工程建设项目审批改革提供了正确的指引，科学规划了项目审批的改革方向。《决定》同时提出，要深化投资体制改革，确立企业投资主体地位，企业投资项目，除关系国家安全和生态安全、涉及全国重大生产力布局、战略性资源开发和重大公共利益等项目外，一律由企业依法依规自主决策，政府不再审批。这份政策文件既是推进我国简

---

① 《中共中央关于全面深化改革若干重大问题的决定》，人民网，http://politics.people.com.cn/n/2013/1116/c1001-23560979.html。

政放权转变政府职能的当然之举，又是推动建设项目审批改革、优化营商环境的必由之路，极大发挥了宏观的全局性引领作用。

（2）2015 年 5 月 12 日，国务院印发了《2015 年推进简政放权放管结合转变政府职能工作方案》（国发〔2015〕29 号）（以下简称《方案》）。①《方案》是一项关于工程建设项目审批改革的全局性政策，对工程建设项目审批改革做了具体部署。《方案》突出强调，由"给群众端菜"向"让群众点菜"转变，从分头分层级推进向纵横联动、协同并进转变，从减少审批向放权、监管和服务并重转变，统筹推进行政审批、投资审批、商事制度等多个领域的改革，着力解决跨领域、跨部门、跨层级的重大问题，继续取消含金量高的行政审批事项，彻底取消非行政许可审批类别，大力简化投资审批，出台一批规范行政权力运行、提高行政审批效率的制度和措施。《方案》明确提出，深入推进投资审批改革，进一步取消下放投资审批权限，简化投资项目报建手续，大幅减少申报材料，压缩前置审批环节并公开审批时限；推进落实企业投资项目网上并联核准制度，加快建设信息共享、覆盖全国的投资项目在线审批监管平台。《方案》附件还确定了任务分工和进度安排表，明确要求进一步取消下放投资审批权限和进一步简化、整合投资项目报建手续的任务由国家发改委牵头于 2015 年 12 月底前完成。毋庸置疑，该方案是中央后续出台工程建设项目审批改革相关文件和各地实施相应改革举措的主要政策依据。

（3）2016 年 5 月 23 日，国务院印发了《2016 年推进简政放权放管结合优化服务改革工作要点》（国发〔2016〕30 号）（以下简称《要点》）。②《要点》强调，要在更大范围、更深层次，以更有力举措推进简政放权、放管结合、优化服务改革，使市场在资源配置中起决定性作用和更好发挥政府作用，破除制约企业和群众办事创业的体制机制障碍，着力降低制度性交易成本，优化营商环境。《要点》明确提出，要再修订政府核准的投资项目目录，中央政府层面核准的企业投资项目削减比例累计达到原总量的 90% 以上，出台《企业投资项目核准和备案管理条例》，出台整合规范投资建设项目报建审批事项实施方案；保留的投资项目审批事项要全部纳入全国统一投资项目在线审批监管平台，实行"一站式"网上审批，大幅缩短审批流程和审批时间，推进投资审批提速。

（4）2016 年 7 月 5 日，中共中央、国务院印发了《关于深化投融资体制改革的意见》（中发〔2016〕18 号）（以下简称《意见》）。③《意见》指出，及时修订并公布政府核准的投资项目目录，实行企业投资项目管理负面清单制度，除目录范围内的项目外，一律实行备案制，由企业按照有关规定向备案机关备案。建立企业投资项目管理责任清单制度，厘清各级政府部门企业投资项目管理职权所对应的责任事项，明确责任主体，健全问责机制。《意见》提出，精简投资项目准入阶段的相关手续，只保留选址意见、用地（用海）

---

① 《国务院关于印发 2015 年推进简政放权放管结合转变政府职能工作方案的通知》，中国政府网，http：//www. gov. cn/zhengce/content/2015 – 05/15/content_9764. htm。

② 《国务院关于印发 2016 年推进简政放权放管结合优化服务改革工作要点的通知》，中国政府网，http：//www. gov. cn/zhengce/content/2016 – 05/24/content_5076241. htm。

③ 《中共中央、国务院关于深化投融资体制改革的意见》，新华网，http：//www. xinhuanet. com//politics/2016 – 07/18/c_1119238057. htm。

预审以及重特大项目的环评审批作为前置条件；按照并联办理、联合评审的要求，相关部门要协同下放审批权限，探索建立"多评合一"、统一评审的新模式。《意见》强调，进一步简化、整合投资项目报建手续，取消投资项目报建阶段技术审查类的相关审批手续，探索实行先建后验的管理模式。《意见》为中央制定出台微观政策举措提供了正确的方向指引，是我国企业工程建设项目审批改革的重要顶层设计文件之一。

2. 微观文件

企业的工程建设项目审批改革的微观具体措施主要是指国务院及各相关部委发布的细化工程建设项目审批改革的相关政策文件和国务院常务会议作出的相关决定。现整理归纳如下：

（1）国务院第 133 次常务会议作出清理规范投资项目报建审批事项的决定。2013 年 3 月以来的历次国务院常务会议较少直接涉及工程建设项目审批改革议题，但 2016 年 5 月 11 日召开的国务院常务会议就专门把建设项目审批改革作为主要议题之一，该项改革既是推进简政放权的重要内容，也是打通投资项目开工前"最后一公里"的主要举措，其重要性和紧迫性不言而喻。会议指出，持续推进简政放权、放管结合、优化服务，进一步简化投资项目报建审批，有利于降低制度性交易成本，激发社会投资活力，以改革营造更加便利的投资环境。决定把投资项目开工前的报建审批事项由 65 项减至 42 项，其中规划许可、市政设施建设等 24 项审批整合为 8 项，并保留涉及环保等方面的法定审批事项，对保留的审批事项，要全部纳入政务服务大厅或在线平台，简化流程、缩短时限，便利企业办事。①

（2）2015 年 2 月 4 日，国务院发布了《关于规范国务院部门行政审批行为改进行政审批有关工作的通知》（国发〔2015〕6 号）（以下简称《通知》）。②《通知》指出，为深化行政审批制度改革，规范行政审批行为，改进行政审批工作，解决审批环节多、时间长、随意性大、公开透明度不够等问题，加快转变政府职能，坚持依法行政，推进简政放权、放管结合，规范行政审批行为、提高审批效率、激发市场社会活力、营造公平竞争环境。规范行政审批行为主要包括：全面实行"一个窗口"受理、推行受理单制度、实行办理时限承诺制、探索改进跨部门审批等，对于多部门共同审批事项，进行流程再造，明确一个牵头部门，实行一个窗口受理、一站式审批，探索构建国务院部门网上统一监控和查询平台。《通知》虽未有工程建设项目审批的直接表述，但因其为行政审批的改革文件，且规范的目的主要是解决审批环节多、时间长和随意性大等问题，故成为工程建设项目审批改革的重要政策依据。

（3）根据上述《方案》和《要点》要求及国务院第 133 次常务会议的决定，2016 年 5 月 19 日，国务院印发了《清理规范投资项目报建审批事项实施方案》（以下简称《实施

---

① 《李克强主持召开国务院常务会议》，人民网，http：//politics. people. com. cn/n1/2016/0512/c102428343356. html。

② 《国务院关于规范国务院部门行政审批行为改进行政审批有关工作的通知》，中国政府网，http：//www. gov. cn/zhengce/content/2015 – 02/04/content_9454. htm。

方案》），部署进一步简化、整合投资项目报建手续工作。①《实施方案》明确指出，清理规范投资项目报建审批事项，既是推进简政放权、放管结合、优化服务改革的重要内容，也是打通投资项目开工前"最后一公里"、降低制度性交易成本、激发社会投资活力的重要举措。《实施方案》明确了清理规范投资项目报建审批事项的范围、原则和内容，包括：①投资项目报建审批事项，即投资项目申请报告核准或者可行性研究报告批复之后、开工建设之前，由相关部门和单位依据法律法规向项目单位作出的行政审批事项，此次清理规范的投资项目报建审批事项共有 65 项；②凡没有法律法规依据、未列入国务院决定保留的行政审批事项目录的，一律取消审批，及虽有法律法规依据，但已没有必要保留的，要通过修法取消审批，审批机关能够通过征求相关部门意见或者能够通过后续监管解决的事项，一律取消审批，但确需保留的审批事项，加大优化整合力度；③清理规范后的投资项目报建审批事项共有 42 项，较以往减少 23 项，精简比例为 35%。《实施方案》是中央出台的关于工程建设项目审批改革的进一步深化举措，通过取消和调整一些项目审批事项，解决工程建设开工前审批事项过多的问题。

（4）按照《实施方案》要求，要深入推进投资审批改革，其中，包括按照《政府核准的投资项目目录》进一步取消、下放投资审批权限，制定《政府核准和备案投资项目管理条例》。2016 年 12 月 12 日，国务院印发了《政府核准的投资项目目录（2016 年本）》②（简称《目录》），这是国务院继 2013 年和 2014 年后第三次修订，至此，中央政府层面核准的企业投资项目削减比例累计达到原总量的 90% 左右③，主要目的还是进一步加大简政放权、放管结合、优化服务改革力度，使市场在资源配置中起决定性作用，切实转变政府投资管理职能。2016 年 11 月 30 日，国务院发布了《企业投资项目核准和备案管理条例》（中华人民共和国国务院令第 673 号）（简称《条例》）。④《条例》首先明确了其立法目的是规范政府对企业投资项目的核准和备案行为，加快转变政府的投资管理职能，落实企业投资自主权。根据《条例》规定，政府仅对涉及国家安全、全国重大生产力布局、战略性资源开发和重大公共利益等项目实行核准管理，其他项目一律实行备案管理，同时，即便是备案项目，政府也仅是了解和掌握投资项目意向信息和项目建设动态信息。《条例》规定建立投资项目在线监管平台，依托在线平台推进投资项目"一门式一网式"办理，实现企业"一站咨询"、审批"一门受理"、流程"一图导引"、项目"一码贯通"，以行政法规形式确立在线平台的法律地位，也有利于在线平台的推广和应用。2017 年 3 月 8 日，国家发展和改革委员会发布了《企业投资项目核准和备案管理办法》，进一步细化了《条例》的相关内容规定。

---

① 《国务院关于印发清理规范投资项目报建审批事项实施方案的通知》，中国政府网，http：//www. gov. cn/zhengce/content/2016 - 05/26/content_5077076. htm。

② 《国务院关于发布政府核准的投资项目目录（2016 年本）的通知》，国发〔2016〕72 号，中国政府网，http：//www. gov. cn/zhengce/content/2016 - 12/20/content_5150587. htm。

③ 《中央政府核准投资项目 4 年削减约九成——〈政府核准的投资项目目录（2016 年本）〉有啥新变化》，中国政府网，http：//www. gov. cn/zhengce/2016 - 12/20/content_5150777. htm。

④ 《企业投资项目核准和备案管理条例》，中国政府网，http：//www. gov. cn/zhengce/content/2016 - 12/14/content_5147959. htm。

（5）2018年1月3日，国务院常务会议部署推进工程建设项目审批制度改革，决定对施工许可等事项大幅精简审批、压缩办理时间，实行规划、消防、环保等部门并联限时审批，简化施工许可等手续；2018年5月2日，国务院常务会议确定，在北京、天津、上海、重庆、沈阳、大连、南京、厦门、武汉、广州、深圳、成都、贵阳、渭南、延安和浙江省等16个地区开展试点，改革精简房屋建筑、城市基础设施等工程建设项目审批全过程和所有类型的审批事项，推动流程优化和标准化，具体措施主要包括精简审批、分类管理和压缩流程，实行"一张蓝图"明确项目建设条件、"一个系统"受理审批督办、"一个窗口"提供综合服务、"一张表单"整合申报材料、"一套机制"规范审批运行。2018年在试点地区实现工程建设项目审批时间压缩一半以上，由目前平均200多个工作日减至120个工作日，2019年上半年在全国实现这一目标。2018年5月14日，国务院办公厅印发的《关于开展工程建设项目审批制度改革试点的通知》①（国办发〔2018〕33号）（以下简称《试点通知》）明确了上述改革的任务和目标，并要求我国在2020年基本建成全国统一的工程建设项目审批和管理制度，改革的主要内容包括：统一审批流程、精简审批环节、完善审批体系，同时建立健全相应的监管体系，解决工程建设项目审批流程杂、环节乱、手续多和办事难等突出难题，持续缩减工程建设项目的审批时限，不断优化我国营商环境。这是当前最新的直接与工程建设项目改革相关的中央政策文件，是各地落实中央改革精神的直接、主要依据。

综上所述，我国建设项目便利度的相关政策文件主要包括宏观政策和微观举措，归纳为以下三个类别：党中央文件、国务院文件（包括行政法规）和各部委文件（包括部门规章），梳理后如表5-1所示。

表5-1　我国建设项目便利度的主要政策法规

政策层级	文件名称	文件性质
宏观政策	《中共中央关于全面深化改革若干重大问题的决定》	党中央文件
	《中共中央、国务院关于深化投融资体制改革的意见》	党中央、国务院文件
	《2015年推进简政放权放管结合转变政府职能工作方案》	国务院文件
	《2016年推进简政放权放管结合优化服务改革工作要点》	
微观措施	《关于规范国务院部门行政审批行为改进行政审批有关工作的通知》	国务院文件
	《清理规范投资项目报建审批事项实施方案》	
	《关于开展工程建设项目审批制度改革试点的通知》	
	《政府核准和备案投资项目管理条例》	行政法规

---

① 《国务院办公厅关于开展工程建设项目审批制度改革试点的通知》，中国政府网，http：//www.gov.cn/zhengce/content/2018-05/18/content_5291843.htm。

（续上表）

政策层级	文件名称	文件性质
微观措施	《政府核准的投资项目目录（2013 年本）》 《政府核准的投资项目目录（2014 年本）》 《政府核准的投资项目目录（2016 年本）》	国务院文件
	《企业投资项目核准和备案管理办法》	部门规章

二、项目建设便利度的评估指标体系

目前我国的工程建设项目审批在行政审批中最为复杂，审批耗时最长，难度也最大，社会关注度高，群众反映强烈，审批改革迫在眉睫。2018 年 10 月 31 日，世界银行发布的《2019 年营商环境报告：强化培训，促进改革》显示，我国的办理施工许可证得分为 65.16 分，较去年增加了 23.95 分，在 190 个经济体中排在第 121 位，较去年上升了 51 位，评估指标主要包括 4 个：程序、时间、成本和建筑质量控制。本报告参考该评价指标，结合我国具体实际，选取我国 33 个主要城市作为考察对象，评估各市落实中央制定出台的建设项目便利度改革政策文件的现状，设计了工程建设项目便利度评估指标体系，共划为三级指标：第一级指标是建设项目便利度，第二级指标主要包括审批时限、审批流程、审批环节和审批体系等 4 个指标，第三级指标主要选取第二级指标项下的 15 个细化指标，指标属性均为正向指标（见表 5-2）。数据指标的分值区间是 0~2 分，评价指标的分值区间是 0~1 分，具体对照各级指标。

表 5-2　项目建设便利度的评估指标体系

一级指标	二级指标	三级指标	指标属性（正向）
项目建设便利度	审批时限	1. 是否出台全流程审批时限的规范性文件（1 分）	评价指标
		2. 全流程审批的具体时限（2 分）	数据指标
	审批流程	3. 是否出台优化审批阶段的规范性文件（2 分）	数据指标
		4. 审批阶段的具体数量（2 分）	
		5. 是否出台并联审批的规范性文件（1 分）	评价指标
		6. 并联审批的数量（2 分）	数据指标
		7. 并联审批与审批阶段的数量之比（2 分）	

（续上表）

一级指标	二级指标	三级指标	指标属性（正向）
项目建设便利度	审批环节	8. 是否出台精简报建审批事项的规范性文件（1分）	评价指标
		9. 精简报建审批事项清单（2分）	数据指标
		10. 是否出台合并审批的规范性文件（1分）	评价指标
		11. 合并审批事项的数量（2分）	数据指标
		12. 是否出台告知承诺的规范性文件（1分）	评价指标
		13. 告知承诺审批事项清单（2分）	数据指标
	审批体系	14. 是否出台"五个一"工程规范性文件（1分）	评价指标
		15. "五个一"工程的具体数量（2分）	数据指标

　　对照表5-2所列的三级指标，分三步获取各市项目建设便利度的评估分值。[1] 第一步是依次评估每个第三级指标分值，其中，数据指标的赋分区间为0~2分，把33个城市中最好的城市设定为2分，最差的城市设定为0分，居于最好与最差之间的城市均等划分为若干等次，获得相应评估分值；有与无的评价指标赋分标准是：有则赋值1分，无则不赋分，特别说明的是，为尽量缩小该类指标与数据指标对计算最后分值的偏差，评价指标的最终分值需乘以20%权重。数据指标和评价指标的计算公式如下所示：

　　①数据指标计算公式：2分÷N×（0，1，2，…，N）（$N \geqslant 2$）
　　②评价指标计算公式：0/1分×20%

　　第二步是综合上一步若干个第三级指标的评估分值，相加得出4个第二级评估指标的分值，即审批时限便利度、审批流程便利度、审批环节便利度和审批体系便利度的评估分值。最后一步是综合上述4个二级评估指标分值，最终得出本报告考察的33个主要城市的项目建设便利度的总分，并按照各市的总分由高到低依次列出。对照表5-2所设的评估指标体系，具体考察我国33个主要城市对中央出台的项目建设相关改革政策的落实情况，评估每个城市出台或制定相关规范性文件或政策制度，整体上评估上述考察城市的项目建设便利度的高低差异。

三、主要城市项目建设便利度的评估结果

　　对照表5-2所设的评估指标体系，考察我国33个主要城市出台的有关建设项目审批改革的规范性文件和政策制度是否比中央的改革文件更为细化、超前和可操作，从审批时

---

[1] 　本报告所有分值除0、0.5、1、1.5和2等可以整除的数字以外，其他分值均四舍五入并保留小数点后两位。

限、审批流程、审批环节和审批体系等 4 个维度评估每个城市的项目建设便利度的现状，
得出每个城市的项目建设便利度的最终分值。按照每个城市的分值由高到低排序，排名前
十位的城市依次为武汉、杭州、广州、厦门、南京、深圳、上海、天津、沈阳和舟山，排
名后十位的城市有南宁、太原、兰州、南昌、保定、长沙、哈尔滨、长春、海口和济南
（见表 5 - 3）。

表 5 - 3　33 个主要城市的项目建设便利度评估分值

排序	城市	审批时限	审批流程	审批环节	审批体系	评估总分
1	武汉	3.33	6.4	5.6	2.2	17.53
2	杭州	4	5.4	5.6	2.2	17.2
3	广州	4	5.4	4.6	2.2	16.2
4	厦门	4	5.4	4.4	2.2	16
5	南京	4	5.4	3.4	2.2	15
6	深圳	3.33	5.4	3.4	2.2	14.33
7	上海	3.33	5.4	3.4	2.2	14.33
8	天津	3.33	5.4	3.4	2.2	14.33
9	沈阳	3.33	5.4	3.4	2.2	14.33
10	舟山	3.33	5.4	3.4	2.2	14.33
11	成都	3.33	5.4	3.4	2.2	14.33
12	贵阳	3.33	5.4	3.4	2.2	14.33
13	西安	3.33	6.4	4.1	0	13.83
14	重庆	4	3.9	3.4	2.2	13.5
15	北京	3.33	1.9	3.4	2.2	10.83
16	石家庄	1.33	4.9	3.4	0	9.63
17	洛阳	0.67	5.4	3.4	0	9.47
18	昆明	2.33	4.4	1.4	1	9.13
19	福州	3.33	2.7	1.9	1	8.93
20	宜昌	1.33	4.2	2.2	1	8.73
21	青岛	1.67	3.2	3.4	0	8.27
22	郑州	1.33	4.2	0.7	1	7.23
23	合肥	3	4.2	0	0	7.2
24	济南	0	1.7	3.9	1	6.6
25	海口	0.67	4.2	0.7	1	6.57
26	长春	1.33	4.2	0	1	6.53

（续上表）

排序	城市	审批时限	审批流程	审批环节	审批体系	评估总分
27	哈尔滨	1.33	4.2	0.7	0	6.23
28	长沙	1.33	4.2	0.7	0	6.23
29	保定	1.33	2.7	2.2	0	6.23
30	南昌	1.33	4.2	0	0	5.53
31	兰州	0.67	4.2	0.2	0	5.07
32	太原	0.67	4.2	0	0	4.87
33	南宁	0.67	0.2	0	0	0.87

第二节　审批时限指标的评估状况

审批时限评估三级指标主要有两个：全流程审批时限规范性文件和全流程审批的具体时限，均为数据指标，两个三级指标分值相加后便得出审批时限指标的分值。

一、全流程审批时限规范性文件指标的分值

《试点通知》将北京、天津、上海、重庆、沈阳、大连、南京、厦门、武汉、广州、深圳、成都、贵阳、渭南、延安和浙江 16 个省市地区列为试点地区，要求这些省市到 2018 年底将工程建设项目审批时间压减至 120 个工作日以内，上述地区除大连、渭南和延安外，其他城市均为本报告的考察对象，还包括浙江省的杭州和舟山，共有 14 个城市列入本次试点地区范围。截至本报告数据统计之日，上述 14 个考察的试点城市均先后制定并发布了该市实施方案，明确了上述国务院要求的压减时限，其他 19 个未列入试点的考察城市则在实践中做法不一，有些城市主动对标试点地区，制定并发布了综合性的改革文件，明确提出了压减审批时限的具体目标，如西安、福州[①]，相比上述进入试点范围的 14 个城市不遑多让；有些城市针对工业建设项目施工许可审批流程制定并发布相关实施文件，对工业建设项目的施工许可规定了审批时限，如合肥和昆明[②]；或对施工许可专项做

[①] 《西安市人民政府办公厅关于印发〈西安市工程建设项目审批制度改革实施细则〉的通知》，西安市人民政府网，http：//www.xa.gov.cn/ptl/def/def/index_1121_6774_ci_trid_2943172.html？from＝groupmessage。2018 年 6 月 22 日，福州市出台《福州市优化营商环境工作三年行动方案》，福州新闻网，http：//news.fznews.com.cn/dsxw/20180622/5b2d0d4b2b84c.shtml。

[②] 《合肥市人民政府办公厅印发关于进一步优化工业建设项目施工许可审批流程实施方案（试行）的通知》，合肥市人民政府网，http：//www.hefei.gov.cn/xxgk/17502/2018/dqh_32435/szfbgtwj_31998/201810/t20181030_2661481.html。《昆明市关于优化工业建设项目施工许可"50"目标工作实施细则（试行）》，昆明市人民政府网，http：//www.km.gov.cn/c/2018-07-30/2700459.shtml。

了相应规定，如青岛和济南①；其余城市则未能及时制定出台进一步改革的规范性文件。

由此可见，出台全流程审批时限的规范性文件呈现三种情形：第一种是出台综合性改革文件的城市，包括进入试点范围的 14 个城市和西安、福州 2 市，共有 16 个城市；第二种是出台工业建设项目审批时限的改革文件的城市，包括合肥、昆明、济南和青岛 4 个城市；第三种是没有及时出台进一步改革文件的城市，除上述 20 个城市外，其余 13 个城市均可列入其中。根据上文的数据指标赋分标准，该指标可划分为 0 分、1 分和 2 分，属于第一种情形的 16 个城市赋值 2 分，属于第二种情形的 4 个城市赋值 1 分，属于第三种情形的 13 个城市赋值 0 分。

二、全流程审批压减时限指标的分值

全流程审批时限是指覆盖工程建设项目审批全过程，包括从立项到竣工验收和公共设施接入服务，试点地区必须在 2018 年底将审批时限压减至 120 个工作日以内。从各市发布的实施方案可以看到，进入试点范围的 14 个城市承诺时限不超过 120 个工作日，其中，除成都承诺压减至 120 个工作日之外，其他 13 个试点城市均在 100 个工作日以内。此外，试点城市还按照国务院要求，承诺到 2019 年 6 月，将进一步压减审批时限。试点范围以外的其他本报告考察的 19 个城市当中，福州和西安主动对标试点地区自我增压，承诺到 2018 年底将审批时限压减至 120 个工作日。其余 17 个城市，暂未对全流程审批事项作出审批时限的压减目标，下表用"/"标示，这些城市实际所需的平均审批时限应不少于世界银行评估的 169.5 个工作日。②

表 5 – 4　各市审批压减的具体时限

单位：工作日

城市	时限	城市	时限	城市	时限
南京	80	北京	100	兰州	/
重庆	80	贵阳	100	太原	/
沈阳	85	成都	120	济南	/
广州	90	福州	120	合肥	/
厦门	90	西安	120	海口	/

---

① 《关于印发青岛市优化投资建设项目施工许可专项行动方案的通知》，青岛政务网，http://www.qingdao.gov.cn/n172/n24624151/n24672217/n24673564/n24676498/180906142109836031.html。《济南市人民政府办公厅关于济南市工程建设项目"拿地即开工"审批模式的实施意见（试行）》，济南市人民政府网，http://www.jinan.gov.cn/art/2018/7/31/art_2614_2303633.html。

② 世界银行仅选取我国的北京和上海两市作为评估对象，考虑到这两个城市的营商环境处于国内较为先进水平的事实，其他城市实际审批的时限应不少于这两个城市所需时限，故推测不少于 169.5 个工作日。

（续上表）

城市	时限	城市	时限	城市	时限
深圳	90	长春	/	郑州	/
上海	100	南昌	/	长沙	/
舟山	100	保定	/	南宁	/
武汉	100	宜昌	/	哈尔滨	/
天津	100	昆明	/	洛阳	/
杭州	100	青岛	/	石家庄	/

　　基于表5-4，本指标作为数据指标可根据33个城市规定的具体时限划分为6个等次，其中，分值最高表明其时限最短，分值最低表明其时限最长，居中的城市则依时限的长短作均等划分。故此，重庆和南京的分值为2分，沈阳为1.6分，广州、深圳和厦门为1.2分，上海、舟山、武汉、天津、杭州、北京和贵阳7个城市分值为0.8分，福州、成都和西安3个城市分值为0.4分，其余城市为0分。

表5-5　各市审批时限各指标的评估分值

城市	分值		城市	分值		城市	分值	
	规范性文件	具体时限		规范性文件	具体时限		规范性文件	具体时限
南京	2	2	舟山	2	0.8	兰州	0	0
重庆	2	2	贵阳	2	0.8	太原	0	0
沈阳	2	1.6	成都	2	0.4	长春	0	0
深圳	2	1.2	福州	2	0.4	宜昌	0	0
厦门	2	1.2	西安	2	0.4	海口	0	0
广州	2	1.2	济南	1	0	南昌	0	0
上海	2	0.8	青岛	1	0	保定	0	0
杭州	2	0.8	合肥	1	0	南宁	0	0
武汉	2	0.8	昆明	1	0	郑州	0	0
天津	2	0.8	长沙	0	0	洛阳	0	0
北京	2	0.8	哈尔滨	0	0	石家庄	0	0

第三节 审批流程指标的评估状况

审批流程指标具体包括出台优化审批阶段的规范性文件、审批阶段的数量、是否出台并联审批的规范性文件、并联审批数量和并联审批与审批阶段的数量之比等 5 个指标，其中，有 4 个数据指标，1 个评价指标。

一、审批阶段各指标的评估分值

统一审批阶段的数量和名称主要解决当前我国各地出现的审批阶段数量多、名称乱和手续杂等不统一现象，尤其是涉及审批阶段数量过多的突出问题，从提高审批效率和压缩审批时限上看，审批阶段数量越少，效率越高，时限相应缩短，进一步缩减企业的工程建设项目从立项到施工再到竣工的总体时间，使企业尽早投产营业。基于此，考察上述 33 个城市是否出台了优化审批阶段的规范性文件及评估各市当前的审批阶段数量，一定程度上可以折射各市的项目建设便利度现状。检索梳理相关资料可知，14 个试点城市和西安、福州两市均在先后制定发布的实施方案中明确优化后的审批阶段数量，且为全流程审批阶段数量，其他城市没有出台全流程审批阶段的相应文件，但青岛、合肥和昆明 3 个城市的做法稍好一些，及时出台了最新的规范性文件，对工业建设项目审批阶段做了明确优化规定，其余城市则散见于部门文件之中，且不易搜索。故此，在出台优化审批阶段的数据指标上，可划分为三个等次，及时出台全流程审批阶段数量文件的 16 个城市赋值 2 分，青岛、合肥和昆明 3 个城市赋值 1 分，其他 14 个城市为 0 分。

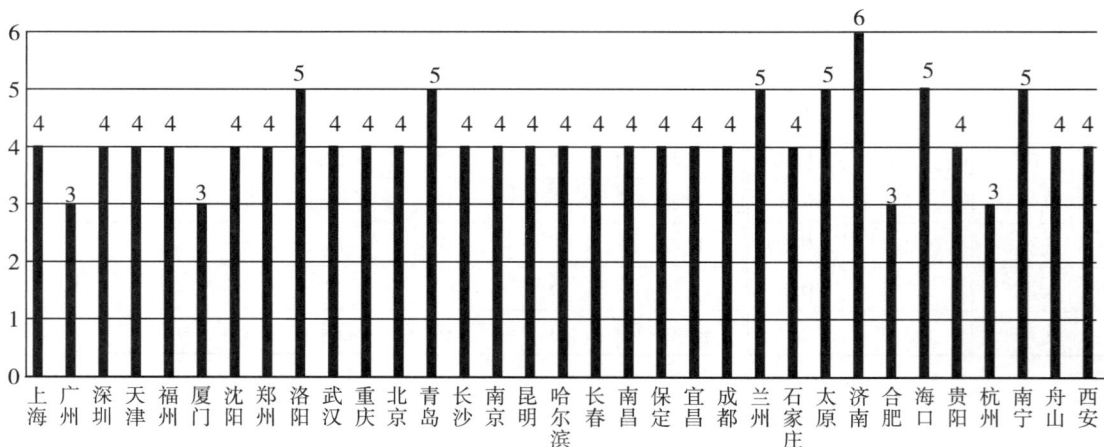

图 5-1 各市工程建设项目审批阶段的数量

《试点通知》将工程建设项目审批流程统一优化后划分为 4 个阶段，包括立项用地规划许可、工程建设许可、施工许可和竣工验收。如图 5－1 所示，33 个主要城市现阶段总体上对工程建设项目审批作了不同阶段的划分，但所涉审批阶段数量不一，各阶段的名称也不尽相同，甚至出现较大差异。就个别城市而言，审批阶段的数量呈 3、4、5、6 不等形态。根据本报告所设的评价指标体系，该指标的分值高低与数量多少呈反比关系，可划分为 4 个等次，数量最少其分值最高，反之则最低。据此，3 个阶段的城市赋为 2 分，6 个阶段的城市赋为 0 分，4 个阶段和 5 个阶段的城市分别获 1.33 分和 0.67 分。故各市的具体分值如表 5－6 所示。

表 5－6　各市审批阶段各指标的评估总分

城市	分值		城市	分值		城市	分值	
	规范性文件	具体数量		规范性文件	具体数量		规范性文件	具体数量
南京	2	1.33	舟山	2	1.33	兰州	0	0.67
重庆	2	1.33	贵阳	2	1.33	太原	0	0.67
沈阳	2	1.33	成都	2	1.33	长春	0	1.33
深圳	2	1.33	福州	2	1.33	宜昌	0	1.33
厦门	2	2	西安	2	1.33	海口	0	0.67
广州	2	2	济南	0	0	南昌	0	1.33
上海	2	1.33	青岛	1	0.67	保定	0	1.33
杭州	2	2	合肥	1	2	南宁	0	0.67
武汉	2	1.33	昆明	1	1.33	郑州	0	1.33
天津	2	1.33	长沙	0	1.33	洛阳	0	0.67
北京	2	1.33	哈尔滨	0	1.33	石家庄	0	1.33

二、并联审批各指标的评估分值

并联审批要求，每个审批阶段确定一家牵头部门，实行"一家牵头、并联审批、限时办结"，由牵头部门组织协调相关部门严格按照限定时间完成审批。归纳起来，并联审批改革主要是通过整合不同部门和不同阶段并行审批，有别于传统的串联审批，一个部门和阶段的审批完成后才可以进入下一个部门和阶段，长期以来，部门壁垒是建设项目审批提效的最大障碍。毋庸讳言，并联审批作为审批流程改革的重要内容之一，改变过去各审批事项串联审批的旧模式，把"串联式"变为"并联式"，由多部门逐个"接力跑"转变为多部门联合"齐步跑"，由一个部门牵头一次性递交材料，其他部门同步审批，解决项目审批流程多、审批部门杂和审批时限长等弊病，可以克服互为前置审批事项的拖沓，要求相关部门限时办结审批事项，从而避免企业来回跑和重复递交材料。本报告主要评估各市是否出台并联审批规范性文件、哪些审批阶段可以适用并联审批及并联审批所涉阶段与审批阶段的数量之比等 3 个指标，前者属于评价指标，后两者属于数据指标。各市并联审批及所涉阶段如图 5 - 2 所示，其中系列 1 代表审批阶段的数量，系列 2 代表可以并联审批的数量。

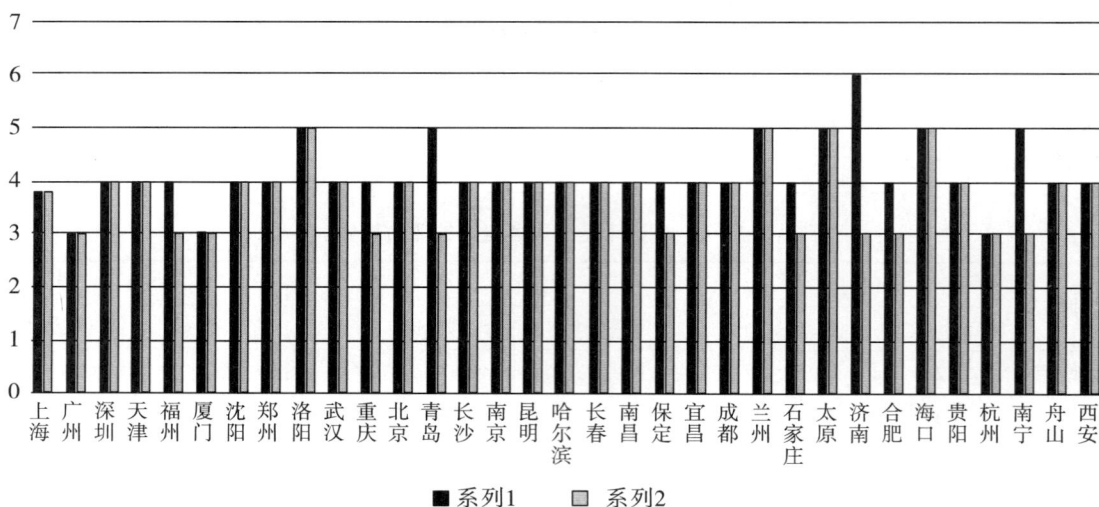

图 5 - 2   各市项目建设并联审批所涉审批阶段的数量

梳理 33 个城市制定发布的相关政策文件可以得知，各市均出台了相关规范性文件，规定了建设项目相关阶段实行并联审批，明确要求打通各个部门之间的固有藩篱，限时办结审批事项，大多数城市还专门出台了以"并联审批"为主题的规范性文件，表明主要城市在通过并联审批压减项目审批时限上存有基本共识，故此，每个城市在是否出台规范性文件或政策制度指标上均可得 1 分。各市的差异具体表现为各市规定的并联审批内容和文件数量并非完全一致，且对哪个阶段适用并联审批和涉及哪些部门可以并联审批有不同的规定，有些城市实现审批全流程全阶段可并联审批，也有些城市仅限于某些阶段可使用并联审批，表明主要城市对并联审批的主观认知和重视程度存在差异性。

基于上述考察，结合各市实际，本报告主要评估每个城市适用并联审批的阶段数量和并联审批所涉的阶段数量与审批阶段数量之比。评估结果显示，大多数城市有 3 个及以上的审批阶段实现并联审批，且不少城市已实现全阶段审批可适用并联审批，二者之比为100%，即并联审批所涉阶段与审批阶段一一对应。据此，并联审批所涉的阶段数量指标可划分为 3 个等次，对 4 个和 5 个阶段的城市赋值 2 分①，对 3 个阶段的城市赋值 1 分②，2 个阶段的城市为 0 分。并联审批所涉阶段数与审批阶段数量之比指标可划分为 5 个等次，比例分别为 100%、75%、60%、50% 和 40%，比例最高的赋值 2 分，反之不赋分，居中

---

① 将 4 个和 5 个所涉审批阶段的城市列为同一等次的原因并未违反上文的赋分规则，这些城市所涉阶段数量和审批阶段的数量相同，故没作区分列为最好情况，赋值 2 分。

② 广州、厦门、合肥和杭州 4 个城市审批阶段仅有 3 个，因此，这 4 个城市有 3 个并联审批所涉的审批阶段数量情形也应列为最好等次，赋值 2 分。

三个等次由高到低均等赋值1.5分、1分和0.5分。综上所述，33个城市并联审批各指标的总分值如表5-7所示。

表5-7　各市并联审批各指标的评估分值①

城市	分值		城市	分值		城市	分值	
	并联审批阶段数量	并联与审批阶段之比		并联审批阶段数量	并联与审批阶段之比		并联审批阶段数量	并联与审批阶段之比
南京	2	2	舟山	2	2	兰州	2	2
重庆	1	1.5	贵阳	2	2	太原	2	2
沈阳	2	2	成都	2	2	长春	2	2
深圳	2	2	福州	1	1.5	宜昌	2	2
厦门	2	2	西安	2	2	海口	2	2
广州	2	2	济南	1	0.5	南昌	2	2
上海	2	2	青岛	1	1	保定	1	1.5
杭州	2	2	合肥	2	2	南宁	0	0
武汉	2	2	昆明	2	2	郑州	2	2
天津	2	2	长沙	2	2	洛阳	2	2
北京	0	0.5	哈尔滨	2	2	石家庄	1	1.5

第四节　审批环节指标的评估状况

审批流程各指标具体包括是否出台精简报建审批事项的规范性文件、精简报建审批事项清单，合并审批的规范性文件、合并审批事项的数量、告知承诺的规范性文件和实行告知承诺制的审批事项清单等6个三级指标，其中，数据指标和评价指标各有3个。评估审批环节各指标可在一定程度上窥见各市工程项目建设审批的效率高低、时限长短，是评估项目建设便利度的重要指标。

一、精简报建审批各指标的评估分值

投资项目报建审批事项是指投资项目申请报告核准或者可行性研究报告批复之后、开工之前，由相关部门和单位依据法律法规向项目单位作出的行政审批事项。上述《实施方

---

①　除表格中两个指标外，还有出台规范性文件的指标分值，各市均得1分，需乘以20%权重，再与两个数据指标相加后得出审理流程各指标的总分值。

案》提出，中央层面要清理规范 65 项投资项目报建审批事项，其中，保留 34 项，整合 24 项为 8 项，改为部门间征求意见 2 项，涉及安全的强制性评估 5 项，但不列入行政审批事项，清理规范后报建审批事项减少为 42 项，精简率为 35%，要求各省（自治区和直辖市）自行对照贯彻执行，及时调整公布报建审批事项清单，结合本地实际，进一步加大报建审批事项调整力度，优化办理流程，提高办事效率。《试点通知》也提出，要精简审批事项和条件，取消不符合上位法和不合规的审批事项，取消不合理、不必要的审批事项。长期以来，工程建设项目审批耗时长的一个主要原因是审批事项的数量过多，因此，精简审批事项成为工程建设项目审批改革的重点所在。依照国务院发布的上述两个政策文件的相关要求，本报告主要考察 33 个主要城市清理规范报建审批事项的现状，从而评估各市对国务院出台的改革政策的落实状况。

考察各市实践发现，首先，不少省、自治区和直辖市随后发布了本地区清理规范报建审批事项的实施方案，尽管已转发了国务院上述文件及通知，但仍有部分省份至今未出台实施方案；其次，及时出台了相关实施方案的地级以上市也不多，在本报告考察的 33 个主要城市中，2018 年 1 月 1 日前发布相关文件并列出清理规范后的审批事项清单的只有武汉和石家庄，两市的文件发布时间是 2017 年 4 月，武汉纳入清理规范的报建审批事项共 45 项，清理规范后减至 28 项，精简比例为 38% 左右，高于国务院确定的 35%，石家庄纳入清理规范的报建审批事项共 23 项，清理规范后减少为 18 项，精简比例为 22% 左右。西安在 2018 年 10 月也出台了清理规范报建审批事项实施方案，纳入清理规范的报建审批事项共 33 项，清理规范后减少到 22 项，精简比例为 33%。还有部分城市出台了相关的政策文件，但没有对清理规范报建审批事项数量作出明确表述，其中，青岛提出该市通过清理规范报建审批事项后减少了 10 项，但对纳入清理规范和清理规范后审批事项的具体情况未作进一步明确；洛阳在其出台的政策文件中提出到 2017 年底整合减少 20% 的报建审批事项，也是仅有减少比例的表述，而未有公布该事项的清单或目录；广州在其出台的政策文件中也提出要通过调整、取消和下放等方式优化 23 项审批事项，但未明确这些事项与报建审批事项之间的关系，因此无法获取该市减少报建审批事项的具体数量。其他城市没有出台或发布专门的报建审批事项清理规范文件或其他相关政策文件。

综上所述，是否出台精简报建审批规范性文件的评价指标赋分标准为：出台规范性文件对清理规范报建审批事项有所表述的城市赋值 1 分，包括武汉、石家庄、西安、洛阳、广州、青岛和杭州 7 个城市，没有相应规范性文件的城市赋值 0 分。需要说明的是，尽管国务院发文主要鼓励各地加大清理规范报建审批事项的改革力度，属于非强制性的要求，另外，文件也主要是针对省级人民政府，但从各市实践看来，上述出台相关规范性文件的城市明显更主动作为，态度更积极。精简报建审批清单指标的赋分标准为：出台文件明确了清理清单的城市表现最好，故武汉、石家庄和西安 3 个城市赋值 2 分，有文件规定但未明确清单的城市赋值 1 分，既无文件也无清单的城市不赋分。据此，33 个城市的精简报建审批各指标的评估分值如表 5 - 8 所示。

表5-8　各市精简报建审批各指标的评估分值

城市	分值		城市	分值		城市	分值	
	规范性文件	精简清单		规范性文件	精简清单		规范性文件	精简清单
南京	0	0	舟山	0	0	兰州	0	0
重庆	0	0	贵阳	0	0	太原	0	0
沈阳	0	0	成都	0	0	长春	0	0
深圳	0	0	福州	0	0	宜昌	0	0
厦门	0	0	西安	0.2	2	海口	0	0
广州	0.2	1	济南	0	0	南昌	0	0
上海	0	0	青岛	0	1	保定	0	0
杭州	0.2	1	合肥	0	0	南宁	0	0
武汉	0.2	2	昆明	0.2	0	郑州	0	0
天津	0	0	长沙	0	0	洛阳	0.2	1
北京	0	0	哈尔滨	0	0	石家庄	0.2	2

二、合并审批各指标的评估分值

合并审批是指，由同一部门实施的管理内容相近或属于同一办理阶段的多个审批事项，应合并到同一个部门的一个审批事项，相关部门必须限时办结。合并审批和并联审批的目标是一致的，都是要追求最大限度地提高项目审批效率，进一步缩短项目审批时限。同时，二者的区别也很明显：合并审批是把不同审批阶段的多个审批项目合并为一个部门审批的一个事项，并联审批则是同时对各个审批阶段需要审批的事项进行审批，杜绝出现互为前置审批事项的现象。《清理规范投资项目报建审批事项实施方案》明确提出，对确需保留的审批事项，要加大优化整合力度，由同一部门实施的管理内容相近或者属于同一办理阶段的多个审批事项，应整合为一个审批事项，结合《试点通知》要求，建设项目合并审批推行联合勘验、联合测绘、联合图审和联合验收（简称"四个联合"）等方式。通过考察各市实践得知，合并审批数量如图5-3所示。

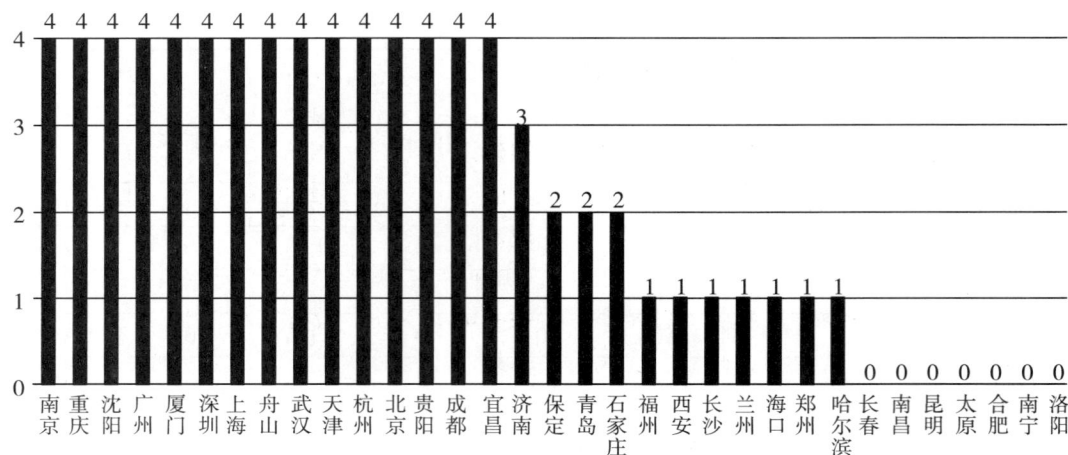

图 5-3　各市工程建设项目合并审批的数量

如图 5-3 所示，多数城市均出台相关政策文件规定合并审批事项内容，出现四个联合的内容，当然，各地在实践中存在差异性，具体表现为：政策出台时间有先有后、文件数量有多有少、改革内容有繁有简。此外，试点城市均在发布实施方案文件中专门对四个联合内容作了明确规定，针对性较强，内容具体翔实；也有城市把四个联合内容同时规定在同一政策文件之中作概括性规定的。但仍有城市未出台合并审批的相关政策文件。根据上文的评价指标的赋分标准，出台合并审批规范性文件的城市赋值 1 分，无相关政策文件的城市为 0 分。合并审批的数据指标分值可划分为 5 个等次，数量最多的城市分值为 2 分，反之则为 0 分，数量居中的城市均等赋值为 1.5 分、1 分和 0.5 分。据此，各市合并审批改革的评估分值如表 5-9 所示。

表 5-9　各市合并审批各指标的评估分值

城市	分值		城市	分值		城市	分值	
	规范性文件	联合数量		规范性文件	联合数量		规范性文件	联合数量
南京	0.2	2	舟山	0.2	2	兰州	0.2	0
重庆	0.2	2	贵阳	0.2	2	太原	0	0
沈阳	0.2	2	成都	0.2	2	长春	0	0
深圳	0.2	2	福州	0.2	0.5	宜昌	0.2	2
厦门	0.2	2	西安	0.2	0.5	海口	0.2	0.5
广州	0.2	2	济南	0.2	1.5	南昌	0	0
上海	0.2	2	青岛	0.2	1	保定	0.2	1
杭州	0.2	2	合肥	0	0	南宁	0	0
武汉	0.2	2	昆明	0	0	郑州	0.2	0.5
天津	0.2	2	长沙	0.2	0.5	洛阳	0	1
北京	0.2	2	哈尔滨	0.2	0.5	石家庄	0.2	1

三、告知承诺制各指标的评估分值

所谓的告知承诺制，一方面，先由政府告知建设单位具体的建设要求，再由建设单位承诺按照建设要求和国家标准进行建设；另一方面，政府部门要加强事中事后监管，对于实行告知承诺制的审批事项，审批部门应当在规定时间内对申请人履行承诺的情况进行检查，监督建设单位是否切实履行承诺。《试点通知》对此明确提出两点要求：一是对可以通过事中事后监管能够纠正且不会产生严重后果的审批事项实行告知承诺制，二是相关地区应及时发布实行告知承诺制的审批事项清单和具体要求。毋庸讳言，告知承诺制度是我国工程建设项目审批改革的重要举措和亮点之一，对于政府转变职能而言极为关键，能够有效加快审批速度，可以实现建设项目早落地、早开工的目标，使企业获得便利。故此，告知承诺制实行状况一定程度上能够反映主要城市精简建设项目审批环节的改革现状，各市工程建设项目实行告知承诺制的情况如表 5 - 10 所示。

表 5 - 10　各市工程建设项目实行告知承诺制的情况

城市	告知承诺政策	无具体清单	没有政策文件	城市	告知承诺政策	无具体清单	没有政策文件
厦门	★			南京		▲	
杭州	★			昆明		▲	
济南	★			上海		▲	
广州		▲		哈尔滨			■
舟山		▲		长春			■
西安		▲		南昌			■
福州		▲		保定			■
洛阳		▲		宜昌			■
北京		▲		郑州			■
青岛		▲		兰州			■
深圳		▲		石家庄			■
沈阳		▲		太原			■
成都		▲		长沙			■
天津		▲		合肥			■
武汉		▲		海口			■

（续上表）

城市	告知承诺政策	无具体清单	没有政策文件	城市	告知承诺政策	无具体清单	没有政策文件
重庆		▲		南宁			■
贵阳		▲					

本报告评估的两个指标是"有无出台实行告知承诺制的规范性文件"和"发布告知承诺审批事项清单"，前者的赋分标准为：出台告知承诺制规范性文件的城市赋值 1 分，没有出台相关政策文件的城市为 0 分；后者的赋分标准为：发布了告知承诺审批事项清单的城市赋值 2 分，反之则为 0 分，有相关文件但无具体清单的城市赋值 1 分（见表 5 - 11）。评估结果显示，试点城市和西安、福州、洛阳、青岛和昆明等 19 个城市目前制定并出台了相关政策文件，对工程建设项目审批实行告知承诺制有所规定，比例超过一半，但仍有不少城市并未出台告知承诺审批事项的规范性文件。在已出台相关文件的城市中，厦门、杭州和济南 3 个城市不仅有相关表述，还明确并发布了实行告知承诺审批事项的清单和目录①，在 33 个城市中处于领先位置；其余 17 个城市虽有实行告知承诺制的内容表述，但并未明确公布可以列为实行告知承诺制的审批事项清单或目录，相较之下稍显不足。其余 13 个城市没有出台相关政策文件或在相关文件中无明确内容指引。根据上文设定的评价指标体系，33 个主要城市的告知承诺制指标的评估分值如表 5 - 11 所示。

表 5 - 11   各市告知承诺制各指标的评估分值

城市	分值		城市	分值		城市	分值	
	规范性文件	审批事项清单		规范性文件	审批事项清单		规范性文件	审批事项清单
南京	0.2	1	舟山	0.2	1	兰州	0	0
重庆	0.2	1	贵阳	0.2	1	太原	0	0
沈阳	0.2	1	成都	0.2	1	长春	0	0
深圳	0.2	1	福州	0.2	1	宜昌	0	0
厦门	0.2	2	西安	0.2	1	海口	0	0
广州	0.2	1	济南	0.2	2	南昌	0	0
上海	0.2	1	青岛	0.2	1	保定	0	0
杭州	0.2	2	合肥	0	0	南宁	0	0
武汉	0.2	1	昆明	0.2	1	郑州	0	0

---

① 内容详见《关于印发〈杭州市关于进一步优化投资项目审流程的实施意见〉的通知》（杭审改〔2017〕1 号）和《厦门市人民政府关于印发中国（福建）自由贸易试验区厦门片区工程建设项目审批制度改革总体方案的通知》。

（续上表）

城市	分值		城市	分值		城市	分值	
	规范性文件	审批事项清单		规范性文件	审批事项清单		规范性文件	审批事项清单
天津	0.2	1	长沙	0	0	洛阳	0.2	1
北京	0.2	1	哈尔滨	0	0	石家庄	0	0

第五节　审批体系指标的评估状况

《试点通知》提出要完善审批体系，包括实施一张蓝图、一个系统，实行一个窗口、一张表单和一套机制（下文简称"五个一工程"），压减审批程序，提升审批效率，缩短审批时限，使市场主体能够腾出更多时间和精力"跑市场"。本报告评估的指标包括是否出台"五个一工程"的规范性文件、"五个一工程"的数量，对33个主要城市进行评估，前者属于评价指标，后者属于数据指标。

通过检索每个城市的相关政策文件可知，列入试点范围的14个城市均在其出台的实施方案中提及完善"五个一工程"，构建更为科学合理的审批体系，最大限度释放市场活力。部分试点城市自我加压，如南京除完成国家的规定动作外，还另外制定了一批"自选动作"，包括建设工程审批豁免清单和评价评估分类管理负面清单、数字化图审、探索取消中小型社会投资项目强制监理要求等内容。① 根据上文设定的评价指标体系，是否出台"五个一工程"的规范性文件指标的分值，14个试点城市均为1分，其他19个考察城市在其相关的规范性文件中并未系统提出"五个一工程"，故评估为0分。

诚如上文所述，14个试点城市均出台了"五个一工程"的规范性文件，与《试点通知》要求的数量一致，其他19个城市则出现数量和名称不一的现象，少数城市在相关的规范性文件中有相关规定，但数量介乎1~2个，包括福州、济南、昆明、海口、长春、宜昌、郑州7个城市，其中，福州和昆明两市提出"一站式"的表述，海口、宜昌和济南②3个城市提出"一窗受理"，长春和郑州③两市表述为"一口受理"，内涵大致相同，这两个称谓也类似"五个一工程"中的"一个窗口"，其他城市暂无相关规定或内容。据此，依据本报告所列的指标评价体系，"五个一工程"数量指标赋值可划分为3个等次，14个试点城市因有完整的"五个一工程"内容，故赋值为2分，上述7个城市有1~2个

① 《南京工程建设项目审批制度改革：打造"南京速度"》，南报网，http://www.njdaily.cn/2018/1031/1733321.shtml。
② 《济南市人民政府办公厅关于济南市工程建设项目"拿地即开工"审批模式的实施意见（试行）》，济南市人民政府网，http://www.jinan.gov.cn/art/2018/7/31/art_2614_2303633.html。
③ 《郑州市工程建设项目审批压减至百个工作日》，河南省人民政府网，https://www.henan.gov.cn/2018/10-10/693849.html。

内容，赋值为 1 分，其他 12 个城市为 0 分。各市审批体系各指标的评估分值如表 5 - 12 所示。

表 5 - 12   各市审批体系各指标的评估分值

城市	分值		城市	分值		城市	分值	
	有无"五个一工程"	具体数量		有无"五个一工程"	具体数量		有无"五个一工程"	具体数量
南京	0.2	2	舟山	0.2	2	兰州	0	0
重庆	0.2	2	贵阳	0.2	2	太原	0	0
沈阳	0.2	2	成都	0.2	2	长春	0	1
深圳	0.2	2	福州	0	1	宜昌	0	1
厦门	0.2	2	西安	0	0	海口	0	1
广州	0.2	2	济南	0	1	南昌	0	0
上海	0.2	2	青岛	0	0	保定	0	0
杭州	0.2	2	合肥	0	0	南宁	0	0
武汉	0.2	2	昆明	0	1	郑州	0	1
天津	0.2	2	长沙	0	0	洛阳	0	0
北京	0.2	2	哈尔滨	0	0	石家庄	0	0

第六节   综合评价

基于上述考察，得出 33 个城市的项目建设便利度的评估总分值。依据评估分值，大致可以得到以下总体结论：第一，从纵向对比，我国项目建设便利度比以往有较大改善，最新的世界银行《全球营商环境报告》可以反映出来。第二，从横向看，就考察城市的内部比较来看，33 个城市的项目建设便利度存在高低差别；与其他发达经济体相比，我国工程项目建设仍存在较多的短板，主要问题是审批程序繁杂、审批事项繁多，导致审批效率不高，审批时限过长，束缚了市场主体，降低了市场活力，后续需要对标发达经济体进行不断改革。

一、评估分值

对照表 5 - 2 所设的评估指标，考察我国 33 个主要城市出台的有关建设项目审批改革的规范性文件和政策制度是否比中央的改革文件更为细化、超前和可操作，从审批时限、审批流程、审批环节和审批体系等四个维度评估每个城市的项目建设便利度的现状，得出每个城市的项目建设便利度的最终分值。按照每个城市的分值由高到低排序，排名前十位的城市依次为武汉、杭州、广州、厦门、南京、深圳、上海、天津、沈阳和舟山，排名后十位的城市有南宁、太原、兰州、南昌、保定、长沙、哈尔滨、长春、海口和济南。（见图5－4）。

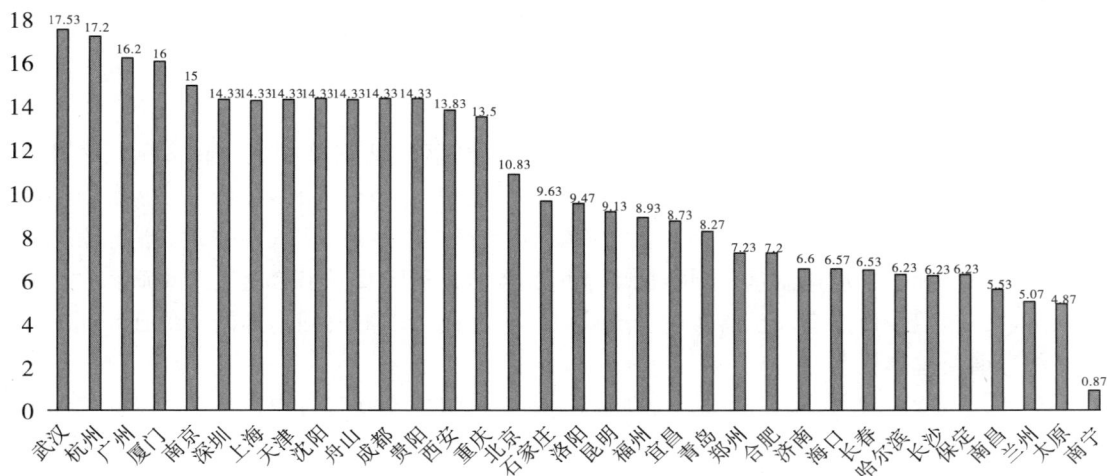

图5－4　33个主要城市的项目建设便利度的评估分值

二、评估结论

评估结果显示，33个主要城市的项目建设便利度高低有别，但毋庸置疑的是，各市都不同程度地贯彻落实中央改革精神和相关政策，总体上推动我国营商环境持续优化。评估发现，各市高低不同的项目建设便利度说明了各市落实改革政策的力度不一，相对而言，经济较为发达的城市的改革力度稍大，如表5－3所示，排序前列的杭州、舟山、厦门、广州、上海等城市与各自的经济社会发展现状吻合，但与企业开办便利度相比，项目建设便利度的高低差异与地区经济发展之间的联系度稍小些，有些城市的工程建设项目审批改革与该市的经济社会发展并不同步，如深圳在所有考察的城市中排序靠后，天津和济南的排序也相对靠后，这些城市应转变思想观念、加大改革力度；相反，西安、宜昌等中部城市反而排名靠前，这些城市应再接再厉，发挥其良好的示范效应，带动中部地区持续提高建设项目审批效率。毋庸讳言，从目前的实践来看，各市整体上落实中央关于工程建设项目审批改革相关政策的积极性还有待进一步提高，与其他评估指标相比，各市的改革实践也相对滞后，这与当前我国大力度进行简政放权推动营商环境整体改善的步调不是很一致，群众要求以更大力度进行项目审批改革的呼声也很大。

基于上文评估而最终得出33个主要城市的项目建设便利度评估结果。从总体上看，现阶段各市的工程项目建设审批制度改革存在不同程度的短板，呈现碎片化形态，从名称、流程、环节多且乱，各地没有统一的规范，多个指标分值不高的事实可以折射出来，尤其是审批环节指标的分值较低，包括清理和规范报建审批事项、合并审批和告知承诺制等三个层面。具体到个别城市，即便是排名居前的武汉、杭州、广州、厦门等城市仍不可避免存在一些短板。在指标上，精简报建审批事项指标的分值最低，目前已发布实施方案并发布精简清单的城市不在多数，多数排名靠前的发达城市并未发布具体的实施方案，由此可知当前我国工程建设项目审批制度相对滞后，不利于我国总体营商环境改善。通过考察评估，并结合《试点通知》要求，各市当前工程建设项目审批存在的突出问题可以归纳为以下几个主要方面：

第一，针对个别城市，各市的改革实践差异与地区发达程度相关。在多项具体指标上，多数城市现状趋同，但也呈现出两种形态，一是该项指标反映多数城市情况较佳，如审批阶段和并联审批指标；另一个形态是该项指标反映多数城市现状不佳，如清理和规范报建审批事项和告知承诺制这两项指标属于情况类似，积极及时出台落实中央政策的城市不在多数，多数城市没有同步落实中央改革政策，因此，审批流程指标的分值比审批环节指标的分值要总体低些。

第二，审批流程各指标的评估分值较高，客观反映主要城市与中央最新的政策较为靠近，多数城市有四五个，并联审批数量与审批阶段的数量相当。二者存在的共性问题主要是各市的名称和数量不统一，比较杂乱。因此，《试点通知》统一要求为四个审批阶段，每个审批阶段确定一家牵头部门，实行并联审批、限时办结。由此也可推知，现阶段审批流程存在的较为严重的不统一、繁杂等突出问题，应最大限度缩短审批时限。

第三，从审批环节各指标的评估结果来看，情况比审批流程要差些，其中，及时制定出台清理和规范报建审批事项实施方案的城市不在多数，部分城市出台了相关清理的政策文件，但没有明确报建审批事项的数量，在《试点通知》明确要求精简审批事项的改革趋势下，上述未有相应举措的城市应厘清改革思路，加大改革力度；合并审批是精简审批环节的重要内容，联合勘验、联合测绘、联合审图和联合验收是其具体操作方式。沿海发达城市已陆续出台实施文件，也有一部分城市未有相关举措，其主要分布在我国中西部地区，改革势在必行，力度有待加大。

此外，告知承诺制是行政审批改革的重点内容，工程建设项目审批改革过程中实行告知承诺制是其中的一个重要内容，《试点通知》明确提出推行告知承诺制，对通过事中事后能够纠正不符合审批条件的行为且不会产生严重后果的审批事项，实行告知承诺制。现阶段仅有杭州、厦门等少数城市在相关的政策文件中明确列出实行告知承诺制的审批事项清单或目录，上海、北京、广州、福州、舟山、青岛等部分城市虽在相关政策文件中提出要实行告知承诺制试点，但尚未有具体明确实行告知承诺制的清单或目录。其他城市则没有相关文件，但告知承诺制将是后续工程建设项目审批制度改革中重点所在，上述尚未有出台相关落实改革文件的城市应快马加鞭，加大改革追赶步伐。

第四，按照《试点通知》相关要求，完善审批体系是重要的改革内容之一，但考虑到评估的实际情况，本报告仅选取两个指标进行评估。此外，本报告待评估的指标远不止于15 个，还有其他指标，基于评估实际，本报告暂选取上述若干指标展开评估。故此，本报告最终得出的各市项目建设便利度的评估结果可能难以完全客观反映实际，需待后续深入研究，尤其是《试点通知》出台之后，预期中央将陆续制定、发布相关的改革政策和具体措施，逐步啃下工程建设项目审批制度难这块"硬骨头"。

习近平总书记强调，要改善投资和市场环境，加快对外开放步伐，降低市场运行成本，营造稳定公平透明、可预期的营商环境，加快建设开放型经济新体制，推动我国经济持续健康发展。[①] 李克强总理在 2018 年全国深化"放管服"改革转变政府职能电视电话会议上明确要求，五年内工程建设项目从立项到竣工验收全流程审批时间压减一半。[②] 工程建设项目审批制度改革是推进我国政府职能转变和"放管服"改革的重要内容，持续深入改革工程建设项目审批制度，不断压缩工程建设项目审批时间是本届中央政府持续开展简政放权、放管结合改革的重点工作之一。

现阶段我国工程项目建设审批的突出问题主要表现为审批流程多、环节繁、耗时长和效率低，彻底解决这些问题迫在眉睫，面临困难也很大，但中央深入改革的决心是巨大的，李克强总理在 2018 年 3 月 12 日举行的总理中外记者见面会上明确指出，"我们项目施工许可的办理时间就更长了，所以必须减繁"[③]，中央相继出台的宏观政策和具体举措就是要大幅度缩短企业工程项目建设审批的所耗时间。国务院在 2018 年 1 月 3 日召开的国务院常务会议中明确提出，要对企业开办、纳税、施工许可、水电气报装、不动产登记等事项大幅精简审批、压缩办理时间，坚持问题导向、突出重点，对提升办理建筑许可和跨境贸易便利度开展专项行动[④]。基于上文所述，中央将围绕压缩工程建设项目审批全流程的时间目标而制定更多相关的实施细则，各地应加快改革速度，转变思想观念、破除陈俗陋规，大胆先行先试，以人民利益为施政的根本出发点，主动积极回应群众的迫切诉求，切实贯彻中央的各项改革政策措施，进一步优化我国的营商环境，从而促进我国经济社会又好又快健康发展。

① 《习近平：营造稳定公平透明的营商环境　加快建设开放型经济新体制》，新华网，http：//www.xinhuanet.com//politics/2017－07/17/c_1121333722.htm。

② 《李克强在全国深化"放管服"改革　转变政府职能电视电话会议上的讲话》，新华网，http：//www.xinhua-net.com/politics/2018－07/13/c_1123118771.htm。

③ 《李克强会见中外记者并回答记者提问》，第一财经，https：//www.yicai.com/news/5408002.html。

④ 《李克强主持召开国务院常务会议　部署进一步优化营商环境等》，中国政府网，http：//www.gov.cn/premier/2018－01/03/content_5252932.htm。

第六章　中国主要城市生产要素便利度

　　生产要素是企业进行物质生产所必需的一切要素及其环境条件，传统的生产要素包含劳动、资本、土地和企业家才能四大类。随着社会经济的发展，生产要素的内涵日益丰富，但是对于企业而言，最核心的生产要素仍是人力资源、资本、土地以及资源性财产三大类。获得这三类生产要素的成本及其便利程度，是衡量一个地区营商环境的重要指标，也是近年来我国优化营商环境政策中的重要着力点。

　　本报告关注中国主要城市在生产要素便利度方面的差异。考虑到中国属于单一制国家，主要法律和政策改革通常基于顶层设计、基层实施的模式开展，本报告设计两类指标衡量各地落实提高生产要素便利度政策的力度和效果：①评价指标，又可称为是否指标。即对于中央政府出台的具体政策，各地是否制定相应的地方性规则予以执行；对这类指标衡量直接采用 0 ~ 1 赋分衡量，否为 0 分，是为 1 分。②数据指标。这类指标反映相关政策实施效果。在指标量化衡量上，采用 0 ~ 2 分的评价体系，采用相关计量公式如下：

$$特定指标分数 = 2 \times \frac{当前值 - 设定最差值}{设定最佳值 - 设定最差值}$$

　　上述公式设定最差值和设定最佳值可以考虑数据展示的排名取值，也可以考虑对该指标的专业评价进行设定。考虑本报告主要基于政策实施进度及效果衡量展开，政策之间难以区分重要程度，各个指标权重等权分布。对各项指标进行综合评价以及最终评价时采取权重评分机制。考虑到指标是否无法直接指示政策实施的效果，本报告赋予评价指标 20% 的权重，赋予数据指标 80% 的权重[①]。

　　基于中国市场经济和营商环境建设的发展历程和特点，从政策评价的角度出发，本报告从以下三个方面衡量不同城市的生产要素便利度：

---

① 但是由于个别是否指标属于对政策实施效果的评价，故特别赋予 80% 的权重。

中国主要城市企业融资环境、中国主要城市用工成本、中国主要城市用能用地成本。

资本是企业的血液，中小企业获得信贷的便利度是世界银行衡量一国营商环境的十个指标之一，也是我国对标国际，优化营商环境不可回避的一个重要衡量标准。在中国，中小企业融资难、融资贵的问题累计已数年，融资问题成为中小企业发展的掣肘。近年来国家层面加大力度，制定了大量法规政策以解决中小企业融资难题。这些法规政策是否在地方层面得到执行，是衡量一个城市融资环境是否改善的重要标准。因此，本报告通过对国家融资政策的归纳分析，将国家融资政策划分为三类，一是优化商业性金融配置方式，改进并创新银行业融资服务，大力发展企业直接融资；二是重视政策性金融配置方式，发挥政策性金融机构的积极作用；三是调动民间性金融配置方式，推动民间资本发起设立民营银行、融资担保等中小金融机构，发展股权投资基金和创业投资基金，并相应提出"是否降低银行信贷业务收费""是否提高银行审批和发放贷款效率""是否创新银行担保类信贷服务""是否鼓励、发展企业直接融资""境内上市公司数量""2017 年和 2018 年新增境内上市公司数量""是否设立中小企业创业投资引导基金""是否设立中小微企业融资风险补偿资金""是否设立中小微企业应急转贷资金""中小微企业应急转贷资金的申请程序是否规范、透明""政府出资产业基金数量""是否推进民营银行设立，发展中小金融机构""是否鼓励民间资本投资设立产业（股权）投资基金、创业投资基金""小额贷款公司数量""融资担保机构数量"以及"是否大力发展融资租赁业"16 个指标以衡量一个城市的融资环境。

劳动力是企业最重要的生产要素之一，企业用工成本也是企业和政策制定者所共同关注的问题。在中国，社保成本是企业用工成本的重要支出之一。据统计，我国企业职工五项社会保险总费率为企业职工工资总额的 39.25%，在列入统计的 173 个国家地区中位列第 13 位。再加上各地 10% ~ 24% 的住房公积金缴费，"五险一金"名义费率已经达到60% 左右。[①] 因此，降低"五险一金"费率，减轻企业生产经营负担，是国家制度层面降低企业用工成本的重要举措。针对国家政策层面提出的要求各地阶段性降低企业所缴纳的社保费率以及住房公积金费率的措施，本报告选取了"企业职工基本养老保险单位费率""企业职工失业保险单位费率""企业职工医疗保险单位费率""企业职工生育保险单位费率"以及"企业职工住房公积金单位缴存比例"作为衡量各个城市企业用工成本的指标。

在各种资源性财产中，电力是所有企业正常运转和扩张的必需品。研究数据表明，较高的电力成本往往会对企业产生不利影响。随着电力价格上涨，企业将注意力转向电力密集度较低的生产过程，导致产量和生产效率的下降[②]，因此，"获得电力"也是世界银行评价一国营商环境便利度的一级指标之一。具体包括办电程序环节数、接电时间、费用成本占国民收入比重、供电可靠性和电费透明度等二级评价指标。对标世界银行的评价指标和我国的改革现状，本报告选取了"2018 年一般工商业用电价格平均降幅""不满 1 千伏工商业用电销售电价占该市居民人均收入的比重""是否简化审批程序，缩短办理时限"

---

① 关博：《降低"五险一金"缴费率　合理降低企业人工成本》，《中国经济导报》，2016 年 10 月 26 日第 A02 版。
② Hallward-Driemeier and Pritchett 2015. 转引自《2019 年营商环境报告：强化培训　促进改革》，世界银行集团发布。

以及"是否清理规范电网企业在输配电价之外的收费项目"作为各城市企业用能成本的衡量指标。

土地是企业的核心生产要素，无论何种行业，均离不开土地的有效供给。决定土地要素配置的土地制度是影响一国经济增长的基本经济制度。长期以来我国的工业土地是按照 50 年的最高年限进行招标、拍卖和挂牌一次性出让。这种 50 年"一刀切"的供地方式一是导致资本集团圈地、囤地，土地闲置利用率低；二是提高了企业的初始用地成本。基于此，我国近年来开始对土地要素的配置方式进行改革，其政策要领，是将工业用地出让年期 50 年的固定模式，发展为弹性年期出让、先租后让、租让结合、长期租赁等多种出让模式。因此，本报告针对该改革在各个城市的实施情况，选取了"是否实行工业用地使用权租让结合、弹性年期出让制度"以及"工业用地使用权租让结合、弹性年期出让制度的实施是否规范、透明"作为衡量指标。

综上，关于中国主要城市生产要素便利度的指标体系设置如下：

表 6 - 1   中国主要城市生产要素便利度指标体系

一级指标	二级指标	三级指标		指标属性	指标权重
生产要素便利度	中国主要城市企业融资环境	1	是否降低银行信贷业务收费	评价指标（正向）	20%
		2	是否提高银行审批和发放贷款效率	评价指标（正向）	20%
		3	是否创新银行担保类信贷服务	评价指标（正向）	20%
		4	是否鼓励、发展企业直接融资	评价指标（正向）	20%
		5	境内上市公司数量	数据指标（正向）	80%
		6	2017 年和 2018 年新增境内上市公司数量	数据指标（正向）	80%
		7	是否设立中小企业创业投资引导基金	评价指标（正向）	20%
		8	是否设立中小微企业融资风险补偿资金	评价指标（正向）	20%
		9	是否设立中小微企业应急转贷资金	评价指标（正向）	20%
		10	中小微企业应急转贷资金的申请程序是否规范、透明	评价指标（正向）	80%
		11	政府出资产业基金数量	数据指标（正向）	80%
		12	是否推进民营银行设立，发展中小金融机构	评价指标（正向）	20%
		13	是否鼓励民间资本投资设立产业（股权）投资基金、创业投资基金	评价指标（正向）	20%
		14	融资担保机构数量	数据指标（正向）	80%
		15	小额贷款公司数量	数据指标（正向）	80%
		16	是否大力发展融资租赁业	评价指标（正向）	20%

（续上表）

一级指标	二级指标		三级指标	指标属性	指标权重
生产要素便利度	中国主要城市企业用工成本	17	企业职工基本养老保险单位费率	数据指标（正向）	80%
		18	企业职工失业保险单位费率	数据指标（正向）	80%
		19	企业职工医疗保险单位费率	数据指标（正向）	80%
		20	企业职工生育保险单位费率	数据指标（正向）	80%
		21	企业职工住房公积金单位缴存比例	数据指标（正向）	80%
	中国主要城市用电成本	22	2018 年一般工商业用电价格平均降幅	数据指标（正向）	80%
		23	不满 1 千伏工商业用电销售电价占该市居民人均收入的比重	数据指标（正向）	80%
		24	是否简化审批程序，缩短办理时限	评价指标（正向）	20%
		25	是否清理规范电网企业在输配电价之外的收费项目	评价指标（正向）	20%
	中国主要城市用地成本	26	是否实行工业用地使用权租让结合、弹性年期出让制度	评价指标（正向）	20%
		27	工业用地使用权租让结合、弹性年期出让制度的实施是否规范、透明	评价指标（正向）	80%

第一节　中国主要城市融资环境

在世界银行构建的指标体系中，中小企业①获得信贷的便利度是 10 个衡量指标之一，具有举足轻重的地位。不难理解，获得融资是企业得以正常运转和持续发展的重要条件。在中国，中小企业融资难、融资贵的问题已累计数年，融资问题成为中小企业发展的掣肘。近年来，随着"创新驱动发展"战略的实施和供给侧结构性改革的推进，改善企业营商环境，降低实体经济成本成为制度改革的关键点，解决企业融资问题就是其中的一个重要环节。近年来国家层面加大力度，制定了大量法规政策以解决中小企业融资问题，而这些法规政策，在各个城市是否得到执行，执行效果如何，则没有系统的研究成果。基于此，本节将通过对全国 33 个主要城市营商融资环境的比较研究，为投资者展现我国主要城市营商融资环境的基本面貌，进而提出优化我国营商融资环境的若干措施。

---

① 本报告所称"中小企业"包含微型企业，中小微企业的划分标准依《中小企业划分标准规定》（工信部联企业〔2011〕300 号）规定，为行文方便，本报告将中小微企业统称为"中小企业"。

一、中国现行融资法律政策梳理与解读

已有大量理论与实证研究表明，一国法律制度对于融资环境具有深刻影响。自 LLSV 提出"法律起源决定金融发展"[1] 的经典论断后，国内外学者通过种种实证研究印证了法律制度对金融发展具有不可替代的作用。如文学舟、关云素（2017）对江苏省 177 家小微企业的实证研究表明，政府政策支持对小微企业融资行为影响最大。[2] 以历史发展的眼光看，一国的金融发展史就是一部金融立法的演化史，在当前我国自上而下的政府引导改革的路径下，融资法律政策的变迁将对营商融资环境产生深远的影响，因此，梳理、解读我国现行融资法律政策及其发展走向，对于进一步考察各主要城市构建营商融资环境的实践，具有方向性的指导作用。

我国的融资法律散见于各种立法、行政法规、行政规章和规范性文件[3]中。从人大立法的层面看，《公司法》《证券法》《合同法》《银行业监督管理法》《中国人民银行法》等法均有关于企业融资的规定，然而上述立法已多年未修改，其相关规定已不能满足当前企业融资的需要，如对于近年来蓬勃发展的多样化的民间融资行为，仍未有相关立法对其合法性提供支持并进行规范监督，这不得不说是当前营商融资立法的制度性缺陷。而值得关注的是，在近年来国务院办公厅以及国务院相关部委发布的规范性文件中，屡现金融创新的重大举措，从而从政策层面弥补了国家法律规定之不足，这实质上是我国经济改革习惯于"政策先行"的路径依赖。因此，要洞悉我国当前的融资法律政策，应将关注点置于国务院办公厅和相关部委发布的规范性文件上。

2013 年，党的十八届三中全会通过了《中共中央关于全面深化改革若干问题的决定》。该决定成为我国构建营商融资环境的分水岭。决定指出："推进国内贸易流通体制改革，建设法治化营商环境。"并进一步指出："完善金融市场体系。扩大金融业对内对外开放，在加强监管前提下，允许具备条件的民间资本依法发起设立中小型银行等金融机构。推进政策性金融机构改革。健全多层次资本市场体系，推进股票发行注册制改革，多渠道推动股权融资，发展并规范债券市场，提高直接融资比重。完善保险经济补偿机制，建立巨灾保险制度。发展普惠金融。鼓励金融创新，丰富金融市场层次和产品。"从此，我国营商融资环境出现了历史性的创新发展。自 2013 年至 2018 年，国务院及相关部门发布了大量有关企业融资改革创新的规范性法律文件（见表 6 - 2）。

---

[1] LLSV 从投资者权益保护与金融的关系出发研究法律和金融的关系。他们设计了若干指标，主要是外部股东和债权人的权利在法律上能够得到来自企业内部的多大程度的保护。这些指标体现了保护投资者的程度、法律执行的质量等变量与资本市场的发达程度、股票市场的相对规模、上市公司的数量、首次公开发行上市的活跃程度、股东持有股份的分散化等变量之间具有很强的正相关关系。

[2] 文学舟、关云素：《江苏小微企业融资影响因素与内外部融资环境优化——基于 177 家小微企业的实证分析》，《华东经济管理》2017 年第 2 期。

[3] 关于"规范性文件"的性质和地位，学界争议颇多，本报告采纳黄金荣教授的观点，认为"规范性文件"是指在法律体系中数量可观、对公民权利和义务具有重大影响但其性质和地位却又不甚明确的一类法律文件，属于广义的法律的范畴。参见黄金荣：《"规范性文件"的法律界定及其效力》，《法学》2014 年第 7 期。

表 6 - 2　2013—2018 年国务院及其部委发布的主要规范性文件

	名称	发布时间	效力级别
1	《国家发展改革委关于加强小微企业融资服务支持小微企业发展的指导意见》	2013 - 07	部门规范性文件
2	《国务院关于进一步促进资本市场健康发展的若干意见》	2014 - 05	国务院规范性文件
3	《国务院办公厅关于多措并举着力缓解企业融资成本高问题的指导意见》	2014 - 08	国务院规范性文件
4	《国务院关于创新重点领域投融资机制鼓励社会投资的指导意见》	2014 - 11	国务院规范性文件
5	《商务部办公厅关于进一步引导和支持典当行做好中小微企业融资服务的通知》	2015 - 01	部门工作文件
6	《国务院办公厅转发财政部人民银行银监会关于妥善解决地方政府融资平台公司在建项目后续融资问题意见的通知》	2015 - 05	国务院规范性文件
7	《国务院办公厅转发银监会关于促进民营银行发展指导意见的通知》	2015 - 06	国务院规范性文件
8	《国务院关于促进融资担保行业加快发展的意见》	2015 - 08	国务院规范性文件
9	《国务院办公厅关于加快融资租赁业发展的指导意见》	2015 - 08	国务院规范性文件
10	《中共中央、国务院关于深化投融资体制改革的意见》	2016 - 07	国务院规范性文件
11	《国务院办公厅关于进一步做好民间投资有关工作的通知》	2016 - 07	国务院规范性文件
12	《国务院关于印发降低实体经济企业成本工作方案的通知》	2016 - 08	国务院规范性文件
13	《融资担保公司监督管理条例》	2017 - 08	行政法规
14	《国务院办公厅关于进一步激发民间有效投资活力促进经济持续健康发展的指导意见》	2017 - 09	国务院规范性文件
15	《财政部、税务总局关于支持小微企业融资有关税收政策的通知》	2017 - 10	部门工作文件
16	《国家知识产权局办公室关于抓紧落实专利质押融资有关工作的通知》	2017 - 10	部门规范性文件
17	《国务院办公厅关于印发全国深化"放管服"改革转变政府职能电视电话会议重点任务分工方案的通知》	2018 - 08	国务院规范性文件
18	《国务院办公厅关于聚焦企业关切进一步推动优化营商环境政策落实的通知》	2018 - 11	国务院规范性文件

通过分析上述文件，可以发现，针对中小企业融资难问题，国家现阶段的融资法律政策有以下几个特点：

第一，优化商业性金融配置方式，改进并创新银行业融资服务，大力发展企业直接融资。融资渠道有限、单一，是我国中小企业融资面临的首要问题。在我国，发行股票、企业债券等直接融资的门槛极高、程序烦琐。2010 年，黑龙江省经信委牵头为 6 家中小企业发行集合债券，耗时竟达一年之久。[①] 因此绝大多数中小企业只能选择通过间接融资的方式筹集资金。而在间接融资中，由于长期以来我国融资结构的失衡——重商业性金融资源配置方式轻政策性金融配置方式，歧视民间性金融资源配置方式[②]，因此中小企业的合法融资渠道实际上局限于银行贷款。然而商业性银行在贷款业务中对中小企业的歧视性对待，导致中小企业实际上很难得到贷款。调查显示，大部分中小企业将企业面临的贷款困难归咎于手续繁杂、贷款抵押和担保条件太严以及贷款成本太高这三个因素，基于此，改善企业融资环境的首要任务即提升传统信贷服务。

从上述规范性文件中可以看到，国家主要从三个方面着力提升传统信贷服务，一是降低信贷费用，清理规范涉及企业的基本银行服务费用，完善银行收费定价机制。《国务院办公厅关于多措并举着力缓解企业融资成本高问题的指导意见》规定："清理整顿不合理金融服务收费，对于直接与贷款挂钩、没有实质服务内容的收费项目，一律予以取消；对于发放贷款收取利息应尽的工作职责，不得再分解设置收费项目。"二是提高贷款效率，优化商业银行对小微企业贷款的管理，通过提前进行续贷审批、设立循环贷款、实行年度审核制度等措施减少企业高息"过桥"融资。三是创新担保类信贷服务。中小企业未能获得银行贷款的重要原因在于不能提供有效担保。传统信贷担保的范围局限于房产、机器设备等固定资产，而许多中小企业固定资产比率低，能用于抵押的资产匮乏。因此，拓宽抵质押的担保范围，对于中小企业获得银行贷款具有重要意义。针对上述问题，国家最新融资政策大大拓宽了信贷担保的范围。《国务院关于创新重点领域投融资机制鼓励社会投资的指导意见》指出："探索创新信贷服务。支持开展排污权、收费权、集体林权、特许经营权、购买服务协议预期收益、集体土地承包经营权质押贷款等担保创新类贷款业务。探索利用工程供水、供热、发电、污水垃圾处理等预期收益质押贷款，允许利用相关收益作为还款来源。"最后，大力发展企业直接融资，拓宽企业融资渠道。《中共中央、国务院关于深化投融资体制改革的意见》指出："大力发展直接融资……加大创新力度，丰富债券品种，进一步发展企业债券、公司债券、非金融企业债务融资工具、项目收益债等，支持重点领域投资项目通过债券市场筹措资金。开展金融机构以适当方式依法持有企业股权的试点。"

第二，重视政策性金融配置方式，发挥政策性金融机构的积极作用。与商业性金融配置方式相比，政策性金融配置的特点在于服务国家战略、依托国家信用支持、市场运作、

① 中华全国工商业联合会、中国民（私）营经济研究会主编：《中国私营经济年鉴（2010.6—2012.6）》，中国工商联合出版社 2013 年版，第 78 页。

② 从金融资源配置的角度来看，融资结构应该是政策性、商业性和民间性金融资源配置方式的完美组合，要求不同配置方式之间协调发展而不能相互替代，这样才能保证金融资源在社会各经济部门的合理流动。目前我国的融资结构中呈现出的局面，使各金融资源配置方式未能均衡发展。参见王后春：《克服我国融资结构失衡的法律制度研究》，西南政法大学博士学位论文，2008 年。

保本微利，让利于实体经济，其主要目的在于弥补市场调节机制之不足，在商业性金融机构不愿意提供融资的特殊领域，如公共基础建设及市场新兴行业，发挥融资的功能。我国一直以来对政策性、开发性金融机构的重视程度不足，未能有效地运用其特殊性为企业融资发挥作用，而现行三家政策性银行由于制度性缺陷，其职能未能得到很好的发挥。在我国提出"创新驱动战略"后，企业自主创新的浪潮席卷全国，政策性、开放性金融机构的重要性更加凸显。基于此，《国家发展改革委关于加强小微企业融资服务支持小微企业发展的指导意见》《国务院关于创新重点领域投融资机制鼓励社会投资的指导意见》《中共中央、国务院关于深化投融资体制改革的意见》等多部文件指出，要充分发挥政策性、开发性金融机构积极作用，引导各地设立中小企业创业投资引导基金、信贷风险补偿基金、过桥转贷资金池等类型平台，大力发展政府支持的融资担保机构。

第三，调动民间性金融配置方式，推动民间资本发起设立民营银行、融资担保等中小金融机构，发展股权投资基金和创业投资基金。基于商业性金融配置方式的制度性缺陷，我国民间融资的规模异常巨大，随着网络金融的兴起，民间融资的规模还在持续扩大，然而民间融资长期以来处于法律的灰色地带，缺乏有效的监管。据统计，从2011—2015年人民法院审理的排名前五位的民事纠纷案件看，民间借贷纠纷已经排在我国民事审判案件类型的第一位。[①] 同时，据不完全统计，传统民间借贷的类型分布，自然人之间的借贷案件数量占所有民间借贷案件的比重为91.9%，自然人作为出借人与企业之间形成借贷关系的案件比重为6.63%，小贷公司作为出借人的借贷案件数量最少，比重为1.47%。[②] 这一数据表明，大量民间融资（以自然人之间的借贷为主）仍游离在规范化的金融配置方式之外。因此，通过规范化的制度渠道，吸收民间大量的富余游离资本，使之为中小企业所用，既可以降低民间投资人的投资成本，又可以解决中小企业融资难的问题。近年来中央政府发布的各项法律文件显示了运用、规范民间融资的决心。《国务院办公厅关于多措并举着力缓解企业融资成本高问题的指导意见》要求在加强监管前提下，加快推动具备条件的民间资本依法发起设立中小型银行等金融机构。《国务院关于创新重点领域投融资机制鼓励社会投资的指导意见》指出："鼓励发展支持重点领域建设的投资基金。大力发展股权投资基金和创业投资基金，鼓励民间资本采取私募等方式发起设立主要投资于公共服务、生态环保、基础设施、区域开发、战略性新兴产业、先进制造业等领域的产业投资基金。"

第四，现行融资法律政策的形式以规范性文件为主，融资立法发展滞后。自改革开放以来，我国经济改革的基本模式即为中央领导的自上而下的渐进式改革，其中政策[③]先行于立法是这一改革模式的重要特点。已有研究表明，政策先行是经济转轨时期，摸索市场化改革阶段行之有效的策略，政府为微观主体自下而上的自主创新提供了良好的政策环

① 《〈中国民间融资法律风险防范报告〉发布　民间借贷纠纷数量居民事诉讼首位》，法制网，http://www.legaldaily.com.cn/locality/content/2016－10/31/content_6858107.htm? node=37232。

② 《〈中国民间融资法律风险防范报告〉发布　民间借贷纠纷数量居民事诉讼首位》，法制网，http://www.legaldaily.com.cn/locality/content/2016－10/31/content_6858107.htm? node=37232。

③ 一般认为，政策是指政府机关或执政党在一定时期为实现或服务于特定任务或目标而制定的一般性规范文件，即通过行政系统或党务系统直接下发的"红头"文件，通常以"意见""通知""决定""宣言""声明"等形式出现。

境，在改革早期有效地弥补了法律制度的不健全，提高了正式制度弹性。[①] 我国目前正处于深化融资体制改革的关键时期，许多改革无先例可循，在许多改革做法尚未成熟、对问题的研究认识尚未深入的情况下，贸然出台立法既无基础，亦无必要。适宜的做法是，在政策推行一段时期后，将政策中成熟的、行之有效的做法通过立法的形式稳定下来，成为具有普遍指导意义的法律规则。但是，在急需产权规则和交易规则的领域，应当及时出台立法，为市场上的融资行为提供具有稳定性和可预见性的规则指引。2016 年出台的《中共中央、国务院关于深化投融资体制改革的意见》即指出："加快立法工作。完善与投融资相关的法律法规，制定实施政府投资条例、企业投资项目核准和备案管理条例，加快推进社会信用、股权投资等方面的立法工作，依法保护各方权益，维护竞争公平有序、要素合理流动的投融资市场环境。"2017 年 8 月，国务院颁布了《融资担保公司监督管理条例》，这也是我国深化融资体制改革以来颁布的第一部行政法规，对于规范、引导融资担保公司的行为具有重要意义。

二、主要城市融资环境的评价体系构建

正如前文所述，我国现行融资法律政策以方向性、指引性的规范性文件为主，这一特点决定了各个城市之间的融资环境必然存在差异性。这一差异性主要体现在两个方面：第一，各个城市对于国家融资法律政策的执行力度和实施效果不同。国家的融资法律政策能否得到有效推行，是融资体制改革获得成功的关键。国家融资政策性文件不同于国家融资立法，国家立法在全国范围内具有强制力，违反法律规则需要承担相应的法律后果。而国家融资政策性文件基本以"指导意见"的形式发布，由于指导意见本身并不具备"完全的无条件的遵守"的效力，且指导意见的发布对象一般为各省、自治区、直辖市人民政府以及国务院各部委、各直属机构，因此对指导意见的执行还需要由上至下经过层层传达，最终由各个城市因地制宜将其转化为本地规范性文件。可见，从政策性文件执行的方式、条件和期限来看，其约束力显然不如国家立法，这就意味着各个城市对国家融资法律政策的执行力度和实施效果将因该市的行政效率、行政能力以及经济结构差异等而存在区别。第二，各个城市执行国家融资法律政策的具体方式不同。我国融资政策性文件的一个重要特点就是提供关于融资的顶层制度设计，为各个城市的具体融资举措提供制度性支持。可以说，国家发布的融资政策性文件一定程度上默许了与国家现行立法有所冲突或法律空白领域内的融资改革活动，如 2017 年《国家发展改革委关于同意浙江省开展投融资模式创新试点建设方案的复函》中就指出："你委提出的投融资模式创新试点，是投资领域供给侧结构性改革和'放管服'改革的重要举措，对继续做好投融资体制改革的顶层设计具有重要的实践支撑作用，对全国各地优化营商环境、促进投资便利化、激发社会投资活力和扩大有效投资具有典型示范作用。"因此，基于国家政策性文件内容的概括性、灵活性和指引性，各个城市可以在国家融资法律政策许可的范围内，因地制宜，制定适合本地企业

① 周林彬等：《法律与中国经济发展的广东经验》，中国民主法制出版社 2011 年版。

融资发展需要的具体融资措施，这就意味着各个城市的融资法律制度将出现个性化的安排，呈现出一定的地域性特征。第三，国家各项融资法律政策在主要城市中的执行力度也不同。基于各项融资法律政策颁布的背景、目标和执行难度的不同，其在主要城市中的执行力度也必然存在差异。

基于以上分析，现阶段我们对 33 个主要城市融资环境的考察评价，主要从以下两个方面展开。

一是考察各个城市对国家各项融资法律政策的执行情况。如前文所分析，基于国家融资法律政策的特点，其在各个城市需要进行转化性适用。具体言之，我国现行融资法律政策中提到的系列改革措施是否被各个城市采纳、吸收，进而推广实施，是我们衡量各个城市营商融资环境的重要指标。因此，根据前文对我国现行融资法律政策的分析，我们对国家推行的融资领域的重要改革措施分为三个类别，每个类别各设 3～4 个评价指标（见表 6-3），各个指标的权重均为 20%，其目的在于考察各个城市是否将国家各项融资法律政策吸收转化为本市的融资法律政策。

表 6-3　衡量 33 个主要城市采纳国家融资法律政策情况的指标体系

改革措施类别		指标内容	指标类型（权重）
优化商业性金融配置方式	1	是否降低银行信贷业务收费	评价指标（20%）
	2	是否提高银行审批和发放贷款效率	评价指标（20%）
	3	是否创新银行担保类信贷服务	评价指标（20%）
	4	是否鼓励、发展企业直接融资	评价指标（20%）
重视政策性金融配置方式	5	是否设立中小企业创业投资引导基金	评价指标（20%）
	6	是否设立中小微企业融资风险补偿资金	评价指标（20%）
	7	是否设立中小微企业应急转贷资金	评价指标（20%）
调动民间性金融配置方式	8	是否推进民营银行设立，发展中小金融机构	评价指标（20%）
	9	是否鼓励民间资本投资设立产业（股权）投资基金、创业投资基金	评价指标（20%）
	10	是否大力发展融资租赁业	评价指标（20%）

二是考察各个城市执行国家融资法律政策的实施效果。正如前文所述，我国现阶段融资法律政策具有概括性、灵活性和指引性的特征，其为各城市提供了制度创新的弹性空间，因此，各个城市可以因地制宜，将国家的融资法律政策具体化并落实。而其具体政策措施的实施效果，则在很大程度上决定了该城市融资环境的优劣。从对国家政策的采纳吸收到落地实施的效果，可以综合反映一个城市的融资环境。因此，我们选取了能够反映上述若干政策实施效果的客观数据，作为评价各城市融资环境的另一个维度。基于数据的可获取性及其代表性，我们选取了各城市境内上市公司数量、2017 年和 2018 年新增境内上市公司数量、政府出资产业基金数量等 6 个指标以评价上述对应融资法律政策的实施效果

（见表 6 - 4）。需要指出的是，我们赋予上述指标的权重均为 80% ，而前述 10 个评价指标的权重为 20% ，其原因在于评价指标主要反映的是各个城市是否对国家的融资法律政策在文件意义上进行贯彻落实，这是政策实施的第一步，也是城市改善融资环境的起点，具有统领和宣示意义。而政策的具体制度设计及其实施的客观效果，则直接反映了一个城市融资环境的优劣。随后，我们将分析 33 个城市地方政府发布的与企业融资相关的所有规范性文件文本，收集相应的客观数据，由此衡量我国各项融资法律政策在 33 个主要城市的执行情况，以及各个城市营商融资环境的差异。

表 6 - 4　衡量 33 个主要城市融资法律政策执行效果的指标体系

指标类型		指标内容	评价对象	指标类型和权重
优化商业性金融配置方式	1	境内上市公司数量	鼓励、发展企业直接融资政策的效果	数据指标（80%）
	2	2017 年和 2018 年新增境内上市公司数量		数据指标（80%）
重视政策性金融配置方式	3	中小微企业应急转贷资金的申请程序是否规范、透明	中小微企业应急转贷资金政策的实施效果	评价指标（80%）
	4	政府出资产业基金数量	设立中小企业创业投资引导基金的实施效果	数据指标（80%）
调动民间性金融配置方式	5	小额贷款公司数量	发展中小金融机构政策的实施效果	数据指标（80%）
	6	融资担保机构数量		数据指标（80%）

三、主要城市融资环境的比较分析

根据上述指标体系，我们收集、分析了 33 个主要城市的地方政府在 2013—2018 年发布的规范性文件①和相关数据，从中考察各个城市对国家融资法律政策的执行情况，进而对我国各项融资法律政策的执行情况以及各城市的融资环境进行比较分析。

1. 各城市"优化商业性金融配置方式"指标执行情况

我们发现，在优化商业性金融配置方式方面，33 个城市中，对"鼓励、发展企业直接融资"指标的执行率为 100% ，且几乎所有城市都配套设置了奖励性的政策措施，但奖励的力度参差不一。如广州规定："对在境内外证券市场新上市的我市企业给予 300 万元

---

① 我们主要通过各个城市政府官网"信息公开"栏目（或类似命名）对该市政府或该市政府办公室发布的规范性文件（通常以"市府发"或"市府办发"命名），同时结合网络大范围搜索的方式进行规范性文件的采集，数据采集时间截至 2018 年 8 月 20 日。由于各城市信息公开制度建设的完善程度不同，因此可能存在因文件未公开而导致数据不精确的可能性，但是我们认为，这种文件未公开的情况也显示了一个城市融资环境的不透明，事实上也构成了对一个城市营商融资环境的评价。此外，我们对相关指标的统计不要求严格按照指标体系中的表述方式，只要表达的是相同的意思，即视为达到指标的要求。

的一次性补贴。"① 宜宾规定："注册在我市城区（不含夷陵区，下同）的企业在沪深交易所主板、中小板、创业板或香港 H 股改制上市，由市级财政给予 800 万元一次性奖励补助。"② 合肥规定："对办理上市辅导备案登记的拟上市企业，同级财政给予 30 万元奖励，成功上市后再给予 70 万元奖励。"③ 青岛规定："对中小微企业在全国中小企业股份转让系统和区域性股权交易市场挂牌后实现直接股权融资的，按实际到位资金 3‰ 的比例给予一次性补助，每家最高不超过 30 万元。"④ 可见，对于企业在资本市场上的各类融资行为，各地政府均呈现大力支持的态势。而从上述政策实施的效果看，我们首先统计了各个城市境内上市公司的数量发现，北京、上海、深圳的上市公司数量远高于其他城市，北京已突破 300 大关，上海和深圳的上市公司则接近 300 个；排在第二梯队的，是杭州和广州，这两个城市的上市公司数量均超过了 100 个，而石家庄、南宁、保定、洛阳、宜昌和舟山的上市公司数量则不到 20 个，城市之间的上市公司数量落差较大。

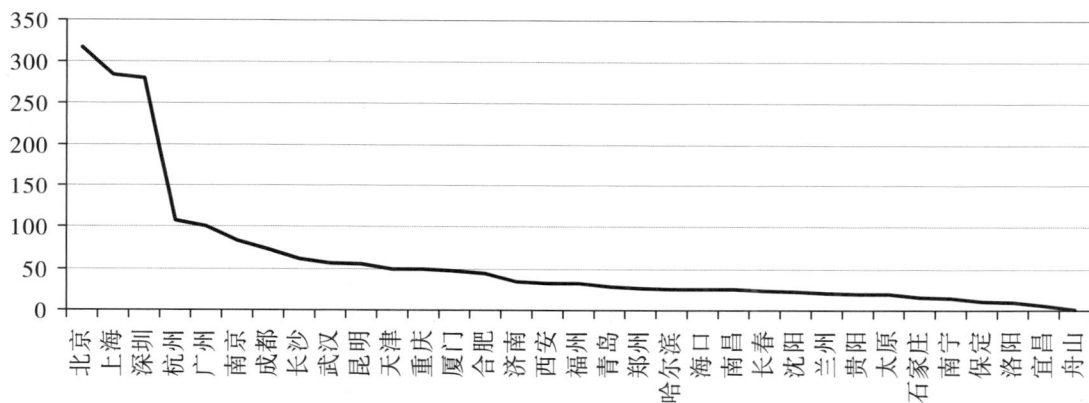

图 6-1　33 个城市境内上市公司数量

因为大部分城市的政策出台于 2015—2017 年，基于政策实施效果的滞后性，为了更精确地衡量各个城市在"鼓励、发展企业直接融资"方面的政策成效，我们再次统计了 2017 年和 2018 年各个城市的上市公司数量（见图 6-2）。结果表明，深圳、上海、北京仍是前三甲，杭州、南京、广州和长沙紧跟其后，而西安、沈阳、太原、洛阳、南宁、保定、宜昌和舟山则没有一家公司上市。

---

① 见《广州市人民政府关于落实广东省降低制造业企业成本若干政策措施的实施意见》，穗府〔2018〕3 号。
② 见《宜宾市政府关于鼓励企业利用多层次资本市场加快发展的实施意见》，宜府发〔2017〕31 号。
③ 见《合肥市人民政府关于印发合肥市促进民营经济发展条例实施细则的通知》，合政秘〔2016〕67 号。
④ 见《青岛市政府关于进一步支持中小微企业发展的意见》，青政发〔2015〕14 号。

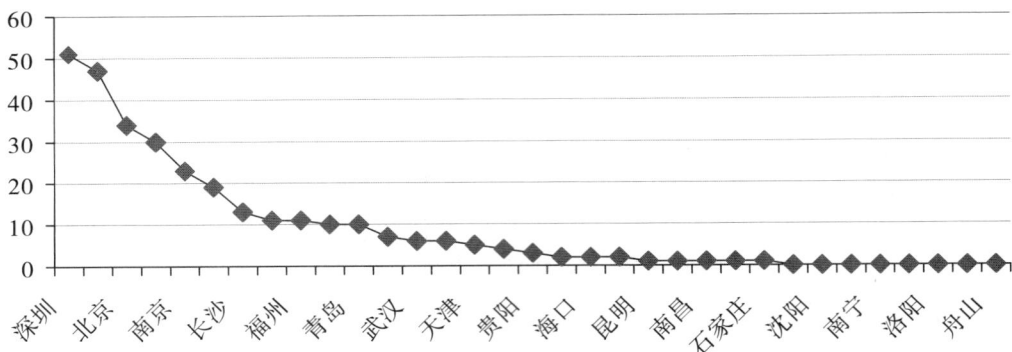

图 6 - 2　2017 年和 2018 年新增上市公司数量

　　执行率排在第二位的，则是"创新银行担保类信贷服务"。33 个城市中除了 7 个城市①未有相关政策规定外，其他 26 个城市对于创新银行担保类信贷服务均有相关规定，指标执行率达 78.8%。但是城市之间对于担保物的类型、范围规定有所不同，如贵阳仅规定了应收账款一项，南宁也仅推行知识产权质押贷款业务②，而成都则将担保物的范围扩大到"知识产权、仓单、商铺经营权、商标权、商业信用保单、农村产权抵（质）押融资"③ 等。总体而言，知识产权质押贷款在各个城市的推行力度最大，这应当归因于我国近年来"创新驱动发展"战略的实施，将知识产权的创造、实施与运用提高到前所未有的高度，推动知识产权质押贷款，就是各地大力支持科技型企业发展的一个重要体现。

　　针对"降低银行信贷业务收费"指标，执行率为 75.8%，33 个城市中有 8 个城市④未做相关规定。从 25 个城市的已有规定来看，规定的内容大同小异，相关规定主要包括两个方面，一是取消与企业直接贷款无关的收费项目；二是调低过高的收费项目。如洛阳规定："取消直接与贷款挂钩且没有实质服务内容的收费项目，取消不符合规定和不合理的收费项目，降低过高的收费标准，严禁自立项目、自立标准、超范围收费和变相收费、分解收费。"⑤ 西安则明确规定："不得对小型微型企业贷款收取承诺费、资金管理费、财务顾问费和咨询费等费用。"⑥ 从各地发布的规范性文件可以发现，大部分银行机构对企业贷款存在如"以贷收费""浮利分费"或"借贷搭售"等变相收费的行为。由此印证中小微企业在传统信贷机构所受的歧视性待遇并非空穴来风，规范银行信贷业务收费，建立健全良好的银行信贷收费机制，是提高城市营商融资环境的重要举措。

　　执行率显著偏低的，则是"提高银行审批和发放贷款效率"一项，仅北京、上海等 8 个城市⑦进行了明文规定。如前文所述，贷款手续烦琐、耗时过长，是中小企业贷款难的

---

①　这 7 个城市分别为杭州、武汉、长沙、海口、济南、兰州和舟山。
②　《南宁市人民政府关于进一步降低实体经济企业成本的若干意见》，南府规〔2018〕10 号
③　《成都市人民政府办公厅关于金融支持小微企业发展的若干意见》，成办发〔2013〕53 号。
④　这 8 个城市分别为杭州、太原、哈尔滨、南宁、济南、昆明、贵阳和兰州。
⑤　《洛阳市人民政府办公室关于加强金融服务着力缓解企业融资成本高问题的意见》，洛政办〔2015〕31 号。
⑥　《西安市人民政府关于支持小型微型企业健康发展的实施意见》，市政发〔2013〕1 号。
⑦　这 8 个城市分别为北京、上海、合肥、南宁、郑州、西安、洛阳和青岛。

主要原因之一。2018 年 6 月的国务院常务会议①上，针对进一步缓解小微企业融资难融资贵的问题，中央政府再次提出"缩短贷款审批周期"的要求，而在现行 33 个城市的规范性文件中，仅 8 个城市明文提及提高银行审批和发放贷款效率，此现状不得不令人感到遗憾。洛阳在其规范性文件②中以专章规定"提高贷款审批和发放效率"，明文规定"督促引导金融机构采取提前续贷审批、循环贷款、年审制贷款、滚动融资等多项措施，优化审贷程序，缩短审贷时间，提高审批效率"。这值得其他城市效仿。

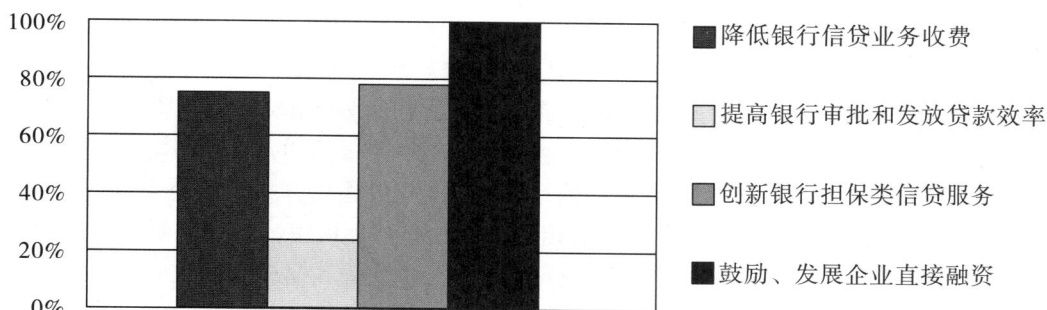

图 6-3　"优化商业性金融配置方式"指标执行率

降低银行信贷业务收费
提高银行审批和发放贷款效率
创新银行担保类信贷服务
鼓励、发展企业直接融资

2. 各城市"重视政策性金融配置方式"指标执行情况

创业投资引导基金是由政府设立并按市场化方式运作的政策性基金，其通过发挥财政资金的杠杆放大效应，引导民间资金进入创业投资领域，从而解决中小企业创业或发展资金不足的问题，是政策性金融配置的重要方式之一。根据统计，31 个城市③在其规范性文件中提及"设立中小企业创业投资引导基金"，指标执行率达 93.90%（见图 6-5），但是一些城市的创业投资引导基金的覆盖面仅局限于科技型企业或新兴产业，如武汉即设立了武汉市战略性新兴产业发展引导基金。而在未提及设立市级创业投资引导基金的舟山和长沙，则分别于中国（舟山）海洋科学城定海园区和长沙市高新区设立创业投资引导基金，仅针对在区内设立的创业投资企业或创业企业提供资金支持。值得一提的是，舟山另设立舟山创业担保基金，依照《舟山市人民政府关于进一步支持创业就业工作的实施意见》④的规定，该创业担保基金"对城乡劳动者创业（以下简称创业者）自筹资金不足，且创业项目为我市当年产业导向目录中非禁止、非限制发展的，可在创业地申请不超过 30 万元的创业担保贷款；合伙经营的贷款额度可提高到不超过 60 万元"。因此，尽管舟山未设立市级创业投资引导资金，但在缓解创业者和创业企业融资难的问题上，创业担保基金发

---

① 《李克强主持召开国务院常务会议　部署进一步缓解小微企业融资难融资贵等》，中国政府网，http://www.gov.cn/premier/2018-06/20/content_5300003.htm。
② 《洛阳市人民政府办公室关于加强金融服务着力缓解企业融资成本高问题的意见》，洛政办〔2015〕31 号。
③ 未做相关规定的其他 2 个城市为长沙、舟山。
④ 《舟山市人民政府关于进一步支持创业就业工作的实施意见》，舟政发〔2015〕35 号。

挥了重要作用。据统计，截至 2018 年 7 月，舟山创业担保贷款金额已突破"亿"元。[①] 此外，对于创业投资引导基金的运作与管理，几乎所有城市都出台了相应的管理办法，以促进基金的规范使用与管理。而在创业投资引导基金的数额方面，各个城市之间则有所差别。

在考察创业投资引导基金的实际运作效果方面，我们以在全国政府出资产业投资基金信用信息登记系统进行了登记的政府产业基金作为样本，对各个城市进行评估。根据《政府出资产业投资基金管理暂行办法》（以下统称《办法》）的规定，政府出资产业投资基金应在募集完毕后 20 个工作日内在全国政府出资产业投资基金信用信息登记系统或区域子系统（以下统称"登记系统"）予以登记；《办法》施行前设立的政府出资产业投资基金应当在《办法》施行后两个月内进行登记；对未登记的政府出资产业投资基金，发展改革部门应当督促其在 20 个工作日内申请办理登记；逾期未登记的，将其作为"规避登记政府出资产业投资基金""规避登记受托管理机构"，并以适当方式予以公告。[②] 基于上述严格的监管规定，我们认为以在全国政府出资产业投资基金信用信息登记系统登记的政府产业基金数量来评估各个城市在实施创业投资引导基金的实效，是较为客观的。根据相关数据，截至 2017 年 9 月 19 日，政府出资产业投资基金登记数量排在前五位的依次为北京、深圳、上海、南京和厦门。昆明、济南、海口、南昌、长春、洛阳和宜昌的登记数量则为 0（见图 6 - 4）。其中，北京和深圳的政府出资产业投资基金数量远高于其他 31 个城市。

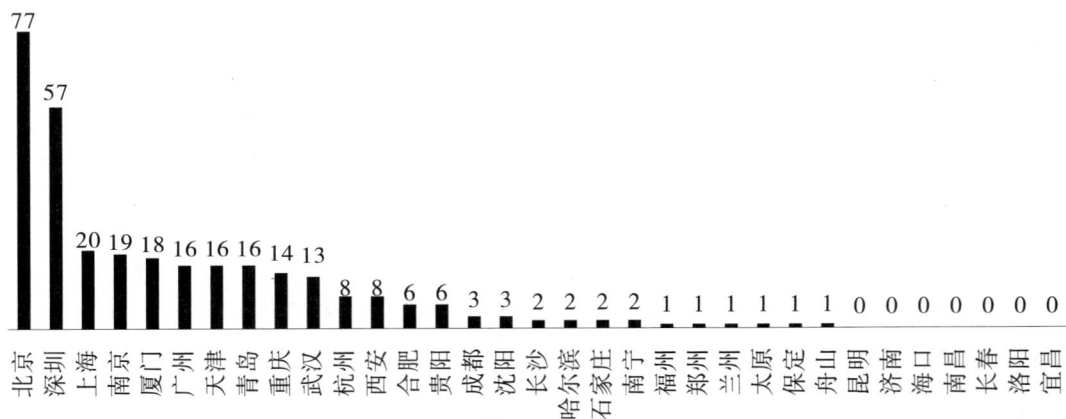

图 6 - 4　33 个城市政府出资产业基金数量

中小微企业融资风险补偿资金是由政府设立的政策性资金，专项用于补偿银行等金融机构为中小微企业提供融资服务产生的风险，其目的在于鼓励金融机构为中小微企业提供贷款，分担金融机构因此产生的贷款风险。如《广州市中小微企业融资风险补偿资金管理

①《舟山市创业担保贷款余额首次破"亿"》，浙江省人力资源和社会保障厅官网，http://www.zjhrss.gov.cn/art/2018/8/7/art_1389544_20228999.html。
②《国家发展改革委办公厅关于进一步做好政府出资产业投资基金信用信息登记工作的通知》，发改办财金〔2017〕1834 号。

暂行办法》规定："风险补偿资金对合作银行为中小微企业提供新增融资担保类、保证保险类、融资租赁类等融资产品所产生的本金损失进行有限风险补偿，每笔贷款损失分担比例不超过 10%，单笔贷款中纳入风险补偿资金分险的本金最高不超过 500 万元（含）。"据统计，30 个城市①在其规范性文件中对"设立中小微企业融资风险补偿资金"作出了相关规定，但各地对该资金的命名以及资金的使用对象则有所区别，如太原称为"风险补偿铺底资金"②，成都称为"融资风险补偿资金池"；资金投放的对象与具体条件也有所区别。杭州仅对科技型企业提供融资风险补偿资金，厦门设立的条件则是："由市财政局、市经信局确认的承办银行为小微企业提供以下的融资服务项目，经批准可由风险资金先行给予本金损失最高 70% 的补偿：（一）免抵押、免担保信用贷款。（二）以股权、知识产权、个人保证等除房产等不动产抵押外为担保的贷款。（三）放大抵押物价值贷款，即以部分资产抵押、其余为信用担保方式的贷款。（四）由融资性担保机构提供信用担保的贷款。"③ 而在资金的规范管理、使用层面上，仅有小部分城市如北京、广州、厦门、深圳等出台了专门的基金管理办法或操作规程，如深圳出台的《深圳市中小微企业动产融资贷款风险补偿金操作规程（试行）》就详细规定了风险补偿金的申请、审核与监管。④ 分析各地设置的中小微企业融资风险补偿金的使用条件可以发现，融资风险补偿金的投放项目主要是针对银行为中小企业提供的信用担保贷款、动产担保贷款和知识产权担保贷款等非不动产担保贷款。正如前文所述，传统信贷担保的范围局限于房产、机器设备等固定资产，而许多中小企业固定资产比率低，能用于抵押的资产匮乏，而拓宽担保物的范围虽有利于中小企业获得贷款，但提高了金融机构的信贷风险，是故政府通过政策性资金补偿金金融机构的信贷风险损失，从而提高了金融机构为中小微企业提供贷款的积极性。

中小微企业应急转贷资金是由政府设立的政策性资金，其作用是为贷款即将到期而足额还贷暂时出现困难的中小微企业按期还贷、续贷提供短期资金，从而防范和避免企业因无法按时还贷而造成资金链断裂，影响企业的生存发展。以青岛为例，青岛小微企业转贷引导基金运行两年多来，已累计为 1 071 家（次）企业提供转贷资金 110.9 亿元。⑤ 因此，是否实施"设立中小微企业应急转贷资金"这一融资措施，可以较好地衡量一个城市的融资环境。根据统计，33 个城市中有 25 个城市⑥在其规范性文件中提及"设立中小微企业应急转贷资金"，虽然各地对该资金的命名有所不同，如太原称之为"企业资金链应急周转保障资金"，石家庄称之为"企业应急转贷资金池"，宜昌称之为"中小企业应急周转资金"，但实则其内容一致。在评估中小微企业应急转贷资金的申请程序是否规范、透明方面，研究发现，杭州、沈阳、太原、济南、合肥、南昌、武汉、重庆、昆明、贵阳、厦

---

① 未做相关规定的其他 3 个城市为福州、哈尔滨和舟山。

② 《太原市人民政府关于支持中小企业融资的实施意见》，并政办发〔2017〕90 号。

③ 《厦门市小微企业信贷风险资金管理办法》，厦经信企业〔2016〕290 号。

④ 《深圳市金融办关于印发〈深圳市中小微企业动产融资贷款风险补偿金操作规程（试行）〉的通知》，深金规〔2017〕4 号。

⑤ 《青岛市小微企业转贷引导基金运行两年为 1071 家次企业提供转贷资金 110.9 亿元》，中国中小企业信息网，http://www.sme.gov.cn/cms/news/100000/0000000239/2018/5/16/456382a6d3054ff5adcbf7313e1c3fa6.shtml。

⑥ 未做规定的其他 8 个城市为上海、郑州、北京、西安、天津、长春、兰州和哈尔滨。

门、南宁、宜昌、青岛 14 个城市已出台专门的管理办法或操作流程，如昆明出台的规范性文件对应急转贷资金的申请条件、运行模式、使用程序、风险控制和监管做了较为全面详细的规定①，从而为中小微企业运用应急转贷资金营造了规范、透明的制度环境。

■ 设立中小企业创业投资引导基金

■ 设立中小微企业融资风险补偿资金

■ 设立中小微企业应急转贷资金

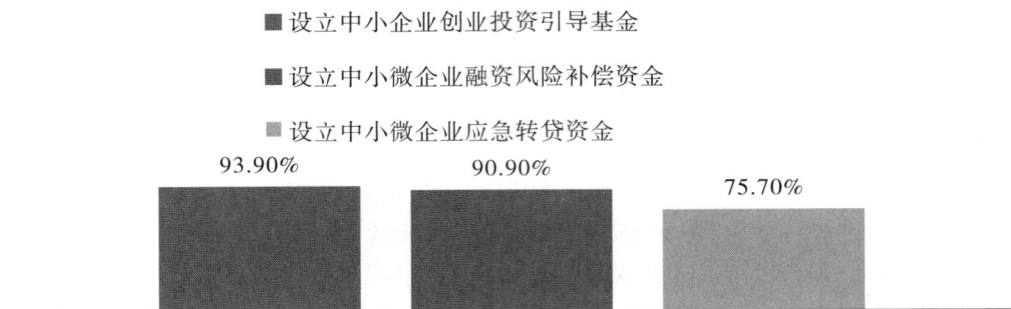

图 6-5　"重视政策性金融配置方式"指标执行率

3. 各城市"调动民间性金融配置方式"指标执行情况

推进民营银行设立，发展中小金融机构是调动民间资本、拓展中小企业融资渠道的重要方式。根据统计，在 33 个城市中，有 29 个城市②在其规范性文件中提及"推进民营银行设立，发展中小金融机构"，指标执行率为 87.80%（见图 6-8）。考察各地规范性文件的相关规定，其内容大同小异，对民间资本在金融领域的运用，基本定位在支持民间资本设立民营银行、村镇银行、小额贷款公司和融资性担保公司等非银行金融机构。如南昌规定："鼓励支持民间资本投资小额贷款公司和村镇银行，参与农村信用社改制发展。"③ 石家庄规定："鼓励和支持社会资本发起设立民营银行、村镇银行、小额贷款公司和融资性担保公司等，鼓励社会资本发起设立金融中介服务机构。"④ 宜昌规定："支持民营企业参与农村合作金融机构改制、农村商业银行增资扩股，发起或参与设立村镇银行，依法设立金融（融资）租赁公司、融资担保公司、小额贷款公司、信托投资公司等非银行金融机构。"⑤ 而从更具体的措施层面进行考察，可以发现，大部分城市对鼓励支持民间资本设立民营银行或村镇银行方面，尚未有更具体的制度性安排。

在考察各个城市民间融资便利度方面，基于数据的可获取性及代表性，我们统计了 33

① 《昆明市人民政府办公厅关于印发昆明市小微企业应急贷款周转资金管理办法（试行）的通知》，昆政办〔2016〕199 号。

② 其余 4 个城市为太原、哈尔滨、南宁和保定。

③ 《南昌市人民政府印发关于进一步促进中小企业发展意见的通知》，洪府发〔2011〕9 号。

④ 《石家庄市人民政府关于创新重点领域投融资机制鼓励社会投资的指导意见》，石政发〔2015〕6 号。

⑤ 《中共宜昌市委宜昌市人民政府关于进一步加快民营经济发展的若干意见》。

个城市的小额贷款公司和融资担保机构①的数量，结果表明，重庆的小额贷款公司位居首位，高达274家，其次为长春和哈尔滨，深圳、上海、兰州、武汉、广州和北京的数量均超过100家。洛阳、厦门、舟山和福州的小额贷款公司均不到20家。在融资担保机构的数量方面，石家庄、昆明、重庆、杭州、贵阳和深圳均超过100家；值得关注的是，广州、上海和南京的经济虽然发达，但是融资担保机构的数量在33个城市中排位却在中后。综合来看，重庆、深圳、北京和武汉的民间融资便利性相对较高。

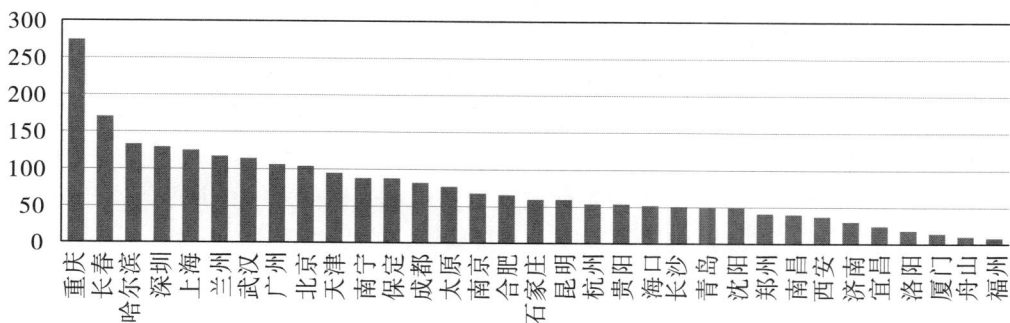

图6-6 33个城市小额贷款公司数量

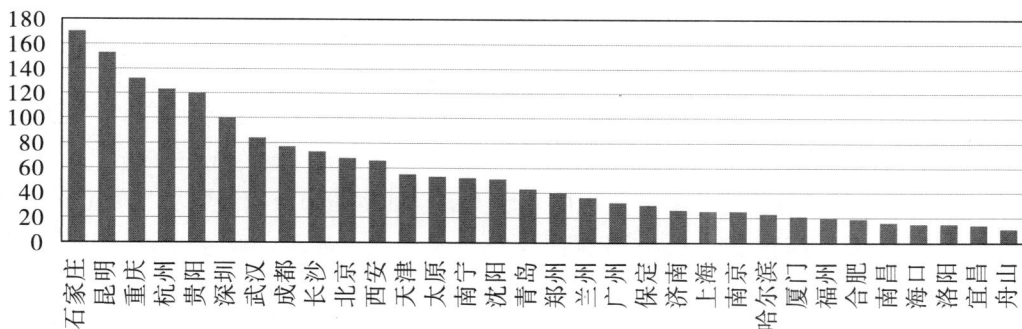

图6-7 33个城市融资担保机构数量

调动民间资本设立产业（股权）投资基金、创业投资基金，对具有发展前景的处于种子期、初创期的企业进行直接投资，是企业融资的重要渠道。如前文所述，我国大量民间资本游离在传统金融机构之外，滋生了地下融资市场。一方面，民间借贷的高额利息以及借贷行为的不规范使金融纠纷一触即发，出借方的资金安全和收益无法保障；另一方面，

① 研究收集的小额贷款公司和融资担保机构的数据截至2018年12月，数据来源于各城市金融办公室或省金融管理监督局官方网站，个别网站上由于数据更新的速度滞后，仅有2017年或2016年的数据，但是根据多地多年数据的比对，我们发现，2016—2018年，各个城市每年小额贷款公司或融资担保机构的数量浮动不大，对于统计结果的客观性影响较小。此外，由于宜昌市官网没有公开的统计数据，我们根据相关数据测算该市的小额贷款公司数量为24个左右。长春市官网没有公开该市融资担保机构的数据，也无相关数据可推算，因此我们未将其纳入比较。在最后计算各个城市在融资担保机构数量这一指标的得分时，我们赋予长春市以33个城市的平均分值。沈阳官网显示的小额贷款公司数量是2015年的数据，太原市官网显示的融资担保机构数量是2015年的数据。

大量中小微企业和创业企业由于高昂的利率而难以获得融资，影响企业发展。如果能将这些民间资本通过规范渠道募集起来，投向急需融资而又有发展前景的企业，使地下金融阳光化，则既能更好地保障出资人的利益，又达到化解中小微企业融资难的效果。因此，对民间资本的调动，除了成立金融机构为企业提供间接融资的渠道，就是运用民间资本进行直接融资。是否鼓励、支持、引导民间资本设立产业（股权）投资基金、创业投资基金，也是衡量一个城市融资环境的重要指标。经统计，19 个城市①的规范性文件中作出了"鼓励民间资本投资设立产业（股权）投资基金、创业投资基金"的相关规定，指标执行率为 57.50%（见图 6-8）。如福州规定："引导民间资本通过参与各类产业投资基金、创业投资基金、证券投资基金等，以股权投资方式进入实体经济。"② 贵阳规定："鼓励和支持民间资本设立投资基金。引导民间资本设立创业投资和产业投资基金，规范引导合法合规合格的民间资本参与政府设立的市场化运作产业（股权）投资基金。"③

将"大力发展融资租赁业"作为考察城市融资环境的指标之一，其原因在于融资租赁这一融资方式既不同于直接融资，又不同于间接融资，它是集融资与融物、贸易与技术更新于一体的新型金融产业，在解决企业融资困难方面具有对企业资信和担保的要求较低、融资期限较长的独特优势。融资租赁是发达国家企业融资的重要方式，但在我国的市场覆盖率仍较低，故 2015 年国务院办公厅发布了《关于加快融资租赁业发展的指导意见》，意见指出："加快发展中小微企业融资租赁服务。鼓励融资租赁公司发挥融资便利、期限灵活、财务优化等优势，提供适合中小微企业特点的产品和服务。支持设立专门面向中小微企业的融资租赁公司。"因此，考察各城市在推行融资租赁金融服务方面是否具有前瞻性的制度安排，对于评价一个城市的融资环境具有重要意义。根据统计，在 33 个城市中，有 21 个城市④的规范性文件对"大力发展融资租赁业"做了相关规定，指标执行率为 63.60%。从规定的具体内容来看，各地的差别不大。如福州市政府规定："降低企业融资租赁成本。大力发展与我市经济结构相匹配的融资租赁业，鼓励企业通过融资租赁加快实施技术改造"。⑤ 洛阳市政府规定："大力推广融资租赁。鼓励企业通过融资租赁方式盘活存量资产，支持企业利用融资租赁引进先进设备促进技术改造和设备升级。"⑥

---

① 这 19 个城市分别为舟山、长沙、宜昌、西安、武汉、石家庄、沈阳、深圳、上海、厦门、南京、南昌、济南、合肥、杭州、贵阳、广州、福州、成都。

② 《福州市人民政府关于印发福州市供给侧结构性改革降成本行动计划（2016—2018 年）的通知》，榕政综〔2016〕254 号。

③ 见《市人民政府关于印发贵阳市促进民间有效投资持续健康发展主要工作措施的通知》，筑府发〔2018〕27 号。

④ 未做相关规定的其他 11 个城市分别是成都、南昌、西安、贵阳、武汉、保定、海口、济南、南宁、长沙、兰州和哈尔滨。

⑤ 《福州市人民政府关于印发福州市供给侧结构性改革降成本行动计划（2016—2018 年）的通知》。

⑥ 《洛阳市人民政府关于进一步利用和发展资本市场支持地方经济建设的实施意见》，洛政〔2016〕59 号。

■大力发展融资租赁业

■鼓励民间资本投资设立产业（股权）投资基金、创业投资基金

■推进民营银行设立，发展中小金融机构

63.60%
57.50%
87.80%

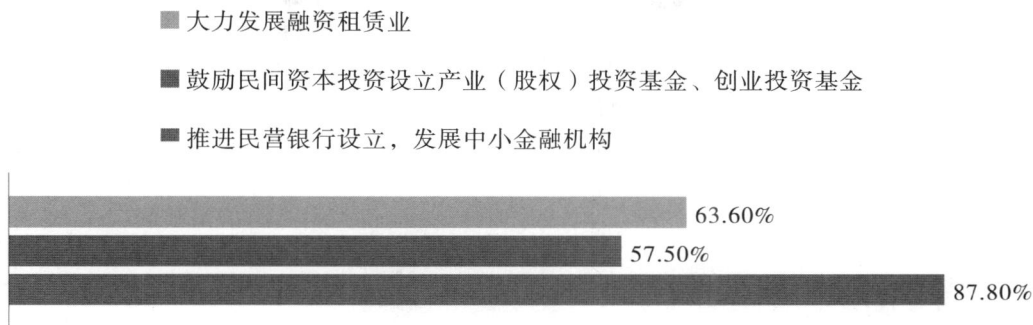

图6-8　"调动民间性金融配置方式"指标执行率

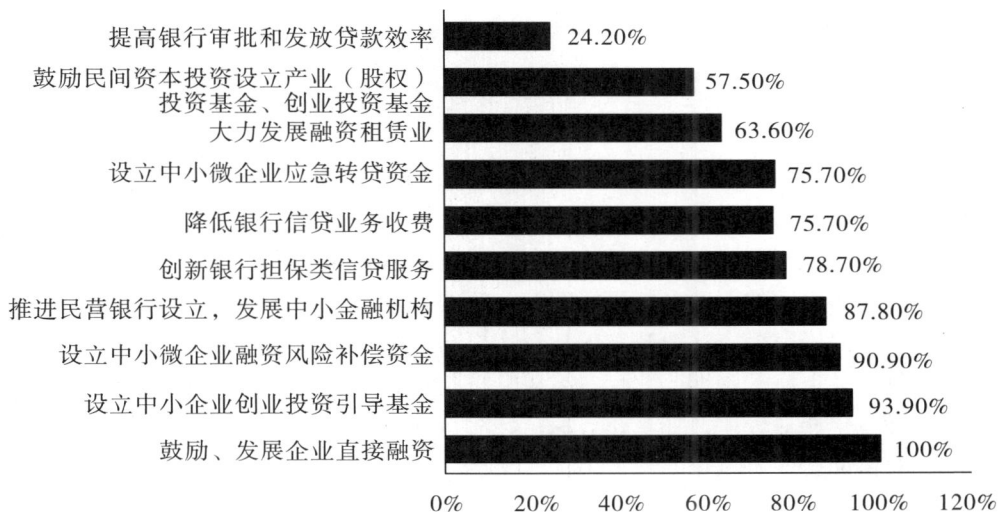

提高银行审批和发放贷款效率　24.20%
鼓励民间资本投资设立产业（股权）投资基金、创业投资基金　57.50%
大力发展融资租赁业　63.60%
设立中小微企业应急转贷资金　75.70%
降低银行信贷业务收费　75.70%
创新银行担保类信贷服务　78.70%
推进民营银行设立，发展中小金融机构　87.80%
设立中小微企业融资风险补偿资金　90.90%
设立中小企业创业投资引导基金　93.90%
鼓励、发展企业直接融资　100%

0%　20%　40%　60%　80%　100%　120%

图6-9　33个城市对十个指标执行率的纵向比较

综合上述统计数据（见图6-9），可以发现，在10个指标中，执行率最高的是"鼓励、发展企业直接融资"，33个城市均对发展企业直接融资进行了详细的规定，并且大都配套了奖励性的措施，显示了各城市对企业直接融资方式的高度重视。位居第二的是"设立中小企业创业投资引导基金"，不仅31个城市的规范性文件对其进行了规定，且大部分城市已经出台了专门的管理规定，是规范化程度较高的融资举措。位居第三的是"设立中小微企业融资风险补偿资金"，执行率为90.90%，而执行率最低的则是"提高银行审批和发放贷款效率"，执行率仅为24.20%。

四、主要结论

根据上述实证研究的结果，我们对33个城市的融资环境进行打分，结果显示，融资环境排名前四的城市分别是深圳、北京、上海和重庆，其得分均在6分以上；其次为杭州、武汉、昆明、广州和南京5个城市，得分均在4分以上。排名后三位的是海口、哈尔

滨和舟山。其中，深圳、北京、上海、重庆、杭州、武汉、广州和南京是2018年GDP排名前十一位的城市，也是传统的经济发达城市，其融资环境亦与经济环境相匹配。融资环境排在后六位的城市，除了哈尔滨外，其他城市的GDP在33个城市中的排名亦在25名以后。

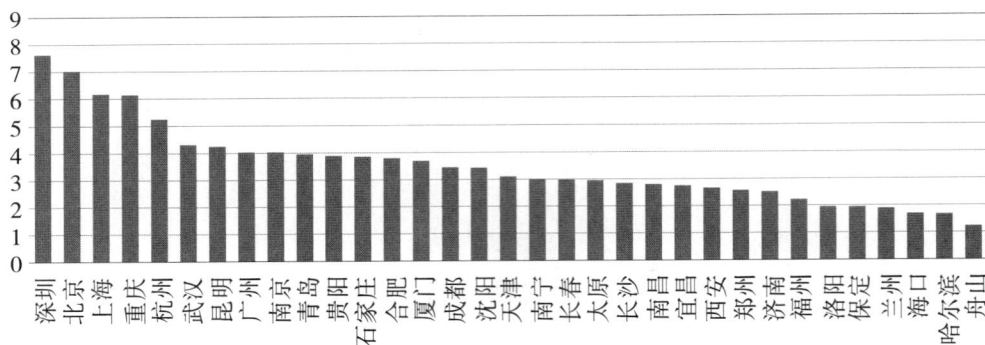

图6-10　33个城市融资环境分值排名

据此，我们发现当前中国主要城市的营商融资环境有如下几个特点：

第一，各城市之间的营商融资环境存在一定的差异性。总体而言，经济发达城市的融资环境较优越，对国家融资法律政策的执行率更高，推行力度更大，实施效果也更好，融资环境更优越。如上海、深圳、北京、重庆、杭州和武汉。反之，经济发展相对靠后的城市，其融资环境也相对较差，如兰州、保定、海口和舟山。

第二，总体而言，各城市对"重视政策性金融配置方式"的指标执行力度较高，对"调动民间性金融配置方式"的指标执行力度偏低。33个城市对加强政策性金融配置方式的运用具有普遍共识，从企业创业投资引导基金的设立再到融资担保资金、应急转贷资金等政府性基金的成立，大部分城市都已出台相关规范性文件并出台配套的管理规定，属于规范化程度较高的融资措施。我们认为，其主要原因在于政策性金融配置方式的调动较之其他融资配置方式，由于其采用集中化的政府计划管理方式，因此具有操作便捷的特点，从而该类融资政策的落实效率更高。与之相比，民间性金融配置方式的执行力度则明显偏低，尤其对于代表着未来企业融资方向的民间产业（创业）投资基金和融资租赁业的设立，许多城市仍持保守态度。究其原因，我们认为，一方面在于对民间创投基金的监管难度较高，地方政府可能担心引发地方金融隐患；另一方面则是地方政府对融资租赁业的功能与发展前景认识不够深入，政策制定的前瞻性不足。

第三，各城市融资法律政策的形式以行政规范性文件为主，地方融资立法滞后。这一特点与国家层面融资法律政策的形式遥相呼应。我国现阶段正处于深化金融体制改革的关键时期，许多制度仍处于推行阶段，地方效仿中央，以地方政府颁布行政规范性文件的形式推行融资措施，既是受"政策先行"的传统改革路径之影响，同时也是执行中央政策的高效手段。从以往国家改革的经验来看，地方政府将行之有效的政策措施先行立法化，进而推动国家层面的立法，是我国改革开放 40 年来重要的立法经验之一。[①]

因此，我们认为，各城市在优化营商融资环境的行动中，应当加快地方立法的步伐，具体有以下几项建议：

一是尽快将那些已证明正确且将长期推行的融资政策立法化，如对支持民间资本投资设立民营银行、金融机构，支持民间资本投资设立产权投资基金、创业投资基金等金融政策。由于长期以来对民间资本的限制性规范，仅仅以金融政策的形式出台改革措施尚不足以鼓励民间投资，应当尽快将政策立法化，以增强投资者的信心，稳定投资者的预期。

二是对行之有效的融资措施，应当通过立法的形式明确其产权规则和交易规则，对于涉及政府投资的，还应当明确其监管规则。从目前看来，各地对于政府创业引导资金的管理运用，大都通过地方政府部门出台相应的管理办法或操作规程，但是这些管理办法或操作规程的法律位阶较低，而对于融资风险补偿资金和企业应急转贷资金，许多城市还缺乏规范化的管理。我们认为，针对上述政府性资金，应当以地方性法规或规章的形式，尽快出台相应的管理规定，使资金的使用与监管透明化，以避免规则不透明可能导致政府的"寻租"行为和"监守自盗"行为。

三是对于推行难度大的融资政策，应当制定强制性规范，设定相应的法律后果，而不能仅仅停留在政策"建议"或者"推进"层面。如针对规范金融机构提高贷款审批和发放效率的行为，以及规范金融机构乱收费的行为，应当通过制定强制性规范的形式提高其可操作性，使拒不执行上述融资举措的金融机构承担一定的后果。

第二节　中国主要城市企业用工成本比较分析

劳动力是企业最重要的生产要素之一，企业用工成本也是企业和政策制定者所共同关注的问题。据 CEES[②] 调查，企业管理者认为，劳动力成本是妨碍企业发展的最主要因素，妨碍程度达到 60%。近年来，我国企业用工成本持续上升，据统计，2005—2014 年，我国制造业城镇单位就业人员工资总额从 5 056.6 亿元增长到 27 011.4 亿元，增长了 5.34 倍。考虑就业人员增加因素后，制造业城镇单位就业人员平均工资从 2005 年的 15 748 元增长到 2014 年的 51 518 元，年均增长约 12.6%。同期，我国制造业全员劳动生产率增长了 181.4%，年均增长约 6.1%，表明制造业用工成本超过了劳动生产率增长速度，比较劳动生产率优势有所下降。[③] 大量劳动经济学家指出社保成本是企业用工成本的重要支出

[①]　陈胜蓝：《涉外经济立法先行与广东经济发展》，《广东社会科学》2011 年第 5 期。

[②]　CEES 调查即中国企业—劳动力匹配调查，由武汉大学质量发展战略研究院联合清华大学、香港科技大学和中国社科院开展，是目前大型经济体中唯一的匹配调查数据。经过 3 年问卷设计、试调查与沟通协调，2015 年完成调查，2016 年完成样本扩充与原有样本的追踪访问。CEES 数据涵盖了 1 000 余家企业和 10 000 多名员工的 500 多个调查指标，包括企业财务绩效、人力资本、技术创新、产品质量、进出口等大量指标，以及劳动力的个体信息、受教育程度、收入、健康状况等多维度指标。

[③]　国家发展和改革委员会产业经济与技术经济研究所课题组：《降低我国制造业成本的关键点和难点研究》，《经济纵横》2016 年第 4 期，第 16 页。

之一。① 据统计，我国企业职工五项社会保险总费率为企业职工工资总额的 39.25%，在列入统计的 173 个国家地区中位列第 13 位。再加上各地 10%～24% 的住房公积金缴费，"五险一金"名义费率已经达到 60% 左右。② 以养老保险为例，我国制造业企业法定养老保险缴费率为 20%，个人为 8%，合计为 28%，而美国企业承担的养老保险费率仅为 6.2%，越南、泰国的比例更低，仅为月薪的 2.8%～5% 不等。③ 政策制定者们显然意识到了企业用工成本高昂的真正症结所在，正如一名国家发改委的研究人员所言："合理调整'五险一金'缴费水平，建立更加公平、合理的费率决定机制，是减轻企业生产经营负担，控制用工成本过快上涨，推动劳动要素资源优化配置的重要举措，有利于稳增长、促就业、调结构。"④ 因此，在企业营商环境的改革中，针对企业的用工成本日益攀升的问题，重点采取了降低企业社保缴费比例、完善住房公积金制度和最低工资调整机制的手段。本节将以各城市企业社保缴费比例为切入点，对各城市的企业用工环境进行测评。

一、中国现行企业用工法律政策梳理与解读

我国有关企业用工制度的法律法规主要有《合同法》和《劳动合同法》。其中，2008 年颁布的《劳动合同法》对企业劳动力成本的影响一直备受争议。杜鹏程等人的一项研究表明，《劳动合同法》使得城镇非公务员（非事业单位）群体拥有失业保险的比例提高了 9.2%，使得农民工群体拥有失业保险的比例提高了 10.3%。《劳动合同法》降低了农民工的工作时长 23%、提高了农民工拥有各类社会保险的概率 10%～26%。⑤ 而另外的研究则显示，没有足够证据表明《劳动合同法》提高了企业的用工成本。相反，五险一金比例的增加对劳动力成本总量上升具有增量影响。但这可能并不是《劳动合同法》造成的，而更可能是由《社会保险法》及《住房公积金管理条例》的规定所致，《劳动合同法》强化的是对上述两项法规的执行。⑥ 尽管《劳动合同法》的影响仍未明确，但从相关研究的结论来看，社会保险对于企业用工成本的提高具有显著影响。《劳动法》和《劳动合同法》虽然确立了企业为职工缴纳社会保险的基本义务，但是对于具体的缴纳比例则没有明确的规定。2002 年和 2011 年，我国分别颁布并实施了《住房公积金管理条例》和《社会保险法》，规定企业必须为职工缴纳五险一金，具体缴纳比例由各地劳动保障部门和住房公积金委员会规定。这就意味着，基于各地经济发展水平和政府决策水平的差异性，各地关于

---

① 李飚、纪雯雯：《〈劳动合同法〉主要问题的经济研究评介》，《中国劳动关系学院学报》2018 年第 6 期，第 94 页。

② 关博：《降低"五险一金"缴费率　合理降低企业人工成本》，《中国经济导报》，2016 年 10 月 26 日第 A02 版。

③ 国家发展和改革委员会产业经济与技术经济研究所课题组：《降低我国制造业成本的关键点和难点研究》，《经济纵横》2016 年第 4 期，第 21 页。

④ 关博：《降低"五险一金"缴费率　合理降低企业人工成本》，《中国经济导报》，2016 年 10 月 26 日第 A02 版。

⑤ 杜鹏程、徐舒、吴明琴：《劳动保护与农民福利改善——基于新〈劳动合同法〉的视角》，《经济研究》2018 年第 3 期。

⑥ 沈永建、范从来、陈冬华等：《显性契约、职工维权与劳动力成本上升：〈劳动合同法〉的作用》，《中国工业经济》2017 年第 2 期，第 117 页。

企业五险一金缴纳比例的规定也有所不同。2016 年,《人民日报》记者调查 53 家企业用工成本,一名企业负责人认为,社保缴费费率偏高,加重了企业的用工成本。"按照我们当地 2015 年的社保缴费规定,养老保险 20%、医疗保险 8%,还有工伤、生育、失业保险,再加上住房公积金,企业五险一金缴费费率达到 37%。员工个人还需要缴纳社保和公积金。公司和个人加在一起,五险一金的缴费费率达到了 55%。"① 五险一金对企业用工成本的影响可见一斑。

此外,最低工资制度也在一定程度上提高了企业的用工成本,《劳动法》和《劳动合同法》对实行最低工资制度做了原则性的规定,集中规定最低工资制度的法律,是劳动和社会保障部于 2003 年颁布实施的《最低工资规定》,该法明确了各地区最低工资调整的方法与频率。根据《最低工资规定》第 6 条规定,确定和调整月最低工资标准,应参考当地就业者及其赡养人口的最低生活费用、城镇居民消费价格指数、职工个人缴纳的社会保险费和住房公积金、职工平均工资、经济发展水平、就业状况等因素。第 10 条则进一步规定,最低工资标准必须每两年调整一次。该规定出台后,全国各地调整速度明显加快,所有省市都达到了新规定中关于"调整频率不低于每两年一次"的要求,及至 2007 年,一共有 168 个地级市调整了最低工资。2008 年,金融危机爆发,为了缓解企业负担、稳定就业形势,全国最低工资标准暂缓调整。2010 年,随着国际国内经济形势逐渐好转,江苏省顺应形势,率先上调最低工资水平,此后,共计 320 个地级市于当年完成了对最低工资的调整。最低工资调整频率显示出逐步提高的趋势。② 实证研究表明,最低工资提高了企业用工成本,尤其是制造业和劳动密集型企业的用工成本。③ 如魏下海等人基于 1998—2007 年中国工业企业和所在区县最低工资标准的匹配数据得出了最低工资提高了企业用工成本,从而对企业存续产生负面冲击,其主要机制是最低工资压缩了企业"人力资本投资"的结论。④

有鉴于此,2016 年国务院颁布了《关于印发降低实体经济企业成本工作方案的通知》,通知要求从三个方面合理降低企业人工成本。一是降低企业社保缴费比例,采取综合措施补充资金缺口。通知要求:"从 2016 年 5 月 1 日起,对企业职工基本养老保险单位缴费比例超过 20% 的省份,将单位缴费比例降至 20%……将失业保险总费率阶段性降至 1% ~ 1.5%,其中个人费率不超过 0.5%。"⑤ 二是完善住房公积金制度,规范和阶段性适当降低企业住房公积金缴存比例。"对住房公积金缴存比例高于 12% 的一律予以规范调

---

① 左娅、白天亮、王政等:《人民日报调查 53 家企业用工成本:企业支付 1.6 万元,员工才能到手 7 300 元》,《中国经济周刊》2016 年第 22 期。

② 参见孙一菡、谢建国、徐保昌:《最低工资标准与企业成本加成——来自中国制造业企业的证据》,《中国经济问题》2018 年第 6 期,第 125 页。

③ 相关研究参见魏下海、张天华、李经:《最低工资规制与中国企业的市场存活》,《学术月刊》2018 年第 3 期,第 87 - 97 页;马双、张劼、朱喜:《最低工资对中国就业和工资水平的影响》,《经济研究》2012 年第 5 期,第 132 - 146 页。

④ 魏下海、张天华、李经:《最低工资规制与中国企业的市场存活》,《学术月刊》2018 年第 3 期,第 87 页。

⑤ 《国务院关于印发降低实体经济企业成本工作方案的通知》,国发〔2016〕48 号。

整，不得超过 12%。"① 三是完善最低工资调整机制，健全劳动力市场体系。统筹兼顾企业承受能力和保障劳动者最低劳动报酬权益，指导各地合理确定最低工资标准调整幅度和调整频率。2018 年 4 月，住房城乡建设部、财政部和人民银行等三个部门下发《关于改进住房公积金缴存机制进一步降低企业成本的通知》②，要求"各地区 2016 年出台的阶段性适当降低企业住房公积金缴存比例政策到期后，继续延长执行期至 2020 年 4 月 30 日。各地区要对政策实施效果进行评估，并可结合当地实际进一步降低企业住房公积金缴存比例"。并扩大了住房公积金缴存比例浮动区间，将住房公积金缴存比例下限调整为 5%。此外，"生产经营困难的企业，经职工代表大会或工会讨论通过，可申请降低住房公积金缴存比例或者缓缴"。2018 年 11 月，国务院办公厅下发《关于聚焦企业关切进一步推动优化营商环境政策落实的通知》③，再次强调规范降低涉企社保费率，减轻企业负担，要求"人力资源社会保障部、财政部、税务总局、医保局等部门要根据国务院有关部署，抓紧制定出台降低社保费率的具体实施办法，做好相关准备工作，与征收体制改革同步实施，确保总体上不增加企业负担"。国务院的上述举措取得了良好的预期，以南宁市为例，2015 年至 2016 年 5 月，南宁市企业承担的五项社会保险平均费率为 31.3%；而 2016 年南宁市根据国务院要求实施降低社会保险的新政后，2016 年 5 月至 2018 年 4 月，企业承担的社会保险平均费率降到 22.85% ~ 27.85%。2018 年，南宁市再次将企业承担的社会保险费率降到 22.35% ~ 27.35%，减少 3.95% ~ 8.95%，大大减轻了企业的负担。④

二、中国主要城市企业用工成本评价方法

正如前文所述，社会保险和住房公积金（即"五险一金"）是企业用工成本高昂的关键症结所在，2016 年国家下发降低实体经济企业成本的工作方案，要求各个地区切实落实降低企业人工成本的政策，并作出了原则性的规定。基于营商环境建设的地区竞争模式和现行法律法规赋予各个地方在制定"五险一金"政策上的灵活性，各个城市关于降低企业人工成本的措施也必将存在差异性。因此，我们根据国家推行的降低企业人工成本的改革措施，将评价指标分为两个类别，分别是"企业职工社会保险单位缴费比例"和"企业职工住房公积金单位缴存比例"，在"企业职工社会保险单位缴费比例"下，设有 4 个考察指标，分别为"基本养老保险单位费率""失业保险单位费率""医疗保险单位费率"和"生育保险单位费率"。随后，我们将统计分析 33 个城市最新发布的 2018 年企业五险一金缴费比例的官方文件，考察其对上述指标的执行情况，进而比较各城市降低企业"五险一金"用工成本的执行情况。

---

① 《国务院关于印发降低实体经济企业成本工作方案的通知》，国发〔2016〕48 号。

② 《住房城乡建设部、财政部、人民银行关于改进住房公积金缴存机制进一步降低企业成本的通知》，建金〔2018〕45 号。

③ 《国务院办公厅关于聚焦企业关切进一步推动优化营商环境政策落实的通知》，国办发〔2018〕104 号。

④ 《南宁市整体降低社保缴费费率》，南宁市人民政府网，http：//www. nanning. gov. cn/ywzx/nnyw/2018nzwdt/t1148841. html。

表6-5　衡量中国主要城市企业用工成本的指标体系

		指标内容	指标类型	权重
中国主要城市企业用工成本	1	企业职工基本养老保险单位费率	数据指标（正向）	80%
	2	企业职工失业保险单位费率	数据指标（正向）	80%
	3	企业职工医疗保险单位费率	数据指标（正向）	80%
	4	企业职工生育保险单位费率	数据指标（正向）	80%
	5	企业职工住房公积金单位缴存比例	数据指标（正向）	80%

三、中国主要城市企业用工成本比较分析

1. 企业职工基本养老保险单位缴费比例

从图6-11可以看到，所有城市均遵循了国务院的要求，将基本养老保险的缴费比例降至20%以下，33个城市的费率可以分为五档。其中，广州、深圳、杭州和舟山的缴费比例最低，为14%。事实上，从2015年1月1日起，广州就已率先将基本养老保险单位费率降至14%。其次为天津，缴费比例为17%，再次是青岛、福州和济南三市，缴费比例为18%，大部分城市则维持在19%的水平。另有哈尔滨、厦门、沈阳等8个城市缴费比例为20%。

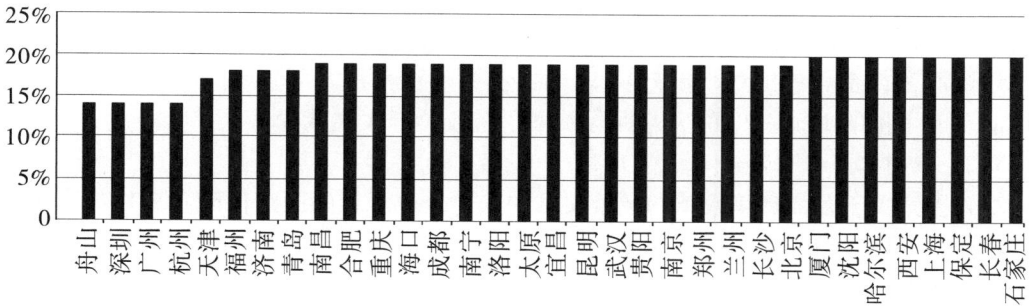

图6-11　33个城市基本养老保险企业费率图

2. 企业职工失业保险单位缴费比例

截至2018年10月，33个城市均按照国家要求，将企业职工失业保险总费率降至1%，其中，单位缴费比例均不超过1%，职工缴费比例不超过0.5%。从图6-12可以看到，33个城市的费率可以分为四档，哈尔滨、合肥、南京等14个城市均将企业职工失业保险单位缴费比例降至0.5%。成都则降至0.6%，南宁、洛阳、深圳等16个城市将费率降至0.7%，广州和北京则降至0.8%。上述举措为各地企业减轻了大量的负担。

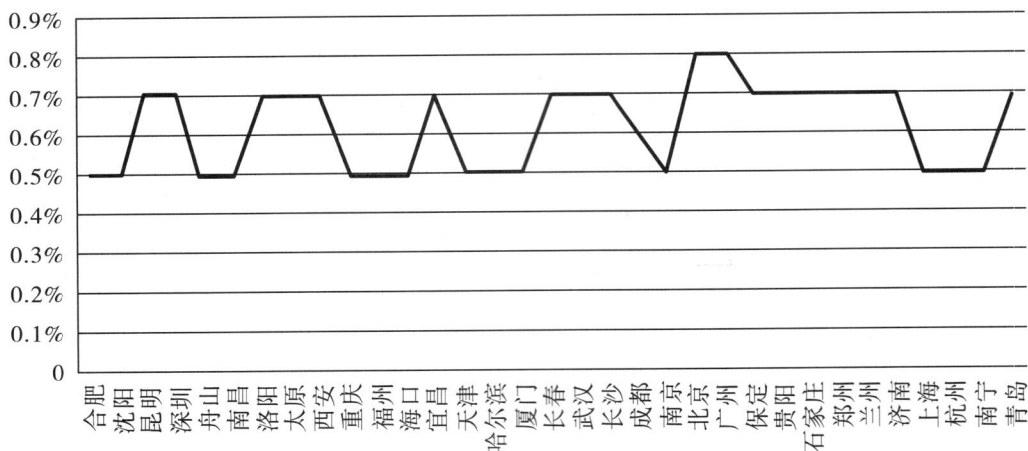

图 6 - 12　33 个城市失业保险企业费率图

以南宁为例，南宁于 2016 年 4 月开始实施《南宁市人民政府关于减轻企业负担、降低企业成本的若干意见》，将"失业保险费率从原来的 3%（其中单位缴纳 2%、个人缴纳 1%）降至 1%（其中单位缴纳 0.5%、个人缴纳 0.5%）"。① 2018 年 10 月，南宁印发《南宁市人民政府关于调整南宁市社会保险费率的通知》，规定"自 2018 年 5 月 1 日至 2019 年 4 月 30 日止，继续阶段性降低失业保险费率，单位缴费比例降至 0.5%"。② 这一措施预计 2018 年 5 至 12 月将为该市企业再减负约 3.2 亿元。广州的降幅虽小，然而该次降费惠及广州 48 万户参保单位，每月减轻 1.56 亿元的缴费负担，一年可减轻 18.72 亿元。总体而言，企业承担 0.5% 或 0.7% 的失业保险费率是大部分城市的选择。相比 2016 年以前企业承担的 1% ~2% 的失业保险费率，企业负担大大减少。

3. 企业职工医疗保险单位缴费比例

尽管国家关于营商环境改革的政策文本中未对企业承担的医疗保险费率作出强制性要求，然而一些地方在开展降低企业社会保险负担的措施中，对企业承担的医疗保险费率也做了相应的调整。如重庆发布的《重庆市人民政府办公厅关于贯彻落实国务院降低实体经济企业成本工作方案任务分工的通知》规定，"降低医疗保险单位缴费比例 0.5 百分点。从 8% 降至 7.5%"。③ 从图 6 - 13 可以看到，与养老保险和失业保险的费率不同，33 个主要城市的医疗保险费率较为分散，一共有 14 档之多。医疗保险单位费率最低的是深圳，仅为 5.20%，其次为舟山、厦门和南昌。医疗保险单位费率排在后三位的，分别为天津、北京和杭州，其中杭州的医疗保险单位费率高达 10.50%，是深圳的两倍多。但是相比该市 2018 年 1 月以前的标准，杭州的医疗保险费率已调低 1 百分点。大部分城市则集中在

① 《南宁市人民政府关于减轻企业负担、降低企业成本的若干意见》，桂政发〔2016〕20 号。
② 《南宁市人民政府关于调整南宁市社会保险费率的通知》，南府规〔2018〕25 号。
③ 《重庆市人民政府办公厅关于贯彻落实国务院降低实体经济企业成本工作方案任务分工的通知》，渝府办发〔2016〕242 号。

7%~8% 的水平。

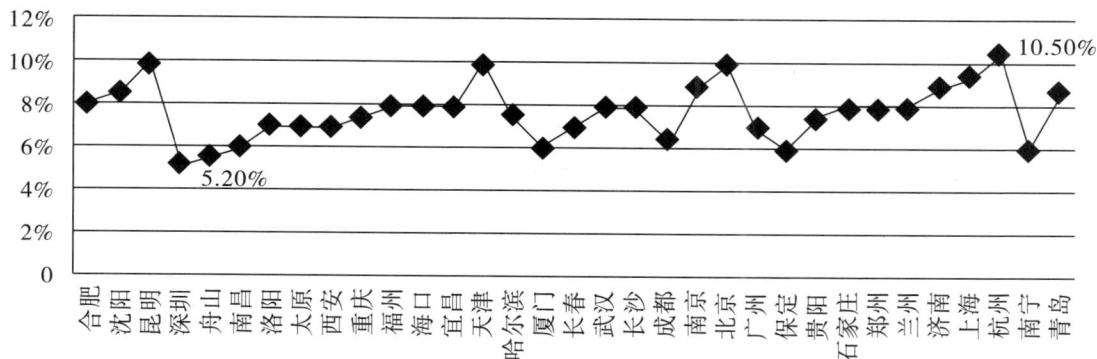

图 6-13 33 个城市医疗保险企业费率图

4. 企业职工生育保险单位缴费比例

与医疗保险相似，尽管国家关于营商环境改革的政策文本中未对企业承担的生育保险费率作出强制性要求，但一些地方在开展降低企业社会保险负担的措施中，对企业承担的医疗保险费率也做了相应的调整。如福州公布的《福州市人民政府关于印发福州市供给侧结构性改革降成本行动计划（2016—2018 年）的通知》中即要求"将用人单位缴纳生育保险费由职工工资总额的 0.7% 降为 0.5%"。[①] 从图 6-14 可以看到，各地生育保险单位的缴费比例不一，其中，除合肥、沈阳和昆明 3 个城市的企业免缴生育保险外，深圳企业的生育保险费率最低，为 0.45%，舟山、南昌和洛阳等 10 个城市的生育保险企业费率为 0.5%，上海、杭州、南宁、青岛 4 个城市的费率最高，均在 1% 以上。青岛企业 2018 年应缴的生育保险费率高达 1.5%，比上一年度调高了 0.5 百分点。据分析，青岛市提高生育保险费率的影响因素，在于"全面二孩"政策实施，享受生育津贴人员范围扩大以及津贴标准不断提高，导致企业生育保险基金缺口较大。杭州的情况亦类似，杭州从 2018 年 1 月开始不再实行 2016 年的《关于临时性降低在杭企业部分险种社会保险费的通知》，其中，生育保险费率由 1% 调回 1.2%。[②]

---

① 《福州市人民政府关于印发福州市供给侧结构性改革降成本行动计划（2016—2018 年）的通知》，榕政综〔2016〕254 号。

② 2016 年 3 月 28 日，杭州市人力社保局、杭州市财政局、杭州市地方税务局联合下发《关于临时性降低在杭企业部分险种社会保险费的通知》，杭人社发〔2016〕104 号。

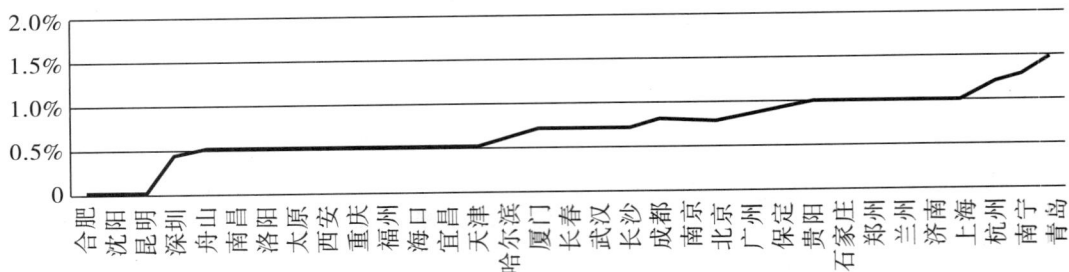

图 6 - 14　33 个城市生育保险企业费率图

5. 企业职工住房公积金单位缴存比例

在企业职工住房公积金缴存比例方面，我们发现，所有城市的规范性文件中，均按照国家政策的要求，将公积金缴存的上限降至 12%。而值得指出的是，2018 年 3 月，上海下发《上海市公积金管理中心落实"放管服"改革要求，改善营商环境实施方案》①，将单位住房公积金缴存比例降至 5% ~ 7%，是 33 个城市中缴费比例最低的城市。武汉于 2018 年下调了住房公积金缴存的下限，为 5%，此前则为 8%。33 个城市中，仅长沙的住房公积金单位缴存比例下限为 8%，其余 32 个城市的缴存比例下限均为 5%。我们发现，在长沙 2018 年 7 月下发的《关于开展 2018 年度住房公积金年审工作的通知》中，其依据的规范文件仍是 2016 年 6 月发布的《住房城乡建设部、发展改革委、财政部、人民银行关于规范和阶段性降低住房公积金缴存比例的通知》，而非上文提到的 2018 年 4 月发布的《住房城乡建设部、财政部、人民银行关于改进住房公积金缴存机制进一步降低企业成本的通知》。

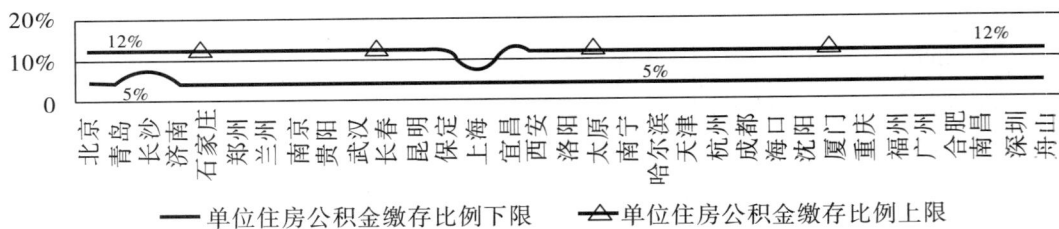

图 6 - 15　33 个城市企业职工住房公积金费率图

四、主要结论

根据前文的统计数据，我们为各个城市的企业用工成本进行打分，结果如图 6 - 16 所示：

---

① 上海市公积金管理中心《关于印发〈上海市公积金管理中心落实"放管服"改革要求，改善营商环境实施方案〉的通知》，沪公积金〔2018〕30 号。

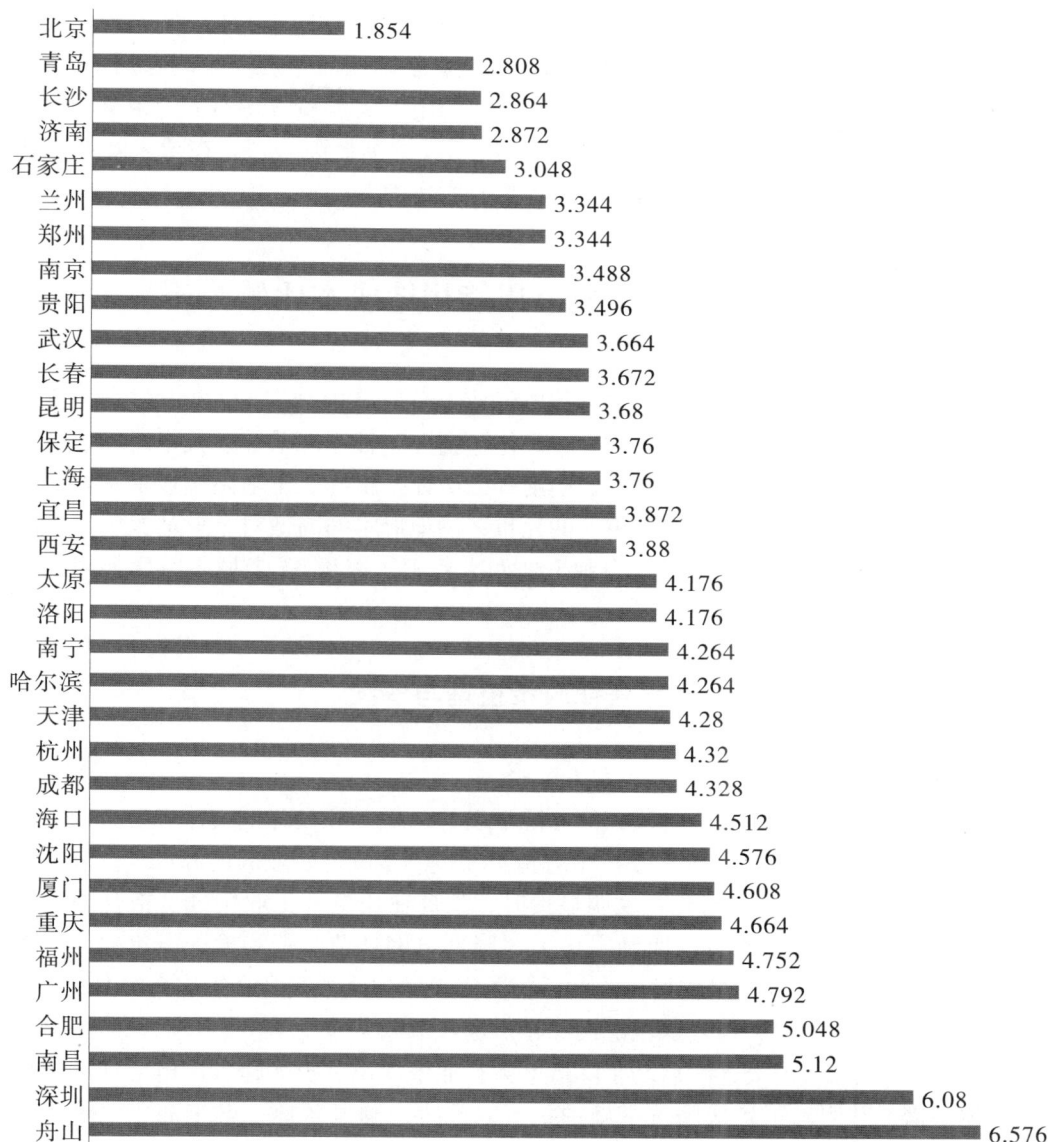

北京	1.854
青岛	2.808
长沙	2.864
济南	2.872
石家庄	3.048
兰州	3.344
郑州	3.344
南京	3.488
贵阳	3.496
武汉	3.664
长春	3.672
昆明	3.68
保定	3.76
上海	3.76
宜昌	3.872
西安	3.88
太原	4.176
洛阳	4.176
南宁	4.264
哈尔滨	4.264
天津	4.28
杭州	4.32
成都	4.328
海口	4.512
沈阳	4.576
厦门	4.608
重庆	4.664
福州	4.752
广州	4.792
合肥	5.048
南昌	5.12
深圳	6.08
舟山	6.576

图 6 – 16　33 个城市企业用工成本分值排名

　　企业用工成本得分排名前三的城市依次为舟山、深圳和南昌。而排名居后三位的则依次为北京、青岛和长沙。舟山以 6.576 的高分稳居第一，凸显了舟山在企业用工成本方面的优势。而深圳作为改革前沿城市，其得分也显示了其近年来在优化营商环境方面作出的努力。值得关注的是，作为 2018 年全国经济总量排名第二的城市，北京的企业用工成本却是最高的，其得分仅为 1.854 分。在 2018 年 GDP 排名前十的十大城市中（依次为上海、北京、深圳、广州、重庆、天津、苏州、成都、武汉和杭州），深圳、广州、重庆的企业用工成本排名位列前十，而成都、杭州和天津则分列第十一、十二和十三位，分数均在

4.2 分以上，与其经济发展水平基本相匹配。上海、武汉和北京则分数较低，均在 3.8 分以下，排名在二十名以后。值得思考的是，上海与北京两座城市历年来均稳居 GDP 排名的第一、第二位，而从数据上显示，两座城市企业的用工成本却居高不下，相反，深圳和广州作为 GDP 排名第三、第四的城市，企业的用工成本则低廉得多。在未来降低企业用工成本的优化行动中，上海、北京等城市应当更有所作为。

第三节　中国主要城市用能用地成本比较分析

　　企业用能用地成本是企业经营成本的重要组成部分，其中，"获得电力"是世界银行评价一国营商环境便利度的一级指标之一，具体包括办电程序环节数、接电时间、费用成本占国民收入比重、供电可靠性和电费透明度等二级评价指标。土地是企业最重要的生产要素，在企业的生产经营成本中占据重要的比重，用地成本的高低对企业的投资经营活动具有重要影响。因此，本节将选取电力和土地两大要素，衡量 33 个城市在用能用地方面的营商环境便利度。

一、中国现行企业用能用地法律政策梳理与解读

1. 我国现行企业用能法律政策梳理与解读

　　在建立营商环境的初步实施阶段，国务院下发的《关于印发降低实体经济企业成本工作方案的通知》（国发〔2016〕48 号）中就指出要进一步降低企业的能源成本。其目标是"企业用电、用气定价机制市场化程度明显提升，工商业用电和工业用气价格合理降低"。2018 年《政府工作报告》则首次明确提出了"降低电网环节收费和输配电价格，一般工商业电价平均降低 10%"的量化指标。此后，国家发展与改革委员会接连 6 次发文要求各省市降低一般工商业电价，清理规范电网和转供电环节收费（见表 6 - 6）。在降低一般工商业电价方面，国家发改委连续启动了降低电力行业增值税、扩大跨省区电力交易规模等 11 项具体举措，并明确了各次降价措施的执行时间表，确保各地一般工商业电价降幅达到 10% 以下。国务院办公厅 8 月发布的《全国深化"放管服"改革转变政府职能电视电话会议重点任务分工方案》中，再次强调要"全面落实好已出台的电网清费政策，推进区域电网和跨省跨区专项工程输电价格改革，规范和降低电网环节收费，全面清理规范电网企业在输配电价之外的收费项目等，2018 年一般工商业电价平均降低 10%"，并要求"2018 年供电企业办理电力用户用电业务平均时间压减到 50 个工作日以内，2019 年底前压减到 45 个工作日以内，五年内压缩三分之二以上、压减到 40 个工作日以内，并做好与世界银行营商环境评价中获得电力时间口径的衔接工作"。从上述文件可以发现，在国家政策层面，着力降低企业用电成本的主要举措有三：一是降低一般工商业电价；二是清理规范电网企业在输配电价之外的收费项目；三是简化获得电力的程序，缩短办理电力接入的时间。

表6-6 2018年国家发展与改革委员会发布的与电力相关的文件

序号	发布日期	名称	主要措施
1	2018-03-28	《国家发改委发布关于降低一般工商业电价有关事项的通知》	全面落实已出台的电网清费政策；推进区域电网和跨省跨区专项工程输电价格改革；进一步规范和降低电网环节收费；临时性降低输配电价
2	2018-05-15	《国家发改委发布关于电力行业增值税税率调整相应降低一般工商业电价的通知》	电力行业增值税税率由17%调整到16%
3	2018-07-04	《国家发改委发布关于利用扩大跨省区电力交易规模等措施降低一般工商业电价有关事项的通知》	扩大跨省区电力交易规模；国家重大水利工程建设基金征收标准降低25%；督促自备电厂承担政策性交叉补贴
4	2018-07-04	《国家发展改革委办公厅关于清理规范电网和转供电环节收费有关事项的通知》	取消电网企业部分垄断性服务收费项目；全面清理规范转供电环节不合理加价行为；加快落实已出台的电网清费政策
5	2018-08-18	《国家发改委发布关于降低一般工商业目录电价有关事项的通知》	采取3项新措施要求各地一般工商业目录电价降幅达到10%
6	2018-11-20	《国家发展改革委办公厅关于切实做好清理规范转供电环节加价工作有关事项的通知》	加快转供电摸排清理工作进度；提高降价政策传导的可操作性；进一步加大降价政策宣传力度；切实推进一户一表改造

2. 我国现行企业用地法律政策梳理与解读

根据我国《物权法》、《土地管理法》、《中华人民共和国城镇国有土地使用权出让和转让暂行条例》（中华人民共和国国务院令第55号）、《国土资源部监察部关于落实工业用地招标拍卖挂牌出让制度有关问题的通知》（国土资发78号）、《国土资源部、监察部关于进一步落实工业用地出让制度的通知》（国土资发101号）等法律政策的规定，长期以来我国在工业用地的供应方式上，工业土地是按照50年的最高年限进行招标、拍卖和挂牌一次性出让。这种50年"一刀切"的供地方式，在长期的实践中逐渐造成两个问题。一是导致资本集团圈地、囤地，土地闲置利用率低。一些企业看重了工业用地的升值空间，通过各种方式囤积土地待价而沽，而不注重企业的生产经营、转型升级。根据《全国内资企业生存时间分析报告》，企业成立后3~7年为退出市场高发期，即企业生存时间的

"瓶颈期"，2008—2012 年退出市场的企业平均寿命为 6.09 年，寿命在 5 年以内的近六成。[①] 这就造成那些生命周期已结束的传统企业仍拥有较长年限的土地使用权，土地闲置而不能充分发挥作用。二是提高了企业的初始用地成本。一方面，如上所述，囤地行为和土地闲置导致工业用地可用资源匮乏，加剧了工业用地供需矛盾，从而抬高了工业用地市场的初始价格；另一方面，根据《中华人民共和国城镇国有土地使用权出让和转让暂行条例》第十四条规定，"土地使用者应当在签订土地使用权出让合同后六十日内，支付全部土地使用权出让金。逾期未全部支付的，出让方有权解除合同，并可请求违约赔偿"。这种一次性支付 50 年土地使用权出让金的方式，使企业用地成本高昂，在资金紧张的情形下，更不利于项目启动和企业长远发展，对多为轻资产、创新型的新经济企业的影响则更大。

有鉴于此，为提高土地利用率，减轻企业的用地成本，中央政府于近年着手施行工业用地制度改革，2014 年国家发展和改革委员会、国土资源部联合发文，在全国范围内确定浙江嘉兴等 4 个城市开展深化工业用地市场化配置改革试点。同年 9 月，国土资源部印发《关于推进土地节约集约利用的指导意见》（国土资发〔2014〕119 号）规定："实行新增工业用地弹性出让年期制，重点推行工业用地长期租赁。"2015 年，国土资源部等六部委联合印发《关于支持新产业新业态发展促进大众创业万众创新用地的意见》（国土资规〔2015〕5 号），要求"运用多种方式供应新产业用地。鼓励以租赁等多种方式向中小企业供应土地。积极推行先租后让、租让结合的供应方式。以先租后让等方式供应土地涉及招标拍卖挂牌的，招标拍卖挂牌程序也可在租赁供应时实施，租赁期满符合条件的可转为出让土地"。2016 年，国务院下发《关于印发降低实体经济企业成本工作方案的通知》（国发〔2016〕48 号）明确指出："完善土地供应制度，降低企业用地成本。积极推进工业用地长期租赁、先租后让、租让结合供应，工业用地的使用者可在规定期限内按合同约定分期缴纳土地出让价款，降低工业企业用地成本。"这一政策提高了工业用地配置方式的灵活性，一方面降低了企业用地成本，减少了企业一次性支付的土地出让金，减少了其占用的企业流动资金；另一方面则提高了土地的利用率，符合集约节约用地资源的科学理念。

二、中国主要城市企业用能用地成本评价方法

对照我国在降低企业用能用地方面的主要政策，我们构建了如下指标体系（见表 6 - 7）以评价中国主要城市企业用能用地成本。在中国主要城市企业用电成本的评价体系中，我们选取了"2018 年一般工商业用电价格平均降幅"作为指标之一，其目的是反映各个城市在实施国家降低一般工商业用电价格政策中的行动力及实际效果，"不满 1 千伏工商业用电销售电价占该市居民人均收入的比重"则完全对标世界银行"接入电力"指标中的电力价格成本，"是否简化审批程序，缩短办理时限"以及"是否清理规范电网企业在

[①] 国家工商总局企业注册局、信息中心：《突破"瓶颈期"与"危险期"迎接成长关键期——全国内资企业生存时间分析报告》，《中国发展观察》2013 年第 9 期，第 28 页。

输配电价之外的收费项目"则反映的是对国家政策的执行力度，同时也是对标世界银行"接入电力"指标中的"手续""时间"成本，通过上述 4 个指标综合反映一个城市在企业用电成本方面的营商环境便利度。在中国主要城市企业用地成本的评价体系中，基于工业用地使用权租让结合、弹性年期出让制度是工业用地使用权改革中最重要最核心的措施，我们选择了"是否实行工业用地使用权租让结合、弹性年期出让制度"作为衡量一个城市在降低用地成本方面的指标，并进一步以"工业用地使用权租让结合、弹性年期出让制度的实施是否规范、透明"衡量一个城市在落实工业用地租让结合、弹性年期出让制度中的实施水平和执行力度。需要指出的是，基于工业用地使用权租让结合、弹性年期出让制度是工业用地使用权制度的一项重要改革，正处于逐步推进阶段，因此如果一个城市能够出台专门性的文件，对该项制度的实施进行规范，则表明该城市的企业工业用地环境具有更高的便利性和透明度，因此我们将该项评价指标的权重设置为 80%。

表 6 - 7　中国主要城市企业用能用地成本指标体系

	指标内容	指标属性及权重
中国主要城市企业用电成本	2018 年一般工商业用电价格平均降幅	数据指标（80%）
	不满 1 千伏工商业用电销售电价占该市居民人均收入的比重	数据指标（80%）
	是否简化审批程序，缩短办理时限	评价指标（20%）
	是否清理规范电网企业在输配电价之外的收费项目	评价指标（20%）
中国主要城市企业用地成本	是否实行工业用地使用权租让结合、弹性年期出让制度	评价指标（20%）
	工业用地使用权租让结合、弹性年期出让制度的实施是否规范、透明	评价指标（80%）

三、中国主要城市企业用能用地成本比较分析

1. 2018 年一般工商业用电价格平均降幅

如前文所述，2018 年政府工作报告明确提出"一般工商业电价平均降低 10%"的量化指标，发改委连续多次发文出台多项措施确保该指标实现，由此各个城市也纷纷采取各种措施以降低电价。据统计，截至 2018 年 10 月，33 个主要城市中，18 个城市在一年里持续 3 次降低电价，14 个城市在一年里接连 4 次降低电价。33 个主要城市均完成了一般工商业电价平均降低 10% 的目标。从各个城市的降幅来看（见图 6 - 17），上海市的降幅

最大，共降价 8.91 分，其余依次为长春、武汉、宜昌、长沙。降幅最小的为北京、太原和昆明。其中北京的降价幅度最小，为 6.55 分。

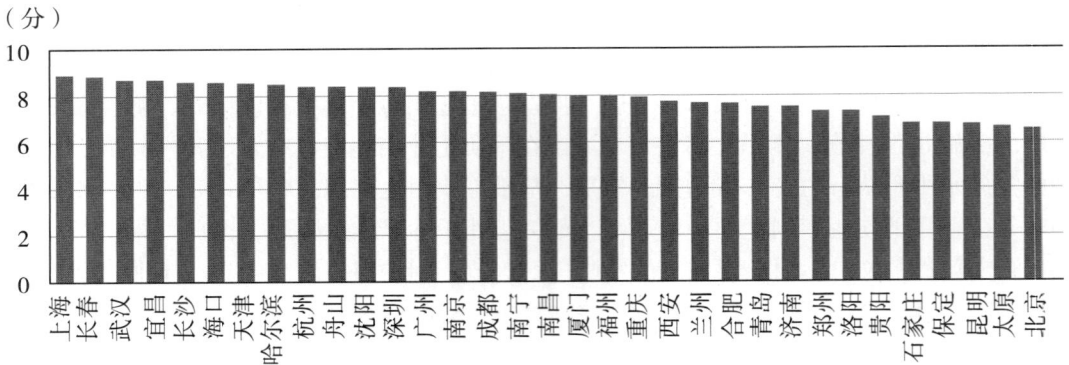

图 6 - 17　2018 年 33 个城市一般工商业销售电价降幅

2. 不满 1 千伏工商业用电销售电价占该市居民人均收入的比重

由于电价在不同时段、不同电压下的费用不同，我们选取了一般工商企业使用率最高的不满 1 千伏工商业用电在平时阶段①的销售价格与一市城镇居民人均可支配收入②的比重，来衡量该城市的用电价格成本。从图 6 - 18 可以看到，用电价格成本最低的五个城市依次为上海、北京、厦门、广州和南京，用电价格成本最高的五个城市依次为宜昌、长春、海口、南宁和重庆。这一数据与前述 2018 年一般工商业用电价格平均降幅的城市排名有较大区别。北京 2018 年一般工商业用电价格的降幅最低，但其用电价格成本却排在第二，其主要原因在于北京城镇居民人均可支配收入为 62 406 元，高居全国第二位；长春、宜昌和海口虽然 2018 年电价降幅分列第二、第四和第六，却是用电价格成本最高的三个城市。这三个城市 2017 年的城镇居民人均可支配收入分别只有 32 316 元、33 167 元和 33 320 元，在 33 个城市中的排名分别为第 29、26 和 23 位。由此可以推断，在 2018 年上述三市电价调整前，企业的用电成本更是居高不下。两个排名中表现最好的是上海，无论是电价降幅抑或是电价成本，均为第一位。而广州、深圳、杭州和南京等经济发达城市，在电价降幅和电价成本的排名中，亦属前列。

---

① 由于上海市的电价无平时阶段之收费标准，因此上海市电价我们以峰谷时期的平均价格计算。

② 由于一些城市 2018 年居民人均可支配收入的数据尚未公开，因此我们只能使用 2017 年该城市城镇居民人均可支配收入的数据。

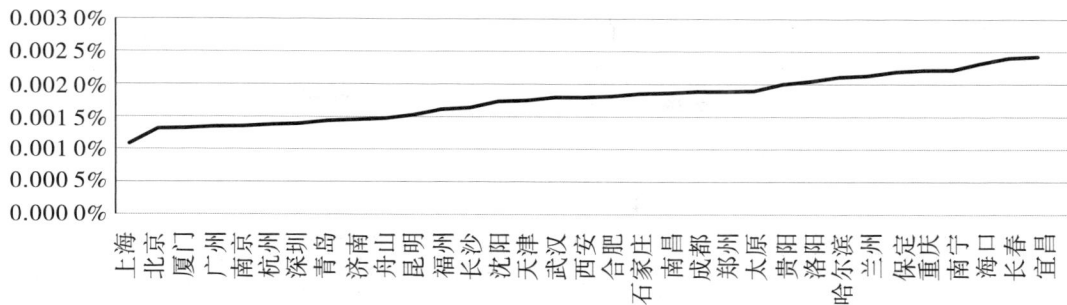

图 6 - 18　33 个城市一般工商业电价占该市居民人均收入的比重

3. 简化电力接入审批程序，缩短办理时限

在 33 个城市中，有 19 个城市[①]实施了简化电力接入审批程序，缩短用电办理时限的政策。其中北京、上海和青岛均出台了专门文件优化电力接入营商环境。上海于 2018 年 3 月印发《上海市进一步优化电力接入营商环境实施办法（试行）》的通知，明确要求用户申请电力接入，"办理手续从 5 项缩减为用电申请和竣工装表 2 项，平均用时原则上不超过 25 个工作日"。2018 年 5 月，北京城市管理委员会印发《关于北京市进一步优化电力接入营商环境的意见》，对企业办理电力的环节和时限进行了规定。2018 年 9 月，青岛印发《关于印发青岛市简化获得电力专项行动方案的通知》，同样简化了电力接入的审批程序并缩短办理期限。文件要求对"10 千伏用户、低压用户申请电力接入，由电网企业"一窗受理"。通过优化办理流程，将行政审批环节"精简至 4 个以内……10 千伏用户、低压用户电力接入的电网内部环节分别精简至 4 个和 2 个，办理时长分别压减至 11 个和 3 个工作日"。其他一些城市则在改善企业营商环境的综合性政府规范性文件中进行规定，如杭州在《中共杭州市委、杭州市人民政府关于深化"最多跑一次"改革建设国际一流营商环境的实施意见文件》中要求"2018 年底前小微企业电力接入平均总时长不超过 20 个工作日"。另外 14 个城市则未在其公开发布的政府规范性文件（包括政府部门规范性文件）中提及上述政策。

4. 清理规范电网企业在输配电价之外的收费项目

33 个城市均实施了清理规范电网企业在输配电价之外收费项目的电力政策。2018 年 3 月，《国家发改委发布关于降低一般工商业电价有关事项的通知》（发改价格〔2018〕500 号）中即要求进一步规范电网环节收费，清理规范电网企业在输配电价之外的收费项目。此后，各省发改委纷纷发文要求各地市依照该文件要求进行整改，各主要城市亦转发各省发改委文件，层层落实中央政策要求。如 2018 年 4 月广东下发的《广东省发展改革委关于降低我省一般工商业电价有关事项的通知》即要求"清理规范电网企业在输配电价之外的收费项目，电网企业应严格按照规定的电价政策向产业园区、商业综合体等收取电费"。后广州市发改委又将广东省发改委的文件转发到各区发展改革局、开发区市场监管局、广

---

① 这 19 个城市分别为北京、上海、杭州、广州、南京、深圳、青岛、济南、武汉、天津、沈阳、成都、哈尔滨、洛阳、兰州、宜昌、重庆、贵阳、太原。

州供电局等单位要求执行。其他城市亦基本遵循这一实施路径。如 2018 年 5 月四川省发改委下发的《关于降低我省一般工商业电价有关事项的通知》亦要求"清理规范产业园区、商业综合体等经营者向转供电用户在规定销售电价之外收取的各类加价"。后经成都市发改委再次转发到各区发展改革局，国网成都供电公司等单位要求执行。

5. 实行工业用地使用权租让结合、弹性年期出让制度

在 33 个城市中，除了贵阳与福州之外，其他城市均在其政府规范性文件中提出实行工业用地使用权租让结合、弹性年期出让制度。如《洛阳市人民政府办公室关于印发洛阳市优化营商环境激发民间有效投资活力实施方案的通知》（洛政办〔2018〕82 号）规定："将工业用地出让年期 50 年的固定模式，发展为弹性年期出让、先租后让、租让结合、长期租赁等多种出让模式。"《合肥市人民政府办公厅关于进一步降低实体经济企业成本的通知》（合政办〔2017〕58 号）规定："工业用地可由一次性出让方式变为分年租赁方式，推行先租后让、租让结合、弹性出让、分期供地等供地方式。"青岛《关于进一步降低实体经济企业成本的实施意见》（青政发〔2017〕18 号）规定："实行新增工业用地弹性出让年期制，积极推进工业用地长期租赁、先租后让、租让结合供应，工业用地的使用者可在规定期内按合同约定分期缴纳土地出让价款。"各地综合性文件规定的内容大同小异。但是关于上述制度的具体实施方式，6 个城市未做规定，18 个城市则已出台专门的规范性文件确立了工业用地使用权租让结合、弹性年期出让制度的基本规则。[①] 如 2019 年 1 月广州修订《广州市工业用地使用权先租赁后出让和弹性年期出让实施办法》，对工业用地使用权先租赁后出让、弹性年期出让的年限、土地租让的租金、出让金标准、土地供后管理和违约责任进行了详细的规定。2018 年 6 月哈尔滨印发《哈尔滨市人民政府关于优化工业及其他产业用地供应管理的若干意见（试行）》提出"实行租让结合、弹性年期出让制度。一般产业项目用地出让年限按 20 年确定；重点产业项目用地出让年限可按不低于 30 年的标准设定，最高年限不得超过国家规定的最高年限。对采取租赁方式供地的，期限不少于 5 年且不超过 20 年"。2018 年 1 月北京印发《北京市人民政府关于加快科技创新构建高精尖经济结构用地政策的意见》（京政发〔2017〕39 号）提出，北京将在 19 个重点区域中启动"弹性年期出让土地和土地年租制"，对入园企业实行全生命周期管理。2016 年 11 月深圳印发《深圳市工业及其他产业用地供应管理办法（试行）》提出，深圳将在工业及其他产业用地实行弹性年期供应制度，一般产业项目用地出让期限按照 20 年确定，重点产业项目用地出让期限可以按照 30 年确定。另有 5 个城市[②]，虽然未出台专门的规范性文件，但是该市所在的省份则在省级层面出台了专门性规范文件。

四、主要结论

根据前文的统计数据，我们为各个城市的企业用能用地成本进行打分，结果如下：

---

① 这 18 个城市分别为上海、杭州、广州、兰州、北京、深圳、济南、武汉、天津、成都、哈尔滨、洛阳、厦门、长沙、昆明、合肥、保定、长春。
② 这 5 个城市分别是太原、南昌、郑州、海口和南宁。

从图 6 - 19 可以看到，在企业用能成本方面，上海、杭州、深圳、广州和南京得分最高，分列第 1~5 位，这五个城市 2018 年的 GDP 总值位于全国前十，其中上海位居第一，深圳和广州分列第三、第四，杭州和南京分列第九、第十。从其企业用能成本的分值来看，与其经济发展水平是基本相称的，这也在一定程度上表明了上述城市企业用能营商环境建设与其经济发展水平有着密切联系。而另外 5 个 2018 年 GDP 排名前十的城市，其企业用能成本的分值，除重庆的得分较低之外，长沙、天津、武汉的分值也十分靠前，成都与北京则居中。这也意味着经济发展水平较高的城市，一般也拥有较好的企业用能营商环境。值得指出的是，舟山的经济发展水平虽然不高，但其企业用能成本的分值排名在第六位，这也表明舟山的政策制定者在对企业用能的营商环境构建中具有相当的作为。

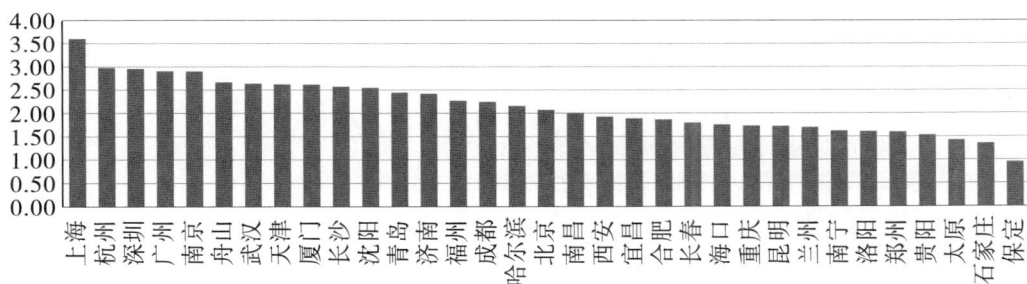

图 6 - 19　33 个城市企业用能成本分值排名

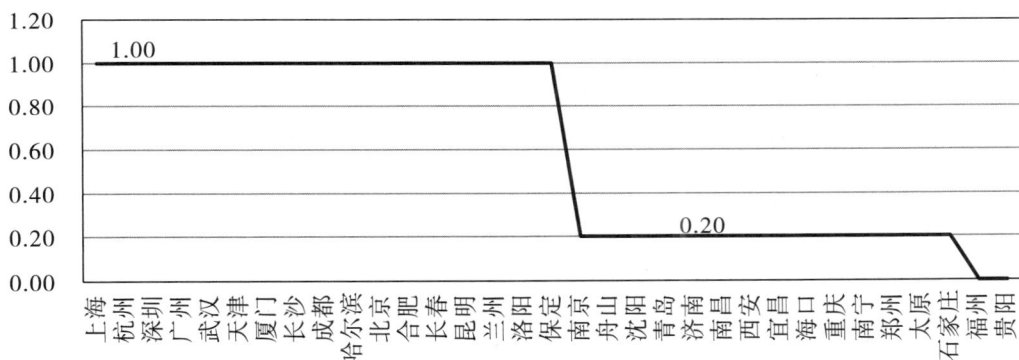

图 6 - 20　33 个城市企业用地成本分值排名

结合各个城市的用地成本①，各个城市在用地用能方面的营商环境便利度的分值和排名如图 6 - 21 所示，排名前六的城市依次为上海、杭州、深圳、广州、武汉；排名后五的城市依次为贵阳、石家庄、太原、郑州和南宁。排名前五的城市依然是传统的经济发达城市，排名居后的贵阳、太原和南宁，其经济发展水平在 33 个城市中也居于后位，重庆和

---

①　我们对那些未出台专门的政府规范性文件，而其所在省份出台了专门规范性文件的城市，赋予 1.5 分。其原因在于一些城市可能基于其所在省份已出台专门的规范性文件，因此不再重复进行规定，但是一些城市则会出台更细化的专门规范性文件，基于各个城市的不同情况，我们统一为这一类型的城市赋 1.5 分。

郑州的经济发展水平在 33 个城市中处于上等水平，而其用能用地方面的营商环境便利度却差强人意。可以初步认为，经济发达程度高的城市与其良好的营商环境是相辅相成的，反之亦然。经济发达城市进行营商环境改革建设的动力更足，行动力也更强。

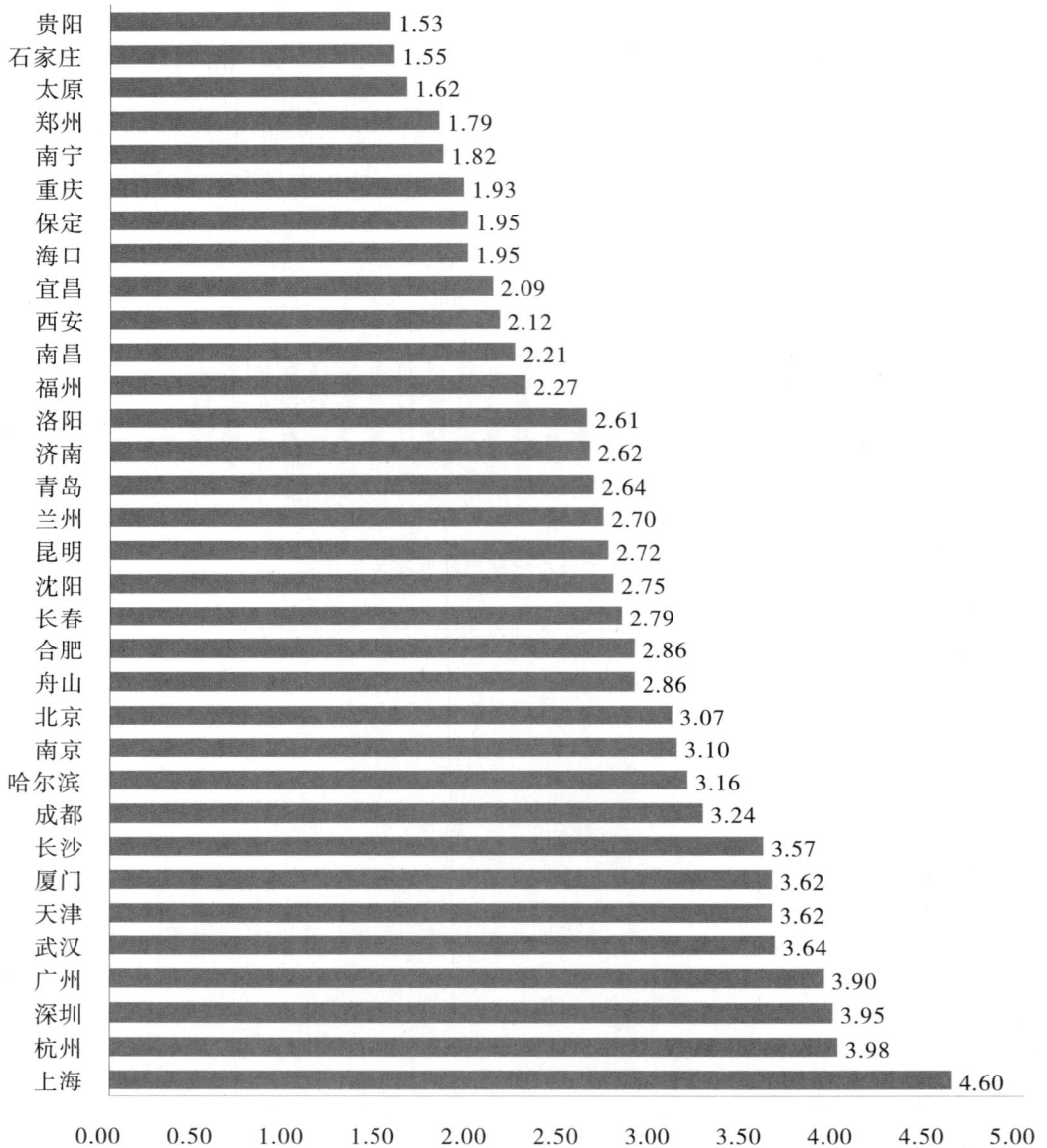

城市	分值
贵阳	1.53
石家庄	1.55
太原	1.62
郑州	1.79
南宁	1.82
重庆	1.93
保定	1.95
海口	1.95
宜昌	2.09
西安	2.12
南昌	2.21
福州	2.27
洛阳	2.61
济南	2.62
青岛	2.64
兰州	2.70
昆明	2.72
沈阳	2.75
长春	2.79
合肥	2.86
舟山	2.86
北京	3.07
南京	3.10
哈尔滨	3.16
成都	3.24
长沙	3.57
厦门	3.62
天津	3.62
武汉	3.64
广州	3.90
深圳	3.95
杭州	3.98
上海	4.60

图 6 – 21　33 个城市企业用能用地成本分值排名

第四节 综合评价

一、33 个城市生产要素便利度分值与排名

根据本报告收集的前述数据，我们将 33 个城市在企业融资环境、企业用工成本和企业用能用地成本的分值相加，结果如表 6-8 所示。可以看到，排名前六的城市依次为深圳、上海、杭州、广州、重庆和北京，而排名后三位的城市依次为兰州、郑州和保定。作为历年城市经济总量稳居全国前四名的城市，同时也是我国实行改革开放、创新发展的前沿阵地，深圳、上海、北京和广州的生产要素便利度高居榜首，其营商环境与经济发展水平相辅相成，凸显了其优越的政府监管和治理能力。兰州、保定和海口等三个城市的经济发展水平相对较低，其生产要素便利度也相对较低。杭州、武汉、成都、重庆和天津等城市的经济水平名列全国前茅，与其生产要素便利度的分值排名也基本匹配。值得一提的是，厦门的经济发展水平在 33 个城市中居后，但其生产要素便利度分值却居于前列，反之，郑州虽然城市经济发展水平位于全国前列，而其生产要素便利度分值与其经济发展水平相比则极不相称。

表 6-8 33 个城市生产要素便利度分值与排名

排名	城市	分值	排名	城市	分值	排名	城市	分值
1	深圳	17.65	12	天津	12.07	23	太原	9.79
2	上海	14.53	13	沈阳	10.75	24	太原	8.75
3	杭州	13.55	14	舟山	10.67	25	洛阳	8.73
4	广州	12.73	15	昆明	10.65	26	宜昌	8.71
5	重庆	12.73	16	南京	10.62	27	西安	8.66
6	北京	11.95	17	南昌	10.13	28	石家庄	8.46
7	厦门	11.91	18	青岛	9.41	29	海口	8.15
8	合肥	11.71	19	长沙	9.28	30	济南	8.01
9	武汉	11.61	20	哈尔滨	9.09	31	兰州	7.93
10	成都	11.02	21	南宁	9.09	32	郑州	7.71
11	天津	11	22	贵阳	8.92	33	保定	7.65

二、33 个城市生产要素便利度营商环境的基本特点

通过相关文献研究和对客观数据的分析，我们发现 33 个城市在生产要素便利度的营

商环境建设方面，有如下几个特点：

1. 从政策执行的力度看，33 个主要城市总体显示出较强的执行力

基于本报告是从国家营商环境政策执行的角度，对 33 个城市的政策执行力度进行的报告比较分析，因此在指标选取上与国家相关领域的营商环境政策具有密切联系。相关数据显示，在生产要素便利度领域，33 个城市总体具有较高的政策执行水平，突出地反映在执行降低企业用电成本的政策方面，33 个城市均完成了在 2018 年底前一般工商业电价降幅达到 10% 的指标。在执行降低企业用工成本方面，33 个城市均实施了降低企业"五险一金"费率的政策。在执行降低企业用地成本方面，32 个城市均出台了工业用地使用权租让结合、弹性出让年期制度。

2. 从政策执行的效果看，经济发达城市的执行力度更大，执行水平更高

在改善企业融资环境和降低企业用工成本、用能用地成本等三个领域，研究发现，总体而言，经济发达城市对相关政策的执行力度更大，执行水平也更高。在生产要素便利度的排名中，除了厦门外，排名前十的城市其 GDP 的排名也均在前十位。尤其明显的是深圳，在三个领域中的分值均名列前茅。在改善企业融资环境方面，虽然 30 个城市在其规范性文件中对"设立中小微企业融资风险补偿资金"作出了相关规定，但在资金的规范管理、使用层面上，仅有部分城市如北京、广州、深圳等出台了专门的基金管理办法或操作规程；而在降低企业用电成本方面，上海不仅出台了《上海市进一步优化电力接入营商环境实施办法（试行）》，且在电价降幅和电价成本中，均是最低的。

3. 从政策执行的形式看，大部分城市的执行方式以政府规范性文件为主，地方法规为辅

在执行中央政策的过程中，大部分城市以"关于进一步降低实体经济企业成本的实施意见"或"关于进一步支持中小微企业发展的意见"等政策性文件的形式推进政策实施，只有少量城市通过制定法规规章的形式将优化营商环境政策规范化。这一特点与国家层面主要以政策形式推进营商环境改革的模式相呼应。我国现阶段正处于深化改革的关键时期，许多制度仍处于"摸着石头过河"的试行阶段，立法环境尚未成熟。而基于政策的高效性和灵活性，地方效仿中央，以地方政府颁布行政规范性文件的形式推行改革措施，既是受我国"政策先行"的传统改革路径之影响，同时也是执行中央政策的高效手段。

4. 从政策执行的趋势看，确立规则、细化落实是进一步提高生产要素便利度的重要手段

一个城市生产要素便利度的提高不是对国家政策的简单照搬执行，还需要结合当地实际，制订具有可实施性的方案。目前部分城市对国家政策的执行仍停留在地方规范性文件的"字面"上，徒具宣传意义，而将这些政策落实到位，切实降低企业营商成本，使企业受益，才是一个城市营商环境优化的落脚点。纵观政策执行效果较好的城市，其关键点在于将国家相关政策分解转化为相应的规则体系进而落实。这就需要各个城市的监管者提高治理水平和执行能力，敢于创新，善于参照、学习其他城市行之有效的做法。

第七章 中国主要城市交易便利度

  提高交易便利度是指构架公平诚信的竞争环境、清晰简洁的交易程序、完备可靠的信用体系、低廉畅通的交通配套和高效便利的海关机制，为市场主体进行各种交易创造协调、透明和可预见的政策和法律环境。这一指标脱胎于世界银行《全球营商环境报告》中的跨境贸易指标，与世界银行仅仅关注国际贸易便利度不同，交易便利度指标同时涵盖国内和对外贸易，通过对交易所需各项政策和不同城市交易环节相关数据的收集，展现不同城市交易便利度差异。

  交易便利度涵盖贸易便利度，其外延又大于贸易便利度，考察交易便利度可以借鉴国内外关于贸易便利度的已有研究。考察相关文献，对贸易便利度的考察并未形成统一体系，不同国际机构和学者采用不同的方法和体系。如世界银行在《全球营商环境报告》中主要通过考察进出口的时间和金钱成本比较跨境贸易；经济合作与发展组织（OECD）设计的贸易便利化指标，包括信息公开、商界参与、预裁定、行政救济、收费、通关单据、自动化、通关流程、境内边境机构合作、境外边境机构合作以及治理能力和公正性11个项目；亚太经合组织采用口岸效率、海关环境、规则环境、电子商务应用共4个一级指标以及16个二级指标衡量贸易便利度。John Raven认为制约贸易便利化的因素包括海关效率和廉洁度、口岸管理水平、商务诚信水平、政策框架、支付系统、自动化程度、客户的态度、信息与咨询配套等。John S. Wison等则构建四大指标体系，包括港口效率、关税环境、规则环境和电子商务。国内学者在考察贸易指标度时也都构建了单独的指标体系，如段景辉等在研究贸易便利度时构建的指标体系包括政策环境、海关与边境管理、物流与基础设施环境、政府与金融环境指标。[①]

  与已有研究多关注国家之间跨境贸易便利度差异不同，本报告关注

---

  ① 王中美：《全球贸易便利化的评估研究与趋势分析》，《世界经济研究》2014年第3期；段景辉、黄丙志：《贸易便利化水平指标体系研究》，《科学发展》2011年第7期。

中国主要城市交易便利度的差别。考虑中国属于单一制国家，主要法律和政策改革通常基于顶层设计、基层实施的模式开展，本报告设计两类指标衡量各地推行市场便利度政策的力度和效果：①评价指标，又称是否指标。即对于中央政府出台的具体政策，各地是否制定了相应的地方性规则对特定制度加以明确。对这类指标衡量直接采用 0~1 赋分衡量，否为 0 分，是为 1 分。②数据指标，这类指标反映相关政策实施效果。在指标量化衡量上，采用 0~2 赋分的评价体系，相关计量公式如下：

$$特定指标分数 = \frac{2 \times （当前值 - 设定最差值）}{设定最佳值 - 设定最差值}$$

上述公式设定最差值和设定最佳值可以考虑数据展示的排名取值，也可以考虑对该指标的专业评价进行设定。另外，在具体指标中，也有负面指标可看作矫正因子，在 0~2 之间取值，以全面展现特定城市某一指标下的政策环境和效果。考虑本报告主要基于政策实施进度及效果衡量展开，政策之间难以区分重要程度，各个指标权重等权分布。考虑是否指标无法直接指示效果，是否指标的权重为 20%，数据指标的权重为 80%。

基于中国市场交易的发展历程和特点，从政策评价的角度出发，本报告从以下五个方面衡量不同城市的交易便利度：中国主要城市竞争环境、中国主要城市电子商务便利度、中国主要城市信用体系、中国主要城市运输便利度、中国主要城市海关跨境贸易服务差异。

市场是交易的平台，公平诚信的市场环境是交易便利的必要条件。由于中国各级政府对经济生活的深度干预，中国各地市场深受地方保护主义和行政干预的影响，具体表现为包括行政垄断、市场准入受限、设定不公平的交易条件等。2008 年，中国颁布反垄断法，2016 年出台公平竞争审查机制，力图破解政府对市场的过度干预，创造公平的市场环境。上述机制的效果有赖于各级政府的具体实施。因此，本报告在衡量政府推动市场便利度的力度上，首先选取竞争环境指标，具体包括"本市政府被查处行政垄断案件数量/GDP""本市自查个案公示数量""公平竞争审查定期评估时间""是否建立市级公平竞争审查联席会议""是否建立政务诚信约束和问责机制""是否明确将公平竞争审查纳入政府绩效评价体系"共 6 个指标作为衡量标准。

电子商务在中国发展迅猛，移动支付、网络购物已经成为中国居民生活的主要方式之一。一个城市电子商务发展态势反映各地政府支持新兴市场发展的态度和效果。因此，本部分设定的第二个指标是主要城市电子商务便利度，具体包括 3 个三级指标：各城市电子商务交易额/GDP 指标、移动支付使用率、各地跨境电子商务政策性文件出台情况。

信用是市场交易的根基。美国等西方国家发达的信用体系是市场交易繁荣的重要保障。中国由于人口众多，信息收集困难，信用体系不完备，严重降低了市场交易的安全性。考察不同城市的交易便利度，应当考虑信用体系的推进政策和效果，本指标涵盖的具体下级指标包括：黑名单市场主体公开相对数量指标、信用事件信息公开相对数量指标、征信机构数量指标以及是否有政府信用监管体制评价指标。

市场交易离不开物流和运输。中国幅员辽阔，在市场交易中运输成本是不可忽略的，而不同城市在交通运输的相关政策和实施效果上也有差异，因此有必要考察中国主要城市运输便利度，本部分选取的指标为本市高速公路收费标准/GDP、交通行政许可事项数目、是否收取高速公路"超时费"及是否开通"12328"监督平台 4 个指标。

海关便利度是衡量贸易便利度的传统指标。近年来，受世界银行营商环境评价项目的影响，中国在海关相关程序和服务上进行了多项改革。在中国主要城市海关跨境贸易服务差异分析中，我们选取本市海关处理的进出口贸易量/GDP、各城市进出口通关时间、是否实现电子化通关作为指标来衡量不同城市海关的改革效果。具体指标如表 7 - 1 所示：

表 7 - 1　交易便利度评价指标体系

一级指标	二级指标	三级指标	指标属性
交易便利度	中国主要城市竞争环境	本市政府被查处行政垄断案件数量/GDP	数据指标（负向）
		本市自查个案公示数量	数据指标（正向）
		公平竞争审查定期评估时间	数据指标（正向）
		是否建立市级公平竞争审查联席会议	评价指标（正向）
		是否建立政务诚信约束和问责机制	评价指标（正向）
		是否明确将公平竞争审查纳入政府绩效评价体系	评价指标（正向）
	中国主要城市电子商务便利度	各城市电子商务交易额/GDP 指标	数据指标（正向）
		移动支付使用率	数据指标（正向）
		各地跨境电子商务政策性文件出台情况	评价指标（正向）
	中国主要城市信用体系	黑名单市场主体公开相对数量指标	数据指标（正向）
		信用事件信息公开相对数量指标	数据指标（正向）
		征信机构数量指标	数据指标（正向）
		是否有政府信用监管体制	评价指标（正向）
	中国主要城市运输便利度	本市高速公路收费标准/GDP	数据指标（正向）
		交通行政许可事项数目	数据指标（正向）
		是否收取高速公路"超时费"	评价指标（正向）
		是否开通"12328"监督平台	评价指标（正向）
	中国主要城市海关跨境贸易服务差异	本市海关处理的进出口贸易量/GDP	数据指标（正向）
		各城市进出口通关时间	数据指标（正向）
		是否实现电子化通关	评价指标（正向）

第一节　中国主要城市竞争政策环境

一、引言

　　竞争是市场经济的灵魂，公平竞争是市场经济的基本原则，是市场机制高效运行的重要基础，保护公平竞争是构建良好营商环境的关键一环。市场经济在发端伊始崇尚自由竞争，市场在资源配置中起决定性作用。随着市场失灵情况的出现，政府开始干预市场的运行。经过一个多世纪的发展，现代市场经济基本形成了"双手并用"的格局，在各类资源的配置上，以市场为主、以政府干预为辅，通过无形之手与有形之手的协调，实现各类资源的有效配置。但与此同时，也存在行政权力破坏市场公平竞争机制的可能。

　　我国《反垄断法》于 2008 年开始实施，《反垄断法》从整体出发，采取概括和列举相结合的形式对行政垄断进行规制。然而实践中的成效并未达到预期，各种破坏市场公平竞争环境的政府规范性文件仍层出不穷。终于，自《反垄断法》实施八周年后，我国开始逐步建立起公平竞争审查制度，针对发生行政垄断的源头进行打击，形成"双管齐下"的局面。一方面，国家通过实施《反垄断法》，对行政性垄断实行事后的监督与救济；另一方面，通过"竞争审查制度"的实施，以行政行为对市场竞争的影响为正当性评判的标准，全面防范限制竞争的政府规定与政策出台，实现事先、事中的监督审查[1]。如此形成在竞争政策框架之内规制政府限制竞争行为的两翼，全力维护市场公平竞争秩序。

　　公平竞争审查制度的建立，有助于厘清政府与市场的关系，使两者在资源配置方面各司其职，并推动政府和市场主体各自承担维护市场机制健康运行和保障公平竞争的职责和义务[2]，是我国确立竞争政策基础性地位迈出的关键一步，是建设统一开放、竞争有序市场体系的重要举措。公平竞争审查制度的实施成效如何，成为我国市场经济中构建和维护良好公平竞争环境的重要影响因素。

二、政策和法律回顾

　　2008 年 8 月 1 日，我国《反垄断法》正式施行，其总则部分第八条规定："行政机关和法律、法规授权的具有管理公共事务职能的组织不得滥用行政权力，排除、限制竞争"，对规制行政垄断作了概括性规定，而分则部分第五章对行政垄断的各种行为类型作出了详细列举，为规制行政性垄断提供了比较明确的引导。

---

　　① 徐士英：《国家竞争政策体系基本确立的重要标志——有感于〈公平竞争审查制度〉的实施》，《中国价格监管与反垄断》2016 年第 7 期。

　　② 张守文：《公平竞争审查制度的经济法解析》，《政治与法律》2017 年第 11 期。

基于对我国实际情况的考量，仅有《反垄断法》的规定不足以全面有效规制行政垄断，国家层面开始摸索建立公平竞争审查制度。2013 年 11 月，十八届中央委员会第三次全体会议通过《中共中央关于全面深化改革若干重大问题的决定》，提出"建设统一开放、竞争有序的市场体系，是使市场在资源配置中起决定性作用的基础"，要"清理和废除妨碍全国统一市场和公平竞争的各种规定和做法"。2015 年 3 月 23 日，国家发布《中共中央国务院关于深化体制机制改革加快实施创新驱动发展战略的若干意见》（中发〔2015〕8 号），要求"打破地方保护，清理和废除妨碍全国统一市场的规定和做法，纠正地方政府不当补贴或利用行政权力限制、排除竞争的行为，探索实施公平竞争审查制度"。2015 年 5 月 18 日，国务院发布《国务院批转发展改革委关于 2015 年深化经济体制改革重点工作意见》（国发〔2015〕26 号），文件要求"建立和规范产业政策的公平性、竞争性审查制度"。紧接着在同年 6 月 16 日，国务院印发《关于大力推进大众创业万众创新若干政策措施的意见》（国发〔2015〕32 号），提出"加快出台公平竞争审查制度"。2015 年 10 月 15 日，国务院印发《中共中央国务院关于推进价格机制改革的若干意见》（中发〔2015〕28 号），再次强调"实施公平竞争审查制度、有序规范市场环境"。经过层层推进，终于在 2016 年 6 月 1 日，国务院发布《关于在市场体系建设中建立公平竞争审查制度的意见》（国发〔2016〕34 号），指出"为规范政府有关行为，防止出台排除、限制竞争的政策措施，逐步清理废除妨碍全国统一市场和公平竞争的规定和做法"，在市场体系中建立公平竞争审查制度，"按照加快建设统一开放、竞争有序市场体系的要求，确保政府相关行为符合公平竞争要求和相关法律法规，维护公平竞争秩序，保障各类市场主体平等使用生产要素、公平参与市场竞争、同等受到法律保护，激发市场活力，提高资源配置效率，推动大众创业、万众创新，促进实现创新驱动发展和经济持续健康发展"。34 号文规定了 18 项审查标准，为行政机关实施公平竞争审查提供明确指引。为进一步完善制度设计和推动制度实施，2017 年 10 月 23 日，国务院五部门联合发布了《公平竞争审查制度实施细则（暂行）》（发改价监〔2017〕1849 号），进一步细化了公平竞争审查制度的相关规定。

针对我国的行政垄断，在制度层面经过层层推进，当前既有公平竞争审查制度对行政机关出台涉嫌排除、限制市场竞争的规范性文件进行事前约束，又可通过《反垄断法》对现实存在的行政垄断行为进行事后规制，"双管齐下""两翼齐飞"，共同为我国建设公平竞争的市场环境提供制度保障。

三、主要城市比较

在探索建立和完善公平竞争审查制度的过程中，国家反垄断执法机构在各地积极开展反行政垄断执法活动并取得成效，借助司法程序来规制行政垄断也取得历史性突破。自 34 号文发布后，为积极响应国家号召，各地方政府陆续发布有关开展本地公平竞争审查工作的政策文件，摸索建立符合本地实际的公平竞争审查工作机制。从公平竞争审查制度贯彻落实情况看，31 个省（市、区）均已印发实施方案，逐步开展审查工作，并由市县政府着手部署落实。然而，作为一项崭新的制度，公平竞争审查目前的落实情况与全面实施的要求还有较大差距。虽然大多数部门和地区已建立起审查机制，但实际运行中仍存在不审查、不认真审查和审查能力不足等问题。为评估我国主要城市公平竞争环境状况，本报告选取了"本市政府被查处行政垄断案件数量/GDP""本市自查个案公示数量""公平竞争审查定期评估时间""是否建立市级公平竞争审查联席会议""是否建立政务诚信约束和问责机制""是否明确将公平竞争审查纳入政府绩效评价体系"6 个指标作为衡量标准，围绕指标收集相关数据资料，以下将结合各评价指标进行具体的分析比较。

1. 本市政府被查处行政垄断案件数量/GDP

本指标所统计的"本市政府被查处"的案件中，并非只限于以市政府或市府办的名义制发文件所形成的行政垄断，还包括所有政府部门制发的涉嫌排除、限制市场竞争的规范性文件。另外，对通过行政程序和司法程序所查处的行政垄断案件进行了区分。

首先是经行政程序查处的行政垄断案件统计，由于国家机构进行整合，相关信息发布系统尚在调整中，故相关数据统计截至 2018 年 10 月 1 日。详情见表 7 - 2：

表 7 - 2   经行政程序查处的行政垄断案件统计

城市	件数	查处机关	被查处机关	违法事实	法律法规
上海	1	国家发改委、上海市发改委	上海市交通委	上海市交通委作为黄浦江游览行业主管部门，在游船企业达成并实施固定或者变更服务价格的垄断协议的过程中，发挥了重要的组织、指导、协调和保障作用	《反垄断法》第八条（滥用权力排除、限制竞争）、第三十六条（强制经营者从事垄断行为）
广州	0				
深圳	2	国家发改委、广东省发改委	深圳市卫计委	深圳市卫计委在推行公立医院药品集团采购改革试点过程中，只允许全药网药业一家企业提供药品集团采购服务，同时限定深圳市公立医院、药品生产企业使用全药网药业提供的服务，并限定药品配送企业由全药网药业指定	《反垄断法》第八条（滥用权力排除、限制竞争）、第三十二条（限定交易）

（续上表）

城市	件数	查处机关	被查处机关	违法事实	法律法规
深圳	2	国家发改委、广东省发改委	深圳市教育局	深圳市教育局在中小学学生装管理工作中，引导经营者达成实施价格垄断协议；对投标人资格和评审条款设置歧视性条件，使得外地企业在竞争中处于不利地位	《反垄断法》第八条（滥用权力排除、限制竞争）、第三十四条（歧视外地经营者）、第三十六条（强制经营者从事垄断行为）
天津	3	天津市发改委	天津市人力社保局	天津市人力社保局印发的医保支付药品目录相关文件中未将属于国家医保支付药品目录的部分药品纳入其中，降低了各级、各类医疗机构采购、使用这部分药品的潜在可能性，妨碍了当地医疗药品市场的充分竞争	《反垄断法》第三十七条（制定排除、限制竞争规定）
		天津市发改委	天津市城乡建设委员会	天津市建委发布文件公布"旋窑水泥生产企业名录"，同时要求当地混凝土生产企业必须选用名录内企业生产的水泥	《反垄断法》第三十二条（限定交易）
		国家发改委	天津市发改委	在"新居配"中，发布相关文件，指定供电企业，统一建设新建居民住宅小区供配电设施并统一收费	《反垄断法》第三十二条（限定交易）、第三十七条（制定排除、限制竞争规定）
福州	0				
厦门	0				
沈阳	0				
郑州	0				
洛阳	0				

（续上表）

城市	件数	查处机关	被查处机关	违法事实	法律法规
武汉	1	湖北省物价局	武汉市江夏区公安分局	在区政务公开网上发布"印章刻字"服务指南，要求申请人凭印章信息卡到指定刻章店刻章	《反垄断法》第三十二条（限定交易）
宜昌	0				
舟山	0				
重庆	3	重庆市物价局	重庆市黔江区发改委	发布的有关招标工程建设项目预选承包商库的文件中设置了歧视性的资质要求	《细则》第十四条第（一）项（设置歧视性准入和退出条件）
		重庆市物价局	重庆市永川区公共资源综合交易管理办公室	发布的文件中有关内容存在排除、限制竞争行为	《反垄断法》第三十七条（制定排除、限制竞争规定）
		国家发改委	重庆市人民政府	在"新居配"中，发布相关文件，指定供电企业，统一建设新建居民住宅小区供配电设施并统一收费	《反垄断法》第三十二条（限定交易）、第三十七条（制定排除、限制竞争规定）
成都	1	国家发改委、四川省发改委	成都市国有资产监督管理委员会	成都市国资委组织召开专题协调会并印发会议纪要，要求市属国有企业及其所属全资、控股子（分）公司，在价格和服务同等条件下优先选择当地国有企业提供的保险服务	第三十二条（限定交易）
西安	1	陕西省物价局	西安市房管局	发布相关文件建立"西安市房屋维修资金使用项目专业维修单位备选库"，变相限定选择房屋维修企业的权利	《反垄断法》第三十二条（限定交易）、第三十七条（制定排除、限制竞争规定）

（续上表）

城市	件数	查处机关	被查处机关	违法事实	法律法规
兰州	1	甘肃省发改委	兰州市安全生产监督管理局	在官方网站上公布"在兰开展职业卫生技术服务机构名单"，限制其他具有同样资质的机构参与竞争	《反垄断法》第八条（滥用权力排除、限制竞争）、第三十二条（限定交易）
青岛	0				
长沙	2	长沙市发改委	长沙市发改委	在"新居配"中，发布相关文件，指定供电企业，统一建设新建居民住宅小区供配电设施并统一收费	《反垄断法》第三十二条（限定交易）、第三十七条（制定排除、限制竞争规定）
		湖南省工商局	长沙市卫生和计划生育委员会	长沙市卫计委向其市属相关医院下发文件，利用行政权力为明阳山殡仪馆谋取行业垄断	《反垄断法》第三十二条（限定交易）、第三十七条（制定排除、限制竞争规定）
南京	0				
昆明	0				
哈尔滨	0				
长春	0				
南昌	1	江西省发改委	南昌市新建区"营改增"工作协调推进领导小组	发布文件要求对今后开工实施的新项目，区外中标企业必须在新建区注册分公司、必须在新建区金融机构开设账户，限制域外有关企业参与域内相关工程业务招投标的竞争	《反垄断法》第八条（滥用权力排除、限制竞争）、第三十四条（歧视外地经营者）
保定	0				

（续上表）

城市	件数	查处机关	被查处机关	违法事实	法律法规
北京	3	国家发改委	北京住房公积金管理中心	管理中心制定相关文件规定二手房评估费最高收费标准为每件 600 元及指定 6 家评估机构	《反垄断法》第八条（滥用权力排除、限制竞争）、第三十二条（限定交易）
		北京市发改委	北京市朝阳区农村工作委员会	发布的 30 号文件对朝阳区农村地区拟建产业项目设定了产业项目集体收益的最低标准，要求当地产业项目的集体收益不得低于该最低标准，但所涉价格不在政府定价目录内	《反垄断法》第八条（滥用权力排除、限制竞争）、第三十七条（制定排除、限制竞争规定）
		国家发改委、北京市发改委	北京市城乡和住房建设委员会	北京市住建委在混凝土行业管理中，出台的质量控制价政策超出了预警实际需要，同时组织行业协会出台自律准则，要求混凝土企业严格执行质量控制价，事实上组织经营者达成了价格垄断协议	《反垄断法》第八条（滥用权力排除、限制竞争）、第三十六条（强制经营者从事垄断行为）、第三十七条（制定排除、限制竞争规定）
石家庄	0				
太原	1	山西省价监局	太原市住房和城乡建设委员会	太原市住建委发布相关文件，排除和限制了外地图审机构在太原市开展业务的权利，同时变相干预了实行市场调节价的商品和服务价格	《反垄断法》第八条（滥用权力排除、限制竞争）、第三十二条（限定交易）、第三十七条（制定排除、限制竞争规定）
济南	0				
合肥	0				
海口	0				
贵阳	0				
杭州	0				
南宁	0				

　　从表7-2可知，经反垄断执法程序查处的行政垄断案件数量共有20个。在33个主要城市中，只有12个城市被查处，其中北京、天津、重庆3个城市被查处的行政垄断案件数最多，均为3个，一个可能的原因是这3个城市均为直辖市，经济性事务较多，所发布的政府规范性文件总量多于其他非直辖市的城市。从查处机关上看，20个案件中只有1个案件是由工商局查处的，其余均为发改委系统所查处，这其中，国家发改委查处了8个案件，其次是各省、直辖市的发改委，地级市发改委部门查处的案件只有1个，可看出国家发改委在规制行政垄断、维护公平竞争环境中发挥了主力军的作用。另外，20个案件中超过一半的案件涉及《反垄断法》第三十二条，该条规定"行政机关和法律、法规授权的具有管理公共事务职能的组织不得滥用行政权力，限定或者变相限定单位或者个人经营、购买、使用其指定的经营者提供的商品"，由此看出，政府在管理市场经济活动中，原先的指令性计划经济的思想仍广泛存在，滥用行政权力，排除市场竞争、直接插手微观市场主体的正常经济活动的做法屡见不鲜，严重破坏市场公平竞争秩序。违反次数第二多的是《反垄断法》第三十七条"行政机关不得滥用行政权力，制定含有排除、限制竞争内容的规定"，说明当前行政机关主要是通过发布相关规范性文件的方式实施行政垄断行为，这也是当前行政垄断案件难以进入法院实体审理程序的原因之一。

　　表7-3是经司法程序查处的行政垄断案件统计。需要指出的是，由于此类型案件数量总体较少，若以主要城市为单位则数据过少，故本报告以省份为单位进行统计。

表7-3　经司法程序查处的行政垄断案件统计①

省份	案件名称	被告	原告主张	裁判意见
广东	广东粤超体育发展股份有限公司诉广东省足球协会、广州珠超联赛体育经营管理有限公司案	广东省足球协会	广东省足协限定交易相对人只能与其指定的珠超公司进行交易，滥用其行政管理权，违反《反垄断法》第三十二条的规定	被告行为不属于行使公共管理职能，难以构成滥用行政权力，排除、限制竞争
	深圳市斯维尔科技股份有限公司诉广东省教育厅案	广东省教育厅	被告在2014年全国职业院校技能大赛高职组广东省选拔赛工程造价基本技能赛项指定使用第三人广联达软件的行为违反《反垄断法》第三十二条、第三十六条、第三十七条	被告的行为违反《反垄断法》第三十二条，法院确认该行为违法

① 数据来源：中国裁判文书网，http://wenshu.court.gov.cn/Index；北大法宝，http://www.pkulaw.cn/。

（续上表）

省份	案件名称	被告	原告主张	裁判意见
广东	何巧月诉中国音像著作权集体管理协会案	中国音像著作权集体管理协会	KTV "卡拉 OK 收费标准" 属于行业协会价额联盟，涉嫌价格垄断和行政垄断，该价格的设定违反法律的规定而无效	中国音集协制定的 "版权使用费标准" 是否属于垄断经营行为不属于本案审查范围，本案不予评述
	汕尾市真诚公共汽车运输有限公司诉汕尾市人民政府案	汕尾市人民政府	从被告的《会议纪要》上看，被告强行收回原告公共交通运营权并指定第三人经营，违反《反垄断法》的规定。被告为实现独家经营，设置超高准入门槛意在排除民营企业原告的竞争	被告在项目特许过程中，坚持了公开（公开进行了招投标）、公平、公正，保护各方信赖利益的原则，遵循正当程序，其行为没有违反《基础设施和公用事业特许经营管理办法》的规定，合法有效
江苏	南京发尔士新能源有限公司诉南京市江宁区人民政府案	南京市江宁区人民政府	被告作出的 396 号文中 "目前指定立升公司实施" 江宁区餐厨废弃物收集、运输、处置的行政行为违反《反垄断法》第八条	本案中，被告江宁区政府采取直接指定的方式，未通过招标等公平竞争的方式，排除了其他可能的市场参与者，违反《反垄断法》第三十二条、第三十七条，构成通过行政权力限制市场竞争
	泰州市鑫龙旧机动车交易市场有限公司诉泰州工商行政管理局医药高新技术产业开发区分局案	泰州工商行政管理局医药高新技术产业开发区分局	泰州市人民政府《整治通知》属于违法增设许可条件，违反了《中华人民共和国行政许可法》第十六条的规定，且有行政垄断之嫌	关于《整治通知》是否是依法定程序产生的、被告是否涉嫌行政垄断的问题，均不是本案审理的标的，本案不予理涉
浙江	马文华诉绍兴市市场监督管理局案	绍兴市市场监督管理局	嵊县工商行政管理局（现嵊州市市场监督管理局）办理激素厂注销登记存在行政垄断等情况	被告函复行为于法有据，且原告未能提供原嵊县工商行政管理局存在垄断的证据，本院不予支持

（续上表）

省份	案件名称	被告	原告主张	裁判意见
广西	上海龙骑计算机科技有限公司诉广西壮族自治区卫生和计划生育委员会案	广西壮族自治区卫生和计划生育委员会	被告制发的《通知》属于《反垄断法》第三十二条、第三十七条规定的滥用行政权力的行政垄断行为	《通知》下发时，广西各医疗卫生和计划生育机构与原告的合同关系已届满，该内部行政行为对上诉人的权利义务并没有产生实际性的影响。因此，该内部行政行为不可诉

经表7－2和表7－3对比，可知当下我国主要依靠反垄断执法程序规制行政垄断。表7－3中总共统计了8个案件，只有2个案件的判决结果是确认行政机关的行为构成滥用行政权力、排除限制竞争，并且都违反了《反垄断法》第三十二条。另外8个案件中，虽然广东省占了4个，但并不能说明广东省公平竞争环境最差，因为其中只有1个案件是行政机关败诉，同时江苏省也只有一个，因为样本极少，故参考意义有限。

综合表7－2跟表7－3中的相关数据，可以计算出某市相关行政垄断案件数量与该市GDP之比，这个数据指标为逆向指标，数值越大，说明该市行政垄断问题越显著，统计对象只选取被查处出存在行政垄断问题的城市，其中各市GDP数据以2017年官方公布的为准①，详情如图7－1所示（为方便显示，柱状图数值采用"GDP/案件数量"表示，柱形图越高，则代表行政垄断案件数量与该市GDP之比的数值越小，反之则越大）。

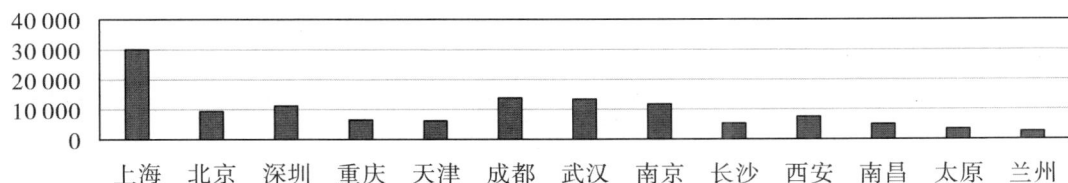

图7－1　GDP/案件数量比值

从图7－1可看出，在经济最发达的3个城市上海、北京、深圳中，北京的数值最高，反映出北京在这3个城市里面行政垄断现象较为显著。而GDP在1万至2万亿元的城市有重庆、天津、成都、武汉、南京、长沙6个城市，其中长沙的数值最高，其次是天津和重庆，这3个城市与本区间内其他城市相比公平竞争环境状况较差。GDP低于1万亿元的4个城市都只被查处了1个行政垄断案件，故GDP越低，案件数量与该市GDP的比值越高，其中兰州的数值不仅在该区间内最高，在13个城市里也是最高的。整体而言，在经济比较发达的城市中，重庆和天津的行政垄断现象比较显著，公平竞争环境状况较差。另外，

---

① GDP数值取自国家统计局主要城市年度GDP数据，参见 http://data.stats.gov.cn/easyquery.htm? cn＝E0105。

在研究、分析、引用和比较上述数据时，还应当考虑一定时空范围内的行政垄断案件只表明该时空范围内由官方掌握的案件数据情况，而那些未被官方知晓的行政垄断则可能是大量存在的。一个城市没有相应数据并不意味着该市没有行政垄断情况。考虑到这一情况，我们将没有数据记录的城市在评分时按照平均分计分。本指标下设定最佳值为 2 分，设定最差值为兰州分数 1/2 523.54 对应的分值为 0 分。应用上述公式，可得出平均值为 1.28，各城市分值如下：

表 7 - 4   本市政府被查处的行政垄断案件数量/GDP 评分

城市	被查处案件数量/GDP	分值
上海	1/30 133.86	1.83
北京	1/9 333.33	1.46
深圳	1/11 219.19	1.55
重庆	1/6 500.09	1.22
天津	1/6 198.46	1.19
成都	1/13 889.39	1.64
武汉	1/13 410.34	1.62
南京	1/11 715.00	1.57
长沙	1/5 267.75	1.04
西安	1/7 469.85	1.32
南昌	1/5 003.19	0.99
太原	1/3 382.18	0.51
兰州	1/2 523.54	0
其他城市	0	1.28

2. 本市自查个案公示数量

34 号文规定："有序清理存量。按照'谁制定、谁清理'的原则，各级人民政府及所属部门要对照公平竞争审查标准，对现行政策措施区分不同情况，稳妥把握节奏，有序清理和废除妨碍全国统一市场和公平竞争的各种规定和做法"，要求各级政府针对存量文件展开自查工作。根据国家市场监管局信息，2018 年，各地区、各部门共对 31 万份增量文件进行了审查，比 2017 年增长 154%；对其中 1 700 余份文件进行了修改完善，比 2017 年增长 157%；对 82 万份存量文件进行梳理，清理 2 万余份含有地方保护、指定交易、市场壁垒内容的文件。国家市场监管总局同时指出，公平竞争审查存在落实进度不够平衡的问题，仍有 2% 的市级政府和 15% 的县级政府尚未启动，已落实的地区，不同部门的工作质量和成效差距较大。[①] 考虑到 2018 年中国 GDP 数值为 900 309 亿元，可以将公平竞争审查的平均进度计为（310 000 + 820 000）/900 309 亿，即为 1.26。

2017 年 12 月，国家发改委下发《2017—2018 年清理现行排除限制竞争政策措施的工作方案》（发改价监〔2017〕2091 号），要求各级人民政府将存量文件自查工作分五个阶段，于 2018 年 11 月前完成此项工作。文件下发后，部分地方政府积极跟进，省政府层面如 2018 年 1 月 27 日广东省发布的《关于印发广东省 2018 年清理现行排除限制竞争政策措施工作方案的通知》，各主要城市层面有上海市发布的《上海市清理现行排除限制竞争政策措施的工作方案》，广州市发布的《广州市 2018 年清理现行排除限制竞争政策措施的工作方案》等，地方政府发布的工作方案基本都是参照了国家发改委发布的工作安排，将清理步骤分为五个阶段，各阶段的时间安排也与国家发改委的方案相匹配。省级数据层面，公开 2018 年数据的经过检索只有广东省，2018 年全省共梳理现行有效的规章、规范性文件和其他政策措施 29 284 件，全省共审查增量文件 21 131 份，与当年 GDP（2018 年广东省 GDP 为 97 300 亿元）比值为 0.51。

市级数据层面，关于全市存量文件和增量文件自查情况，杭州市公布了相关信息："截至 2017 年底，市本级共审查增量文件 38 件，清理存量文件 624 件"，但关于各文件保留、废止、调整的情况未公布。在存量清理层面，哈尔滨市公布了具体数据："2016 年，市政府对全市 61 件地方性法规、174 件政府规章、306 件规范性文件进行了清理……修改不适应改革和经济社会发展要求的地方性法规 6 件、政府规章 6 件；规范性文件拟修改 7 件、废止 31 件，宣布失效 31 件，保留 237 件。"同时，某些城市的单个政府部门也发布了部分数据，如天津市政府法制办和合肥市城管局对与该部门有关的存量文件进行了清理。除此之外，部分城市在对具体文件进行公平竞争审查上也有相关实践，如广州、天津、福州、宜昌、成都、青岛等。总体而言，城市自查公示数据较少。笔者为搜集相应信息，向相关城市公平竞争审查部门发送了自查信息申请公开，收集到的信息结合检索信息汇总如下：

表 7 - 5　自查信息申请公开情况

城市	存量清理	增量审查	备注	数量/GDP
上海			答复未形成相关信息	
广州			答复无法提供	
深圳			未能提出申请	
天津			答复无法提供	

① 市场监管总局公布公平竞争审查制度 2018 年总体落实情况，http：//www.gov.cn/xinwen/2019 - 01/27/content_ 5361519. htm。

（续上表）

城市	存量清理	增量审查	备注	数量/GDP
福州	市直各部门对本部门起草制定的文件进行清理，其中继续有效文件 80 份，修改文件 2 份，废止文件 27 份		答复附件中有缺漏页	
厦门			未能提出申请	
沈阳			答复未形成相关数据	
郑州			未能提出申请	
洛阳			未能提出申请	
武汉			未能提出申请	
宜昌			答复无法提供	
舟山	截至 2017 年 12 月 1 日，共审查文件 890 件，其中审查增量政策 278 件，清理存量政策 612 件，废除 3 件，调整 5 件		回复中未明确数据截至何时	
重庆			答复无法提供	
成都	截至 2018 年 5 月，已完成清理现行政策措施 3 627 件（含存量文件及增量文件）			
西安			答复无法提供	
兰州			查询页面故障无法查询	
青岛			答复未形成相关信息	
长沙			答复未形成相关信息	
南京	截至 2018 年 7 月，存量文件清理 6 430 件，其中 5 件需要废除，12 件需要调整	截至 2018 年 4 月，增量政策措施审查 1 522 件，其中 1 件需要修改调整		7 952/ 11 715.10
昆明			未能提出申请	
哈尔滨	2017 年共对 295 个发文进行了公平竞争审查，其中：对 181 个发文进行存量清理，对 114 个发文进行增量审查，废止和调整的政策规定 13 个。2018 年全市共对 854 个文件或政策行为进行了审查，其中废止、拟废止和拟修改的政策规定 10 个			1 149/ 6 355.05
长春			未能提出申请	

（续上表）

城市	存量清理	增量审查	备注	数量/GDP
南昌			未答复	
保定			未能提出申请	
北京			答复无法提供	
石家庄			答复未形成相关数据	
太原			答复无法提供	
济南			答复未形成相关信息	
合肥			答复无法提供	
海口			答复无法提供	
贵阳			未能提出申请	
杭州	截至2017年底，市本级共审查增量文件38件，清理存量文件624件		数据来源于原网页查询	662/12 603.3
南宁		从2017年7月27日印发文件至12月底，审查新增68件	方案印发前制定的文件纳入存量清理范畴。2018年新增情况将于次年1月31日前汇总	

　　由于该指标在统计时间上难以一致，只能看到2018年以后各地落实公平竞争审查的节奏明显加快，但难以为各个城市打出分数。我们以广东省的数值为最差值，国家数据为最佳值，各个城市平均赋分0.85分。

　　3. 公平竞争审查定期评估时间

　　34号文规定："定期评估完善。对建立公平竞争审查制度后出台的政策措施，各级人民政府及所属部门要在定期清理规章和规范性文件时，一并对政策措施影响全国统一市场和公平竞争的情况进行评估。"《公平竞争审查制度实施细则（暂行）》第十二条对此做了细化："对经公平竞争审查后出台的政策措施，政策制定机关应当对其影响全国统一市场和公平竞争的情况进行定期评估。经评估认为妨碍全国统一市场和公平竞争的，应当及时废止或者修改完善。定期评估可以每三年进行一次，也可以由政策制定机关根据实际情况自行决定。自行决定评估时限的，政策制定机关应当在出台政策措施时予以明确。政策制定机关可以建立专门的定期评估机制，也可以在定期清理本地区、本部门规章和规范性文件时一并评估。"根据规定，定期评估时间一般情况下是三年一次，同时本地政府可以根据本地实际情况自行决定定期评估时间。

　　笔者在检索完33个主要城市的相关信息后，发现除了南京、长沙、太原这3个城市自行决定定期评估时间为1年外，南京发布的文件规定"公平竞争审查制度实施后出台的政策措施，各区、各部门应当就其是否存在影响全国统一市场和公平竞争的情况，每年至少开展1次集中评估"，其他绝大多数城市都是沿用34号文的表述"对公平竞争审查制度实施后出台的政策措施，要在定期清理政策措施时，一并对政策措施影响统一市场和公平竞争的情况进行评估"，故这些城市的定期评估时间均记为 3 年。当然，这并非意味着其他主要城市都应该缩短定期评估时间，要结合本地实际情况进行具体分析，但是相对而言，南京、长沙、太原这 3 个城市另行确定定期评估时间，将周期限定在 1 年 1 次，无疑更有助于在本市构建和维护良好的公平竞争环境。详情如图 7 - 2 所示：

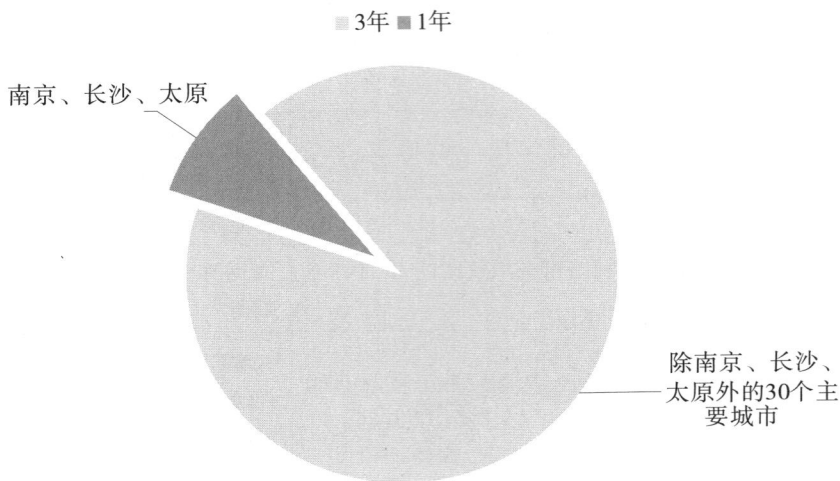

图 7 - 2　公平竞争审查定期评估时间

考虑到本数据较为简单，我们将 1 年作为最佳情况分值 2 分，因此南京、长沙、太原在本部分得 2 分，其他城市取平均值，为 1 分。

4. 本地公平竞争审查工作开展情况

本部分内容涉及 3 个是否指标，即"是否建立市级公平竞争审查联席会议""是否建立政务诚信约束和问责机制""是否明确将公平竞争审查纳入政府绩效评价体系"，这些指标都是与 34 号文规定的建立公平竞争审查制度和健全制度保障措施有关，以此评估地方政府推进公平竞争审查制度落实情况。其中，关于第一项指标的统计，以可以在网上查询到有关联席会议召开或者联席会议具体人员名单的信息作为市级联席会议建立的判断标准；关于第二项指标，若某城市发布的相关制度实施意见中沿用了 34 号文的表述，即"完善政务诚信约束和问责机制"，则视为符合该指标要求；关于第三项指标，34 号文中相关的表述是"把政务履约和守诺服务纳入政府绩效评价体系"，而部分城市在发布相关文件时将表述更改为"将公平竞争审查纳入政府绩效评价体系"，因为笔者在检索"政府绩效评价体系"时得到的基本都是与 34 号文有关的内容，故如果某个城市发布的相关文件中采用的表述是"政务履约和守诺服务"，则视为符合该指标要求。此外，关于第二项和第三项指标，若找不到某市政府的发文或者市政府的发文中未提到相关内容，但是在该市所属的省政府的发文中有相关表述，则视该市符合相关指标。详情见图 7 - 3。

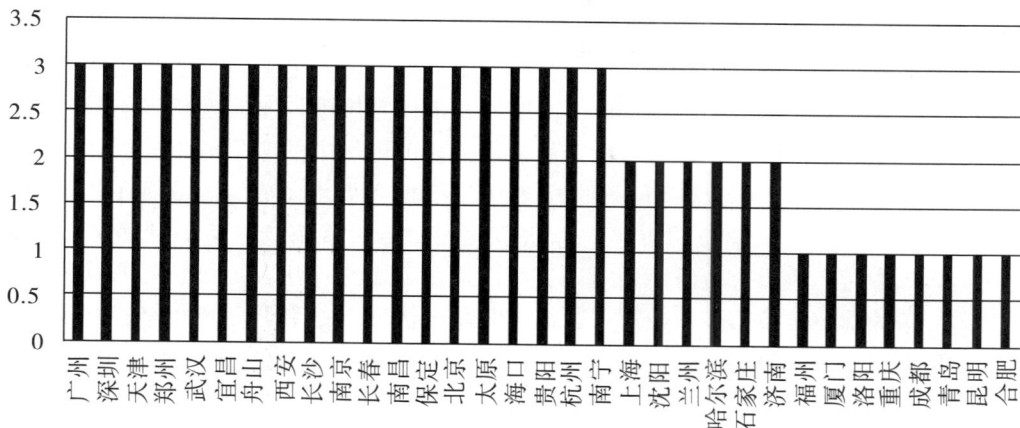

图 7-3 各主要城市满足是否指标个数

根据图 7-3 所示，33 个主要城市中，只有哈尔滨和石家庄未建立市级公平竞争审查联席会议，基于前文对该指标的解释，也即只有这两个城市未能查询到联席会议开展工作的信息。总体上看，三个指标都符合的城市共有 19 个，表明超过一大半的城市在积极推进公平竞争审查制度的落实工作，就制度层面而言，这些城市公平竞争环境较好；就地区分布而言，华北、华东、华南、华中地区分布较均衡，西南地区只有贵阳。另外，有 8 个城市只符合第一项指标，分别是福州、厦门、洛阳、重庆、成都、青岛、昆明、合肥，其中西南地区占了 3 个，这些城市落实公平竞争审查制度的步伐稍显落后。综合而言，自 2016 年 6 月发布 34 号文，提出建立公平竞争审查制度后，33 个主要城市都有发布相关政策文件推进制度落实工作，经过 2 年左右的努力，超过一半的城市成效良好，不仅市级公平竞争审查联席会议积极开展工作，同时建立健全相应的制度保障体系，为构建和维护本地公平竞争环境提供了较为完备的制度保障。而少数城市特别是西南地区的几个城市在推进公平竞争审查工作上稍落后，这显示出某个城市的公平竞争环境在一定程度上与当地经济发展水平有关。

四、讨论和评价

基于前文围绕各指标对 33 个主要城市公平竞争环境的分析，结合我国行政机关和司法机关打击行政垄断的工作以及我国公平竞争审查制度逐步建立和完善的进程，当前国内仍然主要依靠反垄断执法程序来规制行政垄断。伴随着公平竞争审查制度的逐步确立以及各地政府机关公平竞争审查工作的深入推进，在制度设计层面上我国同时握有事前限制和事后规制两种武器，为规制行政垄断、保护市场公平竞争环境提供了充分的制度保障。虽然在整体趋势上我国市场经济公平竞争环境得到逐步改善，但具体到单个城市，可以看到城市之间仍有比较明显的差别。综合而言，在规制行政垄断、推进公平竞争审查工作、构建良好的公平竞争环境上表现较好的城市有杭州、南京、广州，而整体状况较差的城市为天津、重庆；就地区分布而言，东部沿海地区总体状况明显比西南地区好，这说明市场公平竞争环境的好坏与地区经济发展水平有一定的关系。

为了处理好政府与市场的关系，保护公平竞争环境，世界范围内其他市场经济国家和地区也逐步建立了相应的竞争审查制度。欧盟实行的国家援助控制制度是当前最成熟、最完备的公平竞争审查制度，针对可能改变经营者在相关市场中的竞争地位、破坏统一大市场公平竞争的国家援助，《欧盟运行条约》第 107～109 条要求，成员国政府在实施国家援助之前，必须向欧委会竞争总司申报，由竞争总司进行直接审查，待得到豁免后方可实施。在具体审查时，欧委会竞争总司对国家援助适用"本身违法"原则，除非该种援助满足欧盟运行条约第 107 条第 2 款或第 3 款规定的豁免情形。① 韩国于 2009 年建立了专门的竞争评估制度，要求各级政府部门拟定的管制政策必须接受竞争执法机构（KFTC）的竞争评估，在具体操作上，采取"初步评估 + 深度评估"两步走的方式，先由管制机构进行初步评估，若涉及影响公平竞争，则直接交由 KFTC 进行深度评估，若不涉及，则由KFTC 对初步评估结果进行审核，以决定是否需要进行深度评估。② 日本于 2010 年 4 月正式确立了竞争评估制度，《关于对行政机关实施的政策的评价的法律事实令》要求日本各地方委员会在制定或修改、废止规制时必须对该规制进行事前评价；同时《关于实施规制的事前评价的指南》要求，若该规制涉及社会性费用，应对该规制可能对竞争产生的影响进行评估，日本公正交易委员会（JFTC）在竞争评估中起指导作用。③ 与日本不同，新加坡实施的是以管制机构为主导的内部评估制，管制机构在拟定相关管制政策时，必须进行管制影响分析并提出管制影响分析报告，报告中必须包括竞争评估报告，新加坡竞争委员会（CCS）一般不主动开展竞争评估，其更多是对公平竞争审查给予指导和建议。④

可以看到，在不同的公平竞争审查制度中，竞争主管机构和政策制定机关在公平竞争审查中扮演的角色也有所不同。目前，我国的公平竞争审查制度采取的是以政策制定机关自我审查为主、反垄断执法机构指导监督为辅的路径，与新加坡的做法类似，这主要是考虑到我国经济领域的公共政策体量巨大，而我国竞争执法资源有限，无法由竞争执法机构完成全部审查工作，将公平竞争审查作为制定政策文件的内部必要程序，由政策制定机关进行审查，更具现实可行性。⑤

目前，我国公平竞争审查制度建立和完善工作已全面展开，各地政府积极响应国家号召，探索建立符合本地实际情况的公平竞争审查工作机制，有序开展存量清理和增量审查工作。我国所选择的路径契合我国国情，相信在不久的将来我国公平竞争环境将得到较大改善。

---

① 靳静：《公平竞争审查制度的欧盟路径》，《中国价格监管与反垄断》2016 年第 2 期。
② 朱凯：《对我国建立公平竞争审查制度的框架性思考》，《中国物价》2015 年第 8 期。
③ 吴汉洪、权金亮：《日本、韩国的竞争评估制度及对中国的启示》，《中国物价》2016 年第 4 期。
④ 朱凯：《对我国建立公平竞争审查制度的框架性思考》，《中国物价》2015 年第 8 期。
⑤ 朱凯：《对我国建立公平竞争审查制度的框架性思考》，《中国物价》2015 年第 8 期。

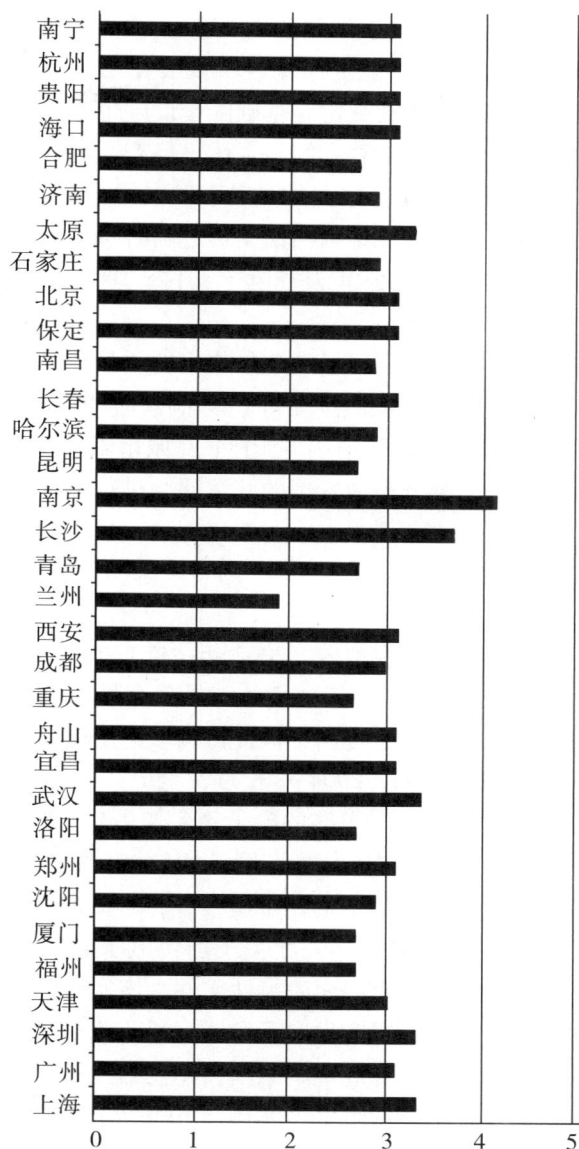

图 7 - 4　主要城市竞争环境指标汇总评分

第二节　中国主要城市电子商务便利度

一、引言

中国电子商务在 20 世纪 90 年代快速发展起来，这种以互联网平台为依托的新型消费模式目前已经成为中国人的日常生活方式。国家统计局统计，2017 年全年，全国网上零售额为 71 751 亿元，其中实物网上零售额 54 806 亿元，占社会消费品零售总额比重的 15%，[①] 数据表明电子商务作为第三产业为国家经济发展作出了重要贡献。随着电子商务行业不断发展成熟，第三方支付、移动支付等基础配套设施也不断完善，逐渐渗入社会生活的各个方面，以潜移默化的方式改变着人们的生活，最有影响力的移动支付公司蚂蚁金服将帮助地方政府建设"无现金城市"作为公司未来发展的重要战略方向[②]，比如越来越多的城市在公共交通上实现了支付宝二维码扫描支付，同时移动支付还助力实现政务服务的智能化发展，2018 年福州就首创了公共服务电子支付二维码，实现了缴费办事"一码通行"。[③]

　　无论是从电子商务行业的产出为国家经济总量作出的贡献还是对其他传统行业产生的变革性的影响，都可以得出电子商务便利度是评价城市营商环境的一个重要因素。因此，本报告从电子商务便利度的角度出发对中国 33 个主要城市营商环境进行了区域性比较，通过比较分析的方法对涉及电子商务行业发展的政策问题进行思考和讨论。

二、政策和法律回顾

　　在我国，电子商务立法首先出现在地方，2002 年，广东省人大常委会发布地方性法规《广东省电子交易条例》，该文件至 2010 年被废止，虽然存续时间不长，但是作为地方立法先行的代表，其中对电子签名、电子合同、认证机构、电子交易服务商备案等事项的规定都对后来的立法产生了积极的影响。2004 年 8 月，全国人大正式通过了《中华人民共和国电子签名法》，其第十四条写道："可靠的电子签名与手写签名或者盖章具有同等的法律效力。"该法确认了电子签名和现实签名具有同等的效力，《中华人民共和国电子签名法》的出台可以说是我国电子商务立法上的一个里程碑，对促进电子商务发展具有深远的意义。2005 年 1 月 8 日发布的《国务院办公厅关于加快电子商务发展的若干意见》是我国第一个关于鼓励电子商务发展的国家层面政策性文件，该文件的内容包括八个部分，共二十五条。这一政策的发布表明当时国家肯定了发展电子商务对我国国民经济和社会发展的重要作用，全文不仅阐明了电子商务的基本原则，还在第三部分提出了加快完善电子商务政策法规环境的具体措施，提出要认真贯彻实施《中华人民共和国电子签名法》，同时研究鼓励电子商务发展的财税政策、完善电子商务投融机制。2008 年以后，电子商务进入高速发展的阶段，电子商务相关规范性文件相继出台，比如 2009 年商务部发布的《电子商务模式规范》，对中国境内从事电子商务交易的企业和电子商务交易活动，主要是 B2C、B2B、C2C 等模式作出了详细规定。2011 年，商务部又发布了《"十二五"电子商务发展指导意见》。2012 年，商务部提出《关于利用电子商务平台开展对外贸易的若干意见》，

---

　　① 国家统计局数据，http：//www.stats.gov.cn。

　　② 《我市与蚂蚁金服集团签署"无现金城市"建设战略合作协议》，《长江日报》，http：//www.wuhan.gov.cn/whszfwz/xwxx/whyw/201706/t20170616_128984.html。

　　③ 《福州在全国首创公共支付二维码"福码"》，《福建日报》，http：//www.fj.xinhuanet.com/shidian/2018-03/29/c_1122606786.htm。

这也是国家发展跨境电子商务的最初蓝图。2013年，国务院发文表示同意商务部等部门关于实施跨境电子商务零售出口有关政策意见的通知，同一年国家外汇管理局发布《支付机构跨境电子商务外汇支付业务试点指导意见》，逐渐开始试水电子商务跨境贸易。物流发展作为电子商务重要的基础设施之一，同样受到关注。2015年国务院发文，在《国务院关于推进国内贸易流通现代化建设法治化营商环境》文件中提出，到2020年，我国要基本形成规则健全、统一开放、竞争有序、监管有力、畅通高效的内贸流通体系和比较完善的法治化营商环境。之后，电子商务发展模式日渐成熟，杭州作为电子商务示范城市。2015年，国务院对在杭州设立跨境电子商务综合试验区作出同意批复，2016年，跨境电子商务综合试验区辐射至天津等12个城市。

　　直至发文前，全国性的关于电子商务发展的政策性文件还涵盖了促进农村电子商务发展、推进电子商务与快递物流协同发展等主题。回顾电子商务立法的发展进程，可以看出我国电子商务立法有着起步晚但发展速度迅猛、涉及面广泛、国际化等特点。

　　法律监管环境对于任何一个产业而言都是重要的外部影响因素，也是判断营商环境的重要指标，良好的监管环境能够为经营者提供一个稳定的交易平台，就电子商务交易的特殊性而言，保障电子支付、电子签名的法律效果的本质在于使《合同法》等相关法律更好地延伸至电子商务领域中来。另外由于电子商务网络交易的性质，无论是电子商务平台本身的技术还是交易商品都比较容易涉及知识产权侵害问题，所以如何加强知识产权保护也是创造营商环境的一个重要方面，知识产权的保护应当设立事前、事中、事后的全方位的机制体制，比如有学者提出的知识产权监督机制和维权机制，监督机制需要行政机关来执行和规范，维权机制则需要相关法律法规的保障。[①]

三、主要城市比较

　　本报告以电子商务便利度考察角度出发对中国主要城市营商环境进行比较分析。到目前为止，中国尚不存在电子商务发展评价的官方标准，仅有一些零散的非官方研究数据，比如阿里研究院和京东研究院等企业内部战略机构会不定期发布自身平台的部分调查统计数据，这些数据对电子商务行业研究具有重要意义，但是也存在一些弊端，比如数据更新不及时、数据不全面、可选择范围小、未作地理性划分等。能够反映电子商务便利度的指标有许多，考虑到本报告的目的是比较不同城市的电子商务便利度状况，在指标选择上不可避免地带有地域色彩，因此本报告在借鉴已有文献资料的基础上，依靠官方权威数据，选取三个比较指标，分别是各城市电子商务交易额/GDP指标、移动支付使用率、各地跨境电子商务政策性文件出台情况，使用对比分析的方法，对北京、上海、广州、深圳等33个主要城市的公平竞争环境进行考察。

　　1. 网零交易额占GDP比重
　　网上零售交易额占年度GDP总量的比重可以在某种程度上反映出该城市电子商务发

---

　　① 朱凯歌：《营商环境对电子商务发展的影响研究》，浙江工商大学硕士学位论文，2011年。

展的活跃程度。笔者计算出了 33 个城市网上零售交易额占年度 GDP 总量的比重，杭州第一、广州第二、北京与深圳并列第三，分别为 1.81%、1.39%、1.11%，可以看出杭州在这一指标上非常突出，不仅排在第一位而且高出第二位 0.42 百分点。洛阳在所有城市中占比最低，为 0.03%。选杭州指标为最佳数据，洛阳为最差数据，相关城市具体信息和分值如下：

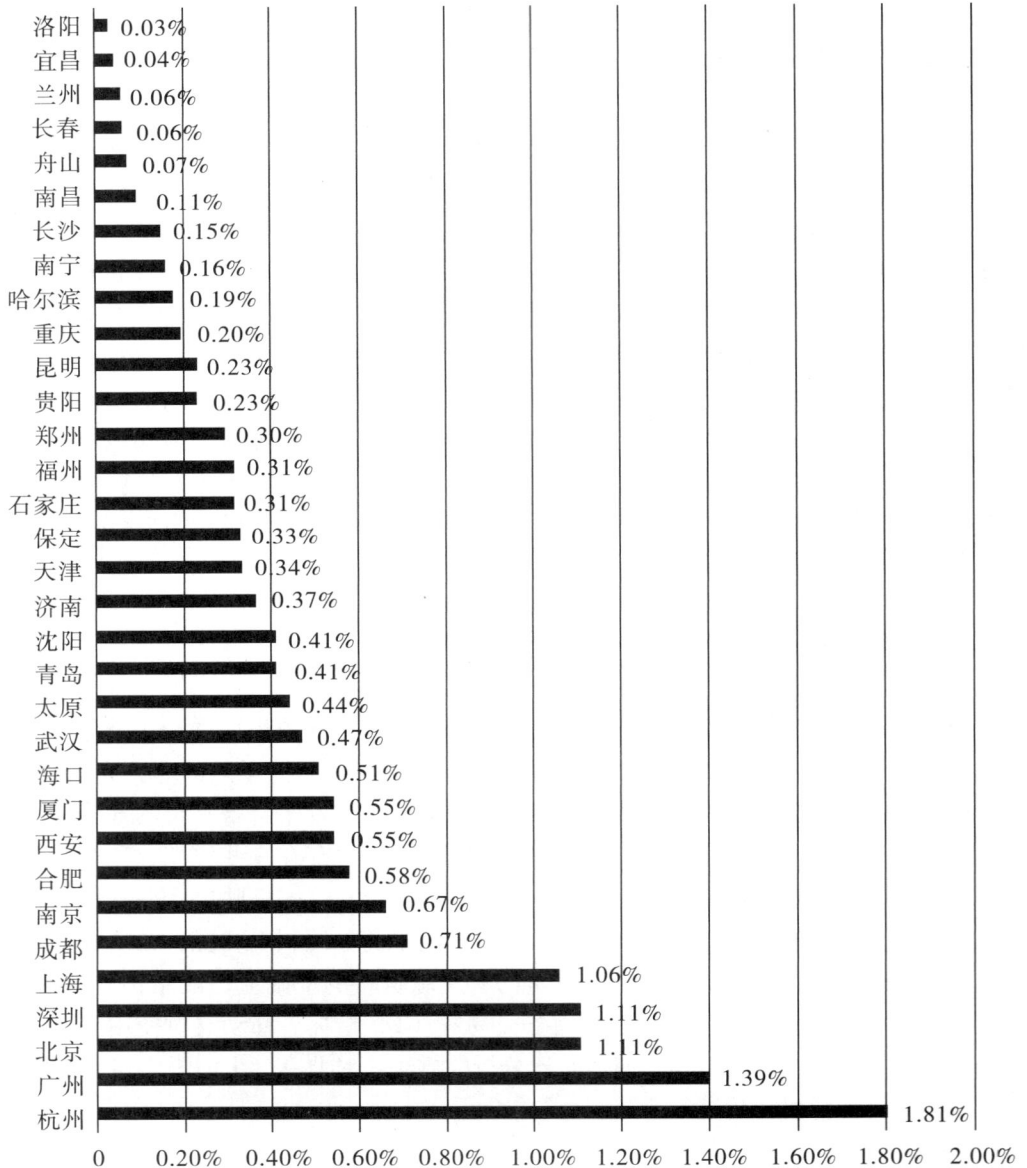

图 7-5   交易额/GDP 条形图

通过图 7-5 数据分析，可以看到整个电子商务便利度和宏观经济发展密不可分，但是微观上各个城市也有自己的发展特点，通过上述两个角度的分析可以初步得出以下结论：

第一，区域发展不平衡，东部沿海地区优势明显。在该指标的排名下，前 10 名当中，东部地区城市有 5 个，而且 4 个都跻身了前 5 名，可以看出东部沿海地区电子商务发展活跃度高于中西部地区。

第二，电子商务发展活跃度和 GDP 存在密切关系，但并非绝对正比例关系。比如在图 7-5 中杭州的 GDP 总量在 33 个城市中排名第 9 位，低于天津和武汉，但是电子商务发展程度远高于后两者，因此城市经济发展水平高并不意味着电子商务便利度得到了充分发展。

第三，中西部地区城市电子商务发展落后但潜力巨大。在该指标下，排名倒数的 10 个城市除了舟山之外大部分属于中西部城市，另外全年 GDP 总量排在前十的城市当中，武汉、重庆的电子商务发展程度较低，尤其是位于西部地区的重庆。作为直辖市，重庆宏观经济发展速度快、总量大，其 2017 年 GDP 总量在 33 个城市中位列第五，但是其网上零售额占 GDP 比重却排在第 24 位，城市电子商务发展经济贡献量小，这也从另一个角度说明其电子商务发展拥有巨大潜力，重庆在未来应当重视电子商务发展，采取相应措施，提高其在经济总量中的比重。

2. 移动支付普及度

移动支付是数字化经济发展的一个缩影，其和电子商务共同发展，是推进电子商务渗入居民日常生活中的一个重要工具。央行发布的最新数据显示，2017 年银行金融机构共处理移动支付业务 375.52 亿笔，金额 202.93 万亿元，同比增长了 46.06% 和 28.8%。[①]

2017 年发布的《2017 金融科技中心指数》报告的数据显示，以政务、医疗、交通、教育、旅游等领域中移动支付的普及率为指标，排名前十位的城市分别是：深圳、武汉、广州、青岛、上海、宁波、杭州、北京、成都、西安。很明显，和网上零售额分布类似，东部沿海地区的移动支付普及度高于中部和西部地区，城市移动支付普及度高于农村地区，这是地区经济发展不平衡、科技水平不均所导致的。其中深圳得益于互联网公司高度集中，可以先于其他城市享受到科技便利，2018 年，深圳已经开通了微信医保支付，只要通过微信小程序绑定社保卡，就可以轻松扫码缴费[②]，这也是移动支付发展到今天的必然结果。未来其他城市也会像深圳一样，移动支付会走进生活的方方面面。由于缺乏其他更为详尽的信息，我们将排名前十位的城市设定为 2 分，其余城市则取平均分 1 分。

3. 跨境电子商务政策安排

跨境电子商务是指以互联网为基础，不同环境的交易主体进行交易、支付结算的一种新型的贸易模式。与传统的线下对外贸易相比，其具有效率优势、电子化以及精细化优势。中国跨境电子商务发展迅速，《跨境电商产业园发展模式与产业整体规划研究报告》数据显示，2017 年中国跨境电子商务交易规模达到 7.6 万亿元，同比增长 20.6%，占货

---

① 中国人民银行：《2017 年支付体系运行总体情况》，http://www.pbc.gov.cn/goutongjiaoliu/113456/113469/3492272/index.html。

② 《深圳多家医院昨日开通微信绑定医保支付》，搜狐网，http://www.sohu.com/a/235414293_255153。

物进出口总值的 27.3%。

2015 年 3 月，国务院同意设立杭州跨境电子商务综合试验区，杭州成为我国第一个设立跨境电商特别区域的城市，其成立以来，交易规模快速增长，2017 年，杭州跨境电子商务交易规模达到 99.36 亿美元。继杭州之后，2016 年 1 月国务院又同意在天津等 12 个城市设立跨境电子商务综合试验区，主要借鉴杭州市跨境电子商务综合试验区的经验。

笔者以"跨境电子商务"为关键词进行法规检索，汇总了 33 个城市的政策安排情况，海口、武汉等 15 个城市目前还不存在跨境电子商务的政策安排，跨境电子商务在东部沿海地区发展迅速，但内陆城市由于缺少对外贸易的条件，对跨境电子商务的重视程度远远低于沿海地区。

表 7 - 6　跨境电子商务政策安排

城市	地方法规规章	发布日期	评分
杭州（综合试验区）	《杭州市跨境电子商务促进条例》	2017 - 01 - 13	1
	《杭州检验检疫局关于做好跨境电子商务企业备案工作的通知》	2014 - 12 - 18	
	《杭州市人民政府关于加快跨境电子商务发展的实施意见》	2016 - 12 - 19	
广州（综合试验区）	《广州市人民政府办公厅关于修订加快广州跨境电子商务发展若干措施（试行）的通知》	2018 - 03 - 30	1
北京	《北京市进一步推进跨境电子商务发展的实施意见》	2017 - 05 - 05	1
	《市商务委关于推进本市跨境电子商务发展的实施方案》	2014 - 03 - 13	
	《北京市商务委员会、北京市财政局关于支持北京地区跨境电子商务发展的通知》	2015 - 07 - 29	
	《北京市商务委员会、北京市财政局关于 2016 年度支持北京地区跨境电子商务发展的通知》	2016 - 07 - 29	
深圳（综合试验区）	《中央外经贸发展专项资金跨境电子商务综合试验区服务体系建设扶持计划实施细则》	2016 - 11 - 15	1
上海（综合试验区）	《中国（上海）跨境电子商务综合试验区实施方案》	2016 - 06 - 01	1
	《上海出入境检验检疫局跨境电子商务检验检疫管理办法》	2015 - 06 - 11	
	《上海市跨境电子商务示范园区认定办法》	2016 - 05 - 08	
	《关于促进本市跨境电子商务发展的若干意见》	2015 - 07 - 20	
成都（综合试验区）	《成都市人民政府办公厅关于促进跨境电子商务发展的若干意见》	2015 - 11 - 04	1
	《成都市加快推进跨境电子商务发展的实施方案》	2015 - 11 - 09	
南京	《南京市政府关于促进跨境电子商务快速健康发展的实施意见》	2016 - 05 - 08	1

（续上表）

城市	地方法规规章	发布日期	评分
合肥（综合试验区）	《合肥市人民政府关于促进跨境电子商务发展若干政策意见》	2016 - 10 - 17	1
西安	《西安市人民政府办公厅关于印发促进中国（西安）跨境电子商务综合试验区发展若干政策的通知》	2018 - 12 - 21	1
厦门	《厦门市人民政府办公厅关于印发促进跨境电子商务发展若干措施的通知》	2015 - 09 - 23	1
海口	无		0
武汉	无		0
太原	无		0
青岛（综合试验区）	《青岛市人民政府办公厅关于成立青岛市中国（青岛）跨境电子商务综合试验区建设工作领导小组的通知》	2016 - 06 - 14	1
沈阳	无		0
济南（综合试验区）	《山东省（济南）跨境电子商务综合试验区实施方案》	2017 - 01 - 25	1
天津（综合试验区）	《天津市人民政府办公厅关于转发市商务委拟定的中国（天津）跨境电子商务综合试验区实施方案的通知》	2016 - 06 - 03	1
	《国家外汇管理局天津市分局关于印发支持中国（天津）跨境电子商务综合试验区建设外汇管理措施的通知》	2016 - 11 - 03	
保定	无		0
石家庄	《石家庄市人民政府办公厅关于促进跨境电子商务健康快速发展的实施意见》	2016 - 02 - 03	1
福州	《福州市人民政府关于进一步推进跨境电子商务发展暨海峡两岸电子商务经济合作实验区建设的通知》	2016 - 04 - 29	1
郑州（综合试验区）	《郑州市跨境电子商务综合试验区发展实施方案》	2018 - 03 - 14	1
	《中国（郑州）跨境电子商务综合试验区建设工作行动计划（2016—2018 年)》	2016 - 06 - 16	
贵阳	《关于实施支持跨境电子商务零售出口有关政策的意见》	2015 - 02 - 09	1
昆明	无		0
重庆（综合试验区）	《中国（重庆）跨境电子商务综合试验区实施方案》	2016 - 07 - 29	1
	《重庆市创新跨境电子商务监管服务工作方案》	2017 - 08 - 17	
哈尔滨	无		0
南宁	无		0

（续上表）

城市	地方法规规章	发布日期	评分
长沙	无		0
南昌	无		0
舟山	无		0
长春	无		0
兰州	无		0
宜昌	无		0
洛阳	无		0

四、讨论和评价

通过上述比较，可以看出东部城市的电子商务营商环境更具优势，其中杭州、广州、深圳、上海在多个指标上位居前列，但也应当注意到，重庆作为经济水平较高的直辖市，其电子商务发展却滞后。2017 年，杭州市政府发布《关于进一步加强消费维权工作促进国际消费中心城市建设的实施意见》，提出通过"五项放心"工程让市民放心消费。[①] 其中有一项就是网络领域放心消费，主要手段就是利用大数据对网络商品的质量进行监控，包括建设国家工商总局电子商务 12315 投诉维权（杭州）中心和网络商品质量监测（杭州）中心，不断提高电子商务规范化法制化的程度，为网络消费者提供一个良好的消费环境。广州作为一座商业发展成熟的城市，政府也通过保护知识产权提高电子商务营商环境，2017 年广州知识产权局与中国电子商务领域专利执法维权协作调度（浙江）中心建立多方面的合作共享关系，加强对电子商务领域知识产权案件的执法力度，同时还创新推出了"企业自律、协会协助、政府监管"三位一体的电商领域知识产权保护体系。[②] 同时，上海也积极优化电子商务营商环境，建立起浦东电商园区，坚持以"政府推动、市场运作、企业管理"为原则，在电子商务示范园区内，搭建起电子商务集中监管及配套监管仓库，为海关检查、检疫建设配套平台，提高整个园区的工作效率。[③] 以上三座城市在完善电子商务营商环境过程中，都开创出一系列富有成效的措施，可以为其他城市提供良好的借鉴。

从全球范围来看，中国已经成为电子商务发展速度最快的国家，中国和其他发达国家相比较，比如美国，中国有较廉价的劳动力，但是地价贵、房租贵，导致线下经营成本非

---

① 《坚持在发展中提升百姓消费质量　为全市创造良好营商环境》，《杭州日报》，http：//www.hzscjg.gov.cn/gzxx/mtjj/150330095520043985.htm。

② 《广州：多措并举净化电子商务领域营商环境》，《广东科技报》，http：//epaper.gdkjb.com/html/2018 - 06/08/content_14_1.htm。

③ 《新区大力优化电子商务营商环境》，http：//pdxq.sh.gov.cn/shpd/news/20180614/006001_87d33499 - ab82 - 40d4 - be1d - bcc2cb06d37e.htm？from = groupmessage&isappinstalled = 0。

常高，廉价的劳动力带来了高效的物流支持，相反美国是"地贱人贵"，这就导致了其线上和线下差别并不大，其高昂的物流成本给电子商务带来了沉重负担。因此从城市电子商务便利度来看，无论是电子支付率还是物流质量等，中国目前都处于领先地位。

但是中国农村基础设施落后，导致农业电商发展滞后，在这方面美国农业电子商务发展较早，成熟的体系对我国农业电商有一定的借鉴意义。美国农业电子商务起步于20世纪70年代，当时互联网尚未普及，农业经营者们主要是通过电话进行联系，通过早期的电子计算机进行数据处理和汇总。90年代互联网开始普及，信息采集技术提升之后，农业电子商务也得到了很大发展。到21世纪初期，美国农业电子商务进入成熟阶段，应用范围不断扩大，有效提升了农产品的交易范围和数量。美国农业电子商务的发展离不开信息技术在农村地区的普及，美国政府一直主导该地区的基础建设工作，包括信息高速公路建设、网络搭建等，这些都为农业电子商务的发展提供了良好的基础。相比较中国，虽然目前互联网普及度也在不断提高，但在我国大部分农村地区，信息基础设施依然不够全面，这方面并没有受到太多的关注，我国借鉴美国在建设农村电子商务过程中积累的合理经验，以政府为主导，在基础设施上加大投入，鼓励农民学习电脑知识，积极组织开展培训活动等。另外，物流成本是我国发展电子商务的一个优势因素，而物流是电子商务长远发展的命脉所在，只有拥有相配套的物流设施，农业的线上交易才能够顺利实现，我国一批优秀的物流企业在近几年发展迅速，但是其并没有全面辐射到一些内陆偏远地区，各级政府应当高度关注农村物流建设，给予一定的政策倾斜、财政补贴等，鼓励乡镇企业发展物流或者引导大型企业与当地组织进行合作，推动农村物流建设工作，随着交易量的提升，固定成本降低，使该领域有利可图，吸引更多的物流企业在农村地区设立站点，最终推动农业电子商务的发展，为偏远地方的农业产品寻找更多的销售渠道，不断挖掘我国农业的巨大发展潜力。

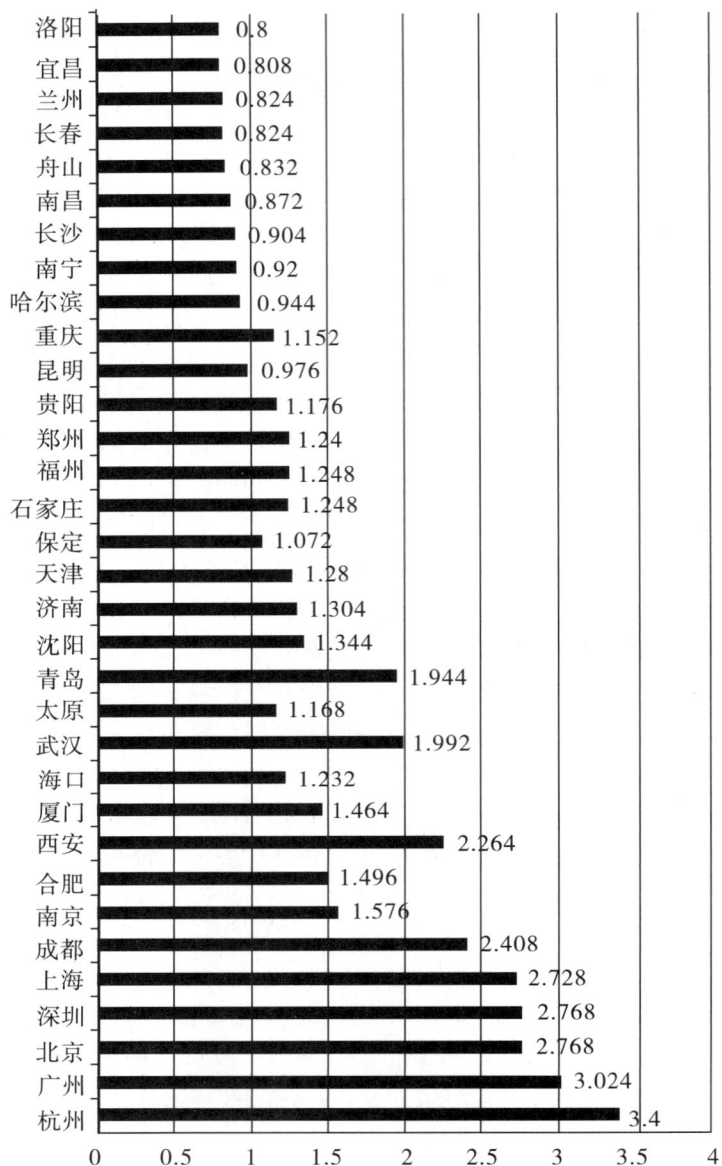

图 7 - 6　电子商务便利度指标汇总评分

第三节　中国主要城市信用体系

一、引言

随着我国社会主义市场经济体制的建立、健全与完善，我国经济也一直保持持续增长的态势。根据 20 世纪 80 年代的信用经济理论以及发达国家的经验，凡人均 GDP 超过 2 000 美元的市场型国家，其市场的主交易形态都会转变成以信用交易为主导的形态，从而进入所谓的"信用经济时代"。观察我国的社会经济发展状况，市场上的种种迹象表明，我国已跨入"信用经济时代"。[①]

但同时我们也应注意到，在当前的背景下，失信现象在我国仍然是普遍存在的，并且信用状况差已成为困扰、影响和制约我国社会主义市场经济健康、持续和稳定发展的一个主要因素。由于缺乏足够的信用，不少企业陷入财务危机，进而深层次影响整体的国民经济的发展。还需要指出的一点就是，我国失信现象不仅存在于经济领域，在其他领域也非常严重，失信已经成为各行各业、各种规模企业和各个社会阶层深恶痛绝的共同问题。失信降低了市场的效率，加大了交易成本。[②] 由此也就使得建立和健全国民经济的信用体系越来越被全社会关注和重视，如何建设符合我国特色的社会信用体系也成为新时代社会主义市场经济体制建设和社会治理体制建设的重要任务之一。

社会信用体系是一种新的社会机制，作用于一个国家的市场规范，旨在建立一个适应信用交易发展的市场环境，保证该国的市场交易形式向信用方向转变，即实现从以现金支付手段为主导的市场交易方式向以信用交易为主导的市场交易方式的健康转变。[③] 健全完善的社会信用体系对于营造良好的营商环境具有重要意义，是信用发挥作用的前提。它对于信用交易主体的行为具有一定的规范作用，能够维护交易主体的权益；同时完善的信用体系必然离不开失信惩戒机制的保障，因此社会信用体系还能够对失信行为进行威慑，维护交易安全，保证经济运行的公平和效率，减少交易成本，降低交易风险。

我国社会信用体系建设试点工作于 2003 年 10 月底启动，相比于美国等成熟的市场经济国家，我国信用体系建设的起步较晚，而且还具有显著地区差异性。信用体系建设的这种地区差异可能成为中国经济发展地区差异的重要根源，因此深入分析中国的信用体系及其地区差异，对于我国优化营商环境以及完善市场经济体制和社会治理体制，进而缩小各地区经济增长差异具有非常重要的现实意义。

[①]　林钧跃：《中国城市商业信用环境指数研制与分析》，《财贸经济》2012 年第 2 期，第 89 页。

[②]　林钧跃、方向军：《城市信用体系完善程度和运行效果的指数评测方法——中国城市商业信用环境指数（CEI）及其应用》，《征信》2013 年第 4 期，第 5 页。

[③]　李晓安：《我国社会信用法律体系结构缺陷及演进路径》，《法学》2012 年第 3 期，第 145 页。

二、政策和法律回顾

社会信用体系是指由一系列法律、规则、方法、机构所组成的支持、辅助和保护信用交易得以顺利完成的社会系统。简言之，社会信用体系是信用交易的辅助性社会系统。① 社会信用体系的构成是以完善的法律法规为前提，以信用信息开放为基础，以独立、公正且市场化运作的信息服务企业为主体，以健全的国家对信用市场的监管和有效的惩罚机制为保障，形成市场经济条件下对失信者的约束机制和社会环境。②

为了适应信用经济建设，党中央、国务院非常重视社会信用体系建设工作。在政策方面，在 2003 年 10 月底正式启动了社会信用体系建设试点工作。2007 年 3 月，国务院发布了《关于社会信用体系建设的若干意见》，指出："市场经济是信用经济，社会信用体系是市场经济体制中的重要制度安排。建设社会信用体系，是完善我国社会主义市场经济体制的客观要求，是整顿和规范市场经济秩序的治本之策。"2011 年 10 月 20 日，国务院召开了常务会议，部署制定了社会信用体系建设规划；同时指出良好的社会信用体系是经济社会健康发展的必要条件，是每个企业、事业单位和社会成员立足于社会的必要条件。2011 年 10 月 18 日，中共十七届六中全会指出"把诚信建设摆在突出位置，大力推进政务诚信、商务诚信、社会诚信和司法公信建设，抓紧建立健全覆盖全社会的征信系统，加大对失信行为惩戒力度，在全社会广泛形成守信光荣、失信可耻的氛围"。2014 年 1 月 15 日，国务院通过《社会信用体系建设规划纲要（2014—2020 年）》，纲要强调："社会信用体系是社会主义市场经济体制和社会治理体制的重要组成部分。加快社会信用体系建设对增强社会成员诚信意识，营造优良信用环境，提升国家整体竞争力，促进社会发展与文明进步具有重要意义。"2015 年，针对简政放权、放宽市场准入的新形势，围绕如何加强事中事后监管，国务院明确提出要建立以信用为核心的新型市场监管机制。2016 年 5 月，国务院又印发了《关于建立完善守信联合激励和失信联合惩戒制度加快推进社会诚信建设的指导意见》，指出"健全社会信用体系，加快构建以信用为核心的新型市场监管体制，有利于进一步推动简政放权和政府职能转变，营造公平诚信的市场环境"。

在法律层面，为了规范征信活动，保护当事人合法权益，引导、促进征信业健康发展，推进社会信用体系建设制定，2013 年国务院颁布《征信业管理条例》。除此之外，我国有关社会信用体系建设的立法主要是分散型的，有关社会诚信建设、诚信法律责任等内容散见于我国现行的《民法通则》《合同法》《商业银行法》《企业破产法》《担保法》等法律条文中。

综上可知，党中央和国务院为了建立健全我国社会信用体系，在理论与实践上都非常注重信用体系建设的顶层设计，出台了各种政策，并且在立法层面上也不断加强有关社会信用制度的法律体系建设。

---

① 刘建洲：《社会信用体系建设：内涵、模式与路径选择》，《中共中央党校学报》2011 年第 3 期。
② 参见国务院研究室"建立社会信用体系基本框架研究"课题组课题。

三、主要城市比较

为了积极响应党中央和国务院关于建立健全社会信用体系的政策，各主要城市也纷纷结合本地区的实际情况积极探索，并公布了一系列的数据指标和评价指标作为衡量本地区社会信用体系建设发展程度的评价依据。限于本报告的篇幅以及笔者搜集数据的能力，本报告在进行阐述时只选取了以下几个指标来比较各主要城市信用体系的差距，所选取的指标包括黑名单市场主体公开相对数量指标、信用事件信息公开相对数量指标、是否有征信机构指标以及是否有政府信用监管体制评价指标，所选取的数据是 2017 年的相关数据。

1. 黑名单市场主体公开相对数量指标

黑名单市场主体公开相对数量指标是指黑名单市场主体公开数量与该城市的 GDP 之比。之所以选取的是相对数量主要是由于各个城市的经济总量不一，如果单纯从绝对数量来看某个城市可能更多，但是综合考虑该城市的经济体量就会发现，可能不是这样的，因此选取相对数量这样的指标更能够反映一个城市的信用体系建设情况。同时，由于不能简单地认为黑名单市场主体公开相对数量指标是正向指标还是反向指标，黑名单市场主体公开相对数量较多有可能说明该城市信用体系建设存在较大问题，也有可能说明该城市的信息公开工作做得更好。为更好衡量信息机制的建设效果，我们将本指标设定为反向指标，将下一个信息事件公开数量作为正向指标。从黑名单市场主体公开数量/GDP 来看，最差数据为海口，占比 40.53%；最佳为宜昌，占比 5.18%。

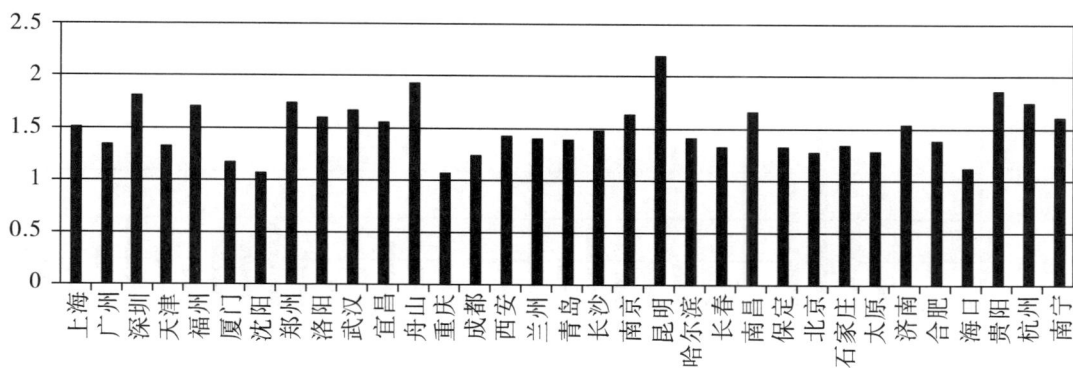

图 7-7　主要城市黑名单市场主体公开相对数量指标①

---

① 数据来源：全国城市信用状况检测平台，https：//creditcity. creditchina. gov. cn/indexNew. aspx。

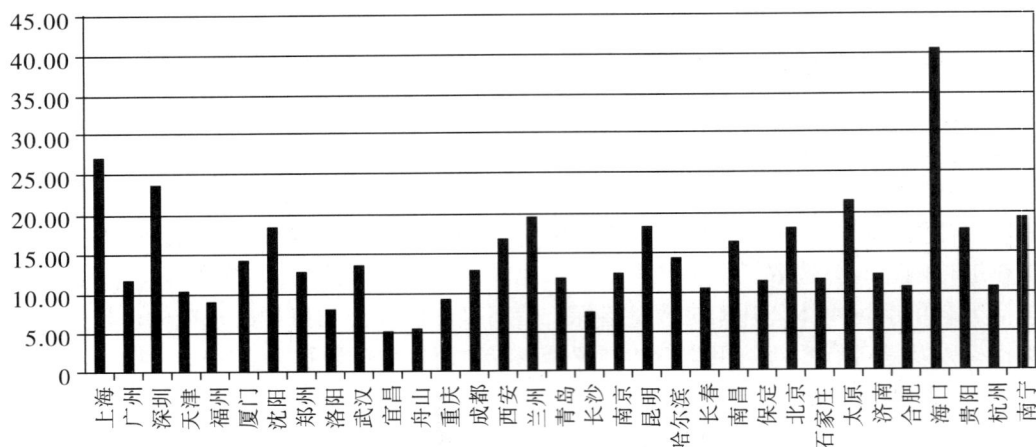

图 7 - 8   黑名单数量/GDP

2. 信用事件信息公开相对数量指标

信用事件信息公开相对数量指标是指信用事件信息公开相对数量与该城市的 GDP 之比，表示该城市对涉及政务诚信、商务诚信、社会诚信和司法公信等领域信用事件的信息公示的透明度。信用事件信息公开相对数量越高，则表明该城市的信用环境越差。下图是 2017 年各主要城市信用事件信息公开相对数量。从图中数据可以看出：在信用事件方面，最佳数据为广州的 0.010；最差为厦门，数据为 0.491。

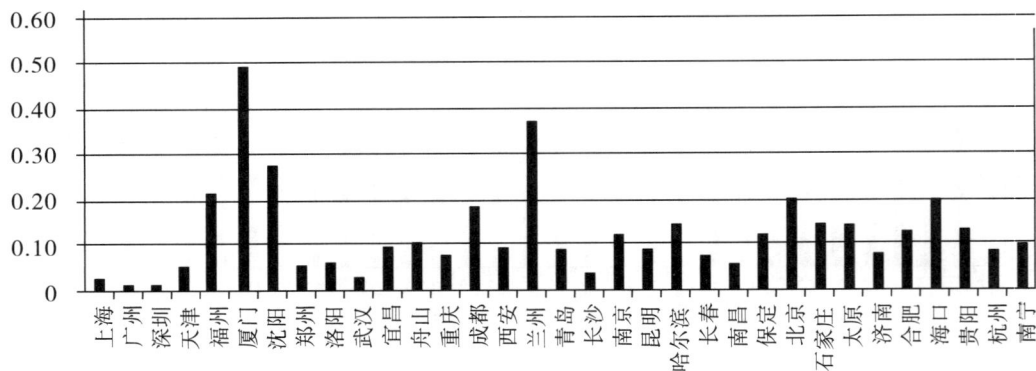

图 7 - 9   信用事件数量/GDP

3. 是否有征信机构指标

由于征信机构并不限于各个城市，且限于我国征信行业发展的水平，本报告在选取征信机构数量这个指标时，是以省为单位的。从搜集到的数据来看，整体上我国的征信服务行业的发展还有很大的提升空间。根据信用中国网列出现有的备案企业征信机构，北京最多，有 38 家，其次是上海 35 家，广东 9 家，山东 7 家，辽宁、陕西以及浙江各 6 家，四川、内蒙古各 5 家，江苏、天津各 3 家，河北、河南、贵州、重庆以及湖南各 2 家，福建、江西、吉林以及湖北各 1 家。① 从以上数据可知我国有的省份迄今为止还没有企业征信机构，比如甘肃、新疆、黑龙江、西藏、云南以及广西。根据以上数据我们也可以发现各省、直辖市征信机构的数量与该地区的经济发展水平是大致相关的。除北京外，东部沿海的各省份以及自贸区所在地的各省份征信机构数量稍微多一些，说明这些省份的征信服务行业更发达一些，而西南、西北以及东北各省的征信机构明显更少。由于缺乏具体城市信息，我们将城市数据参照省内信用机构数据处理，省内有机构的统一认为该城市有征信机构赋分 1 分，没有则赋分 0 分。在政府信用管制方面，正如前述所提及的党中央和国务院出台了一系列的政策推进我国社会信用体系，为了响应国家政策，各大主要城市都相应地出台了一系列措施来规范促进本地区的信用体系建设。

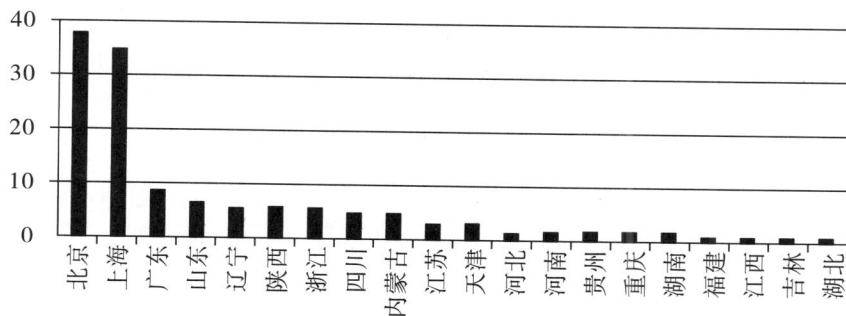

图 7 - 10 2017 年各省、直辖市征信机构数量

四、讨论和评价

通过前面对社会信用体系建设的政策和法律回顾以及相关的数据分析可以发现，我国的信用体系建设进程起步较晚，且各大城市的信用体系建设之间还存在着明显的差异。具体来说，在各主要城市黑名单市场主体公开数量和黑名单及重点关注名单企业治理方面，根据前述的相关指标以及结合图 7-7 及图 7-8 的"黑名单市场主体公开相对数量"指标和"单位黑名单记录数"指标可看出，在我国经济总量超过 2 万亿元的 4 个城市中，上海在"黑名单市场主体公开相对数量"指标中的绝对数量以及相对数量上数值都是最高的，反映出上海在这 4 个城市里面对于黑名单市场主体信息公开方面做得更好一些；而从单位黑名单记录数来看，北京的数值是最低的，说明北京在黑名单企业治理方面在这 4 个城市中做得最好。经济总量在 1 万亿元至 2 万亿元的区间内的 8 个城市中，其中杭州单位黑名单记录数最高，为 1.75，其次是武汉和南京分别为 1.68 和 1.65，均超过省会及副省级以上城市单位黑名单记录数平均水平 1.44，说明这 3 个城市比本区间内其他城市的黑名单企

---

① 数据来源：信用中国网，https：//www.creditchina.gov.cn/home/xinyonggongshizhuanqu/201710/t20171021_74626.html。

业治理情况较差。经济总量低于 1 万亿元的城市中，其中海口的黑名单市场主体信息公开相对数量是所有城市中最高的，说明其在黑名单市场主体公开方面做得比较好；而昆明的单位黑名单记录数最高有 2.2，也是所选取的所有城市中最高的，说明昆明的黑名单企业治理情况最差；沈阳的单位黑名单记录数是最低的，同时也是所选取的城市中最低的，只有 1.07，且沈阳的黑名单市场主体公开相对数量也排在前列，说明沈阳在黑名单企业治理以及黑名单市场主体公开方面与其他许多城市相比都做得更好一些。整体而言，在经济比较发达的城市中，上海和北京在黑名单市场主体信息公开方面以及治理情况比较好；在经济比较欠发达的地区中，沈阳在黑名单市场主体信息公开方面以及治理情况比较好。

在信用事件信息公开方面，与经济总量相匹配，北京无论从绝对数量还是相对数量来看都是经济最发达的四个城市中做得最好的。而上海、广州以及深圳的信用事件信息公开绝对数量与其经济总量是不相匹配的，这三个城市的信用事件信息公开相对数量都排在后面，并且低于省会及副省级以上城市平均水平。在信用事件信息公开相对数量方面，排在前三的城市分别是厦门、兰州和沈阳。

在备案企业征信机构数量方面，根据图表以及前文所述可知，迄今为止仍然有 6 个省份没有设立相关企业征信机构，包括甘肃、新疆、黑龙江、西藏、云南以及广西，前述省份分别位于我国的西北、东北、西南地区。总体上来说，征信机构的数量多少与该地区的经济发展水平是成正相关的，北京最多有 38 家，其次是上海 35 家，再次是广东 9 家，与西南、西北以及东北地区相比，也进一步显示出某个省份的征信机构数量在一定程度上与当地经济发展水平有关。经济越发达的地区，其征信服务市场往往也越发达，所开设的企业征信机构也就越多。

由此可知，我国的信用体系还是存在着明显的地区差异性，笔者认为经济发展水平的差异是导致信用体系差异的最主要因素之一。经济的持续稳定发展离不开良好的营商环境，良好的营商环境离不开良好的信用体系。虽然通过前文的数据，我们可以发现位于东北地区的沈阳在信用体系建设方面是做得比较好的，尤其是在黑名单企业治理方面，其他各城市可以借鉴其治理经验。比如沈阳市针对被列入排污单位"黑名单"的环保违法企业，依据《沈阳市排污单位黑名单管理办法（试行）》，一旦纳入沈阳市排污单位"黑名单"，企业将在贷款、保险费率、上市审查、政府采购、各种政策性奖励、税收等方面受到惩戒，惩戒期限一般为一年。被纳入"黑名单"后拒不整改的，或者解除"黑名单"后再次被纳入"黑名单"的，由环境保护主管部门报经有批准权的人民政府责令其停业、关闭，这也就使得违法失信企业"一处失信、处处受限"。总体上说来，我国西北地区、西南地区以及东北地区囿于其经济发展水平，其信用体系建设与东部沿海城市的信用体系建设还是存在一定差距的。

同时，就我国整体的社会信用体系建设来说，虽然近几年相继出台了一系列的政策推进其建设，但由于起步较晚，我国社会信用体系的建设模式仍然处在探索阶段。基于社会信用体系的运作主体差异，当前国际上社会信用体系构建表现为三种模式，一是市场化的操作模式，又称民营模式，即按照市场规律推动社会信用体系建设；二是公共管理的操作模式，即政府与市场共同管理社会信用系统；三是会员制运作模式，即由第三部门来管理社会信用系统①。其中美国的社会信用体系模式是典型的"信用中介机构为主导"的模式，完全依靠市场经济的法则和信用管理行业的自我管理来运作。在这种市场化操作模式下，信用体系的建设必须依赖于健全的信用法律运行机制、政府的政策支持以及发达的信用中介服务市场。与美国"以市场为主，政府为辅"的信用体系模式不同，欧洲大陆的社会信用体系是以"政府和中央银行为主导"的，是政府以中央银行建立的借贷等级系统为依托搜集数据，以此构建公共的征信机构，强制企业和个人提供信用数据。在政府主导型信用体系模式下，短期内其建设效率是很显著的。

对于我国信用体系模式与路径的选择问题，笔者认为就目前而言，鉴于我国的信用服务市场还处于初步发展阶段，我国在近期仍然需要依赖于政府强有力的政策支持以稳步推进信用体系的建构。但是从长期来看，当我国的信用服务市场发展到一定程度，信用法律体系逐渐完备以及国民的诚信意识逐渐加强时，政府就应当适度放"手"，与市场、社会协同治理。根据上述数据，中国主要城市信用体系指标总分如下：

---

① 张卫、成婧：《协同治理：中国社会信用体系建设的模式选择》，《南京社会科学》2012 年第 11 期。

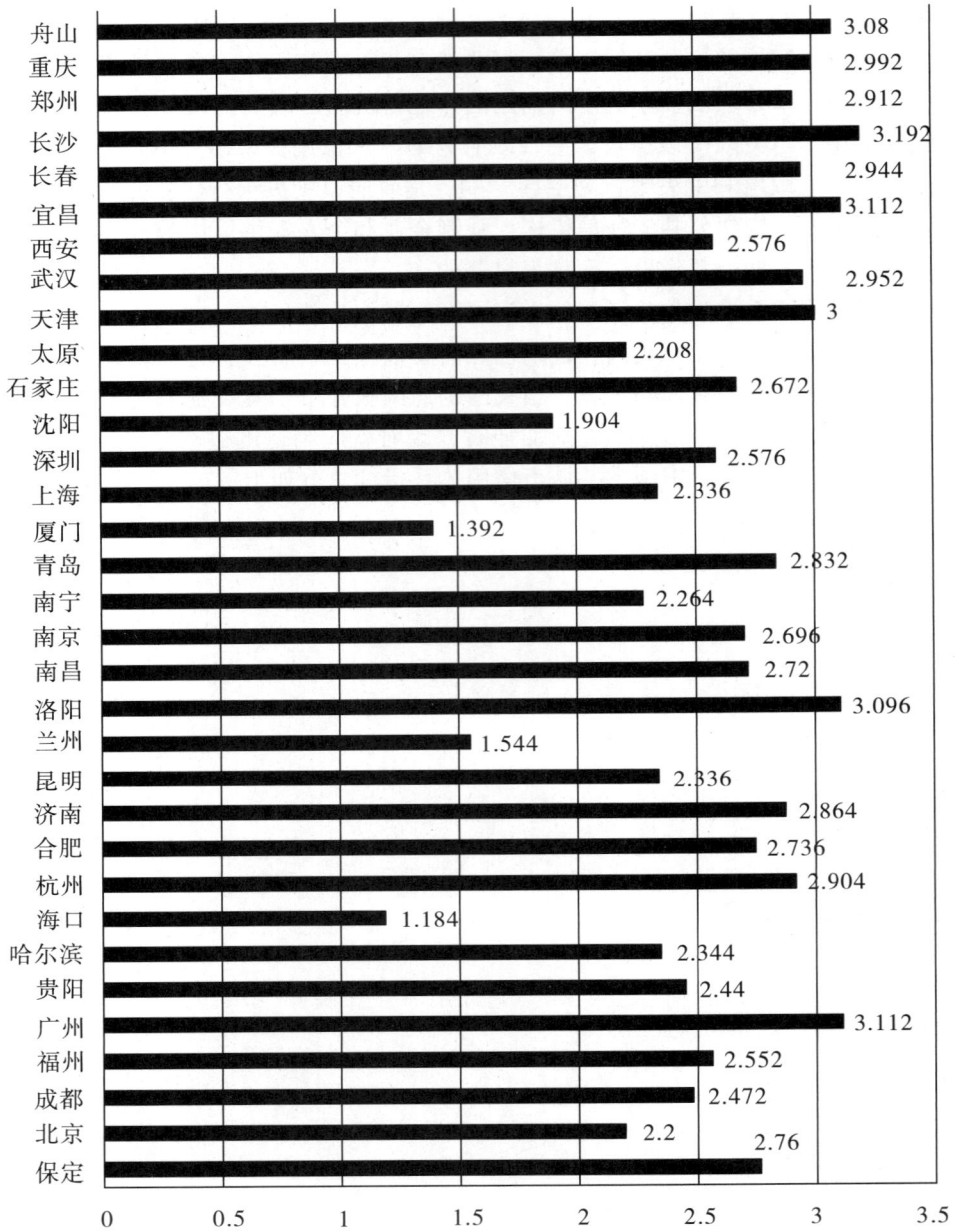

图 7－11　中国主要城市信用体系指标总分

第四节　中国主要城市运输便利度

一、引言

交通运输业作为国民经济的基础性、先导性、服务型产业，是维护经济运行与社会正常运转和协调发展的基本条件。公路运输是综合交通运输体系的重要组成部分，其发展水平的高低直接制约着整个交通运输产业的效率，并影响到经济与社会发展的速度和水平。在我国努力推动改善优化营商环境、促进我国经济高质量可持续健康发展的大背景下，交通运输部会同国家发展改革委等 14 个部门和单位共同召开促进道路货运行业健康稳定发展电视电话会议，安排部署《促进道路货运行业健康稳定发展行动计划（2017—2020年）》（简称《行动计划》）工作任务，优化交通运输环境成为目前我国各省市关注的重点。我国各个城市的交通运输便利度与国际一流城市尚有一段距离，存在着交通运输审批程序繁多、运输收费不合理、道路建设不完善等诸多问题。城市交通运输营商环境改善的紧迫性不言而喻。它不仅仅是国内企业减负和长期发展的呼声，更是日趋激烈的国际竞争的需要。运输营商环境足够好才能长久地吸引资本，为城市带来可持续的繁荣。城市与城市之间竞争，也在于谁能率先占领交通运输营商环境的"高地"。本报告对各个城市的交通便利度进行评估，为各城市创造更好的营商环境提供参考。

二、中央政策回顾

1978 年中共十一届三中全会召开，明确提出"把全党工作的重点转移到社会主义现代化建设上来"，此后我国开始步入经济快速发展、各项建设兴起繁荣的阶段。交通运输业是经济发展的重要基础。交通运输业的适度超前发展是国民经济保持快速和健康发展的先决条件，即所谓"经济发展，交通先行"。[①] 改革开放初期，我国对交通运输建设的重心放在了道路的建设上。1986 年，经全国人大六届四次会议审议批准的第七个五年计划明确规定把交通运输和通信的发展放到优先地位，并制定了"坚持国家、集体、个人一起上，多方筹资兴办交通和通信的政策和措施"。[②] "七五"末期，交通部制订了发展公路交通的长远规划，即从"八五"开始，用几个五年计划的时间，在发展以综合运输体系为主轴的交通业的总方针的指导下，统筹规划，条块结合，分层负责，建设公路主骨架、水运主通道、港站主枢纽及其相应的支持保障系统，以适应国民经济和社会发展的需要。这个规划简称"三主一支持"规划。在此规划指导下，中国公路建设速度明显加快。此时，我国的交

---

① 黄镇东主编：《领导干部交通知识读本》，人民交通出版社 2002 年版，第 4 页。
② 孙晓飞：《改革开放以来中国公路运输政策演变研究（1979）》，湖南师范大学博士学位论文，2011 年。

通运输建设主要是依靠国家相关的政策规划在引导，这一阶段我国的法制建设尚不完善。

随着改革开放的逐步推进，我国的法制建设也逐步深入。2004 年 4 月 30 日，国务院总理温家宝签署国务院第 406 号令，颁布《中华人民共和国道路运输条例》，自 7 月 1 日起施行。该法规的第二章第二节中系统规定了有关公路货运的具体细则。条例的颁布实施具有非常重要的意义，它是中国有关道路运输的第一部行政法规。此后各种配套规章也相继颁布，交通运输法规体系逐渐完善。2007 年交通部召开全国道路运输工作会议，针对近年来道路运输发展水平相对于公路建设滞后的现状，明确提出了坚持"路运并举、和谐发展"的工作方针。同年 11 月交通部下发了《关于促进道路运输业又快又好发展的若干意见》，以发展为主——以结构调整为主线，以满足需求为目的——道路运输业步入持续、快速、健康发展的轨道。以此为分水岭，国家对交通运输环境的重心已经从纯粹的公路建设上转移至促进道路货运健康发展上，此后交通部等部委出台的文件也多是关于进一步优化交通运输环境方面的法规政策。由于篇幅所限，本报告选取较为重要的政策文件进行说明。在规范交通运输管理方面，2014 年 12 月 12 日，国家发改委下发了《国家发展改革委关于印发〈促进物流业发展三年行动计划（2014—2016 年）〉的通知》（发改经贸〔2014〕2827），明确了 62 项主要工作和牵头单位，既对公路运输主管部门提出了规范行政、治理三乱的要求，也对公路货运企业提出了规范经营、不得超载超限的要求。在行政审批方面，国务院出台的最新一次《国务院关于取消和下放一批行政审批项目的决定》，取消和下放 64 项行政审批事项和 18 个子项，其中 12 项涉及交通运输行业。在收费政策方面，2016 年 8 月，交通运输部发布了《交通运输部关于推进供给侧结构性改革促进物流业"降本增效"的若干意见》，首次提出了探索高速公路分时段差异化收费政策。2017 年 9 月，交通运输部等十四个部门印发了《促进道路货运行业健康稳定发展行动计划（2017—2020 年）》，提出要减轻道路货运经营负担，优化收费公路通行费政策，在具备条件的省份和路段，组织开展高速公路分时段差异化收费试点。

梳理上述政策可以看出，我国关于交通运输行业的政策发展经历了一个前期重视道路建设、后期重视道路建设与促进道路货运健康稳定发展并举的过程，且当前有关道路货运的法规政策主要围绕以下三个方面：规范管理、减少审批、优化收费。

三、主要城市比较

正如前文所述，良好的交通运输环境能够为城市带来可持续的繁荣，城市与城市之间竞争，也在于谁能率先占领交通运输营商环境的"高地"。文章所讨论的中国主要城市的运输便利度的衡量，从多个维度对所要考察的中国主要城市进行选择。需要指出的是，企业贸易的主要运输方式是货运，因此本报告所探讨的运输便利是在公路运输的范围内讨论的。从各个城市关于便利交通运输的目标来看，可以大致概括为加快通道建设、落实利企降本措施、推进项目审批提速、规范道路运输管理、健全日常评价监督机制五类措施。[1]

---

[1] 《辽阳市交通局多措并举优化交通运输营商环境》，《辽阳日报》，http：//ly. nen. com. cn/system/2017/07/03/019948124. shtml。

因此，本报告城市交通运输便利度评价指标的构建主要结合我国对交通运输政策的引导与城市交通运输建设的目标进行具体评价指标的设计，同时借鉴世界银行各年的《全球营商环境报告》中指标进行设计。① 本报告选取"本市高速公路收费标准/GDP""交通行政许可事项数目""是否收取高速公路'超时费'"及"开通'12328'监督平台"4 个指标。

1. 本市高速公路收费标准/GDP 指标

为企业降低成本是城市留住企业、吸引企业的一大利好措施。为企业降低成本表现在交通运输方面就是尽可能地少收企业的"过路费"。在交通运输部会同国家发展改革委等14 个部门和单位共同召开促进道路货运行业健康稳定发展电视电话会，安排部署《促进道路货运行业健康稳定发展行动计划（2017—2020 年)》中，交通运输部明确提出要推行优化收费公路通行费政策。高速公路收费的高低直接反映该城市在降低企业交通运输成本的支持上力度的大小。对于企业而言，高速公路的收费也较直观地反映出当地的交通运输环境的便利程度。我国主要城市在收取高速公路费用时多是按车辆的种类和载重收费，本报告选取第三类货车（5～10 吨）作为评价对象，对于部分城市不同路段不同收费的则用区间表示，取最高值作为衡量标准。

数据显示，各个城市高速公路的收费差异并不大，但从省份的角度观察，不同省份的城市高速公路的收费则存在着一定差异。其中，广东省的高速公路收费较国内其他省份高，广州、深圳都是 2 元/车/公里，较之其他经济发达的城市如北京、上海的高速公路收费标准还是有些许偏高。天津、南京、北京由于实行分段收费，故这些城市虽然经济发展水平较高，其最低的高速公路收费标准较其他城市而言还是处于一个比较低的水平。值得一提的还有海口，海南省自 1994 年 1 月 1 日起，将公路养路费、公路运输管理费、过路费、过桥费'四费合一'，统一征收机动车燃油附加费，并取消了所有公路收费站。因此，海口是表中所列举的城市中唯一一个高速公路不收费的城市，但海口的油价又明显高于其他城市，因此在赋予分值时对海口取平均值处理。

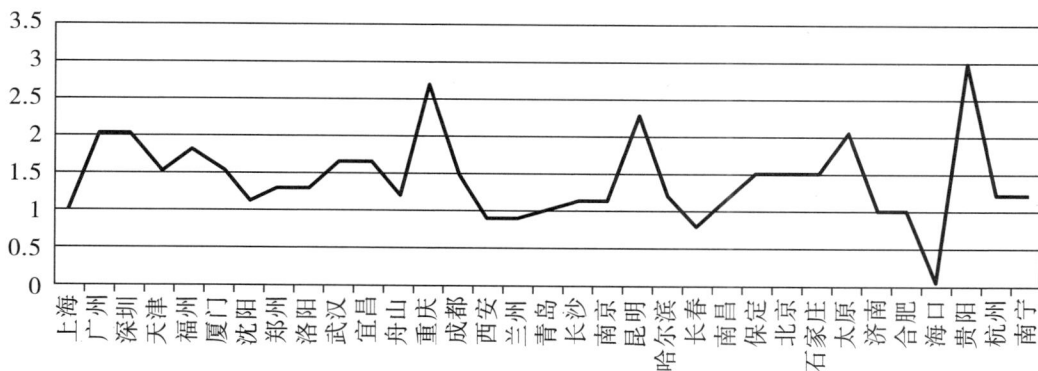

图 7-12　城市高速公路收费标准（元/车/公里）

---

① 刘晶、杨珍增：《中国自由贸易试验区综合绩效评价指标体系研究》，《亚太经济》2016 年第 3 期。

2. 交通行政许可事项数目指标

行政审批制度是政府对市场经济环境进行的调控。当前，我国正在进行行政审批制度改革，这项改革实际上是对社会主义市场经济建设过程中出现的问题进行革除创新的工程。在一定程度上，行政审批制度是我国的一项独特制度，它产生于从计划经济向市场经济转轨的过程中，随着社会主义市场经济建设的深入，已经表现出许多不适应的方面。[①]行政审批的触角如若过长则会限制市场主体的自由发展，营商环境的国际化趋势要求政府的各项审批不宜过于冗杂。城市交通运输行政许可数目的多少反映了城市的治理水平及市场自由度，也反映了当地政府在优化交通运输营商环境上的政策服务上的支持力度。各市政府多有出台减少审批的政策文件，因此本报告选取交通行政许可事项数目作为评价指标，以此评估各个城市在促进交通运输便利化的政策服务上的力度大小。

分析可知，广州、成都、太原等城市的交通行政审批数目较少，都在 20 项以内。武汉、合肥、石家庄这三个城市的交通行政审批则较为冗杂。然而衡量各个城市在交通运输行政审批的便利度的大小，不能仅仅依靠行政审批数目的多与少来评估，而是要在此基础上结合交通运输行政审批办理所需的时间来评估。值得一提的是，湖南省于 2013 专门出台了《湖南省交通运输厅行政审批限时办结制度》，文件中规定凡属交通运输厅机关和厅直行业管理局的行政审批事项，所有时限一律按法定时限缩减 1/3 以上。申请人提交的申请材料齐全、符合法定形式，能够当场作出决定的，应当当场作出书面决定；不能当场作出决定、但能当日作出决定的，一律当日作出决定。福建省审改办于 2017 年公布了省级行政许可、公共服务事项"一趟不用跑，最多跑一趟"办事清单，6 项交通事项纳入即办事项，包括 2 项行政许可、3 项公共服务事项和 1 项其他行政权力。因此，福州的交通运输行政审批时间也大幅缩减。湖南省的交通运输厅专门出台相关部门的限时办结制度非常值得其他城市学习。

[①] 张康之：《行政审批制度改革：政府从管制走向服务》，《理论与改革》2003 年第 6 期。

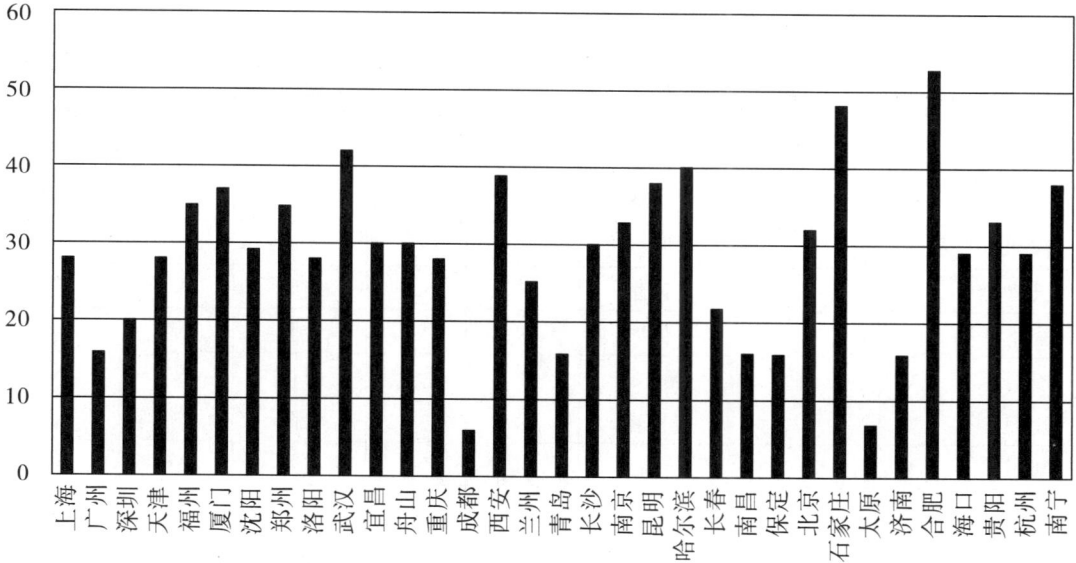

图 7 – 13　城市交通行政许可事项数据

3．是否收取高速公路"超时费"及开通"12328"监督平台

高速超时费是指车辆在高速公路网内超过 24 小时，路段内（同一条高速线路）超过 12 小时，均要缴纳"超时费"，是为了打击驾驶员逃费所制定的惩罚性措施。在中国的高速公路上确实有限时的概念，高速公路出入口之间里程除以最低限速（60 公里／小时）为计算标准，这项规定主要是为了提高高速公路的使用效率，打击偷逃通行费行为。2004 年国务院颁布的《收费公路管理条例》第三十三条规定：收费公路经营管理者对依法应当交纳而拒交、逃交、少交车辆通行费的车辆，有权拒绝其通行，并要求其补交应交纳的车辆通行费。城市是否收取高速公路"超时费"体现出该城市在交通运输方面的监管是否做到位。

如前文所述，这两项指标旨在评价城市在交通运输领域的监管水平。为加强群众对交通运输领域的监督，交通运输部建立了 12328 交通运输服务监督电话系统并组织制定了《12328 交通运输服务监督电话系统运行服务质量考评暂行办法》。为响应交通运输部的政策，各个城市大多根据交通运输部的规定建立了该城市的 12328 监督平台，只有少数城市即宜昌、兰州、哈尔滨、南昌、保定、海口这 6 个城市没有建立相应平台，严重落后于其他城市。相比是否建立 12328 平台这项指标，是否收取"超时费"这项指标则只有近 1/2 的城市达标。由此可知，"超时费"这一政策的制定并未在全国范围内实施，这是由于中央并未制定收取"超时费"的相关文件，是否收取由各个城市自行决定，没有收取高速公路超时费的城市可以参考其他城市制定相应政策。将两项指标共同评测，如表 7 – 7 所示，同时满足两项指标的城市有上海、天津、广州、福州、厦门、沈阳、西安、长沙、北京、济南、合肥、杭州、南宁、重庆共 14 个城市。

表 7 – 7   相关监督管理事项数据

城市	是否收取超时费	是否开通平台	城市	是否收取超时费	是否开通平台	城市	是否收取超时费	是否开通平台
上海	√	√	兰州	√	×	北京	√	√
广州	√	√	青岛	×	√	石家庄	×	√
深圳	×	√	长沙	√	√	太原	×	√
天津	√	√	南京	×	√	济南	√	√
福州	√	√	昆明	×	√	合肥	√	√
厦门	√	√	哈尔滨	√	×	海口	√	×
沈阳	√	√	长春	√	√	贵阳	√	√
郑州	×	√	南昌	×	×	杭州	√	√
洛阳	×	√	保定	√	√	南宁	√	√
武汉	×	√	舟山	×	√	成都	√	√
宜昌	×	×	重庆	√	√	西安	√	√

四、评价和结论

根据上文对交通运输政策的梳理以及相关指标的考量，可以看出我国交通运输环境在逐步改善。一个明显的变化是，自 2007 年交通部在召开的全国道路运输工作会议上明确提出了路运并举方针后，各大城市在中央的指引下从一味投入大量资金进行道路修建转变为注重在道路货运软环境上多做努力，无论是道路建设还是货运便利程度都呈现出逐年改善的趋势。然而尽管我国有统一的宏观环境、政治体制以及法律结构，但各省有不同的地方性法规和规章，法律法规的实施也会存在地区差异。加上资源禀赋、地理位置以及由此带来的不同经济发展程度①，各大城市间的交通运输环境仍存在着较大差异：①从公路的修建上看，由于经济发展水平对于道路修建的显著影响，根据"高速公路里程数"这一指标我们可以看出上海、广州、天津、北京等一线城市的高速公路较为发达，地理位置处于运输枢纽的东部沿海城市较之内陆城市高速公路更为发达。②从交通运输的软环境看，各大城市之间的差异则呈现出与道路修建不同的态势。经济较为发达的城市如广州、深圳的高速公路收费标准偏高，深圳、北京、天津、上海等一线城市普遍设置了较多的行政审批事项，在利企降本方面并不友好。③部分城市法律法规的实施进度落后于其他城市。如前文所述交通运输部于 2014 年建立了 12328 交通运输服务监督电话系统并组织制定了《12328 交通运输服务监督电话系统运行服务质量考评暂行办法》，各个城市大多根据交通

---

① 张莉：《中国营商环境的地区差异研究——基于合约实施制度质量的测度分析》，《湖北师范大学学报（哲学社会科学版）》2017 年第 37 卷第 3 期，第 93 – 99 页。

运输部的规定建立了该城市的 12328 监督平台，但至 2017 年底仍有宜昌、兰州、哈尔滨、南昌、保定、海口六个城市尚未建立相关平台而严重落后于其他城市。

　　营商环境更好的城市，其经济发展将更稳定持久；交通运输便利度更高的城市，其交易更活跃，投资环境更好，更多的经济主体愿意在这座城市进行技术创新、人力资本和物质资本投资。城市如何营造良好的运输环境帮助企业"减负"，有效地展开竞争，笔者收集资料时发现我国一些城市在改善交通运输营商环境上有比较好的做法值得推广，在针对部分城市在交通便利方面存在的问题进行了一些思考后提出以下建议：第一，深化通行费差异化收费。合理的高速公路收费有利于企业降低成本。针对如广州、深圳这类收费偏高的城市，可以学习北京的收费方法，对城市不同路段的高速公路进行差异化收费，使得收费存在一个区间，让企业在选择通行道路时能够进行自由选择，不必承担过高的收费。同时，对标准大型厢式货车、标准车辆运输车、绿色环保车、甩挂运输车辆、疏港集装箱车辆、标准汽车列车等实行收费优惠。[①] 对于通行费分时段收费，在非高峰时段、夜间时段等开展分时段差异化收费试点，这样也有利于错峰通行，解决道路拥堵问题。第二，提高审批事项便利性。自行政审批制度改革开始后，国务院密集地发布取消和调整行政审批项目的决定，其中有多项涉及交通运输许可的事项被取消。笔者通过数据分析发现，一线城市的审批事项普遍较多，但笔者认为便利审批不能机械地仅仅从数目上进行衡量。城市为了规范管理维护货运安全，设立较多的许可事项是不可免的，因此，各级政府可以在如何压缩审批时间上多下功夫。湖南省于 2013 专门出台了文件《湖南省交通运输厅行政审批限时办结制度》非常值得借鉴，文件中规定凡属交通运输厅机关和厅直行业管理局的行政审批事项，所有时限一律按法定时限缩减 1/3 以上。笔者建议各省市可以参考湖南省的做法，专门出台一个交通运输方面的限时办结文件。第三，完善道路货运有关政策。自交通运输部组织制定了《12328 交通运输服务监督电话系统运行服务质量考评暂行办法》后，部分城市很快配合交通运输部的工作制定了相关政策，如河南省出台了《河南省 12328 交通运输服务监督电话系统建设与运行管理办法》。但正如前文所述，部分省市在落实这项政策上进度缓慢，这将导致中央的政策无法落到实处，因此制定中央政策的相关实施细则对改善运输环境尤为重要。

　　道路货运安全、高效、市场规范是一项复杂的系统工程——营造良好的交通运输环境也是一项需要较长时间来完善的系统工程。通过营造更好的货运市场来促进营商环境改善是各大城市的普遍共识，各地区应准确认识城市在交通运输便利方面存在的问题并从根本上解决，企业才会在该城市进行长期发展。本报告仅是选取了交通运输方面的部分指标对城市的交通运输环境进行考量，并提出相应建议，旨在能为我国道路货运发展、交通运输便利提供借鉴。

---

　　① 　中国物流与采购联合会：《2017 年度物流企业营商环境调查报告》，中物联参阅〔2018〕2 号。

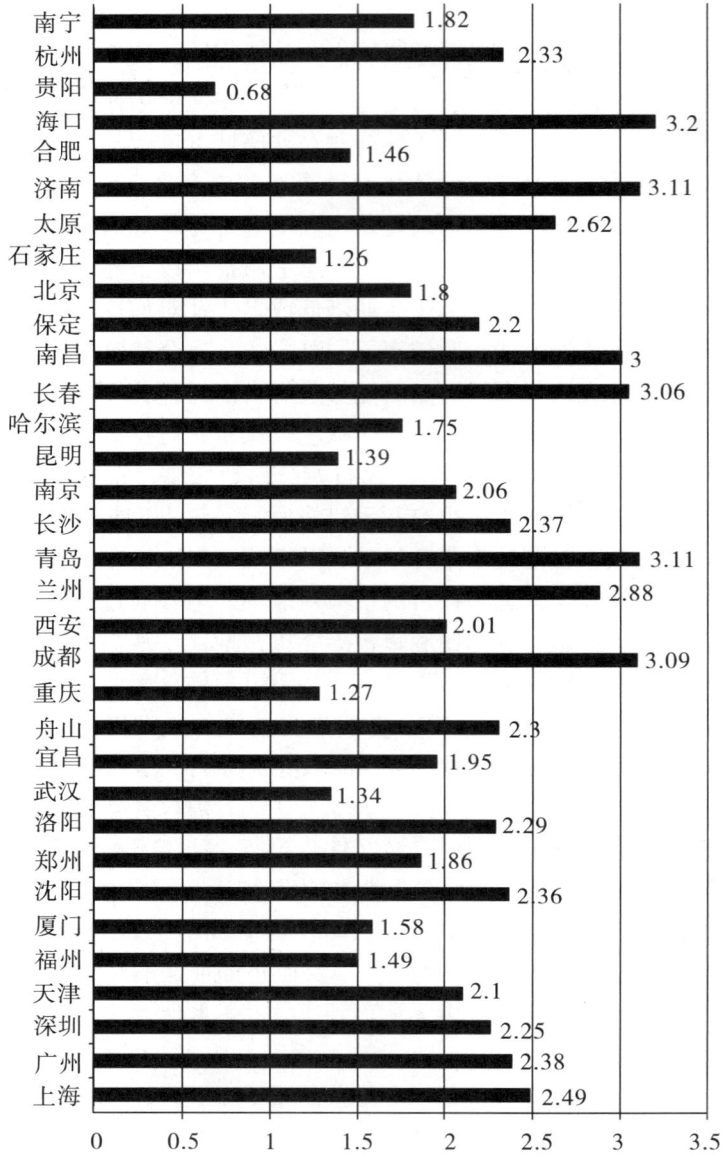

图 7-14   中国主要城市运输便利度总分值

第五节　中国主要城市海关跨境贸易服务差异

一、引言

跨境贸易可以从广义和狭义两个方面来理解。狭义的跨境贸易是国与国之间进行的商品和劳务交换，对贸易当事国来说是对外贸易。而广义的跨境贸易则进一步涵盖了与上述跨境贸易行为相关的对应跨境进出口安排、跨境贸易模式、跨境结算等全过程[①]。

营商环境则是指伴随企业从登记、设立、运营到终结整个活动过程的各种条件、需求以及周围环境的总和，涵盖了影响企业投资和经营的法律法规、经济政策、政治文化以及自然和社会环境。世界银行自 2003 年开始发布世界各地的营商环境指标，旨在对内资中小企业运营状况进行考察，评估在企业生命周期内的适用法规，通过各项指标的综合，促进各国商事领域在法律完善、制度改革等方面的发展。经过 14 年的积累，世界银行已然形成了较为完善的指标体系，包括开办企业、获得施工许可、电力建设、登记财产、获得银行信贷、投资者保护、纳税、跨境贸易、合同执行和破产保护 10 个方面。跨境贸易是其中一项重要营商环境指标。世界银行对跨境贸易的认定应用体现在报告中有几项研究强调了港口自动化的重要性和促进贸易和区域经济发展的效益。这些研究发现，更自动化的港口需要更少的维护，更符合成本效益，并确保更好的工人安全。此外，一项关于从拉丁美洲到美国的航运成本决定因素的研究发现，对大多数出口经济体来说，高昂的运输成本甚至比进口关税带来了更大的贸易壁垒，而港口的低效率大大增加了这些成本。其中最引人注目的是，通过提高港口效率，从 25 百分点到 75 百分点，航运成本降低了 12%，大大增加了双边贸易的数量。造成港口效率不高的主要原因之一是过度的监管——这恰恰是本报告提倡抑制的。

而良好的营商环境能促进跨境贸易的发展，活跃市场行为，从而带动市场经济的发展，因此有必要在营商环境视野下，结合我国政府对海关跨境贸易的深化改革，在建设法治化、国际化营商环境的新形势下，研究营商环境与我国各个城市海关跨境贸易的发展进程及完善路径。

二、政策和法律回顾

对于我国的跨境贸易，政府还是给予了很大的重视。就在 2018 年，海关总署会同口岸管理各相关部门出台《提升我国跨境贸易便利化水平的措施（试行）》，提出了 18 条举措，进一步优化口岸营商环境，提升跨境贸易便利化水平。此次出台的措施旨在通过优化

[①] 定义来源于百度百科。

通关流程、简化单证手续、降低口岸收费、建立完善管理机制等方面采取有效手段，进一步压缩进出口环节的时间和成本。

在优化通关流程方面，主要采取取消海运提单换单环节、加快实现报检报关"串联"改"并联"、加大担保制度推广力度、深化国际贸易"单一窗口"建设、推进跨部门一次性联合检查五项措施。在简化单证手续方面，主要采取实现海运集装箱货物设备交接单及港口提箱作业信息电子化流转、推进口岸物流信息电子化、简化自动进口许可证申请办理、完善随附单证无纸化格式标准、应用电子委托代理取代纸质报关报检委托协议书、简化进口免予CCC认证证明工作流程、简化出口原产地证办理流程七项措施。在降低口岸收费方面，主要采取规范和降低口岸检查检验服务性收费、治理口岸经营服务企业不合理收费、继续开展落实免除查验没有问题外贸企业（失信企业除外）吊装移位仓储费用试点工作三项措施。在建立完善管理机制方面，主要采取建立口岸通关时效评估公开制度、建立口岸收费公示制度、建立口岸通关意见投诉反馈机制三项措施。

与此同时，各地海关为了贯彻落实好《提升我国跨境贸易便利化水平的措施（试行）》也纷纷制定了详细的地方性措施，如上海海关为贯彻落实好相关部署要求，结合上海口岸实际情况，提出《上海口岸优化跨境贸易营商环境若干措施》，里面提到了四个方面12项针对性举措，进一步优化上海口岸营商环境，提升跨境贸易便利化水平。又如天津海关为进一步提升天津口岸跨境贸易便利化水平，优化营商环境，天津海关细化《天津口岸大力服务京津外贸企业发展提升跨境贸易便利化水平工作措施》，出台一系列新举措，精准服务进出口企业。此外，在2018年3月18日，北京市商务委员会（口岸办）会同京津两地海关、国检、口岸等相关部门，制定了《关于进一步优化营商环境提升京津跨境贸易便利化若干措施的公告》（2018年联合公告第1号），内容聚焦降本提效、便利透明，推出了17项具体措施。该公告的具体政策要点如下：

（1）商务部门减少进出口许可证审批层级，提高审批效率。京津商务主管部门将自动进口许可证和出口许可证的审批时限由原来的5个工作日压缩到1个工作日；协调商务部将涉及汽车零配件的自动进口许可证签发权限下放到地方商务主管部门，审批级次由两级改为一级。

（2）深化海关通关作业改革。在通关作业无纸化改革覆盖所有信用等级企业、全面推开全国通关一体化改革等基础上，推出多项新举措。

（3）检验检疫实施"两优两简两压缩"。

一是优化报检和查验流程。取消纸质海运提单/提货单验核环节，实行物流信息电子化流转，实施检验检疫电子放行，减少企业不必要的往返跑路，在报检递单环节可节省企业时间约0.5天。推出非工作时间预约查验机制，打造7×24小时口岸通关环境。

二是简化单证办理和提交。简化报检随附单据提交方式，报检单证可采用企业自存、一次性备案、电子化上传、证书联网核查等方式进行"无纸化"提交。CCC证书或免办证明可以使用证书联网核查的方式申报，只需提供证书或证明的编号，无须扫描上传。实现全程电子化操作，随报随审。

三是压缩业务办理时长。实行"审单放行"限时办结机制。京津两地实行"审单放行"2 小时办结工作机制，即"审单放行"货物自受理企业申报至按企业要求出具入境检验检疫证明，全流程时长从过去的 1.5 个工作日，压缩到不超过 2 个小时；进一步压缩出口原产地证书签证审核时长，原产地证书审核限时 2 小时办结。

（4）推广应用"单一窗口"。在北京国际贸易"单一窗口"已上线货物申报、资质办理、政企大家庭、业务查询等六大功能，向外贸企业提供全面通关业务申报、政策信息服务，在初步实现国际贸易"单一窗口"一点接入、一次申报、一站式服务基本功能基础上，与国家标准版对接后，增加原产地证申领、许可证件办理等新功能。

（5）优化口岸操作，规范口岸经营秩序。

一是完善港口码头、堆场提箱作业流程和网上营业厅系统，实现网上办理集港、提箱作业计划申报、费用结算；推广应用"港口一站通"平台，实行集装箱"装箱单""设备交接单"及"场站收据"无纸化；在新港海关设立综合业务处，把一些原来需要单独办理的综合性通关业务、查验后处置等业务，都进行集中办理，统一办理流程，方便进出口企业一站式办理通关业务，压缩进口单证海关审核整体时间。

二是在京津两地口岸现场、收费大厅和国际贸易"单一窗口"公布口岸费用清单，包括类别、项目、费用水平。

三是价格主管部门对企业反映强烈的口岸不合理收费行为予以清理和规范，依法查处各类违法违规收费问题，切实维护企业合法权益，减轻企业负担。

四是完成天津物流信息网和天津港电子商务网两网融合，实现港口物流信息"一站式"查询。

（6）完善服务投诉处理和意见反馈机制。发挥海关、检验检疫、天津航运服务热线及投诉咨询窗口作用，建立专家座席处理问题机制，设立通关难题解决接待日，在"单一窗口"设立通关问题留言解答和通关政策解读专栏，征集处理进出口企业通关问题。

从这些措施我们可以看到，从出口许可证审批到海关通关、检验检疫、国际贸易企业服务，再到口岸操作，从具体政策来看，简化和规范是两大关键词。在简化工作上，如深化海关通关作业改革、推进汇总征税等税收征管制度改革。具体为引导企业使用汇总征税模式，由原来的"逐票审核、先税后放"变为"先放后税，汇总缴税"。对应的交税操作由以前的企业人员须对每票货物随时进行缴税操作，变为汇总征税实行集中电子缴付，大幅减少了企业人员因申请资金审批、缴税、取税单等事由频繁往返于公司、海关和银行的情况。在压缩通关时间的同时，还节约了企业人力成本，大幅提高工作效率。在规范工作上，主要体现在口岸经营秩序方面，制定的措施明确要建立和公布费用清单，进一步完善和规范口岸收费。口岸所在地价格主管部门会同有关部门下大力系统整治，清理规范不合理收费行为，开展出清治乱行动，减少收费项目，降低收费标准，提高服务效率，大幅降低综合成本。

三、主要城市比较

当今高速发展的中国已经是一个世界贸易大国，但还不是一个贸易强国，目前正在向贸易强国前进。虽然中国有着统一的宏观环境、政治体制以及法律结构，但各省对跨境贸易有不同的地方性法规和规章，中央政府还会在某一特定时期给予某些地区特别的政策和制度优惠，法律法规的实施也会存在地区差异，因而使得政府无法从整体上公平地保障各地的跨境贸易便利化，从而促进各地跨境贸易的发展。此外再加上各省市的地理位置、资源储备以及它们不同的经济发展史，还有地方政府之间的财税竞争带来的一定程度的地方保护和市场分割，中国梯度推进的改革开放等国家政策均会导致各省市的海关跨境贸易发展路径不同。

　　因此，笔者根据 2018 年海关总署会同口岸管理各相关部门出台《提升我国跨境贸易便利化水平的措施（试行）》中提出的 18 条举措，从中选取了有代表性的四大指标来分析中国各城市在海关跨境贸易发展方面的差异。

　　1. 各城市进出口通关时间

　　一个国家的通关速度，决定一个国家的供应链的竞争力，但很长一段时间内，不少企业都将通关速度误解为海关对货物放行的速度。实际上，通关系统是一套复杂的系统，牵涉到边检口岸、商检、码头、船代、货代、海关等。企业认为海关通关速度慢，很多时候是海关在"背黑锅"。部门与部门之间衔接不当，就有可能延误收发货人的船期，造成货物供应交付的中断，带来巨大损失，增加进出口企业的物流供应链成本。而通关时间和通关速度紧密相连，通关时间越短，说明速度较快，跨境贸易较为便利。因此，根据这个指标，笔者收集了 31 个城市的进出口通关时间，较为遗憾的是某些城市因数据缺失而未收集到相关的通关时间，这些城市笔者取平均值作为计分依据。

　　从已收集到的城市数据中，笔者发现，南昌的进口通关时间是最短的，为 1.67，其次是西安的 3，紧接着是昆明的 3.05。而进出口贸易量最大的上海、北京、天津这三个城市的进口通关时间分别为 18.77、11.44、15.6，通关时间都较长。出口通关时间方面排在前三位的是南昌、哈尔滨、昆明，这三个城市的进出口通关时间都较短，联系到它们的进出口贸易量，可以推断，南昌、哈尔滨、昆明这三个城市因进出口贸易量相对较少，因此在进出口通关时间方面用时较短。可喜的是，无论是进口通关还是出口通关，各个城市的通关时间都较去年下降了很多，这说明各地都贯彻落实了政策文件，努力促进跨境贸易的发展。

　　考虑到通关时间与进出口贸易额有一定关系，如果贸易量较大，则通关时间可能较长，反之则短，笔者收集了 33 个城市 2017 年度进出口贸易额作为评定分值的分母，将进出口通关时间与进出口额的相对值作为计分基础。33 个城市 2017 年的相关数据如下：

表 7 - 8　城市进出口便利度数据汇总（2017 年）

城市	贸易总值（亿元）	进口通关时间	出口通关时间	电子化通关
北京	21 900	11.44	0.48	√
上海	32 237.82	18.77	1.32	√

（续上表）

城市	贸易总值（亿元）	进口通关时间	出口通关时间	电子化通关
广州	9 714.362	7.72	0.45	√
深圳	28 000	4.7	6.82	√
天津	12 700	15.6	0.9	√
福州	2 336	12.7	0.28	√
厦门	5 816	5.82	0.37	√
沈阳	427.72	14.12	0.74	√
郑州	3 755	4.91	0.39	√
洛阳	133	22.4	1.5	√
武汉	1 936.2	16.9	1.2	√
宜昌	184.2	数据不可获取	数据不可获取	√
舟山	783.0	数据不可获取	数据不可获取	√
重庆	4 508.3	5.72	0.44	√
成都	3 941.8	7	0.6	√
西安	2 545.41	3	1.5	√
兰州	125.11	3.9	2.2	√
青岛	5 024.2	16.15	0.55	√
长沙	938	8.62	1.04	√
南京	607	数据不可获取	数据不可获取	√
昆明	465.46	3.05	0.12	√
哈尔滨	820.2	3.6	0.1	√
长春	952.5	14.66	2.64	√
南昌	669.197	1.67	0.08	√
保定	47.8	数据不可获取	数据不可获取	√
石家庄	797.3	29.8	1.2	√
太原	915.25	数据不可获取	数据不可获取	√
济南	765.5	12.4	0.4	√
合肥	1 573.54	15.13	1.5	√
海口	210.22	13.75	0.45	√
贵阳	205.414	12.66	0.58	√
杭州	5 085.08	数据不可获取	0.15	√
南宁	607	14.86	0.98	√

2. 是否实现电子化通关

这个指标从所收集的数据来看是完成得最好的，几乎所有的城市都实现了电子化通关。这个指标中我们要注意一个概念，即通关作业无纸化，是指海关以企业分类管理和风险分析为基础，按照风险等级对进出口货物实施分类，运用信息化技术改变海关验凭进出口企业递交纸质报关单及随附单证办理通关手续的做法，直接对企业联网申报的报关单及随附单证的电子数据进行无纸审核、验放处理的通关作业方式。

大部分城市都很好地做到了通关作业无纸化，比如：广州于 2017 年 11 月 1 日起实行，截至 12 月 27 日，现场业务处通过"进出口货物收发货人注册登记无纸化"系统共计办理 850 件业务，占同期企业管理业务的 82%。兰州 2018 年 1 月 29 日首票担保作业无纸化申报成功。2017 年 12 月 15 日起，昆明海关全面推广担保作业无纸化工作。南京、上海海关总署和国家税务总局联合制发公告，2018 年 1 月 19 日起《海关专用缴款书》打印改革在上海海关和南京海关启动试点，1 月 19 日上午 10 时 23 分，该项改革后全国首份《海关专用缴款书》在金陵海关辖区内企业——代傲电子控制（南京）有限公司打印完成。该票报关单于当日上午 10 时 12 分申报，10 时 19 分通过财关库银横向联网（新一代税费电子支付）系统完成税款电子支付，10 时 23 分企业自行打印《海关专用缴款书》，通关过程历时 11 分钟，标志着海关通关实现全程无纸化和全流程线上办理。哈尔滨 2017 年 8 月 1 日起全国检验检疫无纸化申报系统在黑龙江出入境检验检疫局哈尔滨机场办正式上线运行，标志着哈尔滨机场口岸报检正式迈入"无纸化时代"。各地通过提升通关流程的科技化和信息化水平，无纸化通关改革不仅使进出口企业通关环节提速，通关成本降低，也大大提升了海关的监管效率。

四、分析和评价

我国开展跨境贸易仍存难度。报告显示，中国进口平均所需时间为 158 小时，花费 947.5 美元；出口平均所需时间为 47.1 小时，花费 607 美元。相比而言，美国进口平均耗时 10.6 小时，花费 175 美元；出口平均耗时 44 小时，花费 93.12 美元。而单项排名第一的丹麦，进出口平均耗时仅 1 小时，没有任何花费。可见，中国企业开展跨境贸易仍然面临较烦琐的程序和较高的成本。

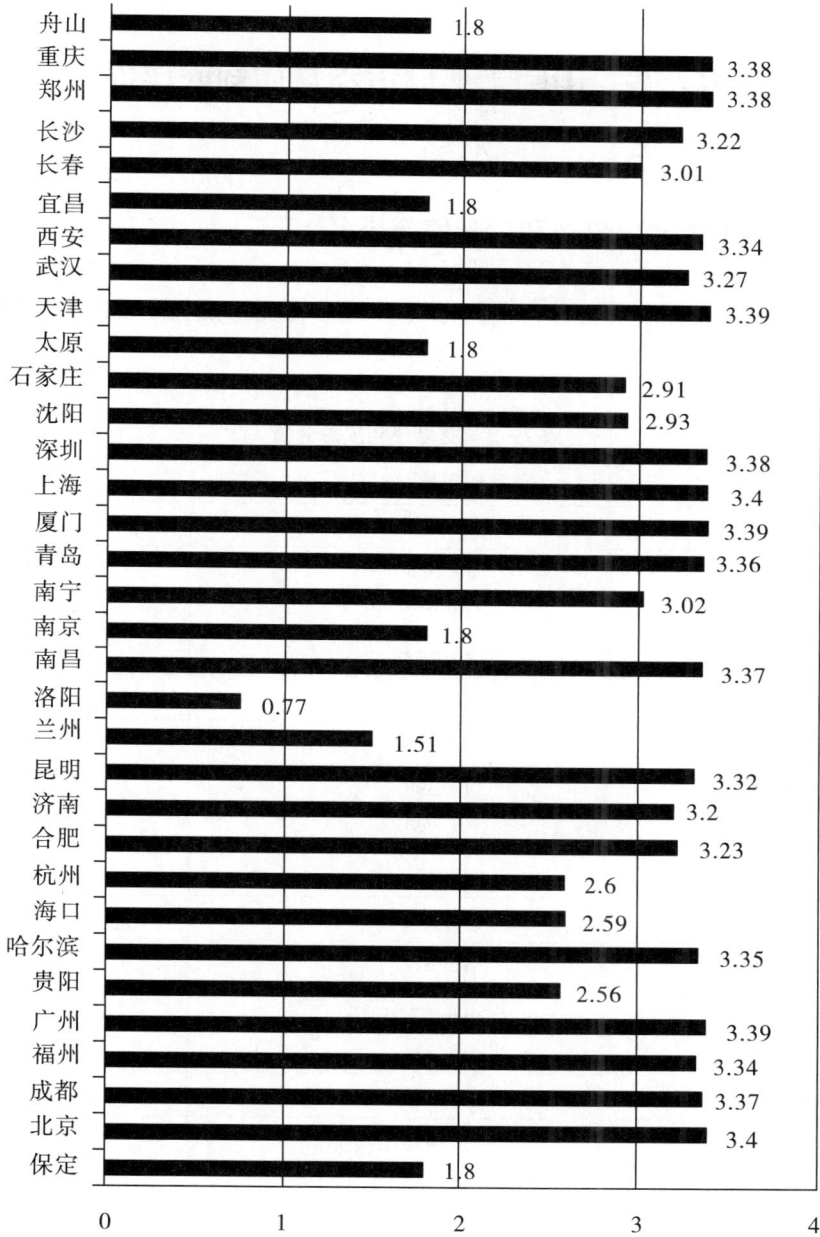

图 7 – 15　跨境贸易便利度计分

第六节　中国主要城市交易便利度评价

一、33 个城市生产要素便利度分值与排名

基于上述各部分的阐释和打分，我们将 33 个城市在交易便利度二级指标的分值相加，结果如表 7-9 所示：

表 7-9　交易便利度总分值

城市	交易便利度总分值	排名
广州	15.010	1
杭州	14.338	2
成都	14.332	3
上海	14.298	4
深圳	14.294	5
青岛	13.950	6
长沙	13.398	7
济南	13.382	8
西安	13.326	9
北京	13.272	10
长春	12.942	11
武汉	12.930	12
南昌	12.834	13
天津	12.802	14
郑州	12.496	15
南京	12.268	16
合肥	11.626	17
重庆	11.450	18
沈阳	11.442	19
福州	11.334	20
海口	11.310	21
哈尔滨	11.292	22
南宁	11.128	23

（续上表）

城市	交易便利度总分值	排名
舟山	11.116	24
太原	11.084	25
石家庄	10.994	26
保定	10.936	27
宜昌	10.774	28
昆明	10.726	29
厦门	10.530	30
贵阳	9.960	31
洛阳	9.660	32
兰州	8.638	33

二、33 个城市交易便利度营商环境的总体评价

通过数据收集和整理，我们发现 33 个城市在交易便利度的营商环境建设方面，可得出如下结论：

1. 在规则制定层面，33 个城市大多能较为积极地回应国家政策

本报告从国家营商环境政策执行的角度，考察 33 个城市的政策执行力度，相关数据显示，在交易便利度领域，33 个城市中的绝大部分在跟随中央政策上较为积极。这一点突出反映在地方规则制定上，比如绝大部分城市都有关于公平竞争审查的落实文件，另外绝大部分城市也有关于鼓励电子商务发展的规范性文件。这一点还体现在垂直管理体制的事项上，如海关总署的无纸化要求，调查的 33 个城市均已完成该要求。

2. 政策实施效果的排序与城市 GDP 发展水平大致处于同一层次

当通过考察某一特定政策的时间成本和金钱成本时，我们发现经济发达城市明显优于经济较弱城市。在全部指标之下，获得第一名的是广州；在全部五个二级指标下，上海、广州、杭州的分值均在前十行列，而厦门、天津等城市虽然在进出口贸易便利度等环节有较高分值，在其他指标下却表现有起伏，也有少部分 GDP 较低的城市如宜昌，在个别指标如信用体系便利度上表现突出，在其他指标上却排名较低。综合看来，交易便利度指标的总分值排名和城市 GDP 的排名大体上处于同一层次。

3. 在制度创新及突破难点方面，经济发达城市更具主动性

经济发达城市在具体政策上除落实国家政策外，面对更多问题时也愿意进行创新型制度实践。例如在公平竞争审查领域，2016 年 12 月 21 日，北京市交通委员会作为发文机构发布了《北京市网络预约出租汽车经营服务管理实施细则》等系列网约车规定，北京律师魏士廪当日以公民身份向北京市交通委申请政府信息公开，以说明该文件是否经过公平竞

争审查。北京市交通委给予了积极回应，并于当月 30 日上午与魏士廪进行了当面会谈沟通，回应称已履行公平竞争审查程序，并就申请人所关注的几个问题作了重点介绍和解释。[①] 再如，广州市政府部门在对现行政策措施开展公平竞争审查后将初步清理意见挂在网上，公开征求社会公众意见[②]，同时在增量文件审查上，广州已经做到主动公开，在文件正式制发前将有关该文件的公平竞争审查表向社会公开，并征集公众意见。[③] 深圳、天津、哈尔滨等地也有类似尝试。这些特色做法符合 34 号文中让公平竞争审查工作接受外部监督的要求，也有助于在社会中形成公平竞争的观念，更有利于公平竞争审查制度的落地和对公平竞争环境的保护。

三、结语

总而言之，当前我国营商环境的交易便利性正逐步确立和完善，不仅中央政府在大力推动制度落实工作，部分主要城市也进行了一些积极有益的探索，整体而言，良好的交易环境正逐渐形成，这无疑有助于推动全国营商环境的改善。

---

① http：//blog. sina. com. cn/s/blog_5a81db850102wno4. html。
② http：//www. gz. gov. cn/sofpro/gecs/addidea_opinion. gecs? opinion. opinionSeq = 10799。
③ http：//www. gz. gov. cn/sofpro/gecs/addidea_opinion. gecs? opinion. opinionSeq = 10911。

第八章 中国主要城市税费负担度

　　企业税费负担度与企业的生存息息相关，减轻企业税费负担是助推企业经济发展的第一动力，有利于增强企业发展活力。2017—2018 年度，国务院在减轻企业负担、降低企业成本方面相继出台一系列关于减轻企业税费负担的规范性文件。根据《国家发展改革委、工业和信息化部、财政部、人民银行关于做好 2017 年降成本重点工作的通知》《国务院减轻企业负担部际联席会议关于做好 2017 年减轻企业负担工作的通知》等文件，国务院为降低实体经济企业成本、减轻企业税费负担，营造良好营商环境所采取的举措包括如下几个主要方面：第一，落实和完善全面推广营改增试点政策；第二，进一步减轻企业税收负担，落实企业税收优惠政策；第三，全面清理规范政府性基金；第四，取消或停征中央涉企行政事业性收费；第五，大幅减少涉企经营服务性收费等。中央制定的税收优惠政策是各地方实施税收优惠政策的基础。国务院为推动实体经济降成本，减轻企业负担，推出了进一步的减税措施，并制定了税收优惠政策鼓励企业发展。2017—2018 年，中国各主要城市围绕中央发布的规范性文件和制定的税收优惠政策，结合自身实际条件，贯彻落实税收优惠政策。国务院关于企业税收优惠政策有以下几个主要特点：第一，继续推进营改增，简化增值税税率结构；第二，支持科技型企业发展，提高研发费用加计扣除比例并提供财政支持；第三，扩大享受企业所得税优惠的小型微利企业范围。

　　本报告关注中国主要城市税费负担度的差别。考虑中国属于单一制国家，主要法律和政策改革通常基于顶层设计，基层实施的模式开展，本报告设计两类指标衡量各地落实税费负担度政策的力度和效果：①评价指标，又可称为是否指标。即对于中央政府出台的具体政策，各地是否响应并制定相关的地方性规则；对这类指标衡量直接采用 0~1 赋分衡量，否为 0 分，是为 1 分。②数据指标。这类指标反应相关政策实施效果。在指标量化衡量上，采用 0~2 分的评价体系，相关计量公式如下：

$$特定指标分数 = \frac{2 \times （当前值 - 设定最差值）}{设定最佳值 - 设定最差值}$$

　　上述公式设定最差值和设定最佳值可以考虑数据展示的排名取值，也可以考虑对该指标的专业评价进行设定。对各项指标进行综合评价以及最终评价时采取权重评分机制，数据指标权重为80%，评价指标权重为20%。

　　基于中国企业税费负担的发展历程和特点，从政策评价的角度出发，本报告从以下四个方面衡量不同城市的税费负担度：中国主要城市地方立法与政策制定、中国主要城市税收优惠政策（减税）情况、中国主要城市政府性基金情况、中国主要城市涉企收费（降费）情况。

　　地方立法与政策制定：主要涉及各城市地方人大和政府是否有围绕税费等相关内容的立法，地方政府及其职能部门在2017—2018年度出台的与营商环境、减税降费、落实各项税收优惠政策的规范性文件以及相关规范性文件出台数量的多少。

　　税收优惠政策：从各城市地方政府及其职能部门于2017—2018年度公布的规范性文件分析各城市2017—2018年度落实营改增政策和各项税收优惠、财政支持情况，主要包括：研发费用加计扣除政策、小微企业所得税减免制度、创业发展相关产业税收优惠、研发创新的财政支持政策。

　　政府性基金：各城市于2018年度建立涉企政府性基金目录清单的情况，政府性基金目录所涉及的项目数量，以及2018年度各城市政府性基金的收入占2018年该城市的GDP比例情况。

　　涉企收费：各城市于2018年度建立行政事业性收费目录清单、涉企行政事业性收费目录清单、行政审批中介服务收费目录清单的情况，目录清单项目数量、是否有小微企业优惠政策、各城市于2018年度建立政府定价的经营服务性收费目录清单情况以及目录清单项目数量。具体指标见表8-1：

表 8-1　税费负担度评价指标体系

一级指标	二级指标	三级指标	指标属性
税费负担度15%	中国主要城市地方立法与政策制定	是否有地方性法规和地方政府规章	评价指标（正向）
		本市人民政府及其职能部门是否有相应的政策文件	评价指标（正向）
		本市人民政府及其职能部门相应的政策文件数量	数据指标（正向）
	中国主要城市税收优惠政策（减税）情况	2017年是否落实相应营改增试点范围政策及宣传辅导政策	评价指标（正向）
		是否具有研发费用加计扣除政策	评价指标（正向）
		是否具有小微企业所得税减免制度	评价指标（正向）
		是否落实创业发展相关产业税收优惠	评价指标（正向）
		是否落实研发创新的财政支持政策	评价指标（正向）

（续上表）

一级指标	二级指标	三级指标	指标属性
税费负担度15%	中国主要城市政府性基金情况	是否建立政府性基金目录清单	评价指标（正向）
		政府性基金目录清单项目的数量	数据指标（正向）
		政府性基金收入占当年城市GDP的数值比例	数据指标（正向）
	中国主要城市涉企收费（降费）情况	是否建立行政事业性收费目录清单	评价指标（正向）
		是否建立涉企行政事业性收费目录清单	评价指标（正向）
		涉企行政事业性收费项目的数量	数据指标（正向）
		是否有小微企业免予征收部分行政事业性收费的项目	评价指标（正向）
		是否建立行政审批中介服务收费目录清单	评价指标（正向）
		是否建立政府定价的经营服务性收费目录清单	评价指标（正向）
		政府定价的经营服务性收费项目的数量	数据指标（正向）

第一节　中国主要城市地方立法与政策制定

为落实国务院及国务院各部门关于推动实体经济降成本，为企业减轻税费负担的政策，中国33个主要城市的政府及其工作部门针对营造法治营商环境，进一步减轻企业负担并鼓励企业发展，出台相应的地方规范性文件，制定具体减税减费规定。

根据2017—2018年度中国主要城市关于营商税费负担政策规定，分析各城市关于营造法治营商环境的情况可知，大部分城市在2017—2018年度针对降低实体经济企业成本，为企业减税减费和降低企业成本负担制定了大量的地方规范性文件。这些规范性文件在各城市的政府信息公开网或者是地方财政局、地方税务局等政府部门官方网站上进行公布，便于公民和法人即时获取并了解企业税费信息，以进一步扩大企业发展规模，促进实体经济发展。其中，出台关于减轻企业税费负担，鼓励企业发展的地方立法和规范性文件较多的城市有北京、上海、沈阳、青岛、西安，出台文件较少的城市有舟山、海口、昆明、太原、贵阳。2017年对优化营商环境专门出台规范性文件的城市有：北京、上海、济南、武汉、兰州、保定，其中沈阳还有针对性地出台了《沈阳市优化营商环境办法》这一地方政府规章，以此来进一步规范地优化营商环境，保护各类市场主体的合法权益，从而促进本市经济和社会全面发展。而2018年对优化营商环境专门出台规范性文件的城市则有：长沙、哈尔滨、合肥、南京、洛阳、青岛、贵阳。此外，在2018年，沈阳、济南、武汉、西安、厦门、深圳出台了进一步优化营商环境的规范性文件。北京和上海多个部门也联合发布了一系列进一步优化营商环境的规范性文件。2017年，北京、长春、沈阳、合肥、杭州、武汉、广州、深圳、青岛专门出台或调整了关于降低实体经济企业成本、减轻企业负担的有关方案，而在 2018 年，重庆、福州、南宁也出台或调整了关于降低实体经济企业成本、减轻企业负担的有关方案，以上这些方案对继续推进"营改增"改革、落实企业税收优惠政策、清理涉企收费事项和政府性基金项目作出了具体规定。重庆、厦门、宜昌、保定早在 2016 年公布了针对降低实体经济企业成本、减轻企业负担的政策通知。还有一部分城市虽然并未出台具有针对性和专门性的规范性文件，但是关于降低企业成本、为企业减税减费并提供财政支持鼓励企业发展的各种政策散见于其他关于发展经济的政策文件中，洛阳、南京、南昌将相关内容规定在降低企业杠杆率实施方案中，成都、哈尔滨于 2016 年将相关内容规定在供给侧结构性改革方案中，海口、舟山、昆明、天津、西安、贵阳尚未出台关于降低企业成本、为企业减税减费的专门性政策。

目前，各城市基本上都出台了关于减轻企业负担的政策文件，降低实体经济企业营商成本，鼓励大众创业和企业扩大规模发展，有利于吸引外资，发展经济。同时，这些文件对中央政策作出了回应，落实中央营造良好营商环境的决定，为营商环境提供法律基础。详见表 8 - 2：

表 8 - 2　2017 年中国主要城市关于营商税费负担政策规定情况

城市	序号	文件名称	发布单位及日期
北京	1	《北京市关于清理规范涉企经营服务性收费的通知》	北京市发改委等 5 个部门 2017 - 05 - 31
	2	《关于印发北京市降低实体经济企业成本实施方案的通知》	北京市发改委、北京市经信委 2017 - 05 - 22
	3	《北京市商务委员会、北京市财政局关于支持北京市外贸企业提升国际化经营能力的通知》	北京商务委员会、北京财政局 2017 - 07 - 17
	4	《中共北京市委、北京市人民政府印发〈关于率先行动改革优化营商环境实施方案〉的通知》	中共北京市委、北京市人民政府 2017 - 09 - 16
	5	《北京市发展和改革委员会关于印发优化营商环境调整完善北京市固定资产投资项目节能审查意见的通知》	北京市发改委 2017 - 09 - 18
	6	《北京市进一步深化简政放权放管结合优化服务改革重点任务分工方案》	北京市人民政府 2017 - 10 - 13
	7	《北京市人民政府办公厅印发〈关于加快发展康复辅助器具产业的实施意见〉的通知》	北京市人民政府办公厅 2017 - 11 - 24
	8	《中共北京市委、北京市人民政府关于印发加快科技创新构建高精尖经济结构系列文件的通知》	中共北京市委、北京市人民政府 2017 - 12 - 20

（续上表）

城市	序号	文件名称	发布单位及日期
北京	9	《北京市规划和国土资源管理委员会、北京市发展和改革委员会、北京市住房和城乡建设委员会等关于进一步优化营商环境深化建设项目行政审批流程改革的意见》	北京市规划和国土资源管理委员会、北京市发改委、北京市住建委等10个部门 2018－03－07
	10	《北京市规划和国土资源管理委员会关于进一步优化营商环境缩短不动产登记办理时限的通知》	北京市规划和国土资源管理委员会 2018－03－13
	11	《北京市财政局、北京市国家税务局、北京市地方税务局等关于印发进一步提升纳税等便利度优化营商环境工作措施的通知》	北京市财政局、北京市国家税务局等5个部门 2018－03－14
	12	《北京市工商行政管理局、北京市国家税务局、北京市地方税务局、北京市公安局关于进一步优化营商环境提高企业开办效率的通知》	北京市工商行政管理局等4个部门 2018－03－14
	13	《北京市金融工作局、中国人民银行营业管理部、中国银行业监督管理委员会北京监管局关于进一步优化金融信贷营商环境的意见》	北京市金融工作局等4个部门 2018－03－14
	14	《北京市商务委员会（北京市人民政府口岸办公室）、天津市人民政府口岸服务办公室、中华人民共和国北京海关等关于进一步优化营商环境提升京津跨境贸易便利化若干措施的公告》	北京市商务委员会等6个部门 2018－03－14
	15	《北京市城市管理委员会关于优化营商环境全面提高服务质量的通知》	北京市城市管理委员会 2018－03－16
	16	《北京市规划和国土资源管理委员会、北京市住房和城乡建设委员会关于进一步优化营商环境精简行政审批要件的通知》	北京市规划和国土资源管理委员会、北京市住房和城乡建设委员会 2018－03－16
	17	《北京市城市管理委员会、北京市规划和国土资源管理委员会、北京市住房和城乡建设委员会等关于北京市进一步优化电、水、气、热接入营商环境的意见（试行）》	北京市城市管理委员会等7个部门 2018－03－16
	18	《北京住房公积金管理中心关于进一步落实优化营商环境工作措施的通知》	北京市住房公积金管理中心 2018－03－20

（续上表）

城市	序号	文件名称	发布单位及日期
北京	19	《北京市城市管理委员会、北京市交通委路政局、北京市公安交管局关于做好涉及占掘路审批的低压电力接入工程优化营商环境有关工作的通知》	北京市城市管理委员会等 3 个部门 2018 - 04 - 10
	20	《北京市商务委员会（北京市人民政府口岸办公室）、天津市人民政府口岸服务办公室、中华人民共和国北京海关、中华人民共和国天津海关、中华人民共和国北京出入境检验检疫局、中华人民共和国天津出入境检验检疫局关于大力优化营商环境提升京津跨境贸易便利化若干措施的公告》	北京市商务委员会等 6 个部门 2018 - 04 - 10
	21	《北京市规划和国土资源管理委员会关于落实优化营商环境相关政策进一步完善审批工作的通知》	北京市规划和国土资源管理委员会 2018 - 04 - 16
	22	《北京市住房和城乡建设委员会、北京市规划和国土资源管理委员会关于进一步优化营商环境简化房屋交易流程的通知》	北京市住房和城乡建设委员会、北京市规划和国土资源管理委员会 2018 - 04 - 20
	23	《北京市规划和国土资源管理委员会关于进一步明确优化营商环境政策适用范围的通知》	北京市规划和国土资源管理委员会 2018 - 05 - 07
	24	《北京市城市管理委员会、北京市规划和国土资源管理委员会、北京市住房和城乡建设委员会等关于北京市进一步优化电力接入营商环境的意见》	北京市城市管理委员会等 6 个部门 2018 - 05 - 07
	25	《北京市人民政府办公厅关于进一步支持企业上市发展的意见》	北京市人民政府办公厅 2018 - 05 - 19
	26	《中共北京市委、北京市人民政府关于印发〈北京市进一步优化营商环境行动计划（2018—2020 年）〉的通知》	中共北京市委、北京市人民政府 2018 - 07 - 18
长春	1	《充分发挥地税职能作用，促进幸福美好吉林建设三十八条措施》	长春市地方税务局 2017 - 08 - 22
	2	《长春市人民政府办公厅关于发挥品牌引领作用推动供需结构升级的实施意见》	长春市人民政府办公厅 2017 - 05 - 26
	3	《长春市人民政府办公厅关于降低实体经济企业成本的实施意见》	长春市人民政府办公厅 2017 - 07 - 17

（续上表）

城市	序号	文件名称	发布单位及日期
长春	4	《长春市人民政府办公厅印发〈关于加快推进工业转型升级的实施意见〉实施细则的通知》	长春市人民政府办公厅 2017 - 04 - 28
	5	《长春市人民政府关于深化政府投融资体制改革的实施意见》	长春市人民政府 2017 - 10 - 11
	6	《2017 年政府工作报告》	长春市人民代表大会 2018 - 01 - 11
长沙	1	《长沙市人民政府关于进一步加快发展资本市场的若干意见》	长沙市人民政府 2017 - 07 - 10
	2	《长沙市人民政府关于强力推进招商引资工作的若干意见》	长沙市人民政府 2017 - 12 - 20
	3	《长沙市人民政府办公厅关于印发长沙市优化营商环境三年行动方案（2018—2020 年）的通知》	长沙市政府办公厅 2018 - 03 - 28
成都	1	《成都市人民政府关于推进供给侧结构性改革支持实体经济平稳健康发展的意见》	成都市人民政府 2016 - 05 - 03
	2	《成都市人民政府办公厅关于印发 2017 年成都市简政放权放管结合优化服务工作要点的通知》	成都市人民政府办公厅 2017 - 04 - 19
	3	《成都市人民政府关于进一步扩大对外开放积极利用外资的意见》	成都市人民政府 2017 - 07 - 03
	4	《成都市发改委等 4 部门关于集中公布一批涉企经营服务性收费减免措施的通知》	成都市发改委 2017 - 08 - 23
	5	《成都市人民政府关于印发成都市促进加工贸易创新发展实施方案的通知》	成都市人民政府 2017 - 11 - 27
	6	《成都市人民政府办公厅关于印发成都市创新管理优化服务培育壮大经济发展新动能加快新旧动能接续转换工作实施方案的通知》	成都市人民政府办公厅 2018 - 01 - 26
	7	《成都市人民政府关于加快总部经济发展做强国家中心城市核心功能支撑的意见》	成都市人民政府 2018 - 01 - 31

（续上表）

城市	序号	文件名称	发布单位及日期
重庆	1	《重庆市促进企业技术创新办法》	重庆市人民政府 2016 – 01 – 05
	2	《重庆市人民政府办公厅关于贯彻落实国务院降低实体经济企业成本工作方案任务分工的通知》	重庆市人民政府办公厅 2016 – 11 – 16
	3	《重庆市人民政府办公厅关于公布重庆市减轻企业负担政策措施目录清单（第五批）的通知》	重庆市人民政府办公厅 2017 – 02 – 24
	4	《重庆市人民政府关于清理规范 16 项市级行政审批中介服务事项的决定》	重庆市人民政府 2017 – 03 – 29
	5	《重庆市人民政府办公厅关于进一步深化商事制度改革优化营商环境的意见》	重庆市人民政府办公厅 2017 – 06 – 12
	6	《重庆市人民政府关于印发〈重庆市 2017 年深化简政放权放管结合优化服务改革工作方案〉的通知》	重庆市人民政府 2017 – 07 – 30
	7	《重庆市人民政府办公厅关于动态调整重庆市减轻企业负担政策措施目录清单的通知》	重庆市人民政府办公厅 2018 – 02 – 14
	8	《中共重庆市委、重庆市人民政府印发〈关于全面优化营商环境促进民营经济发展的意见〉》	中共重庆市委、重庆市人民政府 2018 – 07 – 30
	9	《中国（重庆）自由贸易试验区管理试行办法》	重庆市人民政府 2018 – 09 – 17
福州	1	《福州市人民政府办公厅关于进一步加强涉企收费管理减轻企业负担的实施意见》	福州市人民政府办公厅 2015 – 01 – 06
	2	《福州市人民政府关于印发福州市供给侧结构性改革降成本行动计划（2016—2018 年）的通知》	福州市人民政府 2016 – 08 – 25
	3	《福州市人民政府办公厅转发福建省人民政府关于进一步降低实体经济企业成本的若干意见的通知》	福州市人民政府办公厅 2017 – 09 – 08
	4	《福州市人民政府关于做好当前和今后一段时期就业创业工作的实施意见》	福州市人民政府 2018 – 01 – 17
	5	《福州市人民政府关于印发福州市 2018 年进一步降低企业成本七项措施的通知》	福州市人民政府 2018 – 06 – 29

（续上表）

城市	序号	文件名称	发布单位及日期
广州	1	《广州市人民政府关于印发广州市系统推进全面创新改革试验三年行动计划（2016—2018年）的通知》	广州市人民政府 2017 - 02 - 16
	2	《广州市商务委、广州市财政局关于印发广州市商务发展专项资金管理办法的通知》	广州市商务委、广州市财政局 2017 - 07 - 05
	3	《广州市人民政府关于印发广州市降低实体经济企业成本实施方案的通知》	广州市人民政府 2017 - 09 - 05
	4	《广州市专利工作专项资金管理办法》	广州市知识产权局、广州市财政局 2017 - 11 - 22
	5	《广州市支持商贸业发展实施办法》	广州市商务委 2017 - 11 - 28
	6	《广州市人民政府关于第三批清理规范市政府部门行政审批中介服务事项的决定》	广州市人民政府 2018 - 01 - 10
	7	《广州市人民政府关于落实广东省降低制造业企业成本若干政策措施的实施意见》	广州市人民政府 2018 - 01 - 26
	8	《广州市人民政府关于修订〈广州市降低实体经济企业成本实施方案〉的通知》	广州市人民政府 2018 - 02 - 05
杭州	1	《杭州市人民政府关于降成本、减负担、去产能全面推进实体经济健康发展的若干意见》	杭州市人民政府 2016 - 02 - 26
	2	《杭州市人民政府办公厅关于深化企业减负担降成本改革的实施意见》	杭州市人民政府办公厅 2017 - 08 - 14
	3	《杭州市人民政府办公厅关于实施促进实体经济更好更快发展若干财税政策的通知》	杭州市人民政府办公厅 2017 - 10 - 10
	4	《杭州市重点产业知识产权运营基金管理办法（试行）》	杭州市财政局等3个部门 2017 - 11 - 15

（续上表）

城市	序号	文件名称	发布单位及日期
哈尔滨	1	《中共哈尔滨市委、哈尔滨市人民政府关于推进供给侧结构性改革的实施意见》	中共哈尔滨市委、哈尔滨市人民政府 2016 - 08 - 29
	2	《哈尔滨市深入推进实施新一轮东北振兴战略加快推动经济企稳向好总体方案》	哈尔滨市人民政府 2017 - 02 - 13
	3	《哈尔滨市全面深化改革激发内在活力行动计划（2017—2019 年）》	哈尔滨市人民政府 2017 - 02 - 13
	4	《哈尔滨市推进创新转型培育发展动力行动计划（2017—2019 年）》	哈尔滨市人民政府 2017 - 02 - 13
	5	《哈尔滨市人民政府关于印发哈尔滨市促进工业加快发展的若干政策的通知》	哈尔滨市人民政府 2017 - 11 - 14
	6	《中共哈尔滨市委办公厅关于印发〈2018 年全市深化作风整顿优化营商环境实施方案〉的通知》	中共哈尔滨市委办公厅 2018 - 03 - 30
合肥	1	《合肥市招商引资考核办法》	合肥市人民政府 2016 - 04 - 08
	2	《〈合肥市促进民营经济发展条例〉实施细则》	合肥市人民政府 2016 - 07 - 11
	3	《关于认真做好 2017 年减轻企业负担工作的通知》	合肥市减轻企业负担办公室 2017 - 06 - 08
	4	《合肥市人民政府关于深化供给侧结构性改革促进经济平稳健康发展的实施意见》	合肥市人民政府 2017 - 06 - 12
	5	《合肥市人民政府办公厅关于进一步降低实体经济企业成本的通知》	合肥市人民政府办公厅 2017 - 07 - 31
	6	《合肥市商务局、合肥市财政局关于印发〈合肥市农村电商扶贫支持政策实施细则〉的通知》	合肥市商务局、合肥市财政局 2017 - 12 - 06
	7	《合肥市人民政府关于合肥市创优"四最"营商环境的实施意见》	合肥市人民政府 2018 - 01 - 09

（续上表）

城市	序号	文件名称	发布单位及日期
济南	1	《济南市人民政府办公厅关于印发济南市中小微企业创新券实施管理办法（试行）的通知》	济南市人民政府办公厅 2017 – 03 – 27
	2	《济南市人民政府关于印发济南市落实打造"十最"营商环境要求支持实体经济项目建设若干措施的通知》	济南市人民政府 2017 – 12 – 10
	3	《济南市人民政府办公厅关于推行企业投资建设项目"多评合一"工作的实施意见》	济南市人民政府办公厅 2017 – 12 – 20
	4	《中共济南市委、济南市人民政府关于印发〈深化"一次办成"改革进一步优化营商环境的若干措施〉的通知》	中共济南市委、济南市人民政府 2018 – 06 – 19
兰州	1	《兰州市人民政府办公厅关于印发推进国内贸易流通现代化建设法治化营商环境的实施方案的通知》	兰州市人民政府办公厅 2017 – 04 – 17
	2	《2017 年兰州市扶持小微企业创业信用融资贷款工作实施方案》	兰州市工业和信息化委员会 2017 – 05 – 08
	3	《兰州市人民政府办公厅关于印发聚焦企业关切进一步推动优化营商环境政策落实工作方案的通知》	兰州市人民政府办公厅 2019 – 01 – 22
南昌	1	《南昌市小微企业创业创新基地城市示范专项基金管理办法》	南昌市人民政府 2015 – 11 – 22
	2	《南昌市人民政府关于印发南昌市级高新技术企业扶持办法（暂行）的通知》	南昌市人民政府 2017 – 04 – 26
	3	《南昌市人民政府关于积极稳妥降低企业杠杆率的实施意见》	南昌市人民政府 2017 – 09 – 11
	4	《南昌市人民政府关于加快推进产业扶贫的实施意见》	南昌市人民政府 2017 – 11 – 07
南京	1	《南京市知识产权促进和保护条例》	南京市人大常委会 2011 – 11 – 01
	2	《南京市国有科技创业型企业股权激励代持专项基金实施办法》	南京市人民政府 2014 – 07 – 31
	3	《南京市人民政府关于积极稳妥降低企业杠杆率的实施意见》	南京市人民政府 2017 – 10 – 31

（续上表）

城市	序号	文件名称	发布单位及日期
南京	4	《南京市人民政府办公厅关于印发〈南京市进一步激发民间有效投资活力促进经济持续健康发展的若干措施〉的通知》	南京市人民政府办公厅 2018－08－23
	5	《中共南京市委、南京市人民政府关于印发〈南京市优化营商环境 100 条〉的通知》	中共南京市委、南京市人民政府 2018－09－03
南宁	1	《南宁市中小商贸流通企业公共服务平台财政配套资金管理暂行办法》	南宁市财政局、南宁市商务局 2015－11－18
	2	《关于限额以上商贸企业和规模以上其他营利性服务业企业发展扶持管理办法》	南宁市人民政府 2017－06－02
	3	《南宁市人民政府关于进一步降低实体经济企业成本的若干意见》	南宁市人民政府 2018－05－15
	4	《南宁市人民政府办公厅关于印发〈南宁市开展小微企业"三进三送"专项行动工作方案〉的通知》	南宁市人民政府办公厅 2018－07－31
	5	《南宁市人民政府办公厅关于印发〈南宁市贯彻落实进一步减轻企业税费负担若干措施实施方案〉的通知》	南宁市人民政府办公厅 2018－08－21
上海	1	《上海市促进中小企业发展条例》	上海市人大常委会 2011－04－12
	2	《中国（上海）自由贸易试验区条例》	上海市人大常委会 2014－07－25
	3	《有限合伙制创业投资企业个人合伙人与天使投资个人投资抵扣有关个人所得税受理事项管理规程（试行）》	上海市地方税务局 2017－07－14
	4	《2017 年上海市深化简政放权放管结合优化服务改革工作方案》	上海市人民政府 2017－09－20
	5	《上海市税务局〈优化营商环境提升纳税便利度实施方案〉》	上海市税务局 2017－11－08
	6	《上海市着力优化营商环境，加快构建开放型经济新体制行动方案》	上海市人民政府 2017－12－22
	7	《上海市技术改造专项支持实施细则》	上海市经信委、市财政局 2018－02－15

（续上表）

城市	序号	文件名称	发布单位及日期
上海	8	《上海市国家税务局、上海市地方税务局、上海市人力资源和社会保障局、上海市住房和城乡建设管理委员会关于制发〈提升纳税便利度优化营商环境的若干措施〉的通知》	上海市国家税务局等4个部门 2018－02－28
	9	《上海市发展和改革委员会、上海市经济和信息化委员会、上海市公安局等关于印发〈上海市进一步优化电力接入营商环境实施办法（试行）〉的通知》	上海市发改委等6个部门 2018－02－28
	10	《上海市司法局关于印发〈上海市司法局优化营商环境行动方案〉的通知》	上海市司法局 2018－03－17
	11	《上海市住房和城乡建设管理委员会关于进一步改善和优化本市施工许可办理环节营商环境的通知》	上海市住房和城乡建设管理委员会 2018－03－19
	12	《上海市口岸服务办公室、上海市发展和改革委员会、上海市商务委员会等关于印发上海口岸优化跨境贸易营商环境若干措施的通知》	上海市口岸服务办公室等7个部门 2018－03－20
	13	《上海市商务委关于印发〈进一步优化上海市机电类自动进口许可证申领和通关工作完善跨境贸易营商环境实施办法〉的通知》	上海市商务委 2018－03－25
	14	《上海市金融服务办公室、中国人民银行上海分行、中国银行业监督管理委员会上海监管局关于提升金融信贷服务水平优化营商环境的意见》	上海市金融办等4个部门 2018－03－27
	15	《上海市规划和国土资源管理局关于优化本市营商环境进一步完善土地出让前征询工作的通知》	上海市规划和国土资源管理局 2018－04－27
	16	《上海市国家税务局、上海市地方税务局关于进一步切实做好税收优惠政策落实工作的通知》	上海市国家税务局、上海市地方税务局 2018－05－08
	17	《上海市人力资源和社会保障局关于印发〈上海市人力资源和社会保障局优化营商环境若干举措〉的通知》	上海市人力资源和社会保障局 2018－05－11
	18	《上海市住房和城乡建设管理委、市公安局、市规划国土资源局等关于印发〈上海市进一步优化燃气接入营商环境实施办法（试行）〉的通知》	上海市住房和城乡建设管理委员会等5个部门 2018－05－11

（续上表）

城市	序号	文件名称	发布单位及日期
上海	19	《国家外汇管理局上海市分局关于改进外汇管理、提升金融服务、优化营商环境的指导意见》	国家外汇管理局上海市分局 2018－05－27
	20	《上海市经济和信息化委员会关于做好 2018 年减轻企业负担工作的通知》	上海市经信委 2018－06－13
	21	《上海市食品药品监督管理局关于印发〈上海市食品经营领域进一步深化"放管服"改革优化营商环境"十二条"措施〉的通知》	上海市食品药品监督管理局 2018－07－04
沈阳	1	《沈阳市促进中小企业发展条例》	沈阳市人大常委会 2011－12－02
	2	《沈阳市人民政府关于进一步降低企业成本减轻企业负担的若干意见》	沈阳市人民政府 2016－07－02
	3	《沈阳市人民政府关于建设海外人才离岸创新创业自由港的实施意见》	沈阳市人民政府 2017－01－12
	4	《沈阳市人民政府关于印发沈阳市促进科技成果转移转化行动方案的通知》	沈阳市人民政府 2017－05－17
	5	《沈阳市人民政府关于印发沈阳市 2017 年深化经济体制改革工作要点的通知》	沈阳市人民政府 2017－06－06
	6	《沈阳市人民政府关于印发中国（辽宁）自由贸易试验区沈阳片区实施方案的通知》	沈阳市人民政府 2017－08－29
	7	《关于做好 2017 年降成本重点工作的通知》	沈阳市发改委 2017－08－29
	8	《沈阳市人民政府办公厅关于支持返乡下乡人员创业创新促进农村一二三产业融合发展的实施意见》	沈阳市人民政府办公厅 2017－10－30
	9	《沈阳市优化营商环境办法》	沈阳市人民政府 2017－11－30
	10	《沈阳市小微企业创业创新服务机构开展创业创新活动补贴实施细则》	沈阳市科学技术局 2017－12－18
	11	《沈阳市人民政府办公厅关于印发沈阳市创新管理优化服务培育壮大经济发展新动能加快新旧动能接续转换三年行动计划（2018—2020 年）的通知》	沈阳市人民政府办公厅 2017－12－29
	12	《沈阳市科技创新券实施办法（暂行）》	沈阳市人民政府 2018－01－01

（续上表）

城市	序号	文件名称	发布单位及日期
沈阳	13	《沈阳市人民政府关于印发〈沈阳市 2018 年优化营商环境专项整治行动方案〉的通知》	沈阳市人民政府 2018 - 01 - 09
	14	《沈阳市人民政府办公厅关于印发沈阳市 2018 年六大优化营商环境专项行动工作方案的通知》	沈阳市人民政府办公厅 2018 - 02 - 07
	15	《沈阳市科技企业孵化器、众创空间扶持政策实施细则》	沈阳市科学技术局 2018 - 03 - 09
石家庄	1	《石家庄市人民政府关于印发降低实体经济企业成本的意见的通知》	石家庄市人民政府 2016 - 05 - 06
	2	《石家庄市人民政府关于印发石家庄市推进供给侧结构性改革实施方案的通知》	石家庄市人民政府 2016 - 07 - 18
	3	《石家庄市人民政府关于振兴工业实体经济的意见》	石家庄市人民政府 2017 - 02 - 25
	4	《石家庄市人民政府关于支持企业技术创新的实施意见》	石家庄市人民政府 2017 - 04 - 05
	5	《石家庄市人民政府办公厅关于强化实施创新驱动发展战略进一步推进大众创业万众创新深入发展的实施意见》	石家庄市人民政府办公厅 2017 - 12 - 03
	6	《石家庄市人民政府办公厅关于支持返乡人员创业创新促进农村一二三产业融合发展的实施意见》	石家庄市人民政府办公厅 2017 - 12 - 29
	7	《石家庄市人民政府关于进一步做好就业创业工作的实施意见》	石家庄市人民政府 2017 - 12 - 29
	8	《石家庄市人民政府办公厅关于进一步激发民间投资有效活力促进全市经济高质量发展的实施意见》	石家庄市人民政府 2018 - 03 - 28
	9	《石家庄市人民政府办公厅关于深化"放管服"改革加快转变政府职能的意见》	石家庄市人民政府 2018 - 10 - 16
天津	1	《天津市促进商业发展若干规定》	天津市人大常委会 2013 - 07 - 23
	2	《天津市促进中小企业发展条例》	天津市人大常委会 2014 - 05 - 23
	3	中国（天津）自由贸易试验区条例	天津市人大（含常委会） 2015 - 12 - 24
	4	《天津市中小企业发展专项资金管理暂行办法》	天津市财政局 2016 - 04 - 13

（续上表）

城市	序号	文件名称	发布单位及日期
天津	5	《科技型企业股份制改造补贴资金管理办法》	天津市科技委、天津市财政局 2016 - 12 - 09
	6	《天津市人民政府办公厅关于进一步促进我市民间投资持续健康发展的实施意见》	天津市人民政府办公厅 2017 - 06 - 26
	7	《天津市人民政府关于深化简政放权放管结合优化服务改革工作的实施意见》	天津市人民政府 2017 - 07 - 18
	8	《北京市商务委员会（北京市人民政府口岸办公室）、天津市人民政府口岸服务办公室、中华人民共和国北京海关等关于进一步优化营商环境提升京津跨境贸易便利化若干措施的公告》	北京市商务委员会等 6 个部门 2018 - 03 - 14
	9	《北京市商务委员会（北京市人民政府口岸办公室）、天津市人民政府口岸服务办公室、中华人民共和国北京海关、中华人民共和国天津海关、中华人民共和国北京出入境检验检疫局、中华人民共和国天津出入境检验检疫局关于大力优化营商环境，提升京津跨境贸易便利化若干措施的公告》	北京市商务委员会等 6 个部门 2018 - 04 - 10
	10	《天津市金融局、人民银行天津分行、天津银监局关于进一步提升优化金融信贷营商环境的意见》	天津市金融局等 3 个部门 2018 - 07 - 11
武汉	1	《武汉市促进知识产权工作若干规定》	武汉市人大常委会 2010 - 02 - 01
	2	《武汉市科技创新促进条例》	武汉市人大常委会 2011 - 11 - 29
	3	《市人民政府关于构建公平竞争市场环境促进民间投资健康发展的通知》	武汉市人民政府 2017 - 07 - 04
	4	《市人民政府关于进一步降低企业成本振兴实体经济的意见》	武汉市人民政府 2017 - 07 - 18
	5	《武汉市小微企业服务补贴券管理办法》	武汉市经济和信息化委员会 2017 - 11 - 06
	6	《市经信委关于申领 2017 年小微企业服务补贴券的通知》	武汉市经济和信息化委员会 2017 - 11 - 06
	7	《武汉市招商引资奖励办法（试行）》	武汉市人民政府 2017 - 12 - 19

（续上表）

城市	序号	文件名称	发布单位及日期
武汉	8	《武汉市人民政府办公厅关于印发武汉市压缩企业开办时间进一步打造一流营商环境工作方案的通知》	武汉市人民政府办公厅 2018－06－12
	9	《武汉市人民政府关于进一步优化营商环境的意见》	武汉市人民政府 2018－09－05
西安	1	《西安市科学技术进步条例》	西安市人大常委会 2009－09－24
	2	《西安市会展业促进条例》	西安市人大常委会 2013－10－29
	3	《西安市人民政府办公厅关于大力发展农村电子商务带动农民增收致富的通知》	西安市人民政府办公厅 2017－02－22
	4	《西安市人民政府关于加快发展服务贸易的实施意见》	西安市人民政府 2017－06－02
	5	《营造良好市场环境促进有色金属工业调结构促转型增效益实施方案（2016—2020年）》	西安市人民政府办公厅 2017－07－20
	6	《西安市人民政府办公厅关于印发深化放管服改革全面优化提升营商环境实施方案的通知》	西安市人民政府办公厅 2017－10－30
	7	《西安市人民政府办公厅关于印发〈西安市发展硬科技产业十条措施〉的通知》	西安市人民政府办公厅 2017－11－06
	8	《西安国家知识产权强市创建工作方案（2017—2019年）》	西安市人民政府办公厅 2017－11－24
	9	《支持返乡下乡人员创业创新促进农村一二三产业融合发展的实施方案》	西安市人民政府办公厅 2017－12－14
	10	《西安市人民政府办公厅关于成立西安市加强和改善营商环境工作领导小组的通知》	西安市人民政府办公厅 2018－02－28
	11	《西安市人民政府办公厅关于印发加强和改善营商环境五个工作方案和二十一个行动方案的通知》	西安市人民政府办公厅 2018－05－03
	12	《西安市人民政府关于印发贯彻落实〈陕西省优化营商环境条例〉实施方案的通知》	西安市人民政府 2018－09－27

（续上表）

城市	序号	文件名称	发布单位及日期
郑州	1	《郑州市科学技术奖励办法》	郑州市人民政府 2011 – 07 – 25
	2	《郑州市人民政府关于促进大数据产业发展的若干意见》	郑州市人民政府 2017 – 02 – 27
	3	《郑州市企业研发费用加计扣除项目鉴定实施细则》	郑州市税务局等 7 个部门 2017 – 10 – 26
	4	《关于印发郑州市 2017 年度财政资金支持农业企业发展贷款贴息申报指南的通知》	郑州市财政局等 6 个部门 2017 – 10 – 26
	5	《郑州市激励引导企业加大研发投入实施方案》	郑州市人民政府 2017 – 12 – 12
	6	《金水区加快推进大众创业万众创新专项扶持办法（试行）》	郑州市金水区人民政府办公室 2017 – 11 – 10
	7	《郑州市制造业创新中心建设实施办法（暂行）》	郑州市人民政府 2017 – 11 – 22
	8	《郑州国家中心城市产业发展基金管理办法》	郑州市人民政府 2017 – 11 – 27
	9	《郑州市激励引导企业加大研发投入实施方案》	郑州市人民政府 2017 – 12 – 07
	10	《郑州高新技术产业开发区暂行规定》	郑州市人民政府 2018 – 10 – 12
深圳	1	《深圳经济特区加快经济发展方式转变促进条例》	深圳市人大常委会 2010 – 12 – 30
	2	《深圳市人民政府关于印发深圳市供给侧结构性改革总体方案（2016—2018 年）及五个行动计划的通知》	深圳市人民政府 2016 – 07 – 22
	3	《深圳市人民政府印发关于进一步降低实体经济企业成本若干措施的通知》	深圳市人民政府 2017 – 12 – 22
	4	《深圳市人民政府印发关于加大营商环境改革力度若干措施的通知》	深圳市人民政府 2018 – 01 – 17
	5	《深圳市国家税务局、深圳市地方税务局关于印发优化税收营商环境若干措施的通知》	深圳市国家税务局、深圳市地方税务局 2018 – 03 – 30

（续上表）

城市	序号	文件名称	发布单位及日期
厦门	1	《厦门市人民政府办公厅关于印发"降成本·优环境"专项行动工作方案的通知》	厦门市人民政府办公厅 2016－03－16
	2	《厦门经济特区促进中国（福建）自由贸易试验区厦门片区建设规定》	厦门市人大（含常委） 2016－09－01
	3	《厦门市人民政府关于认真贯彻落实国务院积极稳妥降低企业杠杆率意见的通知》	厦门市人民政府 2017－04－02
	4	《关于印发厦门市市级高新技术企业备案及扶持办法的通知》	厦门市科技局、厦门市财政局 2017－04－10
	5	《厦门市人民政府办公厅关于印发2017年厦门市推进简政放权放管结合优化服务工作要点的通知》	厦门市人民政府办公厅 2017－08－06
	6	《厦门市民政局转发民政部关于进一步规范社会团体涉企收费等行为切实减轻企业负担的通知》	厦门市民政局 2017－09－07
	7	《厦门市国家税务局、厦门市地方税务局关于调整企业所得税核定征收应税所得率的公告》	厦门市国家税务局、厦门市地方税务局 2017－11－30
	8	《厦门市人民政府关于做好当前和今后一段时期就业创业工作的实施意见》	厦门市人民政府 2017－12－18
	9	《厦门市人民政府办公厅关于印发进一步优化营商环境压缩企业开办时间实施方案的通知》	厦门市人民政府办公厅 2018－07－05
	10	《厦门市人民政府办公厅关于印发聚焦企业关切进一步落实优化营商环境政策若干措施的通知》	厦门市人民政府办公厅 2019－01－16
洛阳	1	《洛阳市人民政府办公室关于支持农民工返乡创业的实施意见》	洛阳市人民政府办公室 2017－03－16
	2	《洛阳市农业局关于印发推进农业供给侧结构性改革信息公开工作实施方案的通知》	洛阳市农业局 2017－06－26
	3	《洛阳市人民政府办公室关于印发洛阳市推进技术创新攻坚方案的通知》	洛阳市人民政府办公室 2017－08－09
	4	《洛阳市人民政府办公室关于印发洛阳市化解过剩产能攻坚方案等四个方案的通知》	洛阳市人民政府办公室 2017－08－29

（续上表）

城市	序号	文件名称	发布单位及日期
洛阳	5	《洛阳市人民政府关于印发洛阳市积极稳妥降低企业杠杆率实施方案的通知》	洛阳市人民政府 2017 – 11 – 23
	6	《洛阳市人民政府办公室关于印发洛阳市"十三五"煤炭消费总量控制工作方案的通知》	洛阳市人民政府办公室 2017 – 12 – 04
	7	《洛阳市人民政府办公室关于印发洛阳市优化营商环境激发民间有效投资活力实施方案的通知》	洛阳市人民政府办公室 2018 – 11 – 30
宜昌	1	《宜昌市人民政府办公室关于印发宜昌市推进供给侧结构性改革五大任务财政行动方案的通知》	宜昌市人民政府办公室 2016 – 06 – 16
	2	《宜昌市人民政府办公室关于减轻企业负担的意见》	宜昌市人民政府办公室 2016 – 11 – 02
	3	《宜昌市人民政府关于促进文化创意产业发展的意见》	宜昌市人民政府 2017 – 01 – 03
	4	《宜昌市人民政府关于财政支持供给侧结构性改革助推经济社会发展的意见》	宜昌市人民政府 2017 – 10 – 16
青岛	1	《中共青岛市委、青岛市人民政府关于深入推进供给侧结构性改革的意见》	中共青岛市委、青岛市人民政府 2016 – 10 – 25
	2	《青岛市人民政府办公厅关于印发青岛市"十三五"战略性新兴产业发展规划的通知》	青岛市人民政府办公厅 2017 – 01 – 13
	3	《青岛市人民政府关于减轻企业税费负担降低财务支出成本的实施意见》	青岛市人民政府 2017 – 01 – 23
	4	《青岛市人民政府关于进一步降低实体经济企业成本的实施意见》	青岛市人民政府 2017 – 07 – 21
	5	《青岛市人民政府办公厅关于印发青岛市促进科技成果转移转化实施方案的通知》	青岛市人民政府办公厅 2017 – 07 – 21
	6	《青岛市人民政府办公厅关于进一步促进农产品加工业发展的实施意见》	青岛市人民政府办公厅 2017 – 08 – 01
	7	《青岛市人民政府关于印发青岛市创建国家知识产权强市实施方案的通知》	青岛市人民政府 2017 – 08 – 09
	8	《青岛市人民政府办公厅关于印发〈中国制造 2025〉青岛市行动纲要的通知》	青岛市人民政府办公厅 2017 – 10 – 27
	9	《青岛市人民政府办公厅关于印发青岛市企业技术改造三年提升行动指南（2017—2019 年）的通知》	青岛市人民政府办公厅 2017 – 11 – 29

（续上表）

城市	序号	文件名称	发布单位及日期
青岛	10	《青岛市人民政府办公厅关于进一步激发民间有效投资活力的实施意见》	青岛市人民政府办公厅 2017 – 12 – 18
	11	《青岛市人民政府办公厅关于推动大众创业万众创新示范基地建设的实施意见》	青岛市人民政府办公厅 2018 – 04 – 06
	12	《青岛市人民政府办公厅关于印发青岛市一流营商环境提升年实施方案的通知》	青岛市人民政府办公厅 2018 – 06 – 13
	13	《中共青岛市委办公厅、青岛市人民政府办公厅关于印发〈青岛市深化"一次办好"改革深入推进审批服务便民化实施方案〉的通知》	中共青岛市委办公厅、青岛市人民政府办公厅 2018 – 07 – 30
	14	《青岛市人民政府办公厅关于印发青岛市营商环境评价专项行动实施方案的通知》	青岛市人民政府办公厅 2018 – 09 – 14
保定	1	《保定市人民政府关于降低实体经济企业成本若干政策的通知》	保定市人民政府 2016 – 05 – 28
	2	《保定市人民政府办公厅关于推进国内贸易流通现代化建设法治化营商环境的通知》	保定市人民政府办公厅 2017 – 01 – 03
	3	《保定市人民政府关于推进制造业与互联网融合发展的实施意见》	保定市人民政府 2017 – 01 – 26
太原	1	《太原市人民政府关于印发〈太原市推进简政放权放管结合优化服务工作要点〉的通知》	太原市人民政府 2016 – 11 – 26
	2	《太原市人民政府办公厅关于印发〈太原市深化"放管服效"改革实施方案〉的通知》	太原市人民政府办公厅 2017 – 11 – 02
贵阳	1	《贵阳市人民政府办公厅关于印发〈贵阳市优化提升营商环境工作考评办法（暂行）〉的通知》	贵阳市人民政府办公厅 2018 – 07 – 30
	2	《贵阳市人民政府关于印发〈贵阳市促进民间有效投资持续健康发展主要工作措施〉的通知》	贵阳市人民政府 2018 – 08 – 10

根据表 8 - 2 的客观数据，其中关于本市人民政府及其职能部门相应政策文件的数量的数据指标赋值情况为：设定最佳值为 26，设定最差值为 0，中国 33 个主要城市关于税费负担度的地方立法与政策制定排名等级如表 8 - 3 所示：

表 8 - 3   中国 33 个主要城市关于税费负担度的地方立法与政策制定排名等级

城市	分数	排名	城市	分数	排名
北京	1.8	1	洛阳	0.63	18
上海	1.69	2	成都	0.63	18
沈阳	1.32	3	长春	0.57	20
西安	1.14	4	哈尔滨	0.57	20
青岛	1.06	5	福州	0.51	22
天津	1.02	6	杭州	0.45	23
厦门	1.02	6	济南	0.45	23
郑州	1.02	6	宜昌	0.45	23
武汉	0.95	9	保定	0.38	26
重庆	0.95	9	长沙	0.38	26
合肥	0.83	11	兰州	0.38	26
石家庄	0.75	12	太原	0.32	29
南京	0.71	13	贵阳	0.32	29
深圳	0.71	13	舟山	0	31
南宁	0.71	13	海口	0	31
广州	0.69	16	昆明	0	31
南昌	0.65	17			

第二节   中国主要城市税收优惠政策（减税）情况

一、"营改增"落实情况

下面将从各城市 2017 年度和 2018 年度公布的关于预算执行情况报告以及政府性规范文件分析"营改增"落实情况。

2017 年，中国各个城市基本上都需要按照国家规定，将"营改增"范围扩大到服务业、建筑业、房地产业、金融业等领域，全面打通企业抵扣链条，实行不动产进项税抵扣，增加企业增值税进项抵扣。通过完善征管服务措施，引导企业加强财务核算，用足抵扣政策，确保所有行业税负只减不增。从各城市公布的 2017 年度预算执行情况报告看，北京、成都、广州、贵阳、青岛、上海、天津、深圳、宜昌积极落实"营改增"改革。北京落实"营改增"政策新增减税 260 亿元①；广州"营改增"扩围增值税 625.71 亿元②，在深入了解企业实施"营改增"情况过程中，发现并解决问题；南宁 2017 年增值税收入为 68.88 亿元，比 2016 年增长 43.99%③；太原 2017 年增值税收入为 91.38 亿元，比 2016 年增长 54%④；青岛进一步完善增值税抵扣链条，巩固和扩大营改增政策效果⑤；深圳"营改增"减税 396 亿元，"营改增"减收影响突出⑥；天津全面推开"营改增"试点政策，超过 90% 的企业实际税负下降，减少增值税收入 213 亿元⑦；上海继续落实并完善"营改增"试点政策，增值税收入为 1 084.8 亿元⑧；武汉⑨、贵阳⑩全面落实了"营改增"税收政策。其他城市公布的 2017 年度预算执行情况报告并未涉及"营改增"的落实情况。从各城市公布的政府性规范文件分析，武汉、北京、广州、保定、长春、福州、贵阳、合肥、上海、沈阳、青岛、重庆、深圳、宜昌全面推开营改增试点，其中广州、保定、重庆、青岛还扩大了"营改增"试点范围。杭州建立增值税（地方部分）当年增收额财政奖励政策，市政府给予区地方部门增值税当年增收额 5% 的财政奖励⑪。其他城市并未在具体文件中说明"营改增"的落实情况。

综合 2017 年度预算执行情况报告以及政府性规范文件可知，北京、上海、广州、深圳、青岛、宜昌、贵阳相比其他城市更关注"营改增"改革，在各类关于减轻企业税收负担的文件中，强调全面推开"营改增"改革，消除税收体制中重复征税的问题，降低企业税负成本，减轻企业压力，为企业提供更大的发展空间。2018 年，全国已普遍落实"营改增"改革，各城市不再收取营业税，营业税正式取消。

---

① 《北京市 2017 年预算执行情况和 2018 年预算报告》，http：//zhengwu. beijing. gov. cn/jh/t1508503. htm。

② 《广州市 2017 年预算执行情况和 2018 年预算报告》，http：//www. gz. gov. cn/gzgov/s16789/201801/743626dd280d49f8ae309505dcc0c25e. shtml。

③ 《南宁市 2017 年预算执行情况和 2018 年预算报告》，http：//www. nanning. gov. cn/Specials/nnsyjsgkzt/sbjbmys/201801/t20180131_825330. html。

④ 《太原市 2017 年预算执行情况和 2018 年预算报告》，http：//czxx. taiyuan. gov. cn/doc/2018/04/16/313984. shtml。

⑤ 《青岛市 2017 年预算执行情况和 2018 年预算报告》，http：//qdcz. qingdao. gov. cn/n32206386/n32206391/180130161200226340. html。

⑥ 《深圳市 2017 年预算执行情况和 2018 年预算报告》，http：//www. mof. gov. cn/zhuantihuigu/2018ysbghb/201802/t20180224_2817463. htm。

⑦ 《天津市 2017 年预算执行情况和 2018 年预算报告》，http：//www. mof. gov. cn/zhuantihuigu/2018ysbghb/201803/t20180312_2834721. htm。

⑧ 《上海市 2017 年预算执行情况和 2018 年预算报告》，http：//www. shanghai. gov. cn/nw2/nw2314/nw2315/nw4411/u21aw1286691. html。

⑨ 《武汉市 2017 年预算执行情况和 2018 年预算报告》，http：//czj. wuhan. gov. cn/html/zwgk/czsj/czyjs/201806/t20180613_208169. shtml。

⑩ 《贵阳市 2017 年预算执行情况和 2018 年预算报告》，http：//czj. gygov. gov. cn/show - 139 - 23034 - 1. html。

⑪ 《杭州市人民政府办公厅关于实施促进实体经济更好更快发展若干财税政策的通知》，http：//www. hangzhou. gov. cn/art/2017/11/28/art_1323858_4202. html。

二、税收优惠及财政支持政策落实情况

各城市应当贯彻国家出台的支持小微企业发展、鼓励创新创业、加快转型升级、支持高新技术产业发展等一系列税收优惠政策，加强宣传和政策解读，简化办理程序，优化纳税服务，保障各项税收政策落实到位。在财政支持方面，各城市应当采取贴息、事后奖补等方式支持企业进行新一轮技术改造，通过实施企业研究开发事后奖补、开展创新券补助政策试点、共建面向科技企业孵化器的风险补偿金等措施，支持企业研发创新。

贯彻落实税收优惠及财政支持政策主要体现在：第一，研发费用加计扣除政策；第二，小微企业所得税减免制度；第三，创业发展相关产业税收优惠；第四，研发创新的财政支持政策。

1. 研发费用加计扣除政策

按照中央规定，各城市应当提高科技型中小企业研发费用税前加计扣除比例。自 2017 年 1 月 1 日至 2019 年 12 月 31 日，将科技型中小企业开发新技术、新产品、新工艺实际发生的研发费用在企业所得税税前加计扣除的比例，由 50% 提高至 75%[①]。

武汉积极落实中央政策，提高研发费用在企业所得税税前加计扣除的比例[②]；重庆加大研发支持力度，降低新产品市场风险，加强协调配合，落实好研发费用加计扣除政策[③]；北京提高科技型中小企业研究开发费用税前加计扣除比例政策和简并增值税税率有关政策[④]；杭州实施对国家需要重点扶持的高新技术企业的研究开发费用享受企业所得税加计扣除优惠[⑤]；长春落实企业所得税研发费用加计扣除等对企业技术创新的支持政策[⑥]；福州[⑦]、青岛[⑧]、宜昌[⑨]全面落实高新技术企业减免税、企业研发费用加计扣除等政策；合肥落实研发费用加计扣除政策[⑩]；郑州对企业享受加计扣除税收优惠的研发项目的鉴定过程

① 国务院常务会议（2017 年 4 月 19 日），http：//www.gov.cn/guowuyuan/gwycwhy/20170419c10/。

② 《武汉市人民政府关于进一步降低企业成本振兴实体经济的意见》，http：//www.wuhan.gov.cn/hbgovinfo_47/szfggxxml/zcfg/gfxwj/201707/t20170724_131452.html。

③ 《关于贯彻落实国务院降低实体经济企业成本工作方案任务分工的通知》，http：//www.cq.gov.cn/publicinfo/web/views/Show！detail.action？sid＝4153205。

④ 《关于印发北京市降低实体经济企业成本实施方案的通知》，http：//zhengce.beijing.gov.cn/library/192/33/50/438650/233561/index.html。

⑤ 《杭州市人民政府办公厅关于实施促进实体经济更好更快发展若干财税政策的通知》，http：//www.hangzhou.gov.cn/art/2017/11/28/art_1323858_4202.html。

⑥ 《长春市人民政府办公厅关于降低实体经济企业成本的实施意见》，http：//www.changchun.gov.cn/zw/zfwj/sf-bwj_108294/201707/t20170720_324029.html。

⑦ 《福州市供给侧结构性改革降成本行动计划（2016—2018 年）》，http：//fzsme.net/f/view－5－bd65c3a37e59457bb31416f3c57c5bbd.html。

⑧ 《关于深入推进供给侧结构性改革的意见》，http：//www.qingdao.gov.cn/n172/n68422/n68423/n31280714/161025092541653634.html。

⑨ 《宜昌市人民政府办公室关于减轻企业负担的意见》，http：//www.0717w.com/list.php？id＝2141。

⑩ 《合肥市人民政府办公厅关于进一步降低实体经济企业成本的通知》，http：//www.hfinvest.gov.cn/8959/8960/201708/t20170831_2276279.html。

进行规定，依法实施对企业的税收优惠政策。①

2. 小微企业所得税减免制度

按照中央规定，各城市应当扩大企业所得税优惠的小型微利企业范围。自 2017 年 1 月 1 日至 2019 年 12 月 31 日，将小型微利企业年应纳税所得额上限由 30 万元提高到 50 万元，符合这一条件的小型微利企业所得减半计算应纳税所得额并按 20% 优惠税率缴纳企业所得税。②

武汉③、西安④积极落实中央政策，扩大小微企业享受减半征收所得税优惠的范围；北京落实高新技术企业认定政策，推进科技型中小微企业享受企业所得税减免优惠⑤；广州贯彻国家出台的支持小微企业发展的税收优惠政策⑥；杭州对符合条件的小微企业，可享受增值税、企业所得税等税收优惠政策⑦；保定落实小微企业税收优惠政策，月销售额或营业额不超过 3 万元的小微企业免征增值税和营业税的政策⑧；长春扩大小微企业享受减半征收所得税优惠的范围⑨；福州落实国家支持小微企业发展的增值税、企业所得税等方面税收优惠政策，实现每个小微企业应享尽享税收减免政策⑩；上海确保小微企业应享尽享相关税收优惠政策，持续释放更大减税效应⑪；洛阳⑫、郑州⑬、武汉⑭重点落实小微企业、高新技术企业增值税和企业所得税等各项税收优惠政策；青岛严格执行国家小微企业税收优惠政策⑮；深圳落实支持小微企业发展的各项税收优惠政策，确保小微企业应享

---

① 《郑州市企业研发费用加计扣除项目鉴定实施细则》，http：//www. zznet. gov. cn/tcc/606470. jhtml。

② 国务院常务会议（2017 年 4 月 19 日），http：//www. gov. cn/guowuyuan/gwycwhy/20170419c10/。

③ 《武汉市人民政府关于进一步降低企业成本振兴实体经济的意见》，http：//www. wuhan. gov. cn/hbgovinfo_47/szfggxxml/zcfg/gfxwj/201707/t20170724_131452. html。

④ 《推进小微企业创业创新基地城市示范工作方案》，http：//www. xa. gov. cn/ptl/def/def/index_1121_6774_ci_trid_2239663. html。

⑤ 《关于印发北京市降低实体经济企业成本实施方案的通知》，http：//zhengce. beijing. gov. cn/library/192/33/50/438650/233561/index. html。

⑥ 《广州市人民政府关于印发广州市供给侧结构性改革总体方案及 5 个行动计划的通知》，http：//www. gz. gov. cn/gzgov/s2811/201604/6afa2b655c6941afafec302afe3d7299. shtml。

⑦ 《杭州市人民政府办公厅关于实施促进实体经济更好更快发展若干财税政策的通知》，http：//www. hangzhou. gov. cn/art/2017/11/28/art_1323858_4202. html。

⑧ 《保定市人民政府关于降低实体经济企业成本若干政策的通知》，http：//www. bd. gov. cn/xxgkcontent - 888888016 - 101237. html。

⑨ 《长春市人民政府办公厅关于降低实体经济企业成本的实施意见》，http：//www. changchun. gov. cn/zw/zfwj/sfbwj_108294/201707/t20170720_324029. html。

⑩ 《福州市供给侧结构性改革降成本行动计划（2016—2018 年）》，http：//fzsme. net/f/view - 5 - bd65c3a37e59457bb31416f3c57c5bbd. html。

⑪ 《2017 年上海市深化简政放权放管结合优化服务改革工作方案》，http：//www. shanghai. gov. cn/nw2/nw2314/nw2319/nw12344/u26aw53765. html。

⑫ 《洛阳市人民政府关于印发洛阳市积极稳妥降低企业杠杆率实施方案的通知》，http：//henan. zhaoshang. net/2017 - 12 - 11/618848. html。

⑬ 《郑州市促进民间投资健康发展工作方案》，http：//www. sohu. com/a/120349726_158718。

⑭ 《武汉市人民政府关于构建公平竞争市场环境促进民间投资健康发展的通知》，http：//www. wuhan. gov. cn/hbgovinfo_47/szfggxxml/zcfg/gfxwj/201707/t20170717_130986. html。

⑮ 《关于深入推进供给侧结构性改革的意见》，http：//www. qingdao. gov. cn/n172/n68422/n68423/n31280714/161025092541653634. html。

尽享。①

3. 创业发展相关产业税收优惠

按照中央规定，在京津冀、上海、广东、安徽、四川、武汉、西安、沈阳 8 个全面创新改革试验地区和苏州工业园区开展试点，属于上述辖区内的城市从 2017 年 1 月 1 日起，对创投企业投资种子期、初创期科技型企业，可享受按投资额 70% 抵扣应纳税所得额的优惠政策；自今年 7 月 1 日起，将享受这一优惠政策的投资主体由公司制和合伙制创投企业的法人合伙人扩大到个人投资者。政策生效前 2 年内发生的投资也可享受前述优惠。②

西安推进国家"千人计划"和陕西省"百人计划"，提供各种税收优惠支持优秀青年科技人才创新创业，为百万大学生留在西安创业就业创造条件③；重庆战略性新型服务企业享受西部大开发 15% 的企业所得税优惠税率④；北京推广创业投资企业和天使投资个人有关税收试点政策，落实创业创新，发展相关税收优惠，对企业和个人技术入股实施选择性税收优惠政策，切实减轻股权鼓励和技术入股税收负担⑤；广州贯彻国家出台的鼓励创新创业的税收优惠政策⑥；贵阳建设"双创"示范城市，全面推进"大众创业、万众创新"⑦；郑州全面落实河南省企业研究开发财政补助的政策，积极实施科技型企业研发费用后补助政策，鼓励支持其他企业加大研发投入⑧；深圳落实创业投资企业税收抵扣政策⑨。

4. 研发创新的财政支持政策

武汉对自贸区内符合条件的科技企业孵化器直接办理税收减免⑩；重庆对符合高新技术企业认定标准的新型研发机构、符合条件的孵化器提供财政支持⑪；长春对符合条件的

① 《深圳市人民政府关于大力推进大众创业万众创新的实施意见》，http：//www.sz.gov.cn/zfgb/2016/gb970/201609/t20160906_4457354.html。

② 国务院常务会议（2017 年 4 月 19 日），http：//www.gov.cn/guowuyuan/gwycwhy/20170419c10/。

③ 《西安市人民政府办公厅关于印发〈西安市发展硬科技产业十条措施〉的通知》，http：//xakj.xa.gov.cn/new-page/zcfgc.asp？id=355。

④ 《重庆市减轻企业负担政策措施目录清单》，http：//www.cq.gov.cn/publicinfo/web/views/Show！detail.action？sid=4180850。

⑤ 《关于印发北京市降低实体经济企业成本实施方案的通知》，http：//zhengce.beijing.gov.cn/library/192/33/50/438650/233561/index.html。

⑥ 《广州市人民政府关于印发广州市供给侧结构性改革总体方案及 5 个行动计划的通知》，http：//www.gz.gov.cn/gzgov/s2811/201604/6afa2b655c6941afafec302afe3d7299.shtml。

⑦ 《贵阳市 2017 年预算执行情况和 2018 年预算报告》，http：//czj.gygov.gov.cn/show-139-23034-1.html。

⑧ 《郑州市激励引导企业加大研发投入实施方案》，http：//erqi.public.zhengzhou.gov.cn/02Q/624226.jhtml。

⑨ 《深圳市人民政府关于大力推进大众创业万众创新的实施意见》，http：//www.sz.gov.cn/zfgb/2016/gb970/201609/t20160906_4457354.htm。

⑩ 《武汉市地方税务局关于支持自贸区创新发展的若干意见》，http：//www.wehdz.gov.cn/dhgx/zimaogou/zhengcefagui/90461.htm。

⑪ 《重庆市减轻企业负担政策措施目录清单》，http：//www.cq.gov.cn/publicinfo/web/views/Show！detail.action？sid=4180850。

企业节能环保专用设备给予财政支持①；长沙建立"1+4"科技创新政策体系②；贵阳加大科技投入，助力公平共享创新型中心城市建设，采取后补助的方式直接用于企业研发投入补助③；合肥落实国务院全面创新改革试验地区税收优惠政策④；济南政府向小微企业、创新创业队和创客免费发放中小微创新券⑤；深圳争取国家支持在高端人才、众创空间、重大技术装备等产业方面先行开展财税政策创新试点和在广东自贸区前海蛇口片区试点实施启运港退税政策，给予企业税收优惠支持。⑥

根据上述内容，中国33个主要城市税收优惠政策（减税）排名情况如表8-4所示：

表8-4 中国33个主要城市税收优惠政策（减税）情况排名

城市	分数	排名	城市	分数	排名
武汉	4	1	天津	1	17
深圳	4	1	南宁	1	17
重庆	4	1	成都	1	17
北京	4	1	洛阳	1	17
长春	4	1	济南	1	17
郑州	3	6	长沙	1	17
广州	3	6	太原	1	17
合肥	3	6	厦门	0	25
青岛	3	6	南京	0	25
福州	3	6	南昌	0	25
贵阳	3	6	石家庄	0	25
西安	2	12	哈尔滨	0	25
上海	2	12	兰州	0	25
保定	2	12	昆明	0	25
杭州	2	12	海口	0	25
宜昌	2	12	舟山	0	25
沈阳	1	17			

① 《长春市人民政府办公厅关于降低实体经济企业成本的实施意见》，http：//www. changchun. gov. cn/zw/zfwj/sf-bwj_108294/201707/t20170720_324029. html。

② 《长沙市2017年预算执行情况和2018年预算报告》，http：//www. changsha. gov. cn/xxgk/szfxxgkml/ztbd/ysgk/ysjsbg/201801/t20180118_2165206. html。

③ 《贵阳市2017年预算执行情况和2018年预算报告》，http：//czj. gygov. gov. cn/show-139-23034-1. html。

④ 《合肥市人民政府办公厅关于进一步降低实体经济企业成本的通知》，http：//www. hfinvest. gov. cn/8959/8960/201708/t20170831_2276279. html。

⑤ 《济南市人民政府办公厅关于印发济南市中小微企业创新券实施管理办法（试行）的通知》，http：//www. jnsti. gov. cn/jnsti/science/view-jnszcfg-846915387402747904. html。

⑥ 《深圳市人民政府关于印发深圳市供给侧结构性改革总体方案（2016—2018年）及五个行动计划的通知》，http：//www. sz. gov. cn/zfgb/2016/gb967/201608/t20160809_4275500. htm。

第三节 中国主要城市政府性基金情况

根据《政府性基金管理暂行办法》（财综〔2010〕80 号）规定，政府性基金是指各级人民政府及其所属部门根据法律、行政法规和中共中央、国务院文件规定，为支持特定公共基础设施建设和公共事业发展，向公民、法人和其他组织无偿征收的具有专项用途的财政资金。2017 年财政部发布通知，经国务院批准，自 4 月 1 日起取消、调整部分政府性基金，切实减轻企业负担，促进实体经济发展。2017 年政府性基金降费主要包括两个部分：一是取消城市公用事业附加和新型墙体材料专项基金；二是调整残疾人就业保障金征收政策，在扩大免征范围的同时，设置残疾人就业保障金征收标准上限。2017 年《政府工作报告》指出，名目繁多的收费使得许多企业不堪重负，要大幅度降低非税负担。包括清理规范政府性基金，取消城市公用事业附加等基金，授权地方政府自主减免部分基金。财政部的通知也明确了在"十三五"期间，省、自治区、直辖市人民政府可以结合当地经济发展水平、相关公共事业和设施保障状况、社会承受能力等因素，自主决定免征、停征或减征地方水利建设基金、地方水库移民扶持基金等项目。政府性基金采用目录清单方式管理和公布，2017 年各城市根据中央政策取消、调整部分政府性基金，经过一年的实践，2018 年各城市政府性基金目录清单继续以清单方式进行调整。

一、建立政府性基金目录清单情况

2018 年中央公布的全国性政府性基金目录清单项目有 21 个。北京[1]、重庆[2]、广州[3]、

---

① 《北京市 2018 年政府性基金目录清单》，http：//www. beijing. gov. cn/zfxxgk/110011/2018nywdt52/2018 - 07/06/content_58b1137558e84aca854a9c4f13db66bc. shtml。

② 《重庆市 2018 年政府性基金目录清单》，http：//www. cqcs. gov. cn/zfxx/news/2018 - 8/472_86846. shtml。

③ 《广州市 2018 年政府性基金目录清单》，http：//zwgk. gz. gov. cn/GZ11/6. 9/201808/c2fa14bf7306461bbcf4b547ac930b68. shtml。

贵阳[①]、济南[②]、石家庄[③]、武汉[④]、合肥[⑤]、青岛[⑥]、厦门[⑦]、天津[⑧]、郑州[⑨]、南昌[⑩]、上海[⑪]、长沙[⑫]、成都[⑬]、兰州[⑭]、西安[⑮]、保定[⑯]、宜昌[⑰]、昆明[⑱]、长春[⑲]、哈尔滨[⑳]、南宁[㉑]、沈阳这 25 个城市在 2017 年建立了政府性基金目录清单，深化收费目录清单管理，并在其政府信息公开网站或者地方财政局网站上进行公布。海口、太原、洛阳、深圳、舟山、福州、南京、杭州未能在网上找到其 2017 年政府性基金目录清单。

2018 年政府性基金项目相较于全国政府性基金项目较少的城市有：北京、济南、青岛、武汉、郑州、南昌、上海、成都、兰州、西安、宜昌、哈尔滨、沈阳，这些城市的政府性基金项目数量低于 10 个。其中，昆明政府性基金参照全国政府性基金目录清单，均为 21 个项目；保定政府性基金项目参照河北省；长沙政府性基金项目参照湖南省；合肥政府性基金项目参照安徽省。2018 年中国主要城市政府性基金项目数量上基本低于或参照全国性政府性基金项目，全面落实国家政府性基金取消减免政策，切实减轻企业负担，促进实体经济发展。

---

① 《贵阳市 2018 年政府性基金目录清单》，http：//www. xifeng. gov. cn/zwgk/xxgkml/zdlyxx/qzqd/qzqd_28910/201812/t20181204_1955164. html。

② 《济南市 2018 年政府性基金目录清单》，http：//www. jinan. gov. cn/art/2018/12/28/art_28818_2776693. html。

③ 《石家庄市 2018 年政府性基金目录清单》，http：//www. sjzjx. gov. cn/info. php？id = 11433。

④ 《武汉市 2018 年政府性基金目录清单》，http：//czj. wuhan. gov. cn/html/zxfw/sfgl/201811/t20181128_242408. shtml。

⑤ 《合肥市 2018 年政府性基金目录清单》，http：//www. ahcz. gov. cn/portal/zdzt/xzsyxmlqd/1514839300403601. htm。

⑥ 《青岛市 2018 年政府性基金目录清单》，http：//qdcz. qingdao. gov. cn/n32206386/n32206387/181114160008410643. html。

⑦ 《厦门市 2018 年政府性基金目录清单》，http：//dpc. xm. gov. cn/xxgk/xxgkml/jggl/gjsxzsyxsf/201808/t20180830_2108736. htm。

⑧ 《天津市 2018 年政府性基金目录清单》，http：//czds. tj. gov. cn/art/2018/5/2/art_2041_39866. html。

⑨ 《郑州市 2018 年政府性基金目录清单》，http：//zzcz. zhengzhou. gov. cn/mlqd/719511. jhtml。

⑩ 《南昌市 2018 年政府性基金目录清单》，http：//www. wl. nc. gov. cn/News. shtml？p5 = 69452。

⑪ 《上海市 2018 年政府性基金目录清单》，http：//www. czj. sh. gov. cn/zss/zt/xzsyxsf/mlqdd/。

⑫ 《长沙市 2018 年政府性基金目录清单》，http：//czj. changde. gov. cn/art/2018/11/2/art_33395_1327591. html。

⑬ 《成都市 2018 年政府性基金目录清单》，http：//www. njgc. gov. cn/gcqrmzf/201804/t20180409_1322587. html。

⑭ 《兰州市 2018 年政府性基金目录清单》，http：//www. cdqingyang. gov. cn/qyqjyj/c110577/2018－08/21/content_61e4ff42f83443e8b0a07e1f461d067c. shtml。

⑮ 《西安市 2018 年政府性基金目录清单》，http：//xaczj. xa. gov. cn/info/1031/20579. htm。

⑯ 《保定市 2018 年政府性基金目录清单》，http：//ilc. gov. cn/gggs/27007. jhtml。

⑰ 《宜昌市 2018 年政府性基金目录清单》，http：//xxgk. yichang. gov. cn/show. html？aid = 1&id = 172648。

⑱ 《昆明市 2018 年政府性基金目录清单》，http：//czj. km. gov. cn/c/2018－07－26/2698579. shtml。

⑲ 《长春市 2018 年政府性基金目录清单》，http：//www. changchun. gov. cn/zw/xxgk/czxx/sjczyjs/201805/t20180503_450397. html。

⑳ 《哈尔滨市 2018 年政府性基金目录清单》，http：//www. hrbczj. gov. cn/czxxgk/xzsyxsfxx/xzsyxsfxm/10143. htm。

㉑ 《南宁市 2018 年政府性基金目录清单》，http：//nncz. nanning. gov. cn/zwgk/xzsyxsfhzfxjj/t628910. html。

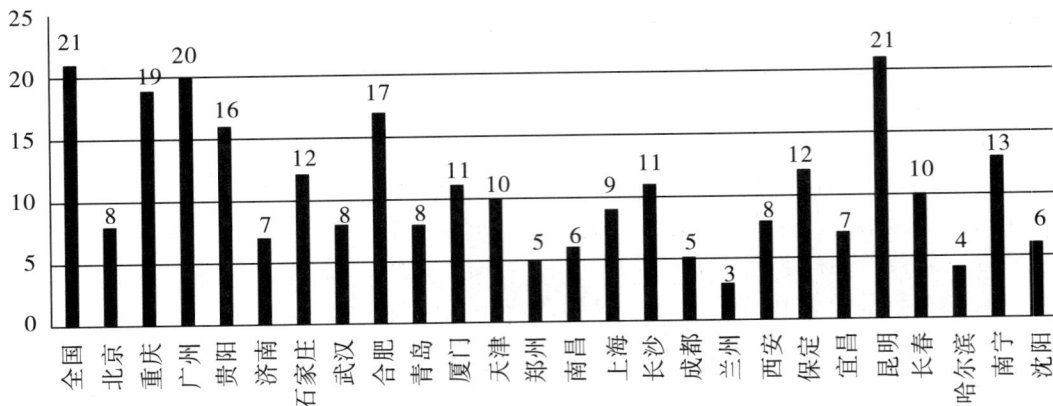

图 8-1　2018 年中国主要城市政府性基金目录清单

二、政府性基金收入以及政府性基金收入占城市 GDP 数值比例

下面将从各城市 2018 年财政预算执行报告公布的数据获得政府性基金收入及其占 GDP 数值比例，分析各城市政府性基金实施情况。

2018 年中国主要城市政府性基金收入较高的城市有：重庆①、上海②、北京③超过 2 000 亿元，居于前三。成都④、福州⑤、广州⑥、杭州⑦、武汉⑧、南京⑨、天津 2018 年政府性基金收入均超过 1 000 亿元。2018 年政府性基金收入较少的城市有：海口⑩、兰州⑪、

---

① 《重庆市 2018 年预算执行情况和 2019 年预算报告》，http：//www. cq. xinhuanet. com/2019 - 02/15/c _ 1124118124. htm。

② 《上海市 2018 年预算执行情况和 2019 年预算报告》，http：//www. shanghai. gov. cn/nw2/nw2314/nw2319/ nw11494/nw12330/nw12338/u21aw1362003. html。

③ 《北京市 2018 年预算执行情况和 2019 年预算报告》，http：//www. beijing. gov. cn/gongkai/caizheng/134/123/ 128/556442/1573612/255048. pdf。

④ 《成都市 2018 年预算执行情况和 2019 年预算报告》，http：//cdcz. chengdu. gov. cn/cdsczj/c116720/2019 - 02/ 02/dbe98862cc4449879f45bbd1ea7e75d8/files/be493bba095f499babbd6481e9b7bd8f. pdf。

⑤ 《福州市 2018 年预算执行情况和 2019 年预算报告》，http：//www. fuzhou. gov. cn/zgfzzt/czzj/bjndyjs/zfysgk/ 201901/t20190129_2751671. htm。

⑥ 《广州市 2018 年预算执行情况和 2019 年预算报告》，http：//www. sohu. com/a/290829871_394932。

⑦ 《杭州市 2018 年预算执行情况和 2019 年预算报告》，http：//www. hangzhou. gov. cn/art/2019/1/30/art_1383231_ 30160254. html。

⑧ 《武汉市 2018 年预算执行情况和 2019 年预算报告》，http：//www. cjrbapp. cjn. cn/wuhan/p/69425. html。

⑨ 《南京市 2018 年预算执行情况和 2019 年预算报告》，http：//czj. nanjing. gov. cn/njsczj/？ id = 218。

⑩ 《海口市 2018 年预算执行情况和 2019 年预算报告》，http：//www. hkwb. net/news/content/2019 - 02/24/content_ 3673177. htm。

⑪ 《兰州市 2018 年预算执行情况和 2019 年预算报告》，http：//czj. lanzhou. gov. cn/。

哈尔滨①、保定②、洛阳③，这几个城市在 2018 年政府性基金收入均低于 300 亿元。济南、太原、石家庄、西安、宜昌、舟山、郑州公布的 2018 年财政执行报告中，并未公布政府性基金的收入数据。

各城市 2018 年财政执行报告公布的政府性基金收入与各城市 GDP 相比，政府性基金收入占 GDP 比例越小，说明该城市企业所要缴纳的政府性基金费用越少。全面清理规范政府性基金，企业少缴纳基金费用可以减轻企业负担，提高企业发展水平，促进地方 GDP 增长。2018 年，福州市政府性基金收入较高，且占福州市 GDP 的 14.76%；重庆、海口、杭州、昆明、南京、南宁、武汉政府性基金收入占城市 GDP 比值较高，均超过 10%；重庆、杭州、南京 2018 年政府性基金收入较高，其占城市 GDP 的比值也较高；海口政府性基金收入仅 213.1 亿元，但其占 GDP 的比值较高，为 14.11%，可见其国民经济发展水平仍需提高；洛阳和哈尔滨两个城市其政府性基金收入低，且占城市 GDP 比例也低，说明经济发展较为平稳。2018 年政府性基金收入较高的城市中，北京政府性基金收入只占 GDP 的 6.61%，广州占 6.10%，深圳占 3.33%，上海占 6.41%。由此可见，在北上广深四个一线城市中，其 GDP 发展领先于全国其他城市，但政府性基金收入占 GDP 比例之小说明了这四个城市在全面清理规范政府性基金，减轻企业负担方面也遥遥领先。

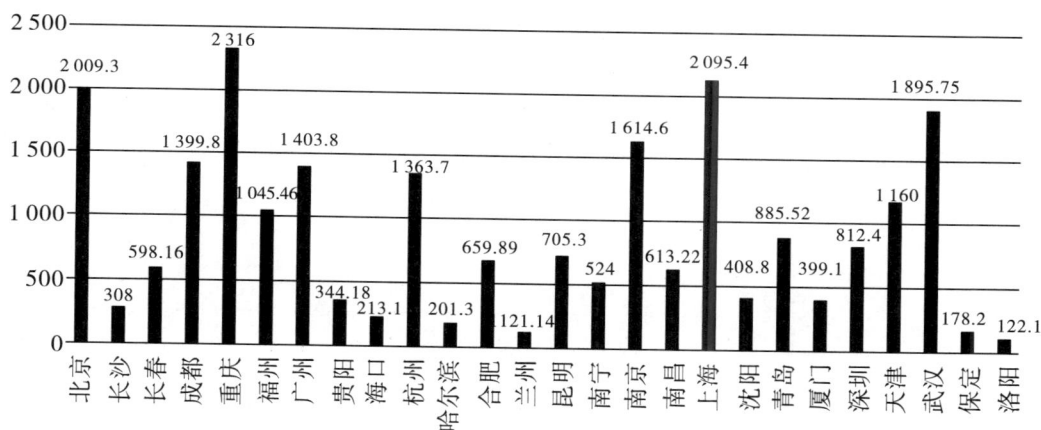

图 8-2　2018 年中国主要城市政府性基金收入预算数值

①《哈尔滨市 2018 年预算执行情况和 2019 年预算报告》，http：//www.harbin.gov.cn/art/2019/1/25/art_437_628072.html。

②《保定市 2018 年预算执行情况和 2019 年预算报告》，http：//www.bd.gov.cn/xxgkcontent-888888032-150064-58.html。

③《洛阳市 2018 年预算执行情况和 2019 年预算报告》，http：//news.lyd.com.cn/system/2019/02/26/031026610.shtml。

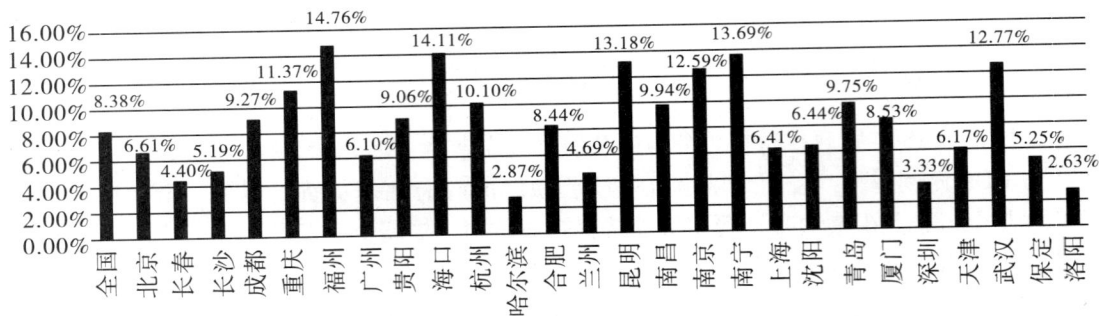

图 8 - 3　2018 年中国主要城市政府性基金收入占 GDP 比例数值

　　根据上述内容，其中关于本市政府性基金目录清单项目数量的数据指标赋值情况为：设定最佳值为 3，设定最差值为 21；关于本市政府性基金收入占当年城市 GDP 的数值比例的数据指标赋值情况为：设定最佳值为 2.63，设定最差值为 14.76；中国 33 个主要城市政府性基金情况排名如表 8 - 5 所示：

表 8 - 5　中国 33 个主要城市政府性基金情况排名

城市	分数	排名	城市	分数	排名
哈尔滨	3.28	1	广州	1.432	18
兰州	3.136	2	贵阳	1.4	19
沈阳	2.632	3	合肥	1.384	20
长春	2.544	4	西安	1.352	21
北京	2.424	5	南宁	1.2	22
上海	2.368	6	石家庄	1	23
成都	2.352	7	重庆	0.824	24
长沙	2.352	7	昆明	0.408	25
天津	2.312	9	南京	0.144	26
保定	2.256	10	深圳	0	27
南昌	2.168	11	福州	0	27
青岛	2.016	12	太原	0	27
厦门	1.912	13	海口	0	27
郑州	1.624	14	杭州	0	27
武汉	1.616	15	洛阳	0	27
济南	1.448	16	舟山	0	27
宜昌	1.448	16			

第四节　中国主要城市涉企收费（降费）情况

2017 年 4 月 25 日国家发改委发布《关于清理规范涉企经营服务性收费的通知》，指出大力清理和规范涉企收费，是优化实体经济发展环境、贯彻稳中求进工作总基调、推进供给侧结构性改革的重要举措，是深化简政放权的关键内容。《通知》指出，围绕当前涉企收费存在的突出问题，按照摸清底数、突出重点、分类规范、创新制度、部门协同、强化监督的原则，通过开放一批、取消一批、降低一批、规范一批，落实出台的惠企政策措施，取消不合理收费项目，降低偏高的收费标准。另外，《通知》要求全面建立健全涉企收费目录清单和集中公示制度，清单外收费一律不得实行政府定价，实施清单动态调整机制，切实降低实体经济运行成本和制度性交易成本，减轻企业实际负担。

一、中国主要城市建立涉企行政事业性收费目录清单情况

涉企行政事业性收费事项的减少对于企业减负具有重要意义。中央规定扩大行政事业性收费免征范围政策，要求将植物检疫费、社会公用计量标准证书费用等 18 项行政事业性收费免征范围，从小微企业扩大到所有企业和个人。2018 年国务院公布的全国涉企行政事业性收费目录清单共有 17 个收费项目，中国 33 个城市中有 22 个城市在其政府信息公开网站上公示了各城市的涉企行政事业性收费目录清单。其中，贵阳参照贵州省清单，合肥参照安徽省清单，长沙参照湖南省清单。2018 年中国主要城市涉企行政事业性收费项目超过全国性清单的城市有：重庆①、合肥②、上海③、南宁④、昆明。其他已公布涉企行政事业性收费清单的城市项目都少于全国性清单。2018 年未公布涉企行政事业性收费目录清单的城市有：广州、海口、太原、石家庄、洛阳、天津、舟山、福州、南京、杭州、保定。

部分城市涉企行政事业性收费目录清单当中以星标方式注明对小微企业免予征收的项

---

① 《重庆市 2018 年涉企行政事业性收费目录清单》，http：//law. esnai. com/view/191812。
② 《合肥市 2018 年涉企行政事业性收费目录清单》，http：//www. ahcz. gov. cn/portal/zdzt/xzsyxmlqd/15148393004 03601. htm。
③ 《上海市 2018 年涉企行政事业性收费目录清单》，http：//www. czj. sh. gov. cn/zss/zt/xzsyxsf/mlqdd/。
④ 《南宁市 2018 年涉企行政事业性收费目录清单》，http：//nncz. nanning. gov. cn/zwgk/xzsyxsfhzfxjj/t628910. html。

目，其中成都 2 项①、宜昌 1 项②、南宁 5 项③、上海 3 项④、长春 2 项⑤、厦门 2 项⑥、深圳 2 项⑦。

2017 年部分城市逐步推进"零收费"改革，改革颇有成效的城市有：广州、杭州、天津、深圳。广州开展行政事业性收费改革，逐步推进审批管理"零收费"制度，并在自贸试验区实现所有行政事业性收费省级及省级以下收入一律免收；⑧ 杭州全面贯彻落实取消省级设立的涉企行政事业性收费，实现全市范围内省级设立的行政事业性涉企零收费；⑨ 天津实现市级建设领域涉企行政事业性"零收费"；⑩ 深圳加快实施省定涉企行政事业性"零收费"，取消市级涉企行政事业性收费。⑪ 到 2018 年，保定涉企行政事业性收费已基本清零。

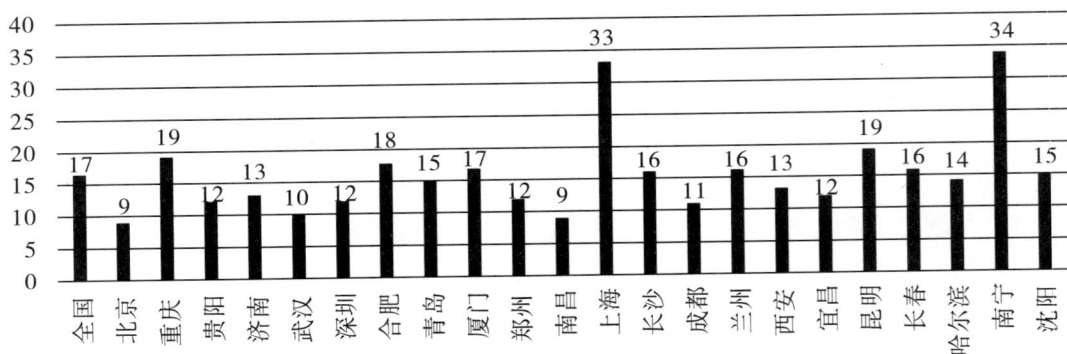

图 8-4 2018 年中国主要城市涉企行政事业性收费目录清单

---

① 《成都市 2018 年涉企行政事业性收费目录清单》，http：//www.cdqingyang.gov.cn/qyqjyj/c110577/2018-08/21/content_61e4ff42f83443e8b0a07e1f461d067c.shtml。

② 《宜昌市 2018 年涉企行政事业性收费目录清单》，http：//xxgk.yichang.gov.cn/show.html? aid=1&id=172648。

③ 《南宁市 2018 年涉企行政事业性收费目录清单》，http：//nncz.nanning.gov.cn/zwgk/xzsyxsfhzfxjj/t628910.html。

④ 《上海市 2018 年涉企行政事业性收费目录清单》，http：//www.czj.sh.gov.cn/zss/zt/xzsyxsf/mlqdd/。

⑤ 《长春市 2018 年涉企行政事业性收费目录清单》，http：//www.changchun.gov.cn/zw/xxgk/czxx/sjczyjs/201805/t20180503_450397.html。

⑥ 《厦门市 2018 年涉企行政事业性收费目录清单》，http：//dpc.xm.gov.cn/xxgk/xxgkml/jggl/gjsxzsyxsf/201808/t20180830_2108734.htm。

⑦ 《深圳市 2018 年涉企行政事业性收费目录清单》，http：//www.szpb.gov.cn/fgzl/jgzc/jggl1/201807/t20180703_13521250.htm。

⑧ 《广州市人民政府关于印发广州市供给侧结构性改革总体方案及 5 个行动计划的通知》，http：//www.gz.gov.cn/gzgov/s2811/201604/6afa2b655c6941afafec302afe3d7299.shtml。

⑨ 《杭州市人民政府办公厅关于实施促进实体经济更好更快发展若干财税政策的通知》，http：//www.hangzhou.gov.cn/art/2017/11/28/art_1323858_4202.html。

⑩ 《天津市建委关于营造企业家创业发展良好环境的具体措施》，http：//www.risinglawyer.com/page56? article_id=3736。

⑪ 《关于支持企业提升竞争力的若干措施》，http：//www.sz.gov.cn/szzt2010/zdlyzl/kjcy/yhzc/201606/t20160616_3706711.htm。

二、中国主要城市建立政府定价的经营服务性收费目录清单情况

按照深化"放管服"改革的要求，地方政府应当全面梳理政府定价目录内容中的各项涉企经营服务性收费，进一步减少包括中介服务在内的政府性定价经营服务性收费项目，已明确取消的行政审批前置中介服务事项，其收费不得实行政府定价管理，取消不合理收费项目，放开具备竞争条件的政府定价的经营服务政府定价，降低部分保留项目的收费标准。

2018 年国务院公布的政府定价的经营服务性收费目录清单共有 5 个项目，中国 33 个城市中有 18 个城市在其政府信息公开网站上公示了各城市的政府定价的经营服务性收费目录清单。在公布政府定价的经营服务性收费目录清单的城市当中，昆明有 26 项[1]、南宁有 22 项[2]、厦门有 22 项[3]、青岛有 20 项[4]，这四个城市政府定价的经营服务性收费项目数量较大，有待减少，需要继续加强减费力度。在公布清单的城市中，广州参照广东省清单[5]，洛阳参照中央公布的清单[6]，兰州参照甘肃省清单[7]。济南、洛阳项目数量与中央保持一致；哈尔滨项目数量少于全国性清单，远低于其他城市。其他城市收费项目均在 10 ~ 20 个，正在逐渐减少，实现零收费。

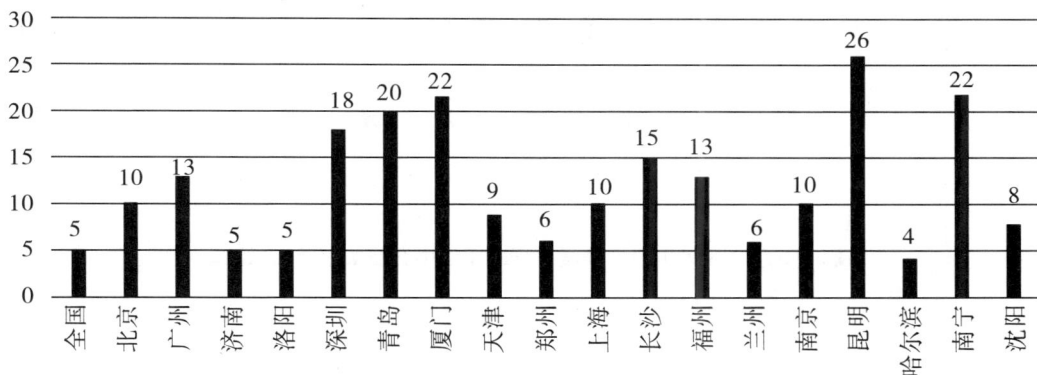

图 8 - 5　2018 年中国主要城市涉企经营服务性收费目录清单

① 《昆明市 2018 年政府定价的经营服务性收费项目目录清单》，http：//www. cdqingyang. gov. cn/qyqjyj/c110577/2018 - 08/21/content_ 61e4ff42f83443e8b0a07e1f461d067c. shtml。
② 《南宁市 2018 年政府定价的经营服务性收费项目目录清单》，http：//fgw. nanning. gov. cn/xxgk_706/gkblxfs/t1584533. html。
③ 《厦门市 2018 年政府定价的经营服务性收费项目目录清单》，http：//dpc. xm. gov. cn/xxgk/xxgkml/jggl/zyfwjg-gl/201810/t20181009_2131171. htm。
④ 《青岛市 2018 年政府定价的经营服务性收费项目目录清单》，http：//shibei. qingdao. gov. cn/n4447/n1651931/n1652056/n2610212/n2610220/180816162436361886. html。
⑤ 《广东省 2018 年政府定价的经营服务性收费项目目录清单》，http：//www. gddrc. gov. cn/zwgk/ggs/ywgg/201808/t20180825_477918. shtml。
⑥ 《洛阳市涉企行政事业性收费目录清单》，http：//www. gov. cn/fuwu/2018 - 01/02/content_ 5252388. htm。
⑦ 《甘肃省 2018 年政府定价的经营服务性收费项目目录清单》，http：//www. huining. gov. cn/html/fzhggjxxgk/sfm-lxx/201807/23440. html。

三、中国主要城市建立行政审批中介服务收费目录清单情况

《关于清理规范涉企经营服务性收费的通知》要求全面清理取消违规中介服务收费。2018 年，中国 33 个主要城市中只有 12 个城市公布该目录，数量较少，这些城市是广州①、海口②、武汉③、深圳④、青岛⑤、厦门⑥、福州⑦、西安⑧、长春⑨、哈尔滨⑩、南宁⑪、沈阳⑫。就公布清单的城市而言，厦门有 162 个项目远超其他城市；哈尔滨、长春数量也过百，数量较多；深圳、福州、武汉三个城市收费项目较少，减费程度较高；洛阳、太原已实现零收费，起领先作用。尚未制定行政审批前置服务收费目录的城市应加快制定。

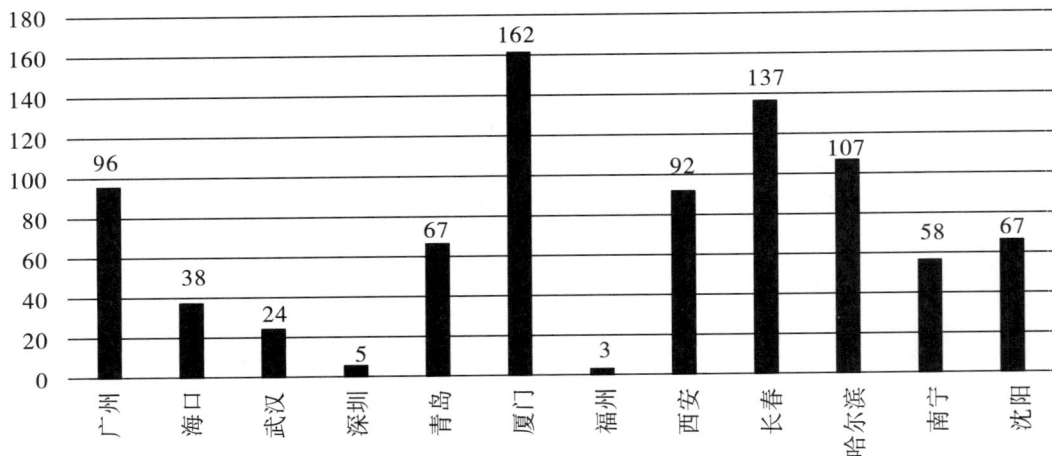

图 8-6   2018 年中国主要城市行政审批中介服务收费目录清单

---

① 《广州市 2018 年行政审批中介服务收费目录清单》，http：//www.gddrc.gov.cn/zwgk/gggs/ywgg/201808/t20180825_477918.shtml。

② 《海口市 2018 年行政审批中介服务收费目录清单》，http：//hi.people.com.cn/GB/n2/2018/0209/c231190-31240285.html。

③ 《武汉市 2018 年行政审批中介服务收费目录清单》，http：//www.whdonghu.gov.cn/xxgk/jgsf/6448.html。

④ 《深圳市 2018 年行政审批中介服务收费目录清单》，http：//www.szpb.gov.cn/fgzl/jgzc/jggl2/201812/t20181224_14937006.htm。

⑤ 《青岛市 2018 年行政审批中介服务收费目录清单》，http：//3g.163.com/dy/article/DPSFJIT10530VU0J.html。

⑥ 《厦门市 2018 年行政审批中介服务收费目录清单》，http：//m.mnw.cn/xiamen/news/1978010.html。

⑦ 《福州市 2018 年行政审批中介服务收费目录清单》，http：//fgw.fuzhou.gov.cn/zz/fgwzwgk/tzgg/201812/t20181213_2704212.htm。

⑧ 《西安市 2018 年行政审批中介服务收费目录清单》，http：//www.itl.gov.cn/zwgk/jghsb/hzsy/42877.htm。

⑨ 《长春市 2018 年行政审批中介服务收费目录清单》，http：//ccyzw.gov.cn/showContentxx/fj3.jspx。

⑩ 《哈尔滨市 2018 年行政审批中介服务收费目录清单》，http：//www.harbin.gov.cn/art/2018/8/23/art_209_568237.html。

⑪ 《南宁市 2018 年行政审批中介服务收费目录清单》，http：//www.nanning.gov.cn/xxgk/xxgkml/zdxxgk/jghsf/t976689.html。

⑫ 《沈阳市 2018 年行政审批中介服务收费目录清单》，http：//xiaofei.nen.com.cn/system/2018/08/30/020628260.shtml。

四、中国主要城市取消政府性基金和降低涉企收费情况

在取消、停征、免征或者降低政府性基金和涉企收费项目方面，各城市在 2017 年大幅度落实"降费"措施，2018 年在 2017 年的基础上进一步落实降费政策。并且，由于 2017 年大规模的降费政策实行，2018 年各城市公布的财政执行报告中较少提及取消、停征、免征或是降低政府性基金和涉企收费情况。故关于 2017—2018 年度中国主要城市取消政府性基金和降低涉企收费的具体情况以 2017 年公布的资料作为评价内容。根据 2017 年和 2018 年中国各城市公布的财政执行报告以及地方政府及其工作部门发布的地方规范性文件，具体分析各城市全面清理规范政府性基金和涉企收费的情况。

从取消、停征、免征或是降低政府性基金和涉企收费的项目来看，各城市主要在 2017 年进行大规模的降费，2017 年部分城市公布的财政执行报告有涉及全面清理规范政府性基金和涉企收费的相关内容，但财政执行报告并没有具体区分清理的涉企行政事业性收费、涉企经营服务性收费和审批中介服务收费，而是统一说明减费的数量以及减费的影响。具体情况如下：北京取消或停征 41 项中央设立的行政事业性收费，进一步减少政府定价管理的涉企经营服务性收费，全面清理取消违规中介服务收费；① 杭州取消或停征 41 项中央和 7 项省级行政事业收费，② 5 项行政事业性收费转为经营服务性收费，并按照收费只减不增原则开展服务；③ 保定清理规范行政事业性收费 1 项；④ 成都取消、停征或减免 41 项行政事业性收费和 5 项政府性基金，降低 8 项行政事业性收费和 2 项政府性基金收费标准；⑤ 广州取消或停征房屋转让手续费等 41 项行政事业性收费，降低公安部门部分证照费等 6 项行政事业性收费标准，减免城市公共事业附加、新型墙体材料等 3 项政府性基金，⑥ 规范行政审批中介服务项目和收费，按规定将收费项目控制在 100 项以内。广州落实免征、停征涉企行政事业性收费和经营服务性收费政策，推动所有行政事业性收费省级及省级以下收入（除法律法规和规章规定不能减免的之外）在自贸试验区一律免收；⑦ 南

---

① 《关于印发北京市降低实体经济企业成本实施方案的通知》，http：//zhengce. beijing. gov. cn/library/192/33/50/438650/233561/index. html。

② 《杭州市人民政府办公厅关于实施促进实体经济更好更快发展若干财税政策的通知》，http：//www. hangzhou. gov. cn/art/2017/11/28/art_1323858_4202. html。

③ 《杭州市人民政府办公厅关于深化企业减负担降成本改革的实施意见》，http：//hznews. hangzhou. com. cn/xinzheng/jiedu/content/2017 – 08/18/content_6630566. htm。

④ 《保定市 2017 年市本级预算及市总预算执行情况和 2018 年市本级预算及市总预算》，http：//www. hebei. gov. cn/hebei/11937442/10756595/10756632/14159148/index. html。

⑤ 《成都市 2017 年预算执行情况和 2018 年预算报告》，http：//gk. chengdu. gov. cn/govInfoPub/detail. action？ id =1923931&tn =2。

⑥ 《广州市 2017 年预算执行情况和 2018 年预算报告》，http：//www. gz. gov. cn/gzgov/s16789/201801/743626dd280d49f8ae309505dcc0c25e. shtml。

⑦ 《广州市人民政府关于印发广州市供给侧结构性改革总体方案及 5 个行动计划的通知》，http：//www. gz. gov. cn/gzgov/s2811/201604/6afa2b655c6941afafec302afe3d7299. shtml。

宁取消、停征、免征、降低收费标准及扩大免征范围的政府性基金及行政事业性收费 43 项；[①] 合肥免征、停征行政事业性收费 35 项（市级 15 项）、政府性基金 9 项（市级 2 项）[②]；昆明降低取消各类收费项目 63 项；[③] 青岛取消、停征、减免、调整 22 项收费和基金；[④] 厦门取消、停征、减免、免征涉企收费 47 项；[⑤] 上海取消城市公用事业附加等 2 项政府性基金，取消或停征 16 项中央设立的行政事业性收费，清理取消本市 5 项地方设立的涉企收费；[⑥] 深圳取消、停征和调整 14 项行政事业性收费和政府性基金项目，全面实现省定涉企行政事业性收费"零收费"；[⑦] 沈阳取消 13 项涉企行政事业性收费和 2 项涉企政府性基金，将涉企"零收费政策"和免征工业及生产性服务业投资项目城市基础设施配套费试点范围扩大到全市；[⑧] 天津清理规范涉企收费，取消城市公用事业附加和新型墙体材料专项基金，扩大残疾人就业保障金免征范围并设定征收标准上限，取消、停征、减免和调整船舶检验费等 34 项行政事业性收费；[⑨] 深圳取消、停征 41 项中央设立的行政事业性收费以及降低部分行政事业性收费标准；[⑩] 宜昌对保留的政府定价管理的经营服务收费落实省政府降标规定，实施普遍性降标，总体降幅 30%。[⑪]

从取消、停征、免征或是降低政府性基金和涉企收费减轻企业负担的情况来看，2017 年部分城市公布的财政执行报告涉及全面清理规范政府性基金和涉企收费对企业减费的影响。具体情况如下：北京清理规范政府性基金和涉企收费，减轻企业和社会负担 27.3 亿元；[⑫] 成都取消、停征、减免、降低行政事业性收费和政府基金收费，全年共减免 11.27

---

①　《南宁市 2017 年预算执行情况和 2018 年预算报告》，http：//www.nanning.gov.cn/Specials/nnsyjsgkzt/sbjbmys/201801/t20180131_825330.html。

②　《合肥市人民政府办公厅关于进一步降低实体经济企业成本的通知》，http：//www.hfinvest.gov.cn/8959/8960/201708/t20170831_2276279.html。

③　《昆明市 2017 年预算执行情况和 2018 年预算报告》，http：//www.ketdz.gov.cn/c/2018 - 02 - 23/2343778.shtml。

④　《青岛市 2017 年预算执行情况和 2018 年预算报告》，http：//qdcz.qingdao.gov.cn/n32206386/n32206391/180130161200226340.html。

⑤　《厦门市 2017 年预算执行情况和 2018 年预算报告》，http：//www.xm.gov.cn/zdxxgk/czzjxx/xmczyjspg/xmsczys/201801/t20180129_184440。

⑥　《上海市 2017 年预算执行情况和 2018 年预算报告》，http：//www.shanghai.gov.cn/nw2/nw2314/nw2315/nw4411/u21aw1286691.html。

⑦　《深圳市 2017 年预算执行情况和 2018 年预算报告》，http：//www.mof.gov.cn/zhuantihuigu/2018ysbghb/201802/t20180224_2817463.htm。

⑧　《沈阳市 2017 年预算执行情况和 2018 年预算报告》，http：//czj.shenyang.gov.cn/html/SYCZJ/201804/6e5df1ebc4ad47c0a3671c6f7c1a9cd0.html。

⑨　《天津市 2017 年预算执行情况和 2018 年预算报告》，http：//www.mof.gov.cn/zhuantihuigu/2018ysbghb/201803/t20180312_2834721.htm。

⑩　《深圳市人民政府关于进一步降低实体经济企业成本的若干措施》，http：//www.sz.gov.cn/fzb/gfxwj/201801/t20180117_10658491.htm。

⑪　《宜昌市人民政府办公室关于减轻企业负担的意见》，http：//www.0717w.com/list.php？id＝2141。

⑫　《北京市 2017 年预算执行情况和 2018 年预算报告》，http：//zhengwu.beijing.gov.cn/jh/t1508503.htm。

亿元;[①] 广州取消或停征行政事业性收费可持续性减负76亿元;[②] 哈尔滨停征、免征行政事业性收费及政府性基金项目和降低征收标准,年减轻企业负担4.6亿元;[③] 南宁取消、停征、免征、降低收费标准及扩大免征范围的政府性基金及行政事业性收费预计可为企业减轻负担约4.52亿元;[④] 长沙清理取消、停征和减免的行政事业性收费项目,实行清单管理并对外公开,预计将为企业减负4.15亿元;[⑤] 贵阳取消、暂停了部分行政事业性收费及部分政府性基金,共减轻企业负担28.78亿元;[⑥] 南京政府性基金和行政事业性收费比清理前减少近33亿元。[⑦]

　　根据上述内容,其中关于本市涉企行政事业性收费项目数量的数据指标赋值情况为:设定最佳值为9,设定最差值为33。关于本市政府定价的经营服务性收费项目的数量的数据指标赋值情况为:设定最佳值为4,设定最差值为26。中国33个主要城市涉企收费(降费)情况排名如表8－6所示:

表8－6　中国33个主要城市涉企收费(降费)情况排名

城市	分数	排名	城市	分数	排名
哈尔滨	3.736	1	厦门	2.424	11
济南	3.528	2	武汉	2.2	12
郑州	3.52	3	成都	2.136	13
北京	3.424	4	南昌	2.064	14
沈阳	3.376	5	宜昌	2.064	14
洛阳	3.328	6	长春	2	16
兰州	3.256	7	上海	1.96	17
深圳	2.848	8	贵阳	1.864	18
长沙	2.6	9	西安	1.8	19
青岛	2.504	10	天津	1.64	20

---

① 《成都市2017年预算执行情况和2018年预算报告》,http://gk.chengdu.gov.cn/govInfoPub/detail.action? id = 1923931&tn = 2。

② 《广州市2017年预算执行情况和2018年预算报告》,http://www.gz.gov.cn/gzgov/s16789/201801/743626dd280d49f8ae309505dcc0c25e.shtml。

③ 《哈尔滨市2017年预算执行情况和2018年预算报告》,http://www.hrbczj.gov.cn/czxxgk/czyszxx/zfysxx/9740.htm。

④ 《南宁市2017年预算执行情况和2018年预算报告》,http://www.nanning.gov.cn/Specials/nnsyjsgkzt/sbjbmys/201801/t20180131_825330.html。

⑤ 《长沙市2017年预算执行情况和2018年预算报告》,http://www.changsha.gov.cn/xxgk/szfxxgkml/ztbd/ysgk/ysjsbg/201801/t20180118_2165206.html。

⑥ 《贵阳市2017年预算执行情况和2018年预算报告》,http://czj.gygov.gov.cn/show－139－23034－1.html。

⑦ 《南京市2017年预算执行情况和2018年预算报告》,http://www.nanjing.gov.cn/xxgk/bm/czj/201802/t20180226_5318114.html。

（续上表）

城市	分数	排名	城市	分数	排名
昆明	1.6	21	海口	0.2	28
广州	1.544	22	石家庄	0.2	28
合肥	1.464	23	保定	0	30
重庆	1.4	24	杭州	0	30
南京	1.36	25	太原	0	30
福州	1.344	26	舟山	0	30
南宁	1.288	27			

第五节　综合评价

一、2017—2018 年度中国 33 个主要城市减税降费成果

从"营改增"落实情况、税收优惠和财政支持政策、涉企收费三方面分析中国主要城市法治化营商税费负担度。

2017 年部分城市公布的财政执行报告中有涉及落实减税减费政策，为企业减轻税费负担的减额情况。北京落实国务院六大减税政策，减轻企业税费 36.3 亿元;[①] 福州 2017 年减税降费 73 亿元;[②] 广州全年为企业减负超过 800 亿元;[③] 兰州全面落实国家减税降费优惠政策，累计减免税费 52 亿元;[④] 宜昌落实"营改增"等结构性减税和普遍性降费政策，全市减免企业税费 68.7 亿元;[⑤] 长春全面落实税收优惠和减负降费政策，为企业和社会降低成本 55 亿元;[⑥] 青岛通过实施大规模减税降费等措施，为企业减轻税费负担超过 180 亿

---

① 《北京市 2017 年预算执行情况和 2018 年预算报告》，http：//zhengwu. beijing. gov. cn/jh/t1508503. htm。

② 《福州市 2017 年预算执行情况和 2018 年预算报告》，http：//www. fuzhou. gov. cn/zfxxgkzl/sczj/zzbz/czzj/bjndyjs/201801/t20180129_2005823. htm。

③ 《广州市 2017 年预算执行情况和 2018 年预算报告》，http：//www. gz. gov. cn/gzgov/s16789/201801/743626dd280d49f8ae309505dcc0c25e. shtml。

④ 《兰州市 2017 年预算执行情况和 2018 年预算报告》，http：//www. lzcz. gov. cn/info/1211/25395. htm。

⑤ 《宜昌市 2017 年预算执行情况和 2018 年预算报告》，http：//xxgk. yichang. gov. cn/show. html？ aid = 1&id = 165312。

⑥ 《长春市 2017 年预算执行情况和 2018 年预算报告》，http：//www. cccz. gov. cn/cccz/8/37/2018/01/i5500. shtml。

元;① 厦门落实各项减税降费政策,为企业减负超过 250 亿元;② 深圳全市为企业降成本 1 369 亿元;③ 沈阳减轻企业负担约 15 亿元;④ 武汉减轻企业负担约 200 亿元;⑤ 天津减轻企业税负 697 亿元。⑥

2018 年部分城市公布的财政执行报告中有涉及落实减税减费政策,为企业减轻税费负担的减额情况。北京实施的一系列减税降费措施为企业减税约 400 亿元;⑦ 长春全年为企业和实体经济减免税费超过 350 亿元;⑧ 长沙全年减免各项税金 130 亿元;⑨ 成都落实税收优惠政策,全年新增减税超过 110 亿元;⑩ 重庆落实中央出台的各项减税政策,全年新增减税 180 亿元;⑪ 福州在历年减税降费基础上,减轻企业税费负担 183 亿元;⑫ 贵阳全市全年减免税收 200.76 亿元;⑬ 上海有效降低实体经济成本,全市新增"减税降费"超过 500 亿元;⑭ 厦门全年为企业减税降负超 300 亿元;⑮ 深圳全年落实新出台减税政策并减负 200 亿元;⑯ 保定 2018 年上半年全市税收减免 64.2 亿元。⑰

---

① 《青岛市 2017 年预算执行情况和 2018 年预算报告》,http://qdcz.qingdao.gov.cn/n32206386/n32206391/180130161200226340.html。

② 《厦门市 2017 年预算执行情况和 2018 年预算报告》,http://www.xm.gov.cn/zdxxgk/czzjxx/xmczyjspg/xmsczys/201801/t20180129_1844403.htm。

③ 《深圳市 2017 年预算执行情况和 2018 年预算报告》,http://www.mof.gov.cn/zhuantihuigu/2018ysbghb/201802/t20180224_2817463.htm。

④ 《沈阳市 2017 年预算执行情况和 2018 年预算报告》,http://czj.shenyang.gov.cn/html/SYCZJ/201804/6e5df1ebc4ad47c0a3671c6f7c1a9cd0.html。

⑤ 《武汉市 2017 年预算执行情况和 2018 年预算报告》http://czj.wuhan.gov.cn/html/zwgk/czsj/czyjs/201806/t20180613_208169.shtml。

⑥ 《天津市 2017 年预算执行情况和 2018 年预算报告》,http://www.mof.gov.cn/zhuantihuigu/2018ysbghb/201803/t20180312_2834721.htm。

⑦ 《关于北京市 2018 年预算执行情况和 2019 年预算的报告》,http://www.beijing.gov.cn/gongkai/caizheng/134/123/128/556442/1573612/255048.pdf。

⑧ 《关于长春市 2018 年预算执行情况和 2019 年预算草案的报告》,http://www.cccz.gov.cn/cccz/InfoAttach/2019-2-2/6341/1131935649405781250.pdf。

⑨ 长沙市《关于 2018 年全市和市本级预算执行情况与 2019 年全市和市本级预算草案的报告》,http://www.changsha.gov.cn/xxgk/szfxxgkml/ztbd/2019cslh/lhtt_35714/201901/t20190109_3134198.html。

⑩ 《关于成都市 2018 年财政预算执行情况和 2019 年财政预算草案的报告(书面)》,http://cdcz.chengdu.gov.cn/cdsczj/c116720/2019-02/02/dbe98862cc4449879f45bbd1ea7e75d8/files/be493bba095f499babbd6481e9b7bd8f.pdf。

⑪ 《关于重庆市 2018 年预算执行情况和 2019 年预算草案的报告》,http://www.cq.xinhuanet.com/2019-02/15/c_1124118124.htm。

⑫ 《关于福州市 2018 年预算执行情况及 2019 年预算草案的报告》,http://www.fuzhou.gov.cn/zgfzzt/czzj/bjndyjs/zfysgk/201901/t20190129_2751671.htm。

⑬ 贵阳市《2018 年全市和市本级财政预算执行情况与 2019 年全市和市本级财政预算(草案)报告》,http://www.guizhou.gov.cn/ztzl/gzsczzjxxgkzl_1794/gszczyjsjsgjf/gys/201903/t20190306_2297114.html。

⑭ 《关于上海市 2018 年预算执行情况和 2019 年预算草案的报告》,http://www.shanghai.gov.cn/nw2/nw2314/nw2319/nw11494/nw12330/nw12338/u21aw1362003.html。

⑮ 《关于厦门市 2018 年预算执行情况和 2019 年预算草案的报告》,http://www.xm.gov.cn/zdxxgk/czzjxx/xmczyjspg/xmsczys/201901/W020190131587608655571.pdf。

⑯ 《关于 2018 年深圳市预算执行情况和 2019 年预算草案的报告》,http://www.sz.gov.cn/cn/xxgk/zfxxgj/zjxx/szfczyjs/201901/P020190128559758636876.pdf。

⑰ 《关于保定市 2018 年市本级预算及市总预算上半年执行情况的报告》,http://www.bd.gov.cn/xxgkcontent-888888032-150064-58.html。

在全面清理规范政府性基金和涉企收费方面，各城市以目录清单方式建立动态调整机制。同时建立《政府性基金目录清单》《涉企行政事业性收费目录清单》《政府定价的经营服务性收费目录清单》和《行政审批中介服务收费目录清单》的城市有：青岛、厦门、哈尔滨、南宁、沈阳。

北京、上海、广州、深圳四个城市发挥一线城市效应，积极落实减税降费政策，为其他城市营造法治化营商环境起到了良好的带头作用；青岛、厦门、天津、武汉等城市紧随其后，为企业减负超过百亿元；济南、舟山、洛阳、合肥、太原、石家庄、郑州、海口等城市的减税降费成效不明显，有待加强。

二、2017—2018 年度中国 33 个主要城市税费负担度排名情况

根据上述四个指标，中国 33 个主要城市税费负担度排名如表 8 - 7 所示：

表 8 - 7   中国 33 个主要城市税费负担度排名

城市	分数	排名	城市	分数	排名
沈阳	6.896	1	济南	4.152	18
北京	6.592	2	重庆	4.128	19
哈尔滨	6.416	3	天津	4.016	20
武汉	6.32	4	贵阳	3.968	21
长春	6.144	5	广州	3.936	22
青岛	6.08	6	保定	3.456	23
兰州	5.84	7	南宁	3.304	24
成都	5.792	8	洛阳	2.904	25
郑州	5.688	9	石家庄	2.504	26
厦门	5.352	10	昆明	2.408	27
南昌	5.136	11	福州	1.704	28
西安	4.856	12	南京	1.248	29
上海	4.768	13	杭州	1.104	30
长沙	4.752	14	太原	0.6	31
合肥	4.648	15	海口	0.304	32
宜昌	4.512	16	舟山	0.104	33
深圳	4.464	17			

三、2017—2018 年度中国主要城市税费减免法治化评估

落实税收优惠政策，清理规范行政收费，有利于减轻企业负担，促进经济平稳发展。从政策上看，2017—2018 年度大部分城市积极贯彻落实中央的减税降费政策，针对减轻企业负担、降低企业成本出台了专门的规范性文件。从具体措施来看，各城市在 2017—2018 年均通过出台地方政策文件落实国家减免税收优惠政策，积极推进"营改增"改革，为支持科技型企业和小微企业发展提供财政支持以及税收减免优惠；在清理规范行政收费方面，各城市在中央政策文件指导下，结合城市实际情况，在不同程度上减少行政涉企收费项目。从制度实施上看，各城市的政策文件对于企业税收优惠政策、财政支持以及行政收费清楚地指明了执行主体、内容和程序。从减税降费效果来看，各主要城市在 2017—2018 年企业税费负担均有进一步的减轻。

1. 我国主要城市税费负担法治化存在问题

基于对我国 33 个主要城市税费负担度的具体分析比较，从共性上来看，我国税费营商环境存在着法治化不足的问题。我国主要城市在企业税费负担法治化方面存在以下问题：

（1）政策依据为主，制度规范不足。

为促进经济发展，对企业税费进行减免以达到减轻企业税负的目的，各地方政府出台了许多政策。2017—2018 年度中国主要城市对于减轻企业税费负担的规定，大多以政府规范性文件出台。但是，对企业应当征收的税收以及行政收费项目其实应当以法律为依据。目前中国各主要城市在征收税费项目方面，虽是依据中央政策确定收费项目，但是对于减税降费的减轻企业负担的措施仅仅依靠政策文件落实而未形成具体、稳定的制度。营商环境不应因一时政策的变动而受到较大影响。并且，政府的政策文件无法律约束力，因此在减轻企业税费负担方面仅仅依靠政策文件是不够的。另外，税收优惠政策和行政收费的项目、依据以及标准应当以法律为依据，而非通过政策来决定应当征收或减免的税费项目及标准。

（2）信息公开不透彻。

依据《政府信息公开条例》第九条、第十条规定，行政事业性收费项目、依据、标准属于政府应当主动公开的信息。根据 2014 年 6 月 26 日国务院办公厅印发《关于进一步加强涉企收费管理减轻企业负担的通知》（国办发〔2014〕30 号）规定，建立和实施涉企收费目录清单制度，对涉企行政事业性收费、政府性基金和实施政府定价或指导价的经营服务性收费实行目录清单管理并对外公开，接受社会监督，各地区必须严格执行目录清单，目录清单之外的涉企收费，一律不得执行。[①] 2017—2018 年大部分城市都在财政局或者政府官网上公布了四张清单，但仍有小部分城市尚未在其政府网站上公开或者并未全部公开

① 《国务院办公厅关于进一步加强涉企收费管理减轻企业负担的通知》，中国政府网政策频道，http://www.gov.cn/zhengce/content/2014-06/26/content_8910.htm。

而仅是公开一张或两张清单，甚至有些城市政府官网虽表明已公布了目录清单，但是群众在查阅的过程中仍存在着困难。行政收费目录清单应当每年进行更新并对外公开，部分城市在制定目录清单后，仅以政策文件形式表明应当减免的项目而未更新目录清单重新公开。

（3）缺乏有效的政府监督。

财政税费制度是人民极其关注的重要问题，关系着人民的权利和经济的发展，税收优惠政策以及行政收费应当受到有效的监督和制约。2017—2018 年度中国各主要城市对于企业税收优惠政策的落实和涉企行政收费的收取都缺乏有效的监督。虽然大部分城市出台的政策文件中都有涉及建立实施保障制度，例如成立领导小组加强组织领导，建立督查考核制度等，但在税收和行政收费方面仅仅靠政府自律监督往往是不够的。

（4）司法救济力度不足。

2017—2018 年中国各城市多关注制定税收优惠政策或是减免行政收费政策，在执行方面提出了统筹的监督方式，但是在司法救济层面涉及的内容比较少。目前我国在税收优惠政策和行政收费方面是收费项目政府自我设定审批、收费标准政府自我审核管理、收费程序政府自我监督管理以及收费资金使用政府自我使用监管。[1] 因此，有必要对违法行政收费等行为提供有效的司法保障。对于行政机关乱收费或者不按标准收费，不严格按照政策规定落实税收优惠政策的违法行为，以及不按规定主动公开政府信息的行为应当给予司法保障。

2. 我国主要城市税费负担法治化的完善途径

根据我国主要城市涉企税费负担法治化存在的不足，应当着力从以下几个方面加以完善：

（1）税费负担减免措施的法定化。

我国营商环境的法律体系至今仍未形成，这实为科学立法的欠缺。所谓科学立法，主要是指为内外资企业和国有民营企业提供公平、高效、持续的法律制度以及法律服务，减少不必要的障碍，消除已有法律之间的冲突、矛盾。尤其在当下，我国尚未建立起统一的企业法律制度体系，内外资标准不同，国有企业和民营企业的标准也不同。[2] 虽然这种保护色彩浓重的法律体系短时间之内为我国的经济发展提供了一定的保障，但从长期来看，这种区分处理是具有负外部性的，既打击了民营企业的积极性，也让更多的外资望而却步。[3]

我国没有营商环境方面的专门立法，各主要城市在减免税费方面的实际措施与做法均停留在政策层面，既没有全国性的统一立法，也少有地方性立法，在我国构建法治化营商环境的过程中，税费减免法定化当然也应该是一个重要因素。

建设营商环境法治化仅仅依靠政策实施是不够的，因为规范性文件的效力等级偏低，无法律约束力。营商环境法治化的内涵，是指一套行之有效公平公正透明的具体法律、法

① 沈小平：《行政收费法治化研究——以信息公开和公众参与为分析路径》，武汉大学博士学位论文，2010 年。
② 李建伟：《中国企业立法体系的改革与重构》，《暨南学报（哲学社会科学版）》2013 年第 6 期。
③ 沈云樵：《营商环境法治化之理念与路径——以广东省为例》，《南海法学》2017 年第 1 期。

规和监管程序。① 我国在中央和地方的立法方面推动营商环境法治化，还有很大的提升空间。②

① 税收优惠政策法定化。根据《立法法》第八条规定，税收基本制度必须由法律规定。根据《税收征收管理办法》第三条规定："税收的开征、停征以及减税、免税、退税、补税，依照法律的规定执行；法律授权国务院规定的，依照国务院制定和行政法规的规定执行。"这两条规定明确要求税收法定是营商环境法治化的重要表现之一。关于企业税收优惠政策的规定在《企业所得税》第二十五条到第三十六条当中，可以看出国务院可以制定企业所得税的临时税收优惠政策。目前我国税收优惠政策主要散见于国务院、财政部、国家税务总局发布的部门规章或规范性文件当中，变动性较大且法律约束力差，出台的政策数量较大却缺乏系统性和规范性，容易造成混乱。故而要完善我国营商环境的法治化，就要将税收优惠政策以法律文本的方式加以确立，使得企业不因税收优惠政策的临时变动而受到波动性影响，从而营造良好的营商环境。

②涉企行政收费法定化。行政收费过于泛滥是行政权扩张的表现之一，且行政收费是影响企业发展的重要问题，应当对行政收费予以法定化。我国目前并没有一部专门关于行政收费的法律，造成行政乱收费现象比较多。2017—2018 年我国通过规范性文件对大量的涉企行政收费进行了规范和清理，并取得了一定的成效。但要建设法治化的营商环境，就要对涉企行政收费项目进行规范清理，并加以法律规定，涉企行政收费的收费项目应当依据法律设立，同时，收费标准也应当依据法律规定。对于重要涉企行政收费事项应当通过听证，听取企业以及公民意见。并且对于乱收费现象，企业及公民均可通过有效途径进行举报，对乱收费的部门要予以通报批评，清退乱收费款并追究单位负责人和直接责任人的行政责任。③

（2）税费公开透明化。

企业税负直接影响到企业运营成本，目前我国基本建立涉企行政收费实行目录清单形式的动态调整机制，大部分城市均已对外公开行政收费事项，但是税收优惠政策内容多且复杂，政策内容更新速度较快导致变动性大，税收优惠的公开透明度仍有所欠缺。各地方政府应以政府网站为依托，实行税费政策公开。在税费政策公开的过程中，政府部门应当明确执行部门，执行的内容、程序以及政府部门不按规定公布的法律责任，使得税费政策得以对公众透明化。在行政收费公开的过程中，应当列明行政收费项目的法律依据、收费标准以及收费部门，严格按照法律规定进行收费，做到"清单之外无收费"。

（3）注重税费减免中企业权利的保护。

"没有权利保护的营商环境，当然是没有吸引力的失败的营商环境。而没有健全的产权制度、交易制度，也就没有企业赖以健康发展的制度环境基础。"④ 政府在实施税费减

---

① 黄吉乔、邱书俊、张颖：《推进深圳法治化、国际化营商环境建设的国际比较分析及启示》，《市场经济与价格》2014 年第 2 期。

② 刘振圻：《论法治化营商环境视角下地方人大立法的完善》，《现代营销（下旬刊）》2017 年第 11 期。

③ 沈小平：《行政收费法治化研究——以信息公开和公众参与为分析路径》，武汉大学博士学位论文，2010 年。

④ 沈云樵：《营商环境法治化之理念与路径——以广东省为例》，《南海法学》2017 年第 1 期。

免行为中，若不注重市场主体权利的保护，则只能将税费减免当作政府对市场主体的施舍与恩惠，随时可以因政府或官员的喜好而进行改变，这是严重违背营商环境法治化要求的。

（4）完善政府监督体系。

首先，完善政府自我监督体制。目前我国大部分城市对于促进企业发展制定的减免税费的政府文件中虽规定了政府应当保障实施，实行自我监督，但具体监督的方式、内容较少。故而政府自身应当结合国务院"放管服"以及"双随机一公开"等改革，完善政府的事前监督、过程监督和事后惩罚等监督方式。例如，《辽宁省优化营商环境条例》中建立的专项巡查常态化机制、台账管理等制度都是值得借鉴的。① 其次，引入公众参与。税费负担是涉及民生的问题，对税费政策的监督应当引入公众参与，完善公众参与的渠道，积极听取公众意见。在税收优惠和行政收费领域，引入公众参与可以增加税费立法、决策、执行、监管的透明度。②

（5）建立完善的争议解决机制。

很多人忽视了以下事实：营商环境，换言之，其实也是一种司法环境。③ 因此，实现营商环境法治化的题中之意，即实现高效、公正的司法环境。而在高度商业化的社会中，具有准司法功能的司法替代机制也越来越为人们所重视。因为人的理性和自利④，公正的司法救济是税费法治化的最终保障。对于行政机关的违法行政收费行为以及不按规定落实税收优惠政策等违法行为，通过司法予以纠正，这是法治行政原理的基本精神所在。⑤ 司法也为税费的信息公开、公众参与提供有力的制度保障。因此，如何高效、公正地解决企业与政府之间的纠纷，就成为重中之重。而多元化的纠纷解决机制的构建，尤其在享有特殊政策保护的地区实行国际化、现代化的行政复议、行政诉讼制度，打造良好的争端解决平台势在必行。

---

① 刘莉：《建设辽宁省法治化营商环境研究及建议》，《法制博览》2018 年第 18 期。

② 沈小平：《行政收费法治化研究——以信息公开和公众参与为分析路径》，武汉大学博士学位论文，2010 年。

③ 沈云樵：《营商环境法治化之理念与路径——以广东省为例》，《南海法学》2017 年第 1 期。

④ 熊秉元：《解释的工具》，东方出版社 2014 年版，第 10 页。

⑤ 沈小平：《行政收费法治化研究——以信息公开和公众参与为分析路径》，武汉大学博士学位论文，2010 年。

表 8 - 8　2017—2018 年度中国主要城市税费负担度评分表

城市	地方立法与政策制定：地方性法规和地方政府规章（1分）	地方立法与政策制定：市人民政府及其职能部门政策文件（1分）	地方立法与政策制定：市人民政府及其职能部门政策文件数量（2分）	地方立法与政策制定：总分	地方立法与政策制定：排名	税收优惠政策（减税）：落实营改增政策（1分）	税收优惠政策（减税）：研发费用加计扣除政策（1分）	税收优惠政策（减税）：小微企业所得税减免制度（1分）	税收优惠政策（减税）：创业发展相关产业税收优惠（1分）	税收优惠政策（减税）：研发创新的财政支持政策（1分）	税收优惠政策（减税）：总分	税收优惠政策（减税）：排名	政府性基金：政府性基金目录清单（1分）	政府性基金：政府性基金目录清单项目数量（2分）	政府性基金：政府性基金收入占当年城市GDP的比例（3分）	政府性基金：总分（权重20%~80%）	政府性基金：排名	行政事业性收费：行政事业性收费目录清单（1分）	行政事业性收费：涉企行政事业性收费目录清单（1分）	行政事业性收费：涉企行政事业性收费项目数量（2分）	行政事业性收费：小微企业免予征收部分行政事业性收费（1分）	行政事业性收费：行政审批中介服务收费目录清单（1分）	涉企经营性收费：涉企经营性收费目录清单（1分）	涉企经营性收费：涉企经营性收费项目数量（3分）	涉企经营性收费：涉企经营性收费总分	涉企经营性收费：整体排名	总分	税费负担度总分排名
沈阳	1	1	2	4	1	1	0	0	0	0	1	17	1	1.67	1.37	2.632	3	1	1	1.58	0	1	1	1.64	3.376	5	6.896	1
北京	0	1	1.13	2.13	18	1	0	1	1	1	4	1	1	1.44	1.34	2.424	5	1	1	2.08	0	0	1	1.45	3.424	4	6.592	2
哈尔滨	0	1	1	2	20	0	0	0	0	0	0	25	1	1.89	1.96	3.28	1	1	1	1.67	0	1	1	2	3.736	1	6.416	3
武汉	1	1	1.63	3.63	2	1	1	1	0	1	4	1	1	1.44	0.33	1.616	15	1	1	2	1	1	0	0	2.2	12	6.32	4
长春	0	1	0.75	1.75	23	1	1	1	0	1	4	1	1	1.22	1.71	2.544	4	1	1	1.5	1	1	1	0	2	16	6.144	5
青岛	0	1	1.5	2.5	15	1	0	1	0	1	3	6	1	1.44	0.83	2.016	12	1	1	1.58	0	1	1	0.55	2.504	10	6.08	6
兰州	0	1	0.88	1.88	21	0	0	0	0	0	0	25	1	2	1.67	3.136	2	1	1	1.5	0	0	1	1.82	3.256	7	5.84	7

（续上表）

城市	地方立法与政策制定					税收优惠政策（减税）							政府性基金					行政事业性收费					涉企经营性收费					
	地方性法规和地方政府规章（1分）	市人民政府及其职能政策文件（1分）	市人民政府及其职能部门政策文件数量（2分）	总分	排名	落实营改增政策（1分）	研发费用加计扣除政策（1分）	小微企业所得税减免制度（1分）	创业发展相关产业税收优惠（1分）	研发创新的财政支持政策（1分）	总分	排名	政府性基金目录清单（1分）	政府性基金目录清单项目数量（2分）	政府性基金收入占当年城市GDP的比例（3分）	总分（权重20%~80%）	排名	行政事业性收费目录清单（1分）	涉企行政事业性收费目录清单（1分）	涉企行政事业性收费项目数量（2分）	小微企业免予征收部分行政事业性收费（1分）	行政审批中介服务收费目录清单（1分）	涉企经营性收费目录清单（1分）	涉企经营性收费项目数量（3分）	涉企经营性收费总分	整体排名	总分	税费负担度总分排名
成都	0	1	1.13	2.13	18	1	0	0	0	0	1	17	1	1.78	0.91	2.352	7	1	1	1.92	1	0	0	0	2.136	13	5.792	8
郑州	1	1	1.25	3.25	3	0	1	1	1	0	3	6	1	1.78	0	1.624	14	1	1	1.83	0	0	1	1.82	3.52	3	5.688	9
厦门	1	1	1.13	3.13	5	0	0	0	0	0	0	25	1	1.11	1.03	1.912	13	1	1	1.42	1	1	1	0.36	2.424	11	5.352	10
南昌	1	1	0.63	2.63	12	0	0	0	0	0	0	25	1	1.67	0.79	2.168	11	1	1	2.08	0	0	0	0	2.064	14	5.136	11
西安	1	1	1.13	3.13	5	0	0	1	1	0	2	12	1	1.44	0	1.352	21	1	0	1.75	0	1	0	0	1.8	19	4.856	12
上海	1	1	1	3	8	1	0	1	0	0	2	12	1	1.33	1.38	2.368	6	1	1	0	1	0	1	1.45	1.96	17	4.768	13
长沙	0	1	0.25	1.25	28	0	0	0	0	1	1	17	1	1.11	1.58	2.352	7	1	1	1.5	0	0	1	1	2.6	9	4.752	14
合肥	1	1	1	3	8	1	1	0	0	1	3	6	1	0.44	1.04	1.384	20	1	1	1.33	0	0	0	0	1.464	23	4.648	15

（续上表）

指标		宜昌	深圳	济南	重庆	天津	贵阳	广州	保定
涉企经营性收费	税费负担度总分排名	16	17	18	19	20	21	22	23
	总分	4.512	4.464	4.152	4.128	4.016	3.968	3.936	3.456
	整体排名	14	8	2	24	20	18	22	30
	涉企经营性收费总分	2.064	2.848	3.528	1.4	1.64	1.864	1.544	0
	涉企经营性收费项目数量（3分）	0	0.73	1.91	0	1.55	0	1.18	0
	涉企经营性收费目录清单（1分）	0	1	1	0	1	0	0	0
行政事业性收费	行政审批中介服务收费目录清单（1分）	0	0	0	0	0	0	0	0
	小微企业免予征收部分行政事业性收费（1分）	1	0	0	0	0	0	0	0
	涉企行政事业性收费项目数量（2分）	1.83	1.83	1.75	1.25	0	1.83	0	0
	涉企行政事业性收费目录清单（1分）	1	1	1	1	0	1	0	0
	行政事业性收费目录清单（1分）	1	1	1	1	1	1	1	0
政府性基金	排名	16	27	16	24	9	19	18	10
	总分（权重20%~80%）	1.448	0	1.448	0.824	2.312	1.4	1.432	2.256
	政府性基金收入占当年城市GDP的比例（3分）	0	0	0	0.56	1.42	0.94	1.43	1.57
	政府性基金目录清单项目数量（2分）	1.56	0	1.56	0.22	1.22	0.56	0.11	1
	政府性基金目录清单（1分）	1	0	1	1	1	1	1	1
税收优惠政策（减税）	排名	12	1	17	1	17	6	6	12
	总分	2	4	1	4	1	3	3	2
	研发创新的财政支持政策（1分）	0	1	1	1	0	0	0	0
	创业发展相关产业税收优惠（1分）	0	1	0	1	0	0	1	1
	小微企业所得税减免制度（1分）	0	1	0	0	0	0	1	1
	研发费用加计扣除政策（1分）	1	0	0	1	0	0	0	0
	落实营改增政策（1分）	1	1	0	1	1	1	1	1
地方立法与政策制定	排名	26	3	27	10	10	31	5	15
	总分	1.5	3.25	1.38	2.88	2.88	0.13	3.13	2.5
	市人民政府及其职能部门政策文件数量（2分）	0.5	1.25	0.38	0.88	0.88	0.13	1.13	0.5
	市人民政府及其职能政策文件（1分）	1	1	1	1	1	0	1	1
	地方性法规和地方政府规章（1分）	0	1	0	1	1	0	1	1
城市		宜昌	深圳	济南	重庆	天津	贵阳	广州	保定

（续上表）

城市	税费负担度总分排名	总分	涉企经营性收费整体排名	涉企经营性收费总分	涉企经营性收费项目数量（3分）	涉企经营性收费目录清单（1分）	行政审批中介服务收费目录清单（1分）	小微企业免予征收部分行政事业性收费（1分）	涉企行政事业性收费项目数量（2分）	涉企行政事业性收费目录清单（1分）	行政事业性收费目录清单（1分）	政府性基金排名	政府性基金总分（权重20%~80%）	政府性基金收入占当年城市GDP的比例（3分）	政府性基金目录清单项目数量（2分）	政府性基金目录清单（1分）	税收优惠政策排名	税收优惠政策总分	研发创新的财政支持政策（1分）	创业发展相关产业税收优惠（1分）	小微企业所得税减免制度（1分）	研发费用加计扣除政策（1分）	落实营改增政策（1分）	地方立法与政策制定排名	地方立法与政策制定总分	市人民政府及其职能部门政策文件数量（2分）	市人民政府及其职能政策文件（1分）	地方性法规和地方政府规章（1分）
南宁	24	3.304	27	1.288	0.36	1	1	1	0	1	1	22	1.2	0.36	0.89	1	17	1	0	0	0	0	1	12	2.63	0.63	1	1
洛阳	25	2.904	6	3.328	1.91	1	0	0	2	0	0	27	0	0	0	0	17	1	0	0	1	0	0	21	1.88	0.88	1	0
石家庄	26	2.504	28	0.2	0	0	0	0	0	0	1	23	1	1	1	1	25	0	0	0	0	0	0	17	2.38	1.38	1	0
昆明	27	2.408	21	1.6	0	1	0	0	1.25	1	1	25	0.408	0.26	0	0	25	0	0	0	0	0	0	28	1.25	0.25	0	1
福州	28	1.704	26	1.344	1.18	1	1	0	0	0	0	27	0	0	0	0	6	3	0	0	1	1	1	24	1.63	0.63	1	0
南京	29	1.248	25	1.36	1.45	1	0	0	0	0	0	26	0.144	0.18	0	0	25	0	0	0	0	0	0	12	2.63	0.63	1	1
杭州	30	1.104	30	0	0	0	0	0	0	0	0	27	0	0	0	0	12	2	0	0	1	1	0	24	1.63	0.63	1	0
太原	31	0.6	30	0	0	0	0	0	0	0	0	27	0	0	0	0	17	1	0	0	0	0	1	28	1.25	0.25	1	0

(续上表)

城市	地方立法与政策制定					税收优惠政策（减税）						政府性基金					行政事业性收费					涉企经营性收费				总分	税费负担度总分排名
	地方性法规和地方政府规章（1分）	市人民政府及其职能部门政策文件（1分）	市人民政府及其职能部门政策文件数量（2分）	总分	排名	落实营增政策（1分）	研发费用加计扣除政策（1分）	小微企业所得税减免制度（1分）	创业发展相关产业税收优惠（1分）	研发创新的财政支持政策（1分）	排名	政府性基金目录清单（1分）	政府性基金目录清单项目数量（2分）	政府性基金收入占当年城市GDP的比例（3分）	总分（权重20%~80%）	排名	行政事业性收费目录清单（1分）	涉企行政事业性收费目录清单（1分）	涉企行政事业性收费项目数量（2分）	小微企业免予征收部分行政事业性收费（1分）	行政审批中介服务收费目录清单（1分）	涉企经营性收费目录清单（1分）	涉企经营性收费项目数量（3分）	涉企经营性收费总分	整体排名		
海口	0	0	0.13	0.13	31	0	0	0	0	0	25	0	0	0	0	27	0	0	0	0	1	0	0	0.2	28	0.304	32
舟山	0	0	0.13	0.13	31	0	0	0	0	0	25	0	0	0	0	27	0	0	0	0	0	0	0	0	30	0.104	33

* 本表评分数据源于互联网，于北大法宝或各城市政府信息公开网站以"营商环境""减轻企业负担"等为关键词进行数据检索，部分数据摘取于各城市在网上公布的政府工作报告或者2017年财政预算执行情况报告。本表数据以2017年度公布的数据为标准。

第九章　中国主要城市政务服务保障度

　　政务服务保障度是人民政府以更加规范的形式服务经济社会发展，以深化行政管理体制改革、建设服务型政府为努力方向，目的是优化市场经济环境，营造良好营商环境，使人民群众和企业在办事过程中实现"环节最少、程序最简、时间最短、服务最好、效率最高"。

　　2017年6月22日，国务院办公厅印发了《全国深化简政放权放管结合优化服务改革电视电话会议重点任务分工方案的通知》（以下简称《通知》），为营造公平的营商环境创造条件、提供政务保障。深化简政放权，就要破解企业设立办证难题，降低市场准入门槛，《通知》规定在2017年10月底前在全国范围内实现"多证合一、一照一码"和"证照分离"的商事制度改革。深化放管结合，需要深化监督管理，确保市场健康运行，加强事中、事后监管，维护公平竞争的市场环境。《通知》规定综合部门和业务监管部门都要严格落实"谁审批谁监管、谁主管谁监管"的要求，实现"双随机、一公开"监管全覆盖，进一步健全随机抽查系统，更大力度推动跨部门联合检查，推行综合执法改革，完善以信用为基础的监管模式。深化优化服务，运用电子政务，优化服务环境，加快部门和地方政务信息整合、共享，打破信息孤岛，推进"互联网＋政务服务"和"最多跑一次"政务改革，简改便民。

　　本报告关注中国主要城市政务服务保障度的差别。考虑到中国属于单一制国家，主要法律和政策改革通常基于顶层设计、基层实施的模式开展，本报告设计两类指标来衡量各地政府和法院政务服务保障度政策的力度和效果：

　　（1）评价指标，又称为是否指标。即对于中央政府出台的具体政策，各地是否制定相关的地方性规则；对这类指标衡量直接采用0～1赋分衡量，否为0分，是为1分。

　　（2）数据指标。这类指标反映相关政策实施效果。在指标量化衡量上，采用0～2分的评价体系，采用计量公式如下：

$$特定指标分数 = \frac{2 \times （当前值 - 设定最差值）}{设定最佳值 - 设定最差值}$$

　　上述公式设定最差值和设定最佳值可以考虑数据展示的排名取值，也可以考虑对该指标的专业评价进行设定。对各项指标进行综合评价以及最终评价时采取权重评分机制，数据指标权重为80%，评价指标权重为20%。

　　基于中国城市政务保障的发展历程和特点，从政策评价的角度出发，本报告从以下四个方面衡量不同城市的政务服务保障度：中国主要城市地方立法与政策制定、中国主要城市政务服务创新、中国主要城市执法监管转型、中国主要城市商事纠纷解决机制创新。

　　地方立法与政策制定是我国政务服务保障的前提。考虑到我国是一个单一制国家，政府制度的建设是从上到下的，制度的构建需要政策的推动，地方在落实中央政策时往往通过地方立法和制定政策的方式实施。再者，政务服务保障的主体是地方政府，地方政府必须依法规范行政才能为营商环境提供良好的政务环境。因此，本指标主要涉及各城市地方人大和政府是否有围绕政务服务税费等相关内容的立法，地方政府及其职能部门是否有与政务服务有关的规范性文件以及出台相关规范性文件数量的多少，地方人大和政府（包括省人大和省政府）是否有关于多元商事纠纷解决机制的地方性法规或地方政府规章，省、市人民法院是否有关于多元商事纠纷解决机制的司法文件。

　　政府政务创新可以为企业办事提供便利，简化办事程序，优化办事服务，提高企业办事效率。本指标从各城市地方政府及其职能部门于2016—2018年度（主要是2017—2018年度）公布的规范性文件分析各城市政务创新情况，主要包括：是否落实"多证合一、一照一码"等商事制度改革政策、是否实现商事制度登记电子化、是否已搭建信息共享机制、是否实施"最多跑一次"改革、是否建立"互联网＋政务服务"服务平台。

　　政府应当对企业依法执法进行监管，企业依法经营才能营造良好稳定的营商环境，本指标从各城市地方政府及其职能部门于2016—2018年度（主要是2017—2018年度）公布的规范性文件分析各城市执法监管转型情况，主要包括：是否建立"双随机、一公开"监管体制、是否建立以信用体系为基础的联合执法监管模式、是否建立"互联网＋"监管模式。

　　多元化的商事纠纷解决机制为企业提供多样化的纠纷解决途径，加速纠纷解决，本指标从各城市中级人民法院公布的2017年度法院工作报告提取数据，主要包括：法院减缩民商事案件审理时限情况、法院审理民商事案件繁简分流机制情况、法院民商事案件调解撤诉率、法院是否有探索创新商事纠纷解决机制。部分城市中级人民法院并未在互联网上公开其法院工作报告。具体指标如表9－1所示：

表 9 - 1　政务服务保障度评价指标体系

一级指标	二级指标	三级指标	指标属性
政务服务 保障度 15%	中国主要城市 地方立法与政 策制定	本市人民政府及其职能部门是否有关于政务服务保障的政策文件	评价指标（正向）
		本市人民政府及其职能部门相应政策文件的数量	数据指标（正向）
		省、市人大或政府是否有关于多元商事纠纷解决机制的地方性法规或地方政府规章	评价指标（正向）
		省、市人民法院是否有关于多元商事纠纷解决机制的司法文件	评价指标（正向）
	中国主要城市 政务服务创新	是否落实"多证合一、一照一码""先照后证、证照分离"等商事制度改革政策	评价指标（正向）
		是否实现商事制度登记电子化	评价指标（正向）
		是否已搭建信息共享机制	评价指标（正向）
		是否实施"审批不见面""仅跑一次""最多跑一次"改革	评价指标（正向）
		是否建立"互联网＋政务服务"服务平台	评价指标（正向）
	中国主要城市 执法监管转型	是否建立"双随机、一公开"监管体制	评价指标（正向）
		是否建立以信用体系为基础的联合执法监管模式	评价指标（正向）
		是否建立"互联网＋"监管模式	评价指标（正向）
	中国主要城市 商事纠纷解决 机制创新	本市法院在审理民商事案件时是否注重减缩审理时限	评价指标（正向）
		本市法院在审理民商事案件时是否采取了繁简分流机制	评价指标（正向）
		法院是否注重调解民商事案件撤诉率（撤诉率是否超过 30%）	评价指标（正向）
		是否探索创新商事纠纷解决机制	评价指标（正向）

第一节　中国主要城市地方立法与政策制定

2017—2018 年中国 33 个主要城市关于政务服务保障度政策的地方立法与政策制定情况详见表 9 - 2。

表 9 - 2　2017—2018 年中国主要城市关于政务服务政策规定情况

城市	序号	文件名称	发布单位及日期
北京	1	《关于率先行动改革优化营商环境实施方案》	中共北京市委、北京市人民政府 2017 - 09 - 16
	2	《关于印发北京市降低实体经济企业成本实施方案的通知》	北京市发改委、北京市经信委 2017 - 05 - 22
	3	《北京市进一步深化简政放权放管结合优化服务改革重点任务分工方案》	北京市人民政府 2017 - 10 - 13
	4	《关于加快推进"多证合一"登记制度改革的实施意见》	北京市人民政府办公厅 2017 - 09 - 12
	5	《北京市商务领域不良信用记录名单管理办法（试行）》	北京市商务委员会 2017 - 11 - 16
	6	《北京市工商局等六部门印发〈关于开展外贸领域"多证合一"改革的实施方案〉的通知》	北京市工商局、北京市商务委员会、北京市公安局、北京海关、北京市出入境检验检疫局、北京市住房公积金管理中心 2017 - 12 - 27
	7	《北京市地方税务局关于发布〈办税事项"最多跑一次"清单〉的公告》	北京市地方税务局 2018 - 03 - 20
长春	1	《长春市全面推行"双随机一公开"监管工作实施方案》	长春市人民政府办公厅 2017 - 04 - 14
	2	《长春市人民政府办公厅关于推进"多证合一"改革的实施意见》	长春市人民政府办公厅 2017 - 07 - 21
	3	《长春市人民政府办公厅关于降低实体经济企业成本的实施意见》	长春市人民政府办公厅 2018 - 07 - 17
长沙	1	《长沙市人民政府关于实行项目"一次性"审批有关事项的通知》	长沙市人民政府 2017 - 06 - 30

（续上表）

城市	序号	文件名称	发布单位及日期
成都	1	《成都市工商行政管理局关于认真做好推进供给侧结构性改革工作的通知》	成都市工商行政管理局 2017 – 04 – 11
	2	《2017 年成都市简政放权放管结合优化服务工作要点》	成都市人民政府办公厅 2017 – 04 – 19
	3	《成都市人民政府办公厅关于推进"多证合一、一照一码"登记制度改革的实施意见》	成都市人民政府办公厅 2017 – 08 – 30
重庆	1	《重庆市人民政府法制办公室关于全面推开"双随机一公开"工作的意见》	重庆市人民政府法制办 2017 – 05 – 01
	2	《重庆市人民政府关于印发〈重庆市加快推进"互联网＋政务服务"工作方案〉的通知》	重庆市人民政府 2016 – 12 – 26
	3	《重庆市人民政府办公厅关于进一步深化商事制度改革优化营商环境的意见》	重庆市人民政府办公厅 2017 – 06 – 12
	4	《重庆市人民政府办公厅关于进一步推进"多证合一"改革的实施意见》	重庆市人民政府办公厅 2017 – 10 – 13
	5	《重庆市国家税务局、重庆市地方税务局关于发布〈办税事项"最多跑一次"业务清单〉和〈办税事项"全程网上办"业务清单〉的公告》	重庆市国家税务局、重庆市地方税务局 2018 – 03 – 28
	6	《重庆市人民政府办公厅关于印发〈2018 年重庆市"互联网＋政务服务"工作要点〉的通知》	重庆市人民政府办公厅 2018 – 04 – 09
福州	1	《关于福州市开展市场准入负面清单制度改革试点工作的通知》	福州市人民政府办公厅 2017 – 03 – 21
	2	《福州市人民政府办公厅关于全面推进"多证合一"改革的实施意见》	福州市人民政府办公厅 2017 – 12 – 21
	3	《福州市人民政府办公厅关于推行"一趟不用跑"和"最多跑一趟"改革工作的通知》	福州市人民政府办公厅 2017 – 06 – 05
	4	《关于公布第一批"最多跑一次"事项清单的通知》	福州市行政（市民）服务中心管委会 2017 – 03 – 31
广州	1	《广州市人民政府关于印发广州市降低实体经济企业成本实施方案的通知》	广州市人民政府 2017 – 09 – 05

（续上表）

城市	序号	文件名称	发布单位及日期
贵阳	1	《贵阳建设内陆开放型经济试验区行动计划》	贵阳市人民政府 2017－12－06
	2	《贵阳市人民政府办公厅关于印发〈贵阳市推进"证照分离"改革试点方案〉的通知》	贵阳市人民政府办公厅 2018－07－12
海口	1	《海口市"多证合一"改革实施方案》	海口市人民政府办公厅 2017－09－30
南京	1	《关于南京市实施"多证合一、一照一码"登记制度的通告》	南京市工商行政管理局、南京市发展和改革委员会 2016－09－27
	2	《南京市政府关于印发〈南京市证照分离改革试点工作方案〉的通知》	南京市人民政府 2018－05－02
上海	1	《上海市人民政府关于印发〈本市落实《国务院关于加快推进"互联网＋政务服务"工作的指导意见》工作方案〉的通知》	上海市人民政府 2017－01－12
	2	《上海市工商行政管理局关于2017年"双随机、一公开"监管工作的实施意见》	上海市工商行政管理局 2017－02－01
	3	《2017年上海市深化简政放权放管结合优化服务改革工作方案》	上海市人民政府 2017－09－20
	4	《上海市人民政府办公厅关于本市推进"一照通办、一码通用"加快"多证合一"改革的实施意见》	上海市人民政府办公厅 2017－09－30
	5	《上海市国家税务局、上海市地方税务局关于发布〈办税事项"最多跑一次"清单〉的公告》	上海市国家税务局、上海市地方税务局 2018－03－30
沈阳	1	《沈阳市人民政府关于印发〈沈阳市推进"互联网＋政务服务"工作实施方案〉的通知》	沈阳市人民政府 2017－05－11
	2	《沈阳市人民政府关于印发沈阳市2017年深化经济体制改革工作要点的通知》	沈阳市人民政府 2017－06－06
	3	《沈阳市人民政府办公厅关于推进办事"最多跑一次"改革的实施意见》	沈阳市人民政府办公厅 2017－06－24
	4	《沈阳市人民政府关于推进部门协同综合执法加强事中事后监管的意见》	沈阳市人民政府 2017－12－30

（续上表）

城市	序号	文件名称	发布单位及日期
石家庄	1	《石家庄市人民政府印发关于降低实体经济企业成本的意见的通知》	石家庄市人民政府 2016 – 05 – 06
	2	《石家庄市人民政府办公厅关于全面推行跨部门联合"双随机"抽查监管的实施意见》	石家庄市人民政府 2017 – 07 – 10
	3	《石家庄市深入推进"多证合一、一照一码"登记制度改革实施方案》	石家庄市人民政府 2017 – 08 – 22
	4	《石家庄市人民政府关于印发石家庄市"互联网＋政务服务"工作实施方案的通知》	石家庄市人民政府 2017 – 09 – 15
	5	《关于强化实施创新驱动发展战略进一步推进大众创业万众创新深入发展的实施意见》	石家庄市人民政府办公厅 2017 – 12 – 03
	6	《石家庄市 2017 年法治政府建设工作要点》	石家庄市人民政府办公厅 2017 – 04 – 29
	7	《石家庄市人民政府办公厅关于进一步推进"多证合一、一照一码"登记制度改革的通知》	石家庄市人民政府 2017 – 10 – 09
武汉	1	《武汉市人民政府关于"先照后证"改革后加强事中事后监管的实施意见》	武汉市人民政府 2016 – 10 – 29
	2	《武汉市构建开放型经济新体制综合试点试验实施方案》	武汉市人民政府办公厅 2017 – 04 – 16
	3	《武汉市加快推进"五证合一、一照一码"登记制度改革实施方案》	武汉市人民政府办公厅 2016 – 08 – 30
	4	《武汉市人民政府关于构建公平竞争市场环境促进民间投资健康发展的通知》	武汉市人民政府 2017 – 07 – 04
	5	《武汉市人民政府关于进一步降低企业成本振兴实体经济的意见》	武汉市人民政府 2017 – 07 – 18
	6	《武汉市国家税务局、武汉市地方税务局关于发布〈武汉市办税事项"最多跑一次"和"一次不用跑"清单〉的公告》	武汉市国家税务局、武汉市地方税务局 2018 – 03 – 29
西安	1	《推进小微企业创业创新基地城市示范工作方案（2016—2018）》	西安市人民政府办公厅 2016 – 11 – 22
	2	《西安市群众和企业到市级部门办事"最多跑一次"事项清单（第一批）》	西安市人民政府办公厅 2017 – 03
	3	《西安市人民政府办公厅关于印发西安市推进"最多跑一次"改革实施方案的通知》	西安市人民政府办公厅 2017 – 03 – 29

（续上表）

城市	序号	文件名称	发布单位及日期
洛阳	1	《洛阳市 2017 年"放管服"改革涉企事项专项实施方案》	洛阳市人民政府 2017 - 09 - 28
	2	《洛阳市 2017 年"放管服"改革"互联网 + 政务服务"专项实施方案》	洛阳市人民政府 2017 - 09 - 28
	3	《洛阳市地方税务局关于 2017 年度法治地税建设工作的报告》	洛阳市地方局 2018 - 03 - 23
青岛	1	《中共青岛市委、青岛市人民政府关于深入推进供给侧结构性改革的意见》	中共青岛市委、青岛市人民政府 2016 - 10 - 25
	2	《青岛市人民政府办公厅关于贯彻鲁政办发〔2017〕61 号文件进一步推进"多证合一"改革的通知》	青岛市人民政府办公厅 2017 - 10 - 26
	3	《青岛市人民政府办公厅关于印发青岛市全面推行"双随机、一公开"监管工作实施方案的通知》	青岛市人民政府办公厅 2017 - 06 - 19
	4	《青岛市人民政府办公厅关于进一步激发民间有效投资活力的实施意见》	青岛市人民政府办公厅 2017 - 12 - 18
	5	《青岛市人民政府办公厅关于印发〈青岛市一流营商环境提升年实施方案〉的通知》	青岛市人民政府办公厅 2018 - 06 - 13
厦门	1	《厦门市财政局关于印发 2017 年度"双随机一公开"抽查工作计划的通知》	厦门市财政局 2017 - 02 - 27
	2	《2017 年厦门市推进简政放权放管结合优化服务工作要点》	厦门市人民政府办公厅 2017 - 08 - 06
	3	《厦门市人民政府办公厅关于印发加快推进"多证合一"改革实施方案的通知》	厦门市人民政府办公厅 2017 - 09 - 11
	4	《厦门市人民政府办公厅关于印发推行"一趟不用跑"和"最多跑一趟"办事清单实施方案的通知》	厦门市人民政府办公厅 2017 - 07 - 18
宜昌	1	《深入推进简政放权放管结合优化服务改革工作方案》	宜昌市人民政府办公室 2016 - 11 - 24
保定	1	《保定市人民政府办公厅关于推进国内贸易流通现代化建设法治化营商环境的通知》	保定市人民政府办公厅 2017 - 01 - 03
	2	《保定市人民政府关于降低实体经济企业成本若干政策的通知》	保定市人民政府 2016 - 05 - 28
	3	《保定市人民政府关于加快推进"互联网 + 政务服务"工作的实施意见》	保定市人民政府 2017 - 04 - 08

（续上表）

城市	序号	文件名称	发布单位及日期
太原	1	《太原市人民政府关于印发太原市推进简政放权放管结合优化服务工作要点的通知》	太原市人民政府 2016－11－26
	2	《太原市人民政府办公厅关于印发太原市深化"放管服效"改革实施方案的通知》	太原市人民政府办公厅 2017－11－02
天津	1	《天津市加快推进"互联网＋政务服务"工作实施方案》	天津市人民政府 2016－12－28
	2	《天津市人民政府关于深化简政放权放管结合优化服务改革工作的实施意见》	天津市人民政府 2017－07－18
	3	《天津市加快推进"多证合一"工作实施方案》	天津市人民政府 2017－09－24
	4	《天津市人民政府办公厅关于印发天津市推进"证照分离"改革试点工作方案的通知》	天津市人民政府 2017－10－31
	5	《天津市建委关于营造企业家创业发展良好环境的具体措施》	中共天津市城乡建设委员会 2017－12－16
	6	《天津市人民政府办公厅关于印发天津市进一步推进"证照分离"改革试点工作方案的通知》	天津市人民政府办公厅 2018－08－02
合肥	1	《合肥市人民政府关于印发〈合肥市推进"证照分离"改革试点工作方案〉的通知》	合肥市人民政府 2018－06－06
南宁	1	《南宁市人民政府办公厅关于印发〈2018 年南宁市政务服务和公共资源交易工作要点〉的通知》	南宁市人民政府办公厅 2018－05－15
哈尔滨	1	《哈尔滨市人民政府关于印发〈哈尔滨市 2016 年推进简政放权放管结合优化服务改革工作方案〉的通知》	哈尔滨市人民政府 2016－11－21
	2	《哈尔滨市市场监督管理局"双随机、一公开"监管工作实施细则（试行）》	哈尔滨市市场监督管理局 2017－01－19
	3	《哈尔滨市人民政府关于"先照后证"改革后加强事中事后监管的实施意见》	哈尔滨市人民政府 2016－12－13
	4	《国家税务总局哈尔滨市税务局关于发布〈办税事项"最多跑一次"清单〉的公告》	国家税务总局哈尔滨市税务局 2018－07－05

（续上表）

城市	序号	文件名称	发布单位及日期
杭州	1	《关于建立杭州市市场监督管理局"双随机、一公开"事中事后监管工作制度的通知》	杭州市市场监督管理局 2016－06－29
	2	《杭州市人民政府办公厅关于深化"先照后证"改革加强事中事后监管的实施意见》	杭州市人民政府办公厅 2016－12－31
	3	《杭州市人民政府关于印发进一步深化"简政放权、放管结合、优化服务"推进办事"最多跑一次"改革实施方案的通知》	杭州市人民政府 2017－03－17
	4	《关于公布杭州市市本级群众和企业到政府办事"最多跑一次"事项清单（第一批）的公告》	杭州市政府"四张清单一张网"改革推进职能转变协调小组 2017－02－27
昆明	1	《昆明市人民政府关于昆明市推进"最多跑一次"改革的实施意见》	昆明市人民政府 2017－07－28
郑州	1	《郑州市人民政府关于印发中国（河南）自由贸易试验区郑州片区"一次办妥"改革实施方案的通知》	郑州市人民政府 2017－12－16
舟山	1	《舟山市人民政府关于印发〈舟山市加快推进"最多跑一次"改革实施方案〉的通知》	舟山市人民政府 2017－02－28
	2	《舟山市群众和企业到政府办事"最多跑一次"事项清单（第一批）》	舟山市人民政府审批制度改革领导小组办公室 2017－02－24
	3	《舟山市群众和企业到政府办事"最多跑一次"事项清单（第二批）》	舟山市人民政府审批制度改革领导小组办公室 2017－03－11
深圳	1	《深圳市人民政府办公厅关于印发〈深圳市推进互联网＋政务服务暨一门式一网式政府服务模式改革实施方案〉的通知》	深圳市人民政府办公厅 2016－08－31
	2	《深圳市国家税务局关于发布〈办税事项"最多跑一次"清单（第一批）〉及〈办税事项"全程网上办"清单（第一批）〉的公告》	深圳市国家税务局 2018－03－30
	3	《国家税务总局深圳市税务局关于发布〈办税事项"最多跑一次"清单〉（第一批）的公告》	国家税务总局深圳市税务局 2018－06－15
兰州	1	《兰州市人民政府办公厅关于进一步深化商事制度改革具体措施的意见》	兰州市人民政府办公厅 2017－09－15

根据表 9 - 2 的客观数据，其中关于本市人民政府及其职能部门相应政策文件数量的数据指标赋值情况为：设定最佳值为 7，设定最差值为 0。中国 33 个主要城市关于政务服务保障度的地方立法与政策制定排名如表 9 - 3 所示：

表 9 - 3   中国 33 个主要城市关于政务服务保障度的地方立法与政策制定排名

城市	分数	排名	城市	分数	排名
石家庄	1.8	1	保定	0.888	16
北京	1.8	1	西安	0.888	16
天津	1.768	3	广州	0.832	20
重庆	1.568	4	太原	0.656	21
武汉	1.568	4	贵阳	0.656	21
上海	1.544	6	南京	0.656	21
青岛	1.544	6	郑州	0.632	24
厦门	1.512	8	兰州	0.432	25
福州	1.512	8	宜昌	0.432	25
洛阳	1.312	10	长沙	0.432	25
杭州	1.312	10	南宁	0.432	25
哈尔滨	1.312	10	昆明	0.432	25
深圳	1.288	13	合肥	0.432	25
沈阳	1.112	14	海口	0.432	25
舟山	1.088	15	济南	0.2	32
长春	0.888	16	南昌	0	33
成都	0.888	16			

第二节   中国主要城市政务服务创新

一、中国主要城市减"证"改革

"多证合一"是指证照整合改革，目的是实现企业一照一码走天下，使企业办理营业执照以后，不再有后面那么多审批流程，大幅缩短企业从筹备开办到进入市场的时间，迅速达到预定进入生产经营的状态。实现企业一照一码走天下，使一照一码的营业执照就像身份证一样，成为企业唯一身份证，使全国统一信用代码成为企业唯一身份证代码。2017

年4月，国务院常务会议审议通过《关于加快推进"多证合一"改革的指导意见》。2017年4月28日，国家工商行政管理总局表示，要求2017年10月底前，在全国全面推行。由于各城市产业差异较大，涉企数量不一，中央给予地方自由裁量权，要求地方按照"能整合的尽量整合、能简化的尽量简化、该减掉的坚决减掉"原则，全面梳理、分类处理涉企证照事项，具体证件合一情况由各个城市根据实际情况决定"多证合一"。

根据各城市公布的地方规范性文件分析"多证合一"实施情况。北京在五证合一的基础上实现"多证合一、一照一码"，并着力优化政务服务，完善网上政务服务大厅建设，打造"一号申请、一窗受理、一网通办"的对外政务服务统一门户；① 长春坚持"多证合一"和行政审批制度改革相结合，加快建设"多证合一"数据交换中心，实现多部门信息共享和业务协同，建立健全"一个部门办理，多个部门互认"的"多证合一"登记新模式；② 成都通过"一窗受理、互联互通、信息共享"方式，在"五证合一"的基础上实现二十一证整合的"多证合一、一照一码"改革，并推进"先照后证、证照分离"改革；③ 重庆在全面实施企业"五证合一"和个体工商户"两证整合"的基础上，积极推动实施"多证合一、一照一码"改革；④ 福州推动试点单个部门"多证合一"，实行"一局一证"；⑤ 广州推行电子营业执照，推进工商登记全程电子化，全面实施"多证合一、一照一码"登记制度；⑥ 贵阳全面推行"多证合一、一照一码"改革，引入第三方登记服务；⑦ 海口在2017年12月30日前实施第二批"二十六证合一"改革；⑧ 南京在2016年就已经在企业"三证合一"基础上，全面实行"多证合一、一照一码"登记制度，实行"一张表格、一个窗口、一套材料、一套档案"；⑨ 上海实施"多证合一、一照一码"改革，逐步扩大涉企证照事项整合范围；⑩ 沈阳开展"减证便民"专项行动，在全市实行

① 《关于印发北京市降低实体经济企业成本实施方案的通知》，http：//zhengce.beijing.gov.cn/library/192/33/50/438650/233561/index.html。

② 《长春市人民政府办公厅关于推进"多证合一"改革的实施意见》，http：//www.changchun.gov.cn/ztlm/sszdggjxs/zcjd_5166/201806/t20180622_451053.html。

③ 《成都市人民政府办公厅关于推进"多证合一、一照一码"登记制度改革的实施意见》，http：//gk.chengdu.gov.cn/govInfoPub/detail.action? id=92812&tn=6。

④ 《重庆市人民政府办公厅关于进一步深化商事制度改革优化营商环境的意见》，http：//www.cq.gov.cn/publicinfo/web/views/Show! detail.action? sid=4216285。

⑤ 《福州市人民政府办公厅关于全面推进"多证合一"改革的实施意见》，http：//www.fuzhou.gov.cn/zfxxgkzl/szfbmjxsqxxgk/szfbmxxgk/fzsrmzfbgt/zfxxgkml/xzfggzhgfxwj_2570/201712/t20171221_1941051.htm。

⑥ 《广州市人民政府关于印发广州市降低实体经济企业成本实施方案的通知》，http：//www.gz.gov.cn/gzgov/s2811/201709/7f756f5c08bb4acfb0f7582f85b84736.shtml。

⑦ 《贵阳建设内陆开放型经济试验区行动计划》，http：//www.hxgov.cn/HXGOV/B/02/30374.shtml。

⑧ 《海口市"多证合一"改革实施方案》，http：//www.haikou.gov.cn/pub/root9/0101/201711/t20171114_1124024.htm。

⑨ 《关于南京市实施"多证合一、一照一码"登记制度的通告》，http：//gsj.nanjing.gov.cn/gsj/201612/t20161219_4313854.html。

⑩ 《2017年上海市深化简政放权放管结合优化服务改革工作方案》，http：//www.shanghai.gov.cn/nw2/nw2314/nw2319/nw12344/u26aw53765.html。

"七证合一"，在辽宁自贸区沈阳片区实行"十一证合一"；① 石家庄深化"多证合一"登记制度，实行一口登记注册、限时办结、加快工商登记电子化；② 武汉深入推进工商管理注册资本认缴制、"先照后证""五证合一、一照一码"等商事制度改革；③ 西安全面落实"五证合一""一照一码""先照后证""一址多照""集群注册"等改革，推进全程电子化登记和电子营业执照应用；④ 洛阳全面实施"三十五证合一"改革，实行"一表申请、一窗受理、一网归集"的工作模式，搭建信息共享交换平台，相关部门利用平台实现企业信息互联互通和共享应用；⑤ 青岛深化商事制度改革，开展"一址多照""集群注册"等企业住所登记制度改革和企业简易注销试点，⑥ 推进"多证合一"改革，实现一套材料、一表登记、信息共享；⑦ 厦门在"五证合一""一照一码"的基础上，探索推进"多证合一"；⑧ 深圳贯彻推广"多证合一、一照一码"、企业名称自主申报登记等政策试点，开展全流程网上商事登记，打造"互联网＋商事登记"新模式；⑨ 宜昌巩固扩大"三证合一、一照一码"改革成果，深化企业"五证合一"以及个体工商户"两证合一"登记制度改革；⑩ 保定全面落实"三证合一、一照一码"登记改革；⑪ 太原大力推行"多证合一"改革；⑫ 长沙尚未出台规范性文件要求推进"多证合一"改革。

各主要城市都推进了"多证合一、一照一码"改革，其中，建立多部门信息共享和业务协同、搭建信息共享交换平台、推进"一照一码"营业执照在各领域互认互通的城市有

---

① 《沈阳市人民政府关于印发沈阳市 2017 年深化经济体制改革工作要点的通知》，http：//www. shenyang. gov. cn/zwgk/system/2017/06/08/010185083. shtml。

② 《石家庄市 2017 年法治政府建设工作要点》，http：//www. sjz. gov. cn/col/1516346198323/2018/05/11/1526007042024. html。

③ 《武汉市构建开放型经济新体制综合试点试验实施方案》，http：//www. wuhan. gov. cn/hbgovinfo_47/szfggxxml/zcfg/bgtwj/201705/t20170516_108357. html。

④ 《推进小微企业创业创新基地城市示范工作方案》，http：//www. xa. gov. cn/ptl/def/def/index_1121_6774_ci_trid_2239663. html。

⑤ 《洛阳市 2017 年"放管服"改革涉企事项专项实施方案》，http：//www. echinagov. com/policy/174348. htm。

⑥ 《中共青岛市委　青岛市人民政府关于深入推进供给侧结构性改革的意见》，http：//www. qingdao. gov. cn/n172/n68422/n68423/n31280714/161025092541653634. html。

⑦ 《青岛市人民政府办公厅关于进一步激发民间有效投资活力的实施意见》，http：//www. qingdao. gov. cn/n172/n68422/n68424/n31280899/n31280901/171227101443399280. html。

⑧ 《2017 年厦门市推进简政放权放管结合优化服务工作要点》，http：//m. law－lib. com/law/law_ view. asp? id＝587292。

⑨ 《深圳市人民政府关于大力推进大众创业万众创新的实施意见》，http：//www. sz. gov. cn/zfgb/2016/gb970/201609/t20160906_4457354. htm。

⑩ 《深入推进简政放权放管结合优化服务改革工作方案》，http：//www. pkulaw. cn/fulltext_form. aspx? Db＝lar&Gid＝f803834db61221767aa33e5c8a29abdfbdfb&keyword＝&EncodingName＝&Search_Mode＝accurate&Search_IsTitle＝0。

⑪ 《保定市人民政府关于降低实体经济企业成本若干政策的通知》，http：//www. bd. gov. cn/xxgkcontent－888888016－101237. html。

⑫ 《太原市人民政府办公厅关于印发太原市深化"放管服效"改革实施方案的通知》，http：//www. sxsbb. gov. cn/sjbb/bb436f0b5ffbef3301600f9b3adb008f. html。

北京①、长春②、洛阳③、成都④、重庆⑤、福州⑥、青岛⑦；推进全程电子化登记和电子营业执照应用的城市有北京⑧、广州⑨、西安⑩、福州⑪、石家庄⑫、青岛⑬、厦门⑭、保定⑮、太原⑯、兰州⑰；深圳⑱、长春⑲创新打造"互联网+商事登记"新模式。

二、中国主要城市"最多跑一次"改革

2016年12月发轫于浙江的"最多跑一次"改革，是指群众和企业到政府办理一件事

---

① 《关于率先行动改革优化营商环境实施方案》，http：//zhengce. beijing. gov. cn/library/192/33/50/438650/1283720/index. html。

② 《长春市人民政府办公厅关于推进"多证合一"改革的实施意见》，http：//www. changchun. gov. cn/ztlm/sszdg-gjxs/zcjd_5166/201806/t20180622_451053. html。

③ 《洛阳市2017年"放管服"改革涉企事项专项实施方案》，http：//www. echinagov. com/policy/17。

④ 《成都市人民政府办公厅关于推进"多证合一、一照一码"登记制度改革的实施意见》，http：//gk. chengdu. gov. cn/govInfoPub/detail. action? id=92812&tn=6。

⑤ 《重庆市人民政府办公厅关于进一步深化商事制度改革优化营商环境的意见》，http：//www. cq. gov. cn/pub-licinfo/web/views/Show! detail. action? sid=4216285。

⑥ 《关于福州市开展市场准入负面清单制度改革试点工作的通知》，http：//jaq. fuzhou. gov. cn/xjwz/zwgk/zfxxgkgzdgz/qlyx/qdgl/201801/t20180104_1979464. htm。

⑦ 《青岛市人民政府办公厅关于进一步激发民间有效投资活力的实施意见》，http：//www. qingdao. gov. cn/n172/n68422/n68424/n31280899/n31280901/171227101443399280. html。

⑧ 《关于印发北京市降低实体经济企业成本实施方案的通知》，http：//zhengce. beijing. gov. cn/library/192/33/50/438650/233561/index. html。

⑨ 《广州市人民政府关于印发广州市降低实体经济企业成本实施方案的通知》，http：//www. gz. gov. cn/gzgov/s2811/201709/7f756f5c08bb4acfb0f7582f85b84736. shtml。

⑩ 《推进小微企业创业创新基地城市示范工作方案》，http：//www. xa. gov. cn/ptl/def/def/index_1121_6774_ci_trid_2239663. html。

⑪ 《关于福州市开展市场准入负面清单制度改革试点工作的通知》，http：//jaq. fuzhou. gov. cn/xjwz/zwgk/zfxxgkgzdgz/qlyx/qdgl/201801/t20180104_1979464. htm。

⑫ 《石家庄市2017年法治政府建设工作要点》，http：//www. sjz. gov. cn/col/1516346198323/2018/05/11/1526007042024. html。

⑬ 《青岛市人民政府办公厅关于进一步激发民间有效投资活力的实施意见》，http：//www. qingdao. gov. cn/n172/n68422/n68424/n31280899/n31280901/171227101443399280. html。

⑭ 《2017年厦门市推进简政放权放管结合优化服务工作要点》，http：//m. law–lib. com/law/law_view. asp? id=587292。

⑮ 《保定市人民政府关于降低实体经济企业成本若干政策的通知》，http：//www. bd. gov. cn/xxgkcontent–888888016–101237. html。

⑯ 《太原市人民政府办公厅关于印发太原市深化"放管服效"改革实施方案的通知》，http：//www. sxsbb. gov. cn/sjbb/bb436f0b5ffbef3301600f9b3adb008f. html。

⑰ 《兰州市人民政府办公厅关于进一步深化商事制度改革具体措施的意见》，http：//www. pkulaw. cn/fulltext_form. aspx? Db=lar&Gid=62a8512e0b64fa83834f2b0ab3f19a7fbdfb&keyword=&EncodingName=&Search_Mode=accurate&Search_IsTitle=0。

⑱ 《深圳市人民政府关于大力推进大众创业万众创新的实施意见》，http：//www. sz. gov. cn/zfgb/2016/gb970/201609/t20160906_4457354. htm。

⑲ 《长春市人民政府办公厅关于推进"多证合一"改革的实施意见》，http：//www. changchun. gov. cn/ztlm/sszdg-gjxs/zcjd_5166/201806/t20180622_451053. html。

情，在申请材料齐全、符合法定受理条件时，从受理申请到形成办理结果，全过程只需一次上门或零上门。"最多跑一次"改革是通过"一窗受理、集成服务、一次办结"的服务模式创新，让企业和群众到政府办事实现"最多跑一次"的行政目标。浙江省领跑"最多跑一次"改革，优化审批流程，解决办事难、投诉难等问题，浙江经验得到中央肯定并写入 2018 年政府工作报告。

2016 年浙江省领跑"最多跑一次"改革，中国各主要城市紧随其后，积极开展"最多跑一次"改革。2017 年公布"最多跑一次"改革方案的城市有：福州、杭州、沈阳、昆明、西安、舟山。从各城市 2017 年公布的"最多跑一次"具体实施方案来看，至 2017 年底，杭州基本达到群众和企业到政府办事"最多跑一趟是原则，跑多次是例外"的要求；① 福州推行"最多跑一趟"和"一趟不用跑"；② 沈阳到 2017 年底，实现群众和企业到政府部门办事"最多跑一次"的目标；③ 厦门在放管服工作要点中要求建立一次办结机制，推行"一趟不用跑"和"最多跑一趟"办事清单；④ 西安到 2018 年 3 月基本实现群众和企业到政府办事"最多跑一趟是原则，跑多次是例外"的目标；⑤ 郑州推行"一次办妥"事项；⑥ 舟山在 2017 年 9 月基本实现"最多跑一趟是原则，跑多次是例外"的目标。⑦

从各城市公布第一批"最多跑一次"事项清单的时间和项目数量情况分析，位于浙江省的杭州、舟山率先公布，福州、西安及时学习浙江省经验。中国 33 个主要城市中，杭州、舟山、西安、福州、沈阳、昆明六个城市于 2017 年实施"最多跑一次"改革，其他城市均在 2018 年开始实施改革。杭州于 2017 年 2 月公布第一批"最多跑一次"事项清单，共 642 项"最多跑一次"或"零上门"项目；⑧ 舟山于 2017 年 2 月公布第一批"最多跑一次"事项清单，共 952 项；⑨ 西安于 2017 年 3 月公布第一批"最多跑一次"事项清

① 《杭州市人民政府关于印发进一步深化"简政放权、放管结合、优化服务"推进办事"最多跑一次"改革实施方案的通知》，http：//hznews. hangzhou. com. cn/xinzheng/swwj/content/2017－03/23/content_6501122. htm。

② 《福州市人民政府办公厅关于推行"一趟不用跑"和"最多跑一趟"改革工作的通知》，http：//www. pkulaw. cn/fulltext_form. aspx?% E7% BC% 82&Gid＝18057424&Search_Mode&keyword。

③ 《沈阳市人民政府办公厅关于推进办事"最多跑一次"改革的实施意见》，http：//www. shenyang. cn/zwgk/system/2017/06/28/010186554. shtml。

④ 《2017 年厦门市推进简政放权放管结合优化服务工作要点》，http：//m. law－lib. com/law/law_view. asp？id＝587292。

⑤ 《西安市人民政府办公厅关于印发西安市推进"最多跑一次"改革实施方案的通知》，http：//www. xa. gov. cn/ptl/def/def/index_1121_6774_ci_trid_2356801. html。

⑥ 《郑州市人民政府关于印发中国（河南）自由贸易试验区郑州片区"一次办妥"改革实施方案的通知》，http：//public. zhengzhou. gov. cn/08ABD/675274. jhtml。

⑦ 《舟山市人民政府关于印发舟山市加快推进"最多跑一次"改革实施方案的通知》，http：//www. ziq. gov. cn/portal/chnl774850/814256. htm。

⑧ 《关于公布杭州市市本级群众和企业到政府办事"最多跑一次"事项清单（第一批）的公告》，http：//www. hangzhou. gov. cn/art/2017/3/19/art_1268552_4021. html。

⑨ 《舟山市群众和企业到政府办事"最多跑一次"事项清单（第一批）》，http：//www. zhoushan. gov. cn/art/2017/2/24/art_1275911_5798980. html。

单，共 525 项；① 福州于 2017 年 3 月公布第一批 "最多跑一趟" 事项清单，共 352 项；② 沈阳于 2017 年 6 月公布第一批 "最多跑一次" 事项清单，共计 1 843 项；③ 昆明于 2017 年 7 月公布第一批 "最多跑一次" 事项清单，共 102 项。④

三、中国主要城市 "互联网 +" 管理

2018 年 3 月 5 日，国务院政府工作报告提到深入推进 "互联网 + 政务服务" 改革，使更多事项在网上办理，实现政务服务一网通办。推动更多事项在网上办理，必须到现场办的也要力争做到 "只进一扇门" "最多跑一次"，积极推进 "一枚印章管审批"，推广 "一窗受理、并行办理"。优化营商环境要破障碍、去烦苛、筑坦途，为市场主体添活力，为人民群众增便利，切实解决企业群众办事 "多跑腿" 等问题。

从 2017—2018 年度各城市公布的关于 "互联网 + 政务服务" 的规范性文件分析地方政务服务创新情况。保定、北京、长春、成都、贵阳、杭州、厦门、青岛、郑州⑤、太原⑥、兰州⑦等城市大力推进 "互联网 + 政务服务" 改革。保定出台工作意见要求加强网上办事效能在线监管、推进政务服务事项网上办理、创新网上政务服务模式；⑧ 北京制定《北京市政务信息资源共享开放管理办法》，促进市政务服务中心 "一站式" 审批；⑨ 长春以 "互联网 +" 和大数据技术为手段，以 "数据网上行" "企业少跑路" 为目标，以 "减证" 推动 "简政"，深入推进 "一门式、一张网" 政务服务综合改革；⑩ 成都推进各类涉

---

①　《西安市群众和企业到市级部门办事 "最多跑一次" 事项清单（第一批）》，http：//www. xa. gov. cn/ptl/def/def/index_1121_6774_ci_trid_2339330. html。

②　《关于公布第一批 "最多跑一次" 事项清单的通知》，http：//www. fuzhou. gov. cn/zgfzzt/xzql/xzsp/201703/t20170331_439084. htm。

③　《沈阳市人民政府办公厅关于推进办事 "最多跑一次" 改革的实施意见》，http：//www. shenyang. gov. cn/zwgk/system/2017/06/28/010186554. shtml。

④　《昆明市人民政府关于昆明市推进 "最多跑一次" 改革的实施意见》，http：//www. km. gov. cn/c/2017 – 10 – 23/2234735. shtml。

⑤　《郑州市人民政府关于印发中国（河南）自由贸易试验区郑州片区 "一次办妥" 改革实施方案的通知》，http：//public. zhengzhou. gov. cn/08ABD/675274. jhtml。

⑥　《太原市人民政府办公厅关于印发太原市深化 "放管服效" 改革实施方案的通知》，http：//www. sxsbb. gov. cn/sjbb/bb436f0b5ffbef3301600f9b3adb008f. html。

⑦　《兰州市人民政府办公厅关于进一步深化商事制度改革具体措施的意见》，http：//www. pkulaw. cn/fulltext_form. aspx？Db = lar&Gid = 62a8512e0b64fa83834f2b0ab3f19a7fbdfb&keyword = &EncodingName = &Search _ Mode = accurate&Search_IsTitle = 0。

⑧　《保定市人民政府关于加快推进 "互联网 + 政务服务" 工作的实施意见》，http：//www. pkulaw. cn/fulltext_form. aspx？Db = lar&Gid = 317b5360e49228e1efa9a46222b186d4bdfb&keyword = &EncodingName = &Search _ Mode = accurate&Search_IsTitle = 0。

⑨　《关于率先行动改革优化营商环境实施方案的通知》，http：//zhengce. beijing. gov. cn/library/192/33/50/438650/1283720/index. html。

⑩　《长春市人民政府办公厅关于推进 "多证合一" 改革的实施意见》，http：//www. changchun. gov. cn/ztlm/sszdg-gjxs/zcjd_5166/201806/t20180622_451053. html。

企证照事项线上并联审批，优化线上、线下办事流程，实现"一网通办、一窗核发"；① 贵阳以大数据为引领，以"一号一窗一网"为抓手，深化行政审批制度改革；② 杭州运用"互联网 +"思维和手段，以数据资源共享互通为支撑，全面开展政务服务流程优化工作，大力推进网上并联审批，推动网上、网下政务服务体系创新融合，建成"互联网 + 政务服务"示范大厅；③ 厦门实现全市"一个源头"管理，逐步推进网上政务服务实现"一号申请、一窗受理、一网通办"，同时确保全市行政审批和服务事项入驻省网上办事大厅。④ 截至 2017 年底，哈尔滨建成政务服务网，形成省、市、区县（市）一体化网上政务服务平台，推动政务服务网上办理；⑤ 武汉深入推进审批服务"马上办、网上办、一次办"改革；⑥ 洛阳基本实现"一号申请、一窗受理、一网通办"，初步建成覆盖全市、整体联动、部门协同的"互联网 + 政务服务"体系；⑦ 青岛打造互联互通、业务协同、信息共享的一站式网上办理平台；⑧ 太原加快推动政务服务事项全流程网上办理，推动实体大厅与网上大厅融合，实现线上线下一体化运行。⑨

　　福州、杭州、沈阳、厦门、昆明、西安、舟山积极实施"最多跑一次"改革。保定、北京、长春、成都、贵阳、杭州、厦门、青岛等城市大力推进"互联网 + 政务服务"改革。各城市加快推进"互联网 + 政务服务"和"最多跑一次"改革，进一步压缩企业进入市场前后的各类涉企证照事项，减少企业创业创新的制约和束缚，营造更加便利宽松的创业创新环境和公开透明平等竞争的营商环境。

　　根据上述内容，中国 33 个主要城市政务服务保障度的政务服务创新排名情况如表 9 - 4 所示：

---

① 《成都市人民政府办公厅关于推进"多证合一、一照一码"登记制度改革的实施意见》，http：// gk. chengdu. gov. cn/govInfoPub/detail. action？ id = 92812&tn = 6。

② 《贵阳建设内陆开放型经济试验区行动计划》，http：//www. hxgov. gov. cn/HXGOV/B/02/30374. shtml。

③ 《杭州市人民政府关于印发进一步深化"简政放权、放管结合、优化服务"推进办事"最多跑一次"改革实施方案的通知》，http：//hznews. hangzhou. com. cn/xinzheng/swwj/content/2017 - 03/23/content_6501122. htm。

④ 《2017 年厦门市推进简政放权放管结合优化服务工作要点》，http：//m. law - lib. com/law/law_view. asp？ id = 587292。

⑤ 《哈尔滨市人民政府办公厅关于印发哈尔滨市加快推进"互联网 + 政务服务"工作方案的通知》，http：// www. harbin. gov. cn/art/2017/5/8/art_2924_32776. html。

⑥ 《武汉市人民政府关于进一步降低企业成本振兴实体经济的意见》，http：//www. wuhan. gov. cn/hbgovinfo_47/ szfggxxml/zcfg/gfxwj/201707/t20170724_131452. html。

⑦ 《洛阳市 2017 年"放管服"改革"互联网 + 政务服务"专项实施方案》，http：//www. pkulaw. cn/fulltext_ form. aspx？ Db = lar&Gid = 2c781e0f1436655ef8390b646d353738bdfb&keyword = &EncodingName = &Search_Mode = accurate&Search_IsTitle = 0。

⑧ 《青岛市人民政府办公厅关于进一步激发民间有效投资活力的实施意见》，http：//www. qingdao. gov. cn/n172/ n68422/n68424/n31280899/n31280901/171227101443399280. html。

⑨ 《太原市人民政府办公厅关于印发太原市深化"放管服效"改革实施方案的通知》，http：// www. sxsbb. gov. cn/sjbb/bb436f0b5ffbef3301600f9b3adb008f. html。

表 9 - 4　中国 33 个主要城市政务服务保障度的政务服务创新排名

城市	分数	排名	城市	分数	排名
厦门	5	1	南宁	3	6
青岛	4	2	天津	2	19
北京	4	2	上海	2	19
沈阳	4	2	广州	2	19
成都	4	2	舟山	2	19
福州	3	6	武汉	2	19
深圳	3	6	贵阳	2	19
哈尔滨	3	6	兰州	2	19
洛阳	3	6	长沙	2	19
杭州	3	6	昆明	2	19
石家庄	3	6	南京	1	28
重庆	3	6	宜昌	1	28
郑州	3	6	合肥	1	28
长春	3	6	海口	1	28
保定	3	6	济南	1	28
西安	3	6	南昌	1	28
太原	3	6			

第三节　中国主要城市执法监管转型

从各城市 2017—2018 年公布的地方规范性文件分析"双随机，一公开"监管模式、以信用体系为基础的联合执法监管模式、"互联网＋"监管模式落实情况。

一、中国主要城市"双随机，一公开"监管模式

按照中央要求，各地应当实现"双随机，一公开"监管全覆盖，进一步健全随机抽查系统，完善相关细则，确保监管公平公正、不留死角。及时公开企业违法违规信息和检查执法结果，接受群众监督。

2017 年专门出台"双随机，一公开"监管工作方案的城市有长春、厦门、哈尔滨。重庆经济和信息化委员会和市政管理委员会早在 2016 年就公布了"双随机，一公开"工作实施细则。武汉在 2016 年出台了"双随机"抽查实施办法。

在 2017 年各城市公布的地方规范性文件中，要求实现"双随机，一公开"全覆盖的城市有：北京、长春、武汉、福州、杭州、沈阳、石家庄、天津、上海、青岛、厦门、兰州、太原、宜昌、洛阳、成都、重庆。其他城市尚未出台涉及"双随机，一公开"全覆盖要求的文件。

二、中国主要城市以信用体系为基础的联合执法监管模式

根据《国务院关于建立完善守信联合激励和失信联合惩戒制度加快推进社会诚信建设的指导意见》（国发〔2016〕33 号），进一步创新监管方式，提升监管执法水平，加强市场主体信用监管，推行信用监管制度，建立健全守信激励和失信惩戒联动机制，建立以信用体系为基础的联合执法监管模式，为企业的营商环境提供政务服务保障。

从 2017—2018 年度各地方公布的规范性文件分析各城市建立以信用体系为基础的联合执法监管模式情况：保定建立失信企业"黑名单"制度，建立协同监管和联合惩戒机制；① 厦门强化信用监管体系建设，全面推进企业信用分类监管；② 北京加快推进商务诚信建设，商务领域进行"不良信用记录名单"管理，加大对失信行为的惩戒力度；③ 长春加强失信惩戒机制建设，建立完善不愿失信、不能失信、不敢失信的体制机制；④ 成都健全失信惩戒制度，加强失信企业监管，构建"一处失信，处处受限"的联合惩戒机制；⑤ 重庆加强综合监管部门和行业监管部门联动，健全跨部门、跨区域执法协作机制；⑥ 福州建立完善信用约束体系，对被列入经营异常目录和黑名单的商事主体，实行失信联合惩戒制度；⑦ 哈尔滨强化严重违法失信企业名单管理；⑧ 上海推行随机抽查与信用监管、智能监管、综合监管相互联动，强化结果运用；⑨ 沈阳推进诚信体系建设，建设国家社会信用

---

① 《保定市人民政府办公厅关于推进国内贸易流通现代化建设法治化营商环境的通知》，http：//www. bd. gov. cn/content－888888016－115638. html。

② 《2017 年厦门市推进简政放权放管结合优化服务工作要点》，http：//m. law－lib. com/law/law_ view. asp？ id = 587292。

③ 《北京市商务领域不良信用记录名单管理办法》，http：//zhengce. beijing. gov. cn/library/192/33/50/438650/1294970/index. html。

④ 《长春市人民政府办公厅关于降低实体经济企业成本的实施意见》，http：//www. changchun. gov. cn/zw/zfwj/sf-bwj_108294/201707/t20170720_324029. html。

⑤ 《2017 年成都市简政放权放管结合优化服务工作要点》，http：//gk. chengdu. gov. cn/govInfoPub/detail. action？ id = 89437&tn = 6。

⑥ 《重庆市人民政府办公厅关于进一步深化商事制度改革优化营商环境的意见》，http：//www. cq. gov. cn/pub-licinfo/web/views/Show！ detail. action？ sid = 4216285。

⑦ 《福州市人民政府办公厅关于全面推进"多证合一"改革的实施意见》，http：//www. fuzhou. gov. cn/zfxxgkzl/szfbmjxsqxxgk/szfbmxxgk/fzsrmzfbgt/zfxxgkml/xzfggzhgfxwj_2570/201712/t20171221_1941051. htm。

⑧ 《哈尔滨市人民政府关于"先照后证"改革后加强事中事后监管的实施意见》，https：//wenku. baidu. com/view/2d2a6a26302b3169a45177232f60ddccdb38e627. html。

⑨ 《2017 年上海市深化简政放权放管结合优化服务改革工作方案》，http：//www. shanghai. gov. cn/nw2/nw2314/nw2319/nw12344/u26aw53765. html。

体系示范城市，建立跨部门联动响应和失信约束机制；① 武汉建立失信联合惩戒机制；② 洛阳积极参与国家信用体系建设，在税务方面发布诚信纳税"红黑榜"，推送违法失信"黑名单"，全面推行跨部门失信联合惩戒；③ 厦门结合企业信用风险分类加快建立完善失信联合惩戒制度；④ 宜昌推进实施守信激励和失信惩戒机制；⑤ 兰州建立健全联合惩戒机制；⑥ 太原更大力度推动跨部门联合检查，推行综合执法改革，建立完善守信联合激励和失信联合惩戒制度；⑦ 郑州构建以信用为核心的新型市场化监管制度，建设和完善郑州片区综合监管平台。⑧

三、中国主要城市"互联网＋"监管模式

加快推行"互联网＋政务服务"，推动政府部门在协同联动、流程再造、系统整合等方面进行改革，提升线上线下一体化政务服务能力。

从2017—2018年度各地方公布的规范性文件分析各城市"互联网＋"监管模式情况：洛阳推进"互联网＋行政执法工作"，优化纳税服务；⑨ 厦门大力推进"互联网＋监管"，建立网上行政审批电子监督制度，积极运用大数据、云计算、物联网等信息化手段，基于"互联网＋"和分享经济的新业态，量身定制监管模式；⑩ 长春探索实行"互联网＋"监管模式；⑪ 武汉探索实行一体化"互联网＋"监管模式，形成"来源可查、去向可追、责

① 《沈阳市人民政府关于印发沈阳市2017年深化经济体制改革工作要点的通知》，http：//www. shenyang. gov. cn/zwgk/system/2017/06/08/010185083. shtml。

② 《武汉市人民政府关于"先照后证"改革后加强事中事后监管的实施意见》，http：//www. wuhan. gov. cn/hb-govinfo_47/szfggxxml/zcfg/gfxwj/201611/t20161115_93862. html。

③ 《洛阳市地方税务局关于2017年度法治地税建设工作的报告》，http：//sq. ha－l－tax. gov. cn/sitegroup/lyds/html/ff80808158d81ffb015925453cf70235/20180328090994761. html。

④ 《2017年厦门市推进简政放权放管结合优化服务工作要点》，http：//m. law－lib. com/law/law_view. asp？ id＝587292。

⑤ 《深入推进简政放权放管结合优化服务改革工作方案》，http：//www. pkulaw. cn/fulltext_form. aspx？ Db＝lar&Gid＝f803834db61221767aa33e5c8a29abdfbdfb&keyword＝&EncodingName＝&Search_Mode＝accurate&Search_IsTitle＝0。

⑥ 《兰州市人民政府办公厅关于进一步深化商事制度改革具体措施的意见》，http：//www. pkulaw. cn/fulltext_form. aspx？ Db＝lar&Gid＝62a8512e0b64fa83834f2b0ab3f19a7fbdfb&keyword＝&EncodingName＝&Search_Mode＝accurate&Search_IsTitle＝0。

⑦ 《太原市人民政府办公厅关于印发太原市深化"放管服效"改革实施方案的通知》，http：//www. sxsbb. gov. cn/sjbb/bb436f0b5ffbef3301600f9b3adb008f. html。

⑧ 《郑州市人民政府关于印发中国（河南）自由贸易试验区郑州片区"一次办妥"改革实施方案的通知》，http：//public. zhengzhou. gov. cn/08ABD/675274. jhtml。

⑨ 《洛阳市地方税务局关于2017年度法治地税建设工作的报告》，http：//sq. ha－l－tax. gov. cn/sitegroup/lyds/html/ff80808158d81ffb015925453cf70235/20180328090994761. html。

⑩ 《2017年厦门市推进简政放权放管结合优化服务工作要点》，http：//m. law－lib. com/law/law_view. asp？ id＝587292。

⑪ 《长春市人民政府办公厅关于降低实体经济企业成本的实施意见》，http：//www. changchun. gov. cn/zw/zfwj/sf-bwj_108294/201707/t20170720_324029. html。

任可究"的信息链条;① 宜昌推进监管信息共享,探索"互联网 +"监管模式;② 郑州推进线上线下监管一体化,建设网上办事大厅在线监管系统,实现在线及时监督检测。③

根据上述内容,中国 33 个主要城市政务服务保障度的执法监管排名情况如表 9 - 5 所示:

表 9 - 5　中国 33 个主要城市政务服务保障度的执法监管排名

城市	分数	排名	城市	分数	排名
厦门	3	1	石家庄	1	16
洛阳	3	1	太原	1	16
郑州	3	1	天津	1	16
长春	3	1	深圳	0	21
武汉	3	1	西安	0	21
宜昌	3	1	南宁	0	21
北京	2	7	广州	0	21
沈阳	2	7	舟山	0	21
成都	2	7	贵阳	0	21
福州	2	7	长沙	0	21
哈尔滨	2	7	昆明	0	21
重庆	2	7	南京	0	21
保定	2	7	合肥	0	21
上海	2	7	海口	0	21
兰州	2	7	济南	0	21
青岛	1	16	南昌	0	21
杭州	1	16			

---

① 《武汉市构建开放型经济新体制综合试点试验实施方案》,http://www.wuhan.gov.cn/hbgovinfo_47/szfggxxml/zcfg/bgtwj/201705/t20170516_108357.html。

② 《深入推进简政放权放管结合优化服务改革工作方案》,http://www.pkulaw.cn/fulltext_form.aspx? Db = lar&Gid = f803834db61221767aa33e5c8a29abdfbdfb&keyword = &EncodingName = &Search_Mode = accurate&Search_IsTitle = 0。

③ 《郑州市人民政府关于印发中国(河南)自由贸易试验区郑州片区"一次办妥"改革实施方案的通知》,http://public.zhengzhou.gov.cn/08ABD/675274.jhtml。

第四节　中国主要城市商事纠纷解决机制创新

一、中国主要城市对商事纠纷解决机制创新的法规情况

2017—2018 年度中国主要城市出台的关于商事纠纷解决机制的文件数量较少，大部分城市适用的是其所在省份出台的文件。关于多元纠纷解决机制出台专门立法、地方政策和司法文件的城市有厦门、深圳、上海、西安、沈阳、天津。上海于 2014 年提高商事纠纷仲裁的国际化程度，行业协会、商会以及商业纠纷专业调解机构可参与商事纠纷调解；①天津于 2015 年发挥多元化纠纷解决机制，建立诉讼与非诉讼衔接的商业纠纷调解机制；②厦门于 2016 年在自贸区设立国际商事仲裁、调解机构，完善多元化纠纷解决机制；③深圳于 2016 年建设诉调对接平台，强化诉讼与非诉讼解决方式衔接，建立"一站式"纠纷解决机制；④西安于 2017 年提出完善纠纷多元、快速化解机制，健全商事纠纷非诉讼解决机制；⑤沈阳于 2017 年健全多元化纠纷解决机制与对接国际商事争议纠纷解决机制。⑥其他城市在创新商事纠纷多元解决机制方面仍需加强。

近几年，福建省、广东省、山东省、浙江省、黑龙江省、河南省相继出台相关法律文件，创新商事纠纷多元化解决机制，引入各类纠纷解决机构，学习国外先进经验，完善仲裁、调解等非诉模式与诉讼对接。福建省要求创新和完善民商事多元化解决机制，发挥商事调解组织、行业协会、商会等专业调解机构的作用，法院建立专家咨询陪审机制；广东省积极引入商事调解组织、行业协会、商会等非诉调解机构，推动诉讼与非诉调解的对接，探索建立与境外商事调解机构的合作机制，鼓励商事纠纷当事人遵循意思自治原则，化解商事纠纷；山东省出台《山东省多元化解纠纷促进条例》；浙江省支持行业协会、商会，以及商事纠纷专业调解机构借鉴国际先进规则，及时化解各类纠纷；黑龙江省允许行业协会、商会等社会组织设立行业性、专业性调解组织；河南省在自贸试验区建立民商事纠纷多元解决机制，借鉴国际商事仲裁惯例，完善调解制度。

---

① 《中国（上海）自由贸易试验区条例》，http：//www. china – shftz. gov. cn/publicinformation. aspx？gid = 38312ec0 – c160 – 4fdc – 8def – 964a7504c359&cid = 95。

② 《天津法院服务保障中国（天津）自由贸易试验区建设的意见》，https：//www. ggdoc. com/5aSp5rSl5Zu96LS45Lit5b_D0/NDg2NzY0M2U1ZWY3YmEwZDRiNzMzYmMw0/2. html。

③ 《厦门经济特区促进中国（福建）自由贸易试验区厦门片区建设规定》，http：//www. xmftz. gov. cn/xxgk/zcfg/201609/t20160901_7825. htm。

④ 《深圳市人民政府关于复制推广中国（广东）自由贸易试验区深圳前海蛇口片区首批改革创新经验的通知》，http：//wap. sz. gov. cn/zfgb/2016/gb959/201606/t20160601_3676661. htm。

⑤ 《西安市人民政府办公厅关于印发深化放管服改革全面优化提升营商环境实施方案的通知》，http：//www. xa. gov. cn/ptl/def/def/index_1121_6774_ci_trid_2615907. html。

⑥ 《沈阳市人民政府关于印发中国（辽宁）自由贸易试验区沈阳片区实施方案的通知》，http：//www. shenyang. gov. cn/zwgk/system/2017/08/31/010191686. shtml。

二、中国主要城市法院对商事纠纷解决机制的创新

1. 中国主要城市法院审结商事纠纷情况

根据中国各城市在各地方人大或法院官网公布的 2017 年法院工作报告以及各地新闻对法院工作报告的解读，分析城市法院审结商事纠纷情况。

从各城市法院公布的法院工作报告中分析各城市商事审结纠纷情况：第一，五年内审结民商事案件数量，上海以 203.97 万件位居第一，[①] 北京 180 万件紧随其后，[②] 重庆[③]、成都[④]、南京[⑤]均超 10 万件，其他城市未对五年内审结民商事案件数量进行说明。第二，2017 年审结民商事案件数量，较多的是重庆 25 万件[⑥]、深圳 18 万件[⑦]、广州 17 万件[⑧]、哈尔滨 10 万件[⑨]。第三，2017 年审结商事案件数量，济南数量较少[⑩]，广州[⑪]、武汉[⑫]、

① 《2018 年上海市高级人民法院工作报告》，http：//mini. eastday. com/a/180131172744442. html。

② 北京市高级法院 2013—2017 五年共审结民商事案件 1 806 018 件。《2018 年北京市高级人民法院工作报告》，http：//www. 71. cn/2018/0207/985587. shtml。

③ 2013—2017 年重庆市高级人民法院审结与经济发展密切相关的一审民商事案件 871 731 件，结案标的额 3 596 亿元。《2018 年重庆市高级人民法院工作报告》，https：//baijiahao. baidu. com/s？id = 1592081797375830852&wfr = spider&for = pc。

④ 2013—2017 年成都市中级人民法院共审结民商事案件 648 322 件，结案标的额 3 833.66 亿元，分别上升99.97% 和 348.07%。《2018 年成都市中级人民法院工作报告》，http：//cdfy. chinacourt. org/article/detail/2018/05/id/3293706. shtml。

⑤ 2013—2017 年南京市中级人民法院共审结商事案件 197 148 件。《2018 年南京市中级人民法院工作报告解读》，http：//jsnews. jschina. com. cn/hxms/201801/t20180124_1368821. shtml。

⑥ 2017 年重庆市高级人民法院共审结与经济发展密切相关的一审民商事案件 258 190 件，结案标的额 1 335.5 亿元。《2018 年重庆市高级人民法院工作报告》，https：//baijiahao. baidu. com/s？id = 1592081797375830852&wfr = spider&for = pc。

⑦ 《2018 年深圳市中级人民法院工作报告》，http：//sz. people. com. cn/n2/2018/0301/c202846 – 31296018. html。

⑧ 《2018 年广州市中级人民法院工作报告》，http：//www. gzcourt. cn/fybg/2018/03/04173612651. html。

⑨ 2017 年哈尔滨全市法院审结民事商事案件 101 819 件，解决争议标的额 493.79 亿元。《2018 年哈尔滨市中级人民法院工作报告》，https：//baijiahao. baidu. com/s？id =1588623891888639695&wfr = spider&for = pc。

⑩ 2017 年济南市中级人民法院审结商事案件 3 253 件。《2018 年济南市中级人民法院工作报告》，http：//jinanzy. sdcourt. gov. cn/jinanzy/376238/376204/1807844/index. html。

⑪ 广州市 2017 年一审审结商事案件 69 766 件。《2018 年广州市中级人民法院工作报告》，http：//www. gzcourt. gov. cn/fybg/2018/03/04173612651. html。

⑫ 2017 年武汉市审结商事案件 51 974 件，依法处置"僵尸企业"，推进"执转破"有效衔接，对40 件涉企案件启动破产程序，助力产业转型升级。《2018 年武汉市中级人民法院工作报告》，http：//www. whrd. gov. cn/html/dbdhwj/1402/2018/0112/13208. shtml。

石家庄①、青岛②数量较多，均超过 5 万件。第四，服务供给侧结构性改革，北京③、重庆④、福州⑤、广州⑥、上海⑦、青岛⑧法院审结的破产清算、企业重组、股权转让的案件数量较多，长沙、成都、海口、哈尔滨、南京未公布商事纠纷具体案件数量。北京、上海、广州、深圳、重庆五个城市经济发达，商事纠纷多，审结的商事案件数量远高于其他城市。

笔者未能从网上查询到贵阳、合肥、南宁、太原、沈阳、西安、洛阳、宜昌、郑州、舟山的 2017 年法院工作报告相关内容。

2. 中国主要城市法院创新商事纠纷解决机制的具体情况

根据中国各城市在各地方人大或法院官网上公布的 2017 年法院工作报告分析城市法院创新商事纠纷解决机制的具体情况，发现主要有以下几个特点：

第一，审理时限缩短。深圳深化繁简分流改革，平均结案周期缩短 20 天。⑨ 成都适用速裁程序审结，平均审理周期 13.6 天。⑩ 石家庄民商事速裁案件个案平均审理周期 20.48 天。⑪

---

① 2017 年石家庄中级人民法院共审理各类商事案件 52 461 件。《2018 年石家庄市中级人民法院工作报告》，http：//mini. eastday. com/mobile/180320112119216. html。

② 2017 年青岛审结一审商事案件 50 275 件，标的额 377.1 亿元。《2018 年青岛市中级人民法院工作报告》，http：//rdcwh. qingdao. gov. cn/n8146584/n31031329/n31031364/n31031371/n32209712/n32560863/n32560867/180124092744960146. html。

③ 北京市高级人民法院 2013—2017 五年共审结破产、清算案件 1 191 件，在市第一中级人民法院成立清算与破产案件审判庭，探索执行不能转破产机制，推动破产重整，促进市场出清，为供给侧结构性改革提供司法保障。审结涉外、涉港澳台案件 30 364 件，平等保护当事人合法权益，维护良好营商环境。《2018 年北京市高级人民法院工作报告》，http：//www. 71. cn/2018/0207/985587. shtml。

④ 2017 年重庆市高级人民法院依法保障供给侧结构性改革。审理破产案件 391 件，优化资源配置，实现市场出清。《2018 年重庆市高级人民法院工作报告》，https：//baijiahao. baidu. com/s? id = 1592081797375830852&wfr = spider&for = pc。

⑤ 福州市中级人民法院 2017 年审结破产清算、企业重组、股权转让等案件 234 件。《福州市中级人民法院工作报告》，http：//dy. 163. com/v2/article/detail/D7GJ4EK80514K04Q. html。

⑥ 广州市中级人民法院 2017 年探索破产审判新机制，设立司法处置快速通道，集中受理 104 件国有"僵尸企业"破产及强制清算案件，审结 58 件，清理淘汰落后产能。《2018 年广州市中级人民法院工作报告》，http：//www. gzcourt. gov. cn/fybg/2018/03/04173612651. html。

⑦ 2017 年上海加强破产审判工作，完善"僵尸企业"破产重整机制，妥善审理企业破产和强制清算案件 389 件，运用法治手段化解产能过剩。《2018 年上海市高级人民法院工作报告》，http：//mini. eastday. com/a/180131172744442. html。

⑧ 2017 年青岛市围绕服务供给侧结构性改革，审结股权转让、公司治理、破产清算等案件 573 件。《2018 年青岛市中级人民法院工作报告》，http：//rdcwh. qingdao. gov. cn/n8146584/n31031329/n31031364/n31031371/n32209712/n32560863/n32560867/180124092744960146. html。

⑨ 《2018 年深圳市中级人民法院工作报告》，http：//sz. people. com. cn/n2/2018/0301/c202846 – 31296018. html。

⑩ 《2018 年成都市中级人民法院工作报告》，http：//cdfy. chinacourt. org/article/detail/2018/05/id/3293706. shtml。

⑪ 《2018 年石家庄市中级人民法院工作报告》，http：//mini. eastday. com/mobile/180320112119216. html。

第二，繁简分流。深圳①、广州②、济南③、厦门④、石家庄⑤、长春⑥、长沙⑦深化繁简分流改革，实行简案快审，繁案精审，促进审判质效提升。

第三，调解撤诉率上升。上海 1/3 的民商案件诉前即得化解，一审民商案件调解撤诉率为 56.7%。⑧ 天津诉调对接机制使得诉前化解纠纷数量较多。⑨ 北京一审民商案件调解撤诉率达 56.7%。⑩ 厦门 44.25% 的民商案件以调撤结案。⑪ 石家庄一审民商案件撤诉率为 37.41%。⑫

第四，多元纠纷解决机制。兰州实施"互联网＋行动"模式，深化诉调衔接机制建设，构建大调解工作格局。⑬ 上海推行"互联网＋诉讼"服务，研发"上海民商事案件智能辅助办案系统"。⑭ 深圳完善多元化纠纷解决机制，制定"1＋N"配套制度，实行调解程序前置，全面建立诉调对接中心，健全多元化纠纷解决"融平台"。⑮ 天津深化多元纠纷解决机制，加强与行政机关和各类组织的诉调对接。⑯ 北京建立"多元化解＋速裁"机制，推动成立北京多元发展促进会。⑰ 杭州构筑诉前化解、立案调解、结案速裁"三道过滤网"，推广在线矛盾纠纷多元化解平台。⑱ 济南把诉调对接工作作为推进矛盾纠纷多元化解的总抓手。⑲ 青岛推进各方力量参与矛盾纠纷化解。⑳ 厦门以信息平台和诉讼服务、

---

① 《2018 年深圳市中级人民法院工作报告》，http：//sz. people. com. cn/n2/2018/0301/c202846 - 31296018. html。

② 《2018 年广州市中级人民法院工作报告》，http：//www. gzcourt. gov. cn/fybg/2018/03/04173612651. html。

③ 《2018 年济南市中级人民法院工作报告》，http：//jinanzy. sdcourt. gov. cn/jinanzy/376238/376204/1807844/in-dex. html。

④ 《2018 年厦门市中级人民法院工作报告》，http：//www. xmcourt. gov. cn/ygsf/fybg/201801/t20180110 _67193. htm。

⑤ 《2018 年石家庄市中级人民法院工作报告》，http：//mini. eastday. com/mobile/180320112119216. html。

⑥ 《2018 年长春市中级人民法院工作报告》，http：//renda. changchun. gov. cn/tp/ssjwchy/15j2c/201801/t20180112_1841391. htm。

⑦ 《2018 年长沙市中级人民法院工作报告》，http：//wemedia. ifeng. com/43580627/wemedia. shtml。

⑧ 《2018 年上海市高级人民法院工作报告》，http：//mini. eastday. com/a/180131172744442. html。

⑨ 《2018 年天津市中级人民法院工作报告》，http：//www. tjrd. gov. cn/tjsrmdbdh/system/2018/03/05/030010074. shtml。

⑩ 《2018 年北京市高级人民法院工作报告》，http：//www. 71. cn/2018/0207/985587. shtml。

⑪ 《2018 年厦门市中级人民法院工作报告》，http：//www. xmcourt. gov. cn/ygsf/fybg/201801/t20180110 _67193. htm。

⑫ 《2018 年石家庄市中级人民法院工作报告》，http：//mini. eastday. com/mobile/180320112119216. html。

⑬ 《2018 年兰州市中级人民法院工作报告》，http：//news. 163. com/18/0108/10/D7KE9LPL00014AEE. html。

⑭ 《2018 年上海市高级人民法院工作报告》，http：//mini. eastday. com/a/180131172744442. html。

⑮ 《2018 年深圳市中级人民法院工作报告》，http：//sz. people. com. cn/n2/2018/0301/c202846 - 31296018. html。

⑯ 《2018 年天津市高级人民法院工作报告》，http：//www. tjrd. gov. cn/tjsrmdbdh/system/2018/03/05/030010074. shtml。

⑰ 《2018 年北京市高级人民法院工作报告》，http：//www. 71. cn/2018/0207/985587. shtml。

⑱ 《2018 年杭州市中级人民法院工作报告》，http：//hangzhou. zjcourt. cn/art/2018/6/6/art _ 1218408 _18471255. html。

⑲ 《2018 年济南市中级人民法院工作报告》，http：//jinanzy. sdcourt. gov. cn/jinanzy/376238/376204/1807844/in-dex. html。

⑳ 《2018 年青岛市中级人民法院工作报告》，http：//rdcwh. qingdao. gov. cn/n8146584/n31031329/n31031364/n31031371/n32209712/n32560863/n32560867/180124092744960146. html。

诉调对接、诉讼辅助中心为抓手，把更多的矛盾化解在基层和诉前。① 石家庄深化"互联网＋诉非衔接"等矛盾纠纷多元化解机制。② 长春建立健全主体多元、形式多样、运行规范的诉前调解和诉调对接机制。③ 重庆开通"法院纠纷易解平台"，加强"民营企业商事纠纷调解中心"建设。④

根据上述内容，中国 33 个主要城市政务服务保障度的商事纠纷解决机制创新排名如表 9－6 所示：

表 9－6　中国 33 个主要城市政务服务保障度的商事纠纷解决机制创新排名

城市	分数	排名	城市	分数	排名
石家庄	4	1	郑州	0	17
厦门	3	2	武汉	0	17
深圳	3	2	宜昌	0	17
长春	2	4	沈阳	0	17
北京	2	4	福州	0	17
上海	2	4	哈尔滨	0	17
天津	2	4	太原	0	17
济南	2	4	西安	0	17
成都	1	9	南宁	0	17
重庆	1	9	舟山	0	17
保定	1	9	贵阳	0	17
兰州	1	9	昆明	0	17
青岛	1	9	南京	0	17
杭州	1	9	合肥	0	17
广州	1	9	海口	0	17
长沙	1	9	南昌	0	17
洛阳	0	17			

① 《2018 年厦门市中级人民法院工作报告》，http：//www. xmcourt. gov. cn/ygsf/fybg/201801/t20180110_67193. htm。
② 《2018 年石家庄市中级人民法院工作报告》，http：//mini. eastday. com/mobile/180320112119216. html。
③ 《2018 年长春市中级人民法院工作报告》，http：//renda. changchun. gov. cn/tp/ssjwchy/15j2c/201801/t20180112_1841391. htm。
④ 《2018 年重庆市高级人民法院工作报告》，https：//baijiahao. baidu. com/s？id＝1592081797375830852&wfr＝spider&for＝pc。

第五节   综合评价

一、2017—2018 年度中国 33 个主要城市政务服务保障度排名及等级情况

根据上述四个指标，中国 33 个主要城市政务服务保障度排名情况如表 9-7 所示：

表 9-7   中国 33 个主要城市政务服务保障度排名

城市	分数	排名	城市	分数	排名
厦门	3.712	1	郑州	1.832	18
石家庄	3.4	2	西安	1.488	19
北京	3.4	2	舟山	1.488	19
天津	2.768	4	太原	1.456	21
重庆	2.768	4	兰州	1.432	22
上海	2.744	6	广州	1.432	22
青岛	2.744	6	宜昌	1.232	24
武汉	2.568	8	贵阳	1.056	25
洛阳	2.512	9	长沙	1.032	26
福州	2.512	9	南宁	1.032	26
深圳	2.488	11	南京	0.856	28
长春	2.488	11	昆明	0.832	29
杭州	2.312	13	济南	0.8	30
沈阳	2.312	13	合肥	0.632	31
哈尔滨	2.312	13	海口	0.632	31
成都	2.288	16	南昌	0.2	33
保定	2.088	17			

二、中国主要城市政务保障度情况

为营造良好的营商环境，良好的政务服务是保障，良好的政务保障度对营造良好营商环境具有推动作用。2017 年 6 月，国务院办公厅印发《全国深化简政放权放管结合优化服务改革电视电话会议重点任务分工方案的通知》，明确为营造公平的营商环境创造条件、提供政务保障。2017 年，中国各主要城市相继开展"放管服"改革，从简政放权、放管

结合、优化服务三方面出台具体措施，为营造良好的营商环境提供了具体的保障措施。
2017 年，中国各主要城市为营造良好的营商环境，在政务保障度方面具有以下几个特点：

1. 简政放权以提高行政效能

2017 年，中国各城市推行"简政放权"政策，清理了大量的行政许可和行政审批，以提高行政效能。在营商环境方面，中国各主要城市在不同程度上推行商事制度改革，并对商事制度改革出台具体政策，进一步提高行政机关在商事注册、"减证"等方面的行政效能，为企业提供便利。具体而言，各城市在 2017 年加大力度推行"多证合一""一照一码""证照分离""电子营业执照"等商事制度的改革。

首先，各城市积极落实"多证合一、一照一码"和"证照分离"改革。以北上广深为首，部分城市从 2016 年就已经开始探索"多证合一"的改革。2017 年，各大城市均不同程度推行了"多证合一"的改革，从改革出台的政策来看，长春、成都、福州、南京等地出台与"多证合一"改革相关的专门性地方政府规范性文件，例如《福州市人民政府办公厅关于全面推进"多证合一"改革的实施意见》等，对"多证合一"改革进行了详细的部署。从数量来看，比较稳妥地进行"合"的城市，例如北京、重庆、武汉、西安、厦门等，先通过探索"五证合一"改革，在制度逐渐成熟时，在 2017 年逐步推行"多证合一"。但相对来说，部分城市"多证合一"改革发展较为迅猛，以洛阳为首，实现"三十六证合一"，海口实现"二十六证合一"，成都实现"二十一证合一"，沈阳实现"十一证合一"，这几个城市的"合证"数量虽然多，但对于减证的效果仍需要进一步考察。

其次，各城市搭建多部门信息共享交换平台以及网上服务平台，加速企业办理业务流程，减少企业因多部门行政许可和审批时间过长、效率过慢所导致的资源浪费情况。2017年，北京、成都、长春、福州、青岛等城市建立了多部门信息共享平台，多部门联合行政，提高行政效能。北京、广州、福州、青岛等城市推进全程电子化登记和电子营业执照，减少纸质化工程，缩短印发许可证的时间，加快行政效能。另外，深圳和长春在"互联网＋商事登记"方面进行了探索，开启了快速商事登记的新时代。

营造良好营商环境，政府需要简政放权，减少不必要的行政许可和行政审批流程，以"多证合一"的方式"减证"，提高政府机关对企业审批和许可的效率，加速企业进入市场的流程，给予企业一定的自主权。为简政放权，中央在涉企证照"多证合一"方面给予地方较大的自由裁量权，如何减证，减少哪些证均属于自由裁量的范围，地方只要遵循"能整合的尽量整合、能简化的尽量简化、该减掉的坚决减掉"原则，就可最大化实现"多证合一"，以从整体上提高行政效能。

2. 放管结合以转变政府职能

营造良好营商环境，就需要给予企业一定的便利和自主权，政府就需要将部分自主权交给企业和市场，而企业和市场所需要的，是一个服务型的政府，对此，政府就需要放管结合，转变全能政府的职能，建设法治型政府和服务型政府。在营造营商环境方面，为了给予企业一定的自主权，政府需要简政放权，放宽企业进入市场的条件，减少企业进入市场所需的"证"，也就是放宽事前监管。但是为了有效地管理市场，避免市场失灵和混乱，政府应当对市场进行监管。在对市场进行监管的过程中，中国各主要城市的政府部门创新监管方式，放宽事前监管，将重点放在事中、事后监管，对此提出了"双随机，一公开"、信用监管和互联网监管等新的监管方法。

逐步展开"双随机，一公开"监管。在市场进入阶段，政府给企业提供便利而放宽事前监管，并不意味着不对企业进行监管。2017—2018 年中国各主要城市为完善市场监管，营造营商环境，各城市全面展开"双随机，一公开"监管模式，注重对企业和市场的事中、事后监管。重庆和武汉两个城市在 2016 年便已经出台了具体的"双随机，一公开"监管的实施办法。在 2017 年，北京、厦门、福州、长春、上海、宜昌等城市也相继推出"双随机，一公开"监管方式，通过随机抽查监管对象的方式，督促企业长期处于合法活动期间，不投机取巧，确保监管公平公正、不留死角。

探索信用监管方式。企业的商业信誉对企业的发展具有重要意义，在政府对企业的监管过程中，为了让公众了解企业信用信息，保障消费者权益，对企业可以采取信用监管。信用监管意味着政府要建立企业信用体系，至于是守信体系或是失信体系的具体建立则要看各地方的具体实际情况进行规定。2017 年中国各城市在探索信用监管时，所采取的信用监管的具体方法也有所不同。例如，保定建立失信企业"黑名单"制度；洛阳税务系统推行"红黑榜"监管；北京进行"不良信用记录名单"管理；太原、宜昌推行"守信联合激励"机制等；厦门、长春、成都、福州、重庆等地都建立失信企业监管模式，展开信用监管。

建立以信用体系为基础的联合执法监管模式。只有对信用监管制度提供保障，才能真正发挥信用监管的作用。2017—2018 年中国各主要城市在建立信用监管体系的同时，建立了以信用体系为基础的联合执法监管模式，例如，长春、成都、重庆、福州、武汉、宜昌等城市都开始建立失信联合惩戒制度，为企业的营商环境提供政务服务保障。

开启互联网监管时代。在大数据时代，政府运用互联网进行数据化监管，便于行政机关及时、便利、动态地了解企业情况，及时对企业的违法行为进行处罚，并得以记录。2017 年，厦门、长春、武汉、宜昌、洛阳、郑州这几个城市均出台规范性文件和政策，开始探索"互联网＋监管"的模式对企业进行监管。

良好的营商环境需要一个相对自由的市场竞争环境以及一个服务型的政府，对此政府对企业应当放管结合，提供一个相对自由的市场环境，持续转变政府职能，建设服务型政府。

3. 优化服务以便民利企

良好的政务服务是营商环境的保障之一，在相对自由的营商环境中，一个服务型的政府是必要的，优化政务服务可以促进良好营商环境的构建，给予企业便利以促进企业经济发展。2017 年，中国各主要城市在提供政务优化服务方面，提出了"最多跑一次"改革、商事制度改革以及"互联网＋政务服务"等举措，提高行政效能，减少企业浪费资源的情况，便民利企。

最多跑一次改革。2016 年，浙江省领跑"最多跑一次"改革，形成"浙江经验"被中央借鉴，在 2017 年，杭州、舟山、西安、福州、沈阳、昆明六个城市着手开始"最多跑一次"改革，将大量的行政服务列入"最多跑一次"清单中，减少企业在办理行政服务时的路途时间，这项改革在公民和企业中得到了较好的评价。其他城市均表示在 2018 年也将开始实施"最多跑一次"改革。

商事制度改革。在商事制度改革方面，一方面商事制度的各种改革措施既提高了行政效能，另一方面又优化了政务服务，达到了便民利企的效果。具体而言，商事制度改革中的"多证合一"改革和电子营业执照的使用，为企业带来了较大的便利性。

"互联网＋政务服务"。2017 年，中国各主要城市的政府积极发挥互联网作用，不仅将商事登记等行政业务与互联网融合，企业不用专门到行政机关排队办理业务，节省了时间，还将互联网与监管相结合，通过互联网对企业的情况进行了解和存档，使得对企业的监管更为体系化。"互联网＋政务服务"以数据资源共享互通为支撑，全面开展政务服务流程优化工作，大力推进网上并联审批，推动网上、网下政务服务体系创新融合。2017年，北京、长春、成都、贵阳、杭州、厦门、青岛等城市明确在行政审批等业务中推行"互联网＋政务服务"举措，并取得了较好的成果。

简政放权、放管结合和优化服务是政府为了营造良好的营商环境提供政务服务保障的政策。在"放管服"改革的指导下，中国各主要城市政府出台具体政策为营商环境提供政务保障，2017—2018 年度，33 个中国主要城市中，北京、长春、成都、福州、厦门这 5 个城市在政务保障度方面较为完善，给企业提供了较大的便利性，宜昌、武汉、杭州、青岛、重庆等城市也在不断提高行政效能，探索各种政策，努力为营商环境提供保障。

4. 多元商事纠纷解决方式以营造公平公正营商环境

营商环境中必定会存在商事纠纷，对商事纠纷的解决影响着公平公正营商环境的构建。一般而言，解决商事纠纷的途径有两种：非诉与诉讼。为营造良好营商环境，在非诉方面，应当建立以仲裁和调解为中心的多元商事纠纷机制；在诉讼方面，法院应当完善审结商事纠纷程序。

多元商事纠纷解决机制。多元商事纠纷解决机制以仲裁和调解为中心，引入各类纠纷解决机构，支持行业协会、商会以及商事纠纷专业调解机构借鉴国际先进规则，及时化解各类纠纷。2017 年，厦门、深圳、上海、西安、沈阳、天津这几个城市地方政府和法院出台了关于多元纠纷解决机制的地方政策和司法文件，要求建立多元商事纠纷解决机制；福建、广东、山东、浙江、黑龙江、河南几省出台相关法律文件，创新商事纠纷多元解决机制。

法院审结商事纠纷程序的完善。从商事案件审结数量上看，2017 年，北京、上海、广州、深圳、重庆这几个城市审结的商事案件数量远超其他城市。从审理时限来看，对保定、深圳、成都、石家庄四个城市的法院审结案件的时间进行总结，其中保定平均审理时间缩短为 9.73 天，深圳平均结案周期缩短为 20 天，成都平均审理周期为 13.6 天，石家庄民商事速裁案件个案平均审理周期为 20.48 天。从繁简分流来看，深圳、广州、济南、厦门、石家庄、长春、长沙这几个城市的法院深化繁简分流改革，促进审判质效提升。同时，部分城市的法院，即深圳、天津、北京、杭州、上海、重庆、厦门、青岛等城市的法院正在探索商事纠纷多元解决机制，强调诉讼与非诉讼程序的衔接，建立诉调衔接机制，重视法院调解。

构建良好的营商环境，优质的政务服务和公平公正的司法环境是必不可少的。从这两个方面来看，经济水平较为发达的城市，如北京、上海、深圳、广州、福州、厦门、重庆这几个城市更重视营商环境的建设，其他城市也在逐步完善政务服务保障度和建设公平公正的司法环境。

三、中国主要城市政务保障度改进建议

中国各主要城市在营商环境提供政务保障方面均有所作为，但是，营商环境的构建不是一蹴而就的，涉及政府的政务服务保障需要循序渐进，稳妥地实施政务服务保障制度措施才能切实提高政府行政效能，使得政府不至于陷入混乱。对此，为营造良好的营商环境，中国各主要城市在政务服务保障方面应当注重以下几点：

（1）加大力度转变政府职能。

政府职能转变要与营商环境法治化建设相结合。转变政府职能，是实现营商环境法治化的根本要求。良好的营商环境要以市场为中心，政府不得过度干预，也不应严格控制企业从而影响企业发展。故而，建设法治化营商环境，首先要加大力度转变政府职能，处理好政府与市场的关系，充分发挥市场在资源配置中的决定性作用，减少政府对资源的直接配置和对微观经济活动的直接干预，建立服务型政府，通过优质高效的政府服务有效提升政府治理效能。

（2）持续开展"放管服"改革。

国务院开展"放管服"改革旨在为营商环境提供政务保障，各地方应当持续开展"放管服"改革以建设营商环境。首先，通过简政放权打造相对宽松的市场准入环境，2017—2018 年度中国各城市在简政放权方面具体落实了"多证合一"制度，但是"多证合一"给予了地方较大的自由裁量权，难免会出现只追求数量而不保证质量的情况。所以，简政放权改革不能过于急进，应当循序渐进，避免一味追求减免数量的情况，对于减少行政许可和下放行政审批，也应当谨慎进行，对于"合"和"减"的内容应当建立动态清单制，并向社会公布。其次，通过放管结合打造规范审慎的政府监管环境，对企业的监管不应过于严苛，应当给予企业一定的自由发展空间。放管结合的关注点应当在于放松和管理如何结合，采取既利于企业发展又便于政府监管的方法。最后，通过优化服务打造高效便捷的政务服务环境，行政效能往往会对企业产生深刻的影响。因此，政府在探索高效便民措施时，应当听取公众意见，并听取公众的反馈，在保证行政行为合法的情况下，提供优质政务服务，提高行政效能。

（3）依法行政和规范行政。

营商环境建设必须以法治化为依托。目前而言，中央层面尚未出台关于营商环境的法律法规，但是民商事相关的法律体系已经完备，并且相关的政策文件较多，政府在对企业进行管理时，应当按照法律和政策所规定的事项进行行政管理。政府行政应当依法行政和规范行政，各城市应当对政府的行政行为加以规范，例如出台与依法行政和规范行政相关的地方性法规或政府规章，又或是通过规范性文件统一行政机关实施行政行为的规范，以

保证依法行政和规范行政。政府依法行政和规范行政是营商环境法治化关键的一环，政府行为合法且规范了，才能稳妥推进营商环境的建设。

（4）完善政府监督。

建设营商环境提供政务保障的主体是政府，故而有必要对政府的行为进行监督。政府的权力是公权力，这种权力的来源是人民，政府在实施公权力的时候应当受到人民的监督。各城市应当加大对政府行为的监督力度，通过第三方评估政府机关机制、内部绩效评估制度和拓宽公众参与、投诉渠道等方式完善对政府的监督。

（5）建设公平公正的司法环境。

司法作为最后一道防线，公平公正的司法环境是营商环境建设的最终保障。各城市地方政府和法院应当探索多元商事纠纷解决机制，完善仲裁和调解制度，建立诉讼与非诉、诉讼与调解的衔接机制，使得商事纠纷可以有多种解决途径。各城市法院在审理商事案件时，善用调解，对诉讼案件进行繁简分流，缩减案件审结时间。有条件的城市可以设立城市之间的联合巡回法庭或在法院内设立专门法庭，以高效解决商事纠纷。

表 9 - 8　2017—2018 年度中国主要城市政务服务保障度评分表

城市	地方立法与政策制定：市人民政府及其职能部门政务服务政策文件（1分）	地方立法与政策制定：市人民政府及其职能部门政务服务政策文件数量（2分）	地方立法与政策制定：商事纠纷地方法规及地方政府规章（1分）	地方立法与政策制定：省、市人民法院司法文件（1分）	地方立法与政策制定：总分	地方立法与政策制定：排名	政务服务创新：「多证合一」改革（1分）	政务服务创新：商事登记电子化（1分）	政务服务创新：信息共享机制（1分）	政务服务创新：「最多跑一次」改革（1分）	政务服务创新：「互联网＋政务服务」（1分）	政务服务创新：小计	政务服务创新：排名	执法监管转型：「双随机、一公开」（1分）	执法监管转型：以信用体系为基础的联合执法监管（1分）	执法监管转型：「互联网＋监管」（1分）	执法监管转型：小计	执法监管转型：排名	商画纠纷解决机制创新：法院审理民商事案件数量（1分）	商画纠纷解决机制创新：法院缩减审理时限（1分）	商画纠纷解决机制创新：法院采取繁简分流机制（1分）	商画纠纷解决机制创新：法院调解撤诉率（1分）	商画纠纷解决机制创新：创新商事纠纷解决机制（1分）	商画纠纷解决机制创新：小计	商画纠纷解决机制创新：排名	总分	排名
厦门	1	1.14	1	1	1.512	8	1	1	1	1	1	5	1	1	1	1	3	1	0	0	0	1	1	3	2	3.712	1
石家庄	1	2	0	0	1.8	1	1	1	0	0	1	3	6	1	0	0	1	18	1	1	1	1	1	4	1	3.4	2
北京	1	2	0	0	1.8	1	1	1	0	0	1	4	2	1	1	0	2	7	1	0	0	1	1	2	4	3.4	2
天津	1	1.71	0	1	1.768	3	1	0	0	0	1	2	19	1	0	0	1	20	0	0	0	0	1	2	4	2.768	3
重庆	1	1.71	0	0	1.568	4	1	1	0	0	1	3	6	1	1	0	2	12	1	0	0	0	1	1	9	2.768	3
上海	1	1.43	1	0	1.544	6	1	0	0	0	1	2	19	1	1	0	2	14	1	0	0	0	1	2	4	2.744	4
青岛	1	1.43	1	0	1.544	6	1	1	0	0	1	4	2	1	0	0	1	16	1	0	0	0	1	1	9	2.744	4
武汉	1	1.71	0	0	1.568	4	1	0	0	0	1	2	19	1	1	1	3	5	1	0	0	0	0	0	17	2.568	5

（续上表）

城市	排名	总分	商事纠纷解决机制创新·排名	商事纠纷解决机制创新·总分	创新商事纠纷解决机制（1分）	法院调解撤诉率（1分）	法院采取繁简分流机制（1分）	法院缩减审理时限（1分）	法院审理民商事案件数量（1分）	执法监管转型·排名	执法监管转型·总分	『互联网＋监管』（1分）	以信用体系为基础的联合执法监管（1分）	『双随机、一公开』（1分）	政务服务创新·排名	政务服务创新·总分	『互联网＋政务服务』（1分）	『最多跑一次』改革（1分）	信息共享机制（1分）	商事制度登记电子化（1分）	『多证合一』改革（1分）	地方立法与政策制定·排名	地方立法与政策制定·总分	省、市人民法院司法文件（1分）	商事纠纷地方性法规及地方政府规章（1分）	市人民政府及其职能部门政务服务政策文件数量（2分）	市人民政府及其职能政务服务政策文件（1分）
洛阳	6	2.512	17	0	0	0	0	0	0	2	3	1	1	1	6	3	1	0	1	0	1	10	1.312	0	1	1.14	1
福州	6	2.512	17	0	0	0	0	0	1	10	2	0	1	1	6	3	0	1	0	1	1	8	1.512	1	1	1.14	1
深圳	7	2.488	2	3	1	0	0	1	1	21	0	0	0	0	6	3	1	0	0	1	1	13	1.288	1	1	0.86	1
长春	7	2.488	4	2	1	0	1	0	0	4	3	0	1	1	6	3	1	0	0	0	1	16	0.888	0	0	0.86	1
杭州	8	2.312	9	1	1	0	0	0	0	17	1	0	0	1	6	3	1	1	0	0	1	10	1.312	0	1	1.14	1
沈阳	8	2.312	17	0	0	0	0	0	0	8	2	0	1	1	2	4	1	1	0	0	1	14	1.112	0	0	1.14	1
哈尔滨	8	2.312	17	0	0	0	0	0	1	11	2	0	1	1	6	3	1	0	0	1	1	10	1.312	0	1	1.14	1
成都	9	2.288	9	1	0	0	0	1	1	9	2	0	1	1	2	4	1	0	1	1	1	16	0.888	0	0	0.86	1
保定	10	2.088	9	1	0	0	0	1	0	13	2	0	1	1	6	3	1	0	0	1	1	16	0.888	0	0	0.86	1

（续上表）

城市	地方立法与政策制定						政务服务创新							执法监管转型					商面纠纷解决机制创新							总分	排名
	市人民政府及其职能部门政务服务政策文件（1分）	市人民政府及其职能部门政务服务政策文件数量（2分）	商事纠纷地方性法规及地方政府规章（1分）	省、市人民法院司法文件（1分）	总分	排名	「多证合一」改革（1分）	商事制度登记电子化（1分）	信息共享机制（1分）	「最多跑一次」改革（1分）	「互联网＋政务服务」（1分）			「双随机、一公开」（1分）	以信用体系为基础的联合执法监管（1分）	「互联网＋监管」（1分）			法院审理民商事案件数量（1分）	法院缩减审理时限（1分）	法院采取繁简分流机制（1分）	法院调解撤诉率（1分）	创新商事纠纷解决机制（1分）				
郑州	1	0.29	1	0	0.632	24	1	0	0	1	1	3	6	1	1	1	3	3	0	0	0	0	0	0	17	1.832	11
西安	1	0.86	0	0	0.888	16	1	1	0	1	0	3	6	0	0	0	0	22	0	0	0	0	0	0	17	1.488	12
舟山	1	0.86	1	0	1.088	15	1	0	0	1	0	2	19	0	0	0	0	25	0	0	0	0	0	0	17	1.488	12
太原	1	0.57	0	0	0.656	21	1	1	0	0	1	3	6	1	0	0	1	19	0	0	0	0	0	0	17	1.456	13
兰州	1	0.29	0	1	0.432	25	1	0	0	0	1	2	19	1	1	0	2	15	1	0	0	0	0	1	9	1.432	14
广州	1	0.29	1	1	0.832	20	1	1	0	0	0	2	19	0	0	0	0	24	1	0	0	0	0	1	9	1.432	14
宜昌	1	0.29	0	0	0.432	25	1	0	0	0	0	1	28	1	1	1	3	6	0	0	0	0	0	0	17	1.232	15
贵阳	1	0.57	0	0	0.656	21	1	1	0	0	1	2	19	0	0	0	0	26	0	0	0	0	0	0	17	1.056	16
长沙	1	0.29	0	0	0.432	25	1	0	0	1	0	2	19	0	0	0	0	27	1	0	0	0	0	1	9	1.032	17

（续上表）

城市	排名	总分	商事纠纷解决机制创新 排名	创新	创新商事纠纷解决机制（1分）	法院调解撤诉率（1分）	法院采取繁简分流机制（1分）	法院缩减审理时限（1分）	法院审理民商事案件数量（1分）	执法监管转型 排名	转型	"互联网+监管"（1分）	以信用体系为基础的联合执法监管（1分）	"双随机、一公开"（1分）	政务服务创新 排名	创新	"互联网+政务服务"（1分）	"最多跑一次"改革（1分）	信息共享机制（1分）	商事制度登记电子化（1分）	"多证合一"改革（1分）	地方立法与政策制定 排名	总分	省、市人民法院司法文件（1分）	商事纠纷地方法规及地方政府规章（1分）	市人民政府及其职能部门政务服务政策文件数量（2分）	市人民政府及其职能部门政务服务政策文件（1分）
南宁	17	1.032	17	0	0	0	0	0	0	23	0	0	0	0	6	3	1	0	1	0	1	25	0.432	0	0	0.29	1
南京	18	0.856	17	0	0	0	0	0	1	29	0	0	0	0	28	1	0	0	0	0	1	21	0.656	0	0	0.57	1
昆明	19	0.832	17	0	0	0	0	0	0	28	0	0	0	0	19	2	0	1	0	0	1	25	0.432	0	0	0.29	1
济南	20	0.800	4	2	1	1	1	0	0	32	0	0	0	0	28	1	0	0	0	0	1	32	0.2	0	1	0	0
合肥	21	0.632	17	0	0	0	0	0	0	30	0	0	0	0	28	1	0	0	0	0	1	25	0.432	0	0	0.29	1
海口	21	0.632	17	0	0	0	0	0	0	31	0	0	0	0	28	1	0	0	0	0	1	25	0.432	0	0	0.29	1
南昌	22	0.200	17	0	0	0	0	0	0	33	0	0	0	0	28	1	0	0	0	0	1	33	0	0	0	0	0

第十章　中国内地与港澳营商环境比较

第一节　中国内地与香港营商环境比较

一、引言

进入 21 世纪以来，随着区域经济一体化和全球经济一体化的迅速发展，人才、资金以及技术等要素在全球范围内流动速度明显增强，区域间的竞争也日趋激烈。一个国家想要在国际上具有一定的竞争力，除了要有"硬实力"外，还必须具备"软实力"，营商环境便是一个国家"软实力"的重要体现之一。特朗普上台后，强调"美国优先"，启动减税计划，吸引全球工业项目回流。美国总统的种种举措，激起了反全球化的浪潮。美国在贸易和投资层面的保护主义措施也在一定程度上倒逼其他国家调整营商政策。对于中国而言，构建一个能够吸引企业、留住企业的营商环境，既是机遇也是挑战。

《全球营商环境报告》指出，所谓的国际化营商环境，是指一个国家或地区的营商环境要与国际上营商环境监管的透明度和便利度的全球趋势接轨，建立符合世贸规制的市场经济运行机制和体系，为企业营造公平有序的市场竞争环境、公开透明的政策环境、高效便捷的办事环境。香港一直以来扮演连接世界与中国内地的角色，作为世界的金融中心，香港与内地虽属不同的法域，但其多年来的发展经验可为内地建设国际化的营商环境提供指导。香港之所以拥有国际化的营商环境，在于其有完善的法例、在中央政府授权范围内的司法独立、较低的税率等。香港更是早在 2006 年就成立了方便营商处，负责促进、处理投资营商工作。

因此，香港能为内地提供什么样的经验，内地又如何推动香港的发展，必须对两者进行一个比较，深入考察，才能为构建国际化的营商环境提供强劲动力。

二、内地与香港营商环境简介

1. 内地营商环境简介

2017 年全球经济状况明显好转，通货紧缩、财政政策过于严苛等全球关注的重点也逐步得到一定程度的改善。2017 年下半年，中国国务院出台了一系列改善营商环境的政策，为境内外投资者在内地经商提供了更多的便利。

2017 年 8 月，中国国务院向各部委下发一份促进外资增长的"任务清单"。人民银行、国家外汇局负责确保"境外投资者在境内依法取得的利润、股息等投资收益，可依法以人民币或外汇自由汇出"。国务院列清单式，要求各部委逐一落实，这种做法还是首次，显示出中国政府改善营商环境的决心。至 2017 年底，中国国际贸易"单一窗口"已与 11 个口岸管理相关部门对接，基本覆盖大通关主要流程，实现企业一点接入、一次提交、一次查验、一键跟踪、一站办理，加速了口岸治理体系现代化建设进程。中国将继续优化监管方式方法，改革口岸管理体制，进一步压缩进出口环节和成本，不断优化口岸营商环境。①

（1）设立自由贸易区。

2015 年，中国国务院公开发布设立广东、福建、天津自由贸易试验区的总体方案。

表 10 - 1　自贸区规划

自由贸易试验区	重点发展行业
天津港东疆片区	航运物流、国际贸易、融资租赁等
天津机场片区	航空航天、装备制造、新一代信息技术等高端制造业和研发设计、航空物流等
中心商务片区	金融创新
广州南沙新区片区	船舶运输、物流、金融业、国际贸易、高端制造业等
深圳前海蛇口片区	金融业、现代物流、信息服务、科技服务等
珠海横琴新区片区	旅游休闲、金融服务、文化教育、高新技术等
平潭片区	旅游、投资贸易
厦门片区	两岸区域性金融服务业和航空工业
福州片区	先进制造业、航空工业和专业服务业

（2）履行货物贸易领域开放承诺。

中国在加入世界贸易组织后，积极改善自身的营商环境，不断完善社会主义市场经济体制，全面加强同多边贸易规则的对接，切实履行货物和服务开放承诺，为多边贸易体制有效运转作出了积极贡献。

---

① 《中国与世界贸易组织》白皮书，国务院新闻办公室网站，http：//www.scio.gov.cn/zfbps/32832/Document/1632334/1632334.htm。

截至 2010 年，中国货物降税承诺全部履行，关税总水平由 2001 年的 15.3% 降至 9.8%。其中，工业品平均税率由 14.8% 降至 8.9%；农产品平均税率由 23.2% 降至 15.2%，约为世界农产品平均关税水平的四分之一，远低于发展中成员 56% 和发达成员 39% 的平均关税水平。农产品的最高约束关税为 65%，而美国、欧盟、日本分别为 440%、408%、1 706%。①

中国还开放对外经贸权，加强进出口贸易以及鼓励外国公司在中国开设公司、设立机构。自 2004 年，中国对企业的外贸经营权由审批制改为备案登记制，极大地激发了民营企业对外贸易的热情。2015 年，中国政府同意向社会资本和外资开放信用卡市场。

（3）税收政策。

2011 年，经国务院批准，我国部分地区进行营业税改增值税试点；2013 年 8 月 1 日，"营改增"范围推广至全国试行；2016 年 3 月国务院召开的常务会议决定，自 2016 年 5 月 1 日起，中国将全面推行"营改增"试点，这意味着营业税正式退出历史舞台，中国结束了 66 年的营业税征收历史。通过"营改增"，累计减税超过 2 万亿元，加上采取小微企业税收优惠、清理各种收费等措施，共减轻了 3 万多亿元。2017 年，国家出台了多种税收优惠政策，努力减轻企业负担，营造一流营商环境（见表 10 - 2）。

表 10 - 2   税收优惠政策清单

文件名	税收政策
《财政部、国家税务总局关于简并增值税税率有关政策的通知》	（1）简化增值税税率结构，取消 13% 这一档税率 （2）将农产品、天然气等增值税税率从 13% 降至 11% （3）规范纳税人购进农产品进项税额抵扣，对农产品深加工企业购入农产品维持原扣除力度不变，避免因进项抵扣减少而增加税负
《国务院关于废止〈中华人民共和国营业税暂行条例〉和修改〈中华人民共和国增值税暂行条例〉的决定》	（1）国务院决定废止《中华人民共和国营业税暂行条例》 （2）《增值税暂行条例》修改后重新公布，主要作了四个方面的修改：一是将实行营改增的纳税人，即销售服务、无形资产、不动产的单位和个人明确规定为增值税的纳税人。修改后，增值税纳税人的范围是：在中国境内销售货物或者加工、修理修配劳务，销售服务、无形资产、不动产以及进口货物的单位和个人。同时，对《增值税暂行条例》关于销售额、应纳税额、销项税额、进项税额、小规模纳税人等条款中涉及征税范围的表述相应作了调整 （3）在《增值税暂行条例》规定的税率中相应增加销售服务、无形资产、不动产的税率，并根据已实施的简并增值税税率改革，将销售或者进口粮食、食用植物油、自来水、图书、饲料等货物的税率由 13% 调整为 11%

① 《中国与世界贸易组织》白皮书，国务院新闻办公室网站，http://www.scio.gov.cn/zfbps/32832/Document/1632334/1632334.htm。

（续上表）

文件名	税收政策
《国务院关于废止〈中华人民共和国营业税暂行条例〉和修改〈中华人民共和国增值税暂行条例〉的决定》	（4）对准予从销项税额中抵扣的进项税额以及不得抵扣的进项税额作了相应调整 （5）为保证《增值税暂行条例》与营改增有关规定以及今后出台的改革措施相衔接，规定纳税人缴纳增值税的有关事项，国务院或者国务院财政、税务主管部门经国务院同意另有规定的，依照其规定
《财政部、税务总局关于扩大小型微利企业所得税优惠政策范围的通知》《国家税务总局关于贯彻落实扩大小型微利企业所得税优惠政策范围有关征管问题的公告》	（1）自2017年1月1日至2019年12月31日，将小型微利企业的年应纳税所得额上限由30万元提高至50万元，对年应纳税所得额低于50万元（含50万元）的小型微利企业，其所得减按50%计入应纳税所得额，按20%的税率缴纳企业所得税 （2）符合条件的小型微利企业，无论采取查账征收方式还是核定征收方式，均可享受优惠 （3）企业预缴时享受了优惠，年度汇算清缴时不符合小型微利企业条件的，应当按照规定补缴税款
《财政部、税务总局、科技部关于提高科技型中小企业研究开发费用税前加计扣除比例的通知》《国家税务总局关于提高科技型中小企业研究开发费用税前加计扣除比例有关问题的公告》	（1）科技型中小企业开展研发活动中实际发生的研发费用，未形成无形资产计入当期损益的，在按规定据实扣除的基础上，在2017年1月1日至2019年12月31日期间，再按照实际发生额的75%在税前加计扣除；形成无形资产的，在上述期间按照无形资产成本的175%在税前摊销 （2）科技型中小企业开展研发活动实际发生的研发费用，在2019年12月31日以前形成的无形资产，在2017年1月1日至2019年12月31日期间发生的摊销费用，可享受加计扣除优惠
《财政部、国家税务总局关于创业投资企业和天使投资个人有关税收试点政策的通知》《国家税务总局关于创业投资企业和天使投资个人税收试点政策有关问题的公告》	（1）公司制创投企业采取股权投资方式直接投资于种子期、初创期科技型企业满2年的，可以按照投资额的70%在股权持有满2年的当年抵扣应纳税所得额；当年不足抵扣的，可结转抵扣 （2）合伙创投企业采取股权投资方式直接投资于初创科技型企业满2年的，法人合伙人可以按照对初创科技型企业投资额的70%抵扣法人合伙人从合伙创投企业分得的所得，当年不足抵扣的，可以结转抵扣；个人合伙人可以按照对初创科技型企业投资额的70%抵扣个人合伙人从合伙创投企业分得的经营所得，当年不足抵扣的，可以结转抵扣 （3）天使投资个人采取股权投资方式直接投资于初创科技型企业满2年的，可以按照投资额的70%抵扣转让该初创科技型企业股权取得的应纳税所得额；当期不足抵扣的，可以在以后取得转让该初创科技型企业股权的应纳税所得额时结转抵扣

（续上表）

文件名	税收政策
《国家税务总局关于全民所有制企业公司制改制企业所得税处理问题的公告》	全民所有制企业改制为国有独资公司或者国有全资子公司，属于《财政部、国家税务总局关于企业重组业务企业所得税处理若干问题的通知》（财税〔2009〕59 号）第四条规定的"企业发生其他法律形式简单改变"的，可依照以下规定进行企业所得税处理：改制中资产评估增值不计入应纳税所得额；资产的计税基础按其原有计税基础确定；资产增值部分的折旧或者摊销不得在税前扣除

2. 香港营商环境简介

香港坐落于中国珠江三角洲东南部，珠江口东岸，南海北部。根据香港贸易发展局的数据，香港是世界第六大商品贸易出口地，第四大外汇市场。香港优越的国际化营商环境与珠三角地区的制造业结合在一起，创造了独特的竞争优势。据中国香港政府统计处统计，2018 年香港地区的进出口总金额大约为 1.2 万亿美元。

香港其优越的营商环境表现为：安全的社会环境、在中央政府授权范围内的司法独立、得天独厚的地理位置、完善的基建、廉洁高效的政府等。这些优越的条件，使得香港赢得了国际营商便利的美誉，不断吸引外国投资者前来设立地区总部和办事处。

（1）简便的税收政策。

香港的税种主要为利得税（企业所得税）以及俸薪税，这些简单又有利于香港本土企业发展的税收政策，吸引了许多的对外投资者。香港除了只设置直接税以外，还设有免税额制度。香港的利得税每年都会有差异，2004—2005 年度香港政府规定有限公司的利得税率为净利润的 16.5%，无限公司的利得税率为净利润的 15%。若公司该年无经营或经营亏损以及海外盈利，则无须纳税。新上任的特首林郑月娥表示将进行税收改革，推行"两级制利得税"，旨在提高香港的竞争力。

香港的税务种类少是其有别于其他城市的一大优势，诸如增值税、预提所得税、遗产税等其他城市普遍征税的税种，香港并无设置。香港的报税手续也十分方便，一般人即可实现自助报税，甚至可以在网上直接报税。诸如无限公司不用经过报税的流程，做完账直接依据会计报表向税局申报交税即可；有限公司做完账后，经过香港报税师报税后，出具报税报告，依据报税报告所列数据填列利得税计算表后方能向税局申报利得税。

（2）世界级基础建设。

香港的交通便利，物流通信设施发达，其主要的运输方式有航空、铁路、水路。在航空方面，香港赤鱲角国际机场是世界上最繁忙的国际货运机场之一。香港的市内运输同样方便快捷，交通运输路线设置合理，公交、电车以及港铁构成一个四通八达的交通运输网络。鉴于此，即使企业将公司设立于商业中心外围，也不妨碍其正常的商业运营。

香港的通信基建处于世界领先水平，物美价廉，其无限流量已推出甚久。网络宽频以及 4G 网络几乎实现全覆盖，无论处于哪里，都可以畅游网络。2010 年，《经济学人》信息部公布的电子化准备程度排行，香港的互联网以及电话服务被评为全球最廉价。

（3）健全的法制体系和监督体系。

法治是香港的核心，香港属于英美判例法法系，司法完全独立，任何个人、组织和其他机构都不能干预法官独立断案。香港仲裁机构也深得国际信赖，香港国际仲裁中心可谓亚洲解决争议的中心。

香港是全球最廉洁的地方之一，2018 年 NGO 调查了 180 个国家和地区，发表了"清廉认知指数"。该指数满分是 100 分，中国香港得分 77 分，排行 13 位。香港的反贪机构廉政公署由麦理浩港督于 1974 年成立，成立之初主要是为了打击警队腐败，后逐渐发展到针对全港的公务员、公共事业机构等。廉政公署是一个与政府机关相脱离的独立反贪机构，直接向特首负责。健全的法制体系和监督体系为维护香港的公平正义、安定繁荣提供了一个坚强的后盾。

三、国际化营商环境主要指标及内涵

1. 营商环境指标

随着发展中国家对经济发展的高度重视，后发地区的各地政府也开始越来越重视本地区的营商环境优化。国际上对于企业营商环境指标也有了一定的标准，诸如世界银行成立的 Doing Business 小组，负责企业营商环境指标的创建。

2003 年发布的第一期《全球营商环境报告》当时只有 5 个指标，衡量 133 个经济体的营商监管。经过十几年的完善，它已经发展成为一个包含 11 个指标集、覆盖 185 个经济体的年度报告，已经是一个较为成熟、具有可操作性的营商环境衡量指标体系。2013 年的营商环境便利度的综合排名是基于 10 个领域的指标评测而形成的，它们是：开业便利度、办理施工许可证便利度、执行便利度和退出市场难易等指标（见表 10 - 3）。[1]

表 10 - 3 "营商环境"国际指标

类别	衡量指标
开业便利度	信息公开程度、没有最低资本限制、便民服务
办理施工许可证便利度	健全的法律法规、基于风险的建筑审批程序、"一站式"服务
财产确权便利度	网上不动产评估、提供加急办理程序
保护投资者	少数股东在关联交易中的权利、公司治理
纳税	允许自行估算税款、税收法定
跨界贸易	出口所需时间和成本、提供单一的服务窗口
执行便利度	司法公开、解决纠纷时间和成本、允许电子起诉
解决破产	破产管理人选任的透明度、小额债权人清偿率、为庭外解决提供法律框架

---

[1] 理大科技及顾问有限公司：《南沙新区构建国际化营商环境研究》，2013 年 10 月。

营商环境指标并没有一个统一固定的标准，内地根据自身的实际也创设了一套适用内地省会城市的营商环境指标（见表 10 - 4）。

表 10 - 4　中国营商环境评价指标体系

类别	指标
创业便利度	地方立法与政策制定、市场准入负面清单制度、商事制度改革
开业便利度	地方立法与政策制定、产业项目清单管理制度、项目建设许可、证照申请与获取
生产要素便利度	地方立法与政策制定、融资成本、用工成本、用电用地成本、物流成本
交易便利度	地方立法与政策制定、竞争环境、跨境贸易便利度
税费负担度	地方立法与政策制定、营商税费减负、营商财政支持
政务服务保障度	地方立法与政策制定、政务服务创新、执法监督转型、商事纠纷解决机制创新

从上面两个衡量指标体系可知，对于一个国家或地区的营商环境的衡量指标可总结为两类，一类是涉法指标，另一类是监管程度复杂性和成本的指标。对于前一类指标，其主要针对地方立法、法院执行和商事破产等。后一类，主要针对开业、办理施工许可、财产登记等。

世界银行对于营商环境指标的衡量标准贯穿于进入市场到退出市场整个商事活动的全过程，而且其衡量标准更为具体细微。中国的营商环境衡量指标注重开业以及相关的营业保障，宏观政策占了指标的很大比重，但对于政策是否可以作为评价指标还有待商榷，毕竟中央的政策到了地方有可能发生变化，执行力度可能会大大削弱。

2. 营商环境指标测评

世界银行的营商环境指标测评侧重关注私营企业的发展以及规制的透明性、清晰性。如果这些规制的设计较为透明，能为其适用者准确理解把握，并具有可执行性，那么它们的激励机制就能得到好的发挥，有利于经济的发展，提升营商环境的竞争力。

营商环境测评使用一个简单的平均方法来加权成分指标，计算排名和确定到边界得分的距离。每个涉及商业的主题涉及商业监管环境的不同方面。每一个经济体的边界得分和排名之间的距离，通常都有很大的不同，这表明一个经济体在一个监管领域的强大表现可以与另一个地区的弱绩效共存。一个经济体的监管绩效是从各个指标看其与前沿得分之间的距离而得出来的。诸如香港各个指标的平均分为 84 分，其最高得分的三个指标平均分为 99 分，最低得分的三个指标平均分为 69 分。

世界银行在构建营商环境指标时使用了两种类型的数据。第一种类型的数据采自对每一个国家或地区的法律法规的查阅。诸如在专家团队的配合下，考察各个经济体的公司法、劳动法等与营商环境有关的法律条文，查阅关于关联交易、劳动者权利保障以及法院裁判、执行的法律规定。第二种类型的数据用于关于监管程序复杂性和成本的指标，这些指标衡量实现监管目标的效率①，如办理一项施工许可所需要的程序或者所需的实际周期。专家研究团队对于数据的采集通过网上查阅或者电话调查来构建指标。

四、内地与香港营商环境比较

通过创业便利度、开业便利度等指标对内地和香港的营商环境进行对比，可以直观看出内地与香港营商环境的不同。

表 10 - 5　中国内地和香港实施情况比较

	中国内地	香港
创业便利度	2017 年修订《中华人民共和国中小企业促进法》，第四章创业扶持，包括降低行政成本、城乡规划支持等。从财政资金支持、税收政策优惠、金融手段创新等方面支持众创空间的专业化发展。全年新登记企业达到 607.4 万户，增长 9.9%，日均新登记企业达到 1.66 万户②	（1）可先开业，在一个月内业务申请商事登记③ （2）注册资本采用"授权资本制"
开业便利度	深化简政放权、放管结合。2017 年 10 月底前在全国范围内实现"多证合一、一照一码"，在更大范围推进"证照分离"改革试点，进一步扩大市场准入负面清单试点④	一站式公司注册及商业登记。在一站式公司注册及商业登记服务下，任何人士向公司注册处（"注册处"）交付成立本地公司申请表格（表格 NNC1 或 NNC1G）或注册非香港公司申请表格（表格 NN1），会被视作同时申请商业登记，公司只需就公司注册及商业登记交付一项申请⑤

---

①　理大科技及顾问有限公司：《南沙新区构建国际化营商环境研究》，2013 年 10 月。

②　《第十三届全国人民代表大会第一次会议关于 2017 年国民经济和社会发展计划执行情况与 2018 年国民经济和社会发展计划的决议》，现行有效，2018 年 3 月 20 日发布，2018 年 3 月 20 日实施。

③　香港《商业登记条例》，https：//www.gov.hk/sc/business/registration/businesscompany/。

④　《国务院办公厅关于印发〈全国深化简政放权放管结合优化服务改革电视电话会议重点任务分工方案〉的通知》，国办发〔2017〕57 号，2017 年 6 月 22 日实施。

⑤　《融资中间环节费用，加大融资担保力度》，香港特别行政区政府税务局网站，https：//www.ird.gov.hk/chi/tax/bre.htm。

（续上表）

	内地	香港
生产要素便利度	降低融资中间环节费用，加大融资担保力度。降低企业社保缴费比例，采取综合措施补充资金缺口。失业保险总费率阶段性降至 1% ~ 1.5%，其中个人费率不超过 0.5%。完善住房公积金制度，规范和阶段性适当降低企业住房公积金缴存比例。① 积极推进工业用地长期租赁、先租后让、租让结合供应，降低企业用电成本，放开竞争性环节价格②	劳动关系相关法律，主要有《雇用条例》《工厂及工业经营条例雇员补偿条例》《职业安全及健康条例》以及《最低工资条例》。香港的交通十分便利，物流通信设施发达，其主要的运输方式有航空、铁路、公路。在航空方面，香港赤鱲角国际机场是世界上最繁忙的国际货运机场之一。香港的市内运输同样方便快捷，交通运输路线设置合理，公交、电车以及港铁构成一个四通八达的交通运输网络
交易便利度	为公平营商创条件。综合部门和业务监管部门都要落实监管责任，年内实现"双随机、一公开"③ 监管全覆盖，推行综合执法改革。④ 在北京、天津、上海、海南、深圳等省市（区域）深化服务贸易创新，发展试点探索完善跨境交付、境外消费、自然人移动等模式下服务贸易市场准入制度，逐步放宽或取消限制措施，有序推进对外开放。⑤ 设立 13 个跨境电商综合试验区，国际贸易"单一窗口"覆盖全国，货物通关时间平均缩短一半以上，进出口实现回稳向好。沪港通、深港通、债券通相继启动，人民币加入国际货币基金组织特别提款权货币篮子⑥	国际自由港、独立关税区；所有香港纳税人和法人都有权经营外贸业务；报关速度较快捷

---

① 《降低实体经济企业成本工作方案》，国发〔2016〕48 号。
② 《降低实体经济企业成本工作方案》，国发〔2016〕48 号。
③ 监管过程中随机抽取检查对象，随机选派执法检查人员，抽查情况及查处结果及时向社会公开。
④ 《国务院办公厅关于印发〈全国深化简政放权放管结合优化服务改革电视电话会议重点任务分工方案〉的通知》。
⑤ 《国务院关于同意深化服务贸易创新发展试点的批复》，国函〔2018〕79 号。
⑥ 《第十三届全国人民代表大会第一次会议关于 2017 年国民经济和社会发展计划执行情况与 2018 年国民经济和社会发展计划的决议》，现行有效，2018 年 3 月 20 日发布，2018 年 3 月 20 日实施。

（续上表）

	内地	香港
税费负担度	"三去一降一补"，大力简政减税减费。分步骤全面推开营改增，采取小微企业税收优惠、清理各种收费等措施，共减轻市场主体负担 3 万多亿元。改革出口退税负担机制、退税增量全部由中央财政负担①	税种简单、低税率。多税务优惠。主要税项有印花税、遗产税等；税务管理与国际接轨
政务服务保障度	建立以信用为核心的新型监管机制，②推进"互联网＋政务服务"，不断提高服务效率，③实现"双随机、一公开"监管全覆盖，推进综合执法改革。大力推行"互联网＋政务服务"，开展"减证便民"专项行动。④强化诉调对接，引导当事人选择商事调解⑤	公共服务网络完善，有香港政府一站通、香港经济分析及方便营商处等。一站式网上平台为有意来港定居和生活的人士汇集各种资讯，涵盖就业、教育、投资、入境事务等。政务服务网上普遍附有法律法规检索以及提供相应的法律服务

内地虽然在努力改善营商环境，但与香港比起来还是有一定差距。《2017 年世界城市营商环境评价报告》中，香港排名第 8，上海排名第 9（见表 10 - 6、图 10 - 1）。

表 10 - 6　香港与内地主要城市比较⑥

排名	城市	软环境指数	生态环境指数	基础设施指数	商务成本指数	社会服务指数	市场环境指数	国际城市营商环境指数
8	香港	0.841	0.566	0.376	0.331	0.428	0.306	0.487
9	上海	0.554	0.406	0.687	0.347	0.256	0.446	0.471
19	广州	0.553	0.443	0.420	0.478	0.196	0.399	0.417
21	深圳	0.541	0.526	0.295	0.299	0.312	0.425	0.406

---

①　《第十三届全国人民代表大会第一次会议关于 2017 年国民经济和社会发展计划执行情况与 2018 年国民经济和社会发展计划的决议》。

②　《国务院办公厅关于加快推进"多证合一"改革的指导意见》，国办发〔2017〕41 号。

③　《国务院办公厅关于加快推进"多证合一"改革的指导意见》，国办发〔2017〕41 号。

④　《第十二届全国人民代表大会第五次会议关于 2016 年国民经济和社会发展计划执行情况与 2017 年国民经济和社会发展计划的决议》，现行有效，2017 年 3 月 15 日发布，2017 年 3 月 15 日实施。

⑤　《最高人民法院关于人民法院全面深化司法改革情况的报告》，现行有效，2017 年 11 月 1 日发布，2017 年 11 月 1 日实施。

⑥　作者根据《2017 年世界城市营商环境评价报告》数据整理。

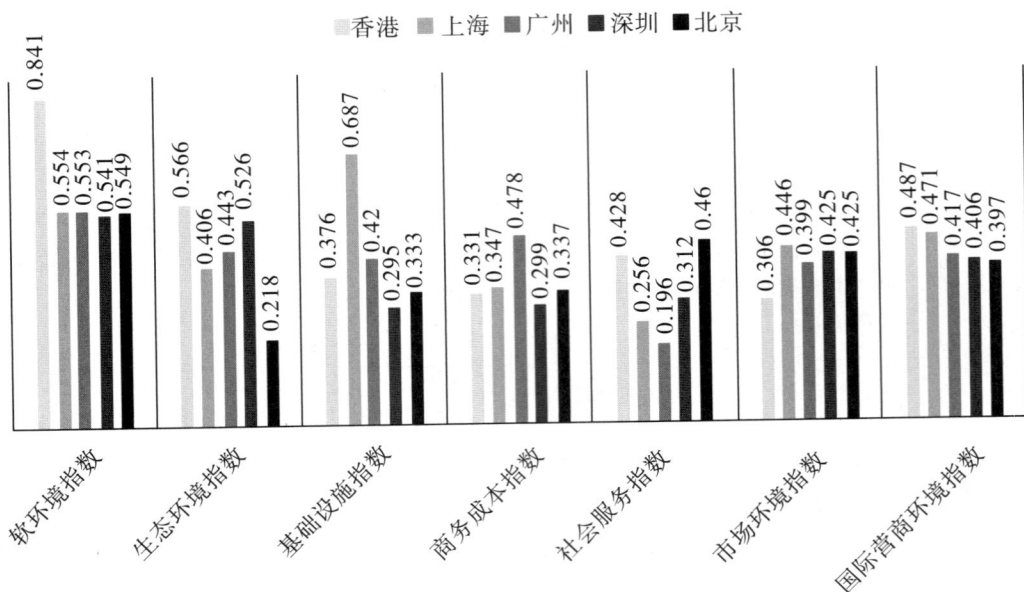

图 10 - 1　香港与内地主要城市比较

在众多监管政策中华南地区的受访者认为税收、政府税收以及中国政府对于互联网的管控是他们所面对的主要挑战，见图 10 - 2。

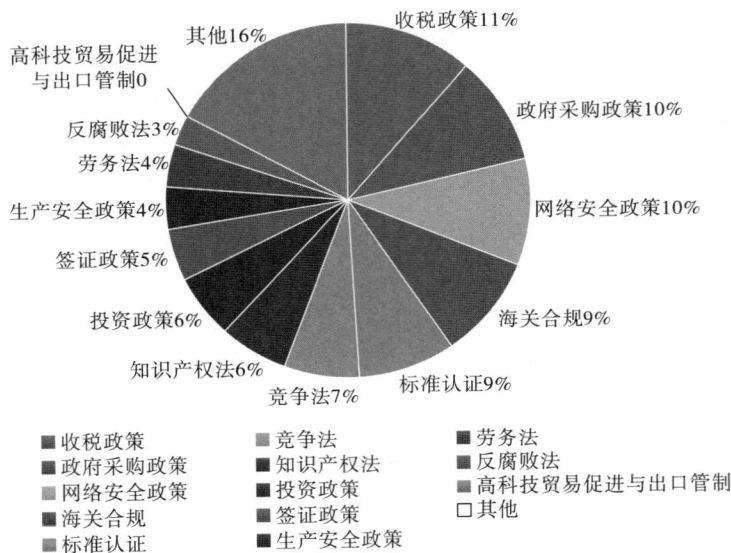

图 10 - 2　香港及内地主要城市面临的挑战①

---

① 根据 2018 *Special Report on the State of Business in South China* 整理。

市场经济是法治经济，法治是市场的重要保障。内地与香港的法治水平存在一定的差距，诸如在内地，公安以刑事案件插手民商事纠纷的事情时有发生。法院方面，地方各级法院的审判水平良莠不齐，某些法院司法腐败，无法保住最后一道防线。一些破坏法治的事件，给营商环境造成很大的负面影响。

世界银行 2017 年 10 月 31 日发布的《2018 年全球营商环境报告》，香港再度被评为全球营商最便利的地区之一，在 190 个国家或地区中排名第五。世界银行赞扬香港推行的多项便利营商改革措施成效显著。① 内地的营商环境排名 78，其中"开业便利度"从 127 位上升到 93 位，有了很大提高。但是，内地在开办企业方便方面与香港还存在很大差距，"门难进，脸难看，事难办"，各种设卡推脱踢皮球的现象依旧突出。

2018 年 5 月 18 日，在香港大学李兆基会议中心大会堂举行的第 199 届学位颁授典礼上，马云赞赏香港拥有包容与开放的精神。正是由于开放的贸易，开放的文化，开放的政策，才成就了今天的香港。全世界找不到第二个城市像香港一样，在这么小的地方，讲着这么多国家的语言，有着这么多肤色，如此不同，又如此相似。开放包容是一流营商环境的关键所在，虽然今年内地出台了许多扩大进口以及大力引进外资的政策，但开放度与包容度还有待进一步提高。

五、内地营商环境建设路径

在分析了内地与香港的大致营商环境后，可以看出香港在营商环境建设上，确实领先于内地，便利的开业制度、高效透明的政务环境和完善的法治制度，都是内地需要借鉴的。为此，笔者从以下几个方面，提出内地营商环境的建设路径。

一是改革商事登记制度。商事登记制度改革以"多证合一""证照分离"为核心，进一步降低企业的准入门槛。在进行商事登记改革的同时，应同步推进行政审批改革，做到双管齐下，让"放管服"真正落到实处。不该由政府垄断的，应该及时交还给市场，政府退居二线，当好守夜人。强化行政审批的管理，解决企业"办证多""办证难"等长久未决的老问题。在有条件的地区，逐步推行网上审批、"电子执照"等便民措施，做到让商主体一趟都不用跑。对于需要到窗口办理的，应该尽量做到"一站式"服务，让商主体少跑一趟。

二是打造高效透明的政务环境。打造高效透明的政务环境，首先要有一个公开可行的政务机制，只有让权力在阳光下运行，才能杜绝腐败的发生。其次是选拔和培养行政人员时，应该从源头进行把关，优先培养具有服务意识、法律意识的行政人员。最后，要实现信息互联，多个部门信息共享。例如，香港的"网上政府"政务服务平台，其各个部门都有着较高程度的信息化建设及共享，各个部门都可以轻易实现网上办公。各个政务网站上，有办事指引、法律法规检索、办事结果等网上服务项目。然而内地有些政府网站，设

---

① 谢俊、申明浩、杨永聪：《差距与对接：粤港澳大湾区国际化营商环境的建设路径》，《城市观察》2017 年第 6 期。

计混乱，内容不全，甚至有的打不开。因此，内地要优化运输环节，应该在顶层设计上多用力，建设一套公开透明的办事机制和人才选拔方案，让政府真正成为一个便捷、公开、为民的服务型政府。

三是落实负面清单制度。负面清单是一个与正面清单相反的概念，是指禁止或限制的事项。清单上的事项被禁止，反之，不在清单上的事项则被推定为允许。通过设立负面清单，可以厘清政府与市场的界限。负面清单之外的事项，可以由商主体任意决定。负面清单制度，可以帮助我国建立一个自由、公开、透明以及非歧视性的营商环境。加快落实负面清单制度，严格落实企业投资项目准入负面清单、行政审批清单和政府监管清单管理，通过负面清单落实民间投资平等待遇，有效破解"弹簧门""玻璃门""旋转门"等制度性桎梏。[①]

第二节　中国内地与澳门营商环境比较

一、引言

广东省委、省政府制订的《建设法治化国际化营商环境五年行动计划》背景资料中指出，营商环境是指伴随企业活动整个过程（包括从开办、营运到结束的各环节）的各种周围境况和条件的总和。概括地说，包括影响企业活动的社会要素、经济要素、政治要素和法律要素等。世界银行《全球营商环境报告》指出，国际化营商环境，即一个国家或地区营商环境要与国际上营商环境监管的透明度和便利度的全球趋势接轨，建立符合世贸规则的市场经济运行机制和体系、公开透明的政策环境、高效便捷的办事环境。[②] 具体包括创业便利度、开业便利度、生产要素便利度、交易便利度、税费负担度、政务服务保障度。

澳门位于中国东南部沿海，地处珠江口西岸，距香港 60 公里，距广州 145 公里；地小人少，土地总面积 30.8 平方公里，2017 年年终总人口为 653 100 人。官方语言为中文和葡文，粤语（广东话）为日常用语。英语在贸易、旅游和商业领域广泛应用。基础设施完善，海、陆、空交通四通八达，电讯、互联网便利。医疗卫生水平与大多数先进国家和地区相若。2017 年第四季，劳动人口为 38.3 万人，就业人口为 37.59 万人，失业率为 1.9%。[③]

澳门营商环境良好，回归以来，经济稳步发展，失业率维持在较低水平；访澳旅客人数、零售业销售额、居民收入中位数等经济指标均有所提升。其商业运作准则与国际惯例相适应，投资营商手续简便，外地与本地投资者成立企业的程序相同。澳门具有自由港、

① 刘诚：《粤港澳大湾区优化营商环境的对策建议》，《新经济》2017 年第 12 期。
② 谢俊、申明浩、杨永聪：《差距与对接：粤港澳大湾区国际化营商环境的建设路径》，《城市观察》2017 年第 6 期，第 25–34 页。
③ https://www.ipim.gov.mo/zh-hans/business-investment/macao-business-environment/。

单独关税区地位、简单低税政策、企业所得税最高税率只有12%、国际市场网络广泛、与葡语国家紧密联系，以及《内地与澳门关于建立更紧密经贸关系的安排》（CEPA）等独特优势。据美国传统基金会和《华尔街日报》联合发布的《2018年度全球经济自由度指数报告》，澳门在全球180个经济体中排名第34位，在亚太地区排名第9位；同时，被世界贸易组织（WTO）评为全球最开放的贸易和投资体系之一。

澳门特别行政区成立以来，投资环境不断优化，各项建设事业加快推进，并正加快打造区域性的商贸服务平台，特别是促进内地（尤其是泛珠三角区域）与葡语国家企业以及海外华商的经贸合作。① 在发展定位上，国家"十三五"规划纲要提出，支持澳门建设世界旅游休闲中心、中国与葡语国家商贸合作服务平台，积极发展会展商贸等产业，促进经济适度多元可持续发展；国家"一带一路"倡议为澳门开展对外经济合作和加快经济适度多元发展提供了新契机。

当下，随着《内地与澳门关于建立更紧密经贸关系的安排》（CEPA）和《泛珠三角区域合作框架协议》《珠江三角洲地区改革发展规划纲要》《粤澳合作框架协议》及《深化粤港澳合作　推进大湾区建设框架协议》的落实，澳门与内地，特别是泛珠三角区域的经济合作进一步深化。②

二、政策和法律回顾

1. 内地政策法规回顾

关于营商环境，内地在政策上有三大主题：①创新驱动发展战略；②供给侧结构性改革；③支持/服务实体经济发展。

关于创新驱动发展战略，即经济增长动力将逐步由要素驱动、投资驱动向创新驱动转换。与之相关的规范性文件有：2015年开始实施的《中共中央国务院关于深化体制机制改革加快实施创新驱动发展战略的若干意见》，2016年实施的《国家创新驱动发展战略纲要》，2017年实施的《国务院关于强化实施创新驱动发展战略进一步推进大众创业万众创新深入发展的意见》。关于供给侧结构性改革，十八届三中全会提出，要使市场在资源配置中起决定性作用；要更好地发挥政府的作用。与之相关的规范性文件，即2017年发布的《国务院关于推进供给侧结构性改革加快制造业转型升级工作情况的报告》，2017年实施的《商务部办公厅关于印发〈2017年加快内贸流通创新推动供给侧结构性改革扩大消费专项行动实施方案〉的通知》和《国家发展改革委、工业和信息化部、财政部等关于深入推进供给侧结构性改革做好新形势下电力需求侧管理工作的通知》。关于支持服务实体经济发展，与之相关的政策有2016年发布的《国务院办公厅关于加快众创空间发展服务实体经济转型升级的指导意见》，2017年实施的《国务院办公厅关于进一步推进物流降本增效促进实体经济发展的意见》等。

---

① http：//www.ccpit.org/Contents/Channel_3590/2015/1117/502726/content_502726.htm。

② https：//www.ipim.gov.mo/zh-hans/business-investment/macao-business-environment/。

在这些主题内容下，有一些措施被反复强调，它们是简政放权、企业减负和政务保障。

所谓简政放权，就是精简政府职能，简化政府不必要的事务，把政府原本掌握的权力外放出去。要针对长期存在的重审批、轻监管、弱服务问题，持续深化"放管服"改革，加快转变政府职能，减少微观管理、直接干预，注重加强宏观调控、市场监管和公共服务。"放管服"三管齐下改革思路经历了随着政府改革实践的深入而逐步提出并完善的过程：2014 年全国政府工作报告提出"进一步简政放权，这是政府的自我革命"；2015 年全国政府工作报告扩展为"加大简政放权、放管结合改革力度"；2016 年全国政府工作报告进一步提出"推动简政放权、放管结合、优化服务改革向纵深发展"。具体领域包括商事制度改革，涉及其中的放宽市场准入、强化事中事后监管、优化服务三方面。注册资本登记制度改革，基本取消了实缴注册资本登记制度下的各项门槛，使投资者有完全的权利和自由度决定合适于其投资的注册资本金额及出资方式、出资时间安排。

企业减负，涉及企业纳税环节、涉企收费、融资服务，相关政策有 2018 年实施的《国家税务总局关于发布〈办税事项"最多跑一次"清单〉的公告》，2017 年出台了许多税收优惠政策，如《财政部、国家税务总局关于简并增值税税率有关政策的通知》（财税〔2017〕37 号）简并增值税税率，取消 13% 的税率。

产权保护制度，则有 2016 年的文件《中共中央、国务院关于完善产权保护制度依法保护产权的意见》。产权保护制度强调平等保护、全面保护、依法保护、标本兼治。

综合分析可得，内地在政策层面自上而下推进营商环境改革：在创业便利度维度，如《国务院关于强化实施创新驱动发展战略进一步推进大众创业万众创新深入发展的意见》等，配合创新驱动发展战略支持；在开业便利度、生产要素便利度、交易便利度、政务服务保障度等层面，有"简政放权"、"放管服"、产权保护制度加以支持；在税费负担度方面，有一系列企业减负措施加以支持。

2. 澳门政策回顾

"十二五"规划提出，支持澳门建设世界旅游休闲中心，加快建设中国与葡语国家商贸合作服务平台；支持澳门推动经济适度多元化，加快发展休闲旅游、会展商务、中医药、教育服务、文化创意等产业，为保持澳门长期的繁荣稳定、澳门经济的可持续发展奠定了坚实的基础。随着 CEPA 的进一步扩大开放和《泛珠三角区域合作框架协议》《珠江三角洲地区改革发展规划纲要》的落实，以及《粤澳合作框架协议》的签署，将进一步深化澳门与内地的经济融合，推动粤港澳的紧密合作，使得澳门营商环境具有区域性合作发展的新优势。

澳门是中国国际贸易自由港之一，贸易政策自由，无贸易壁垒和外汇管制，营商自由度高；同时，作为独立关税区，一般进出口货物不需要交关税，无关税限额或附加税。

澳门政府在营商环境范围内实施的政策包括：实行低税制，对指定行业财政支持；资助海外推广；扶持中小企业等。相应的政策如：出台《企业融资贷款利息补贴》；澳门贸易投资促进局自 1995 年提供海外"参展鼓励"咨询及申请服务；出台针对中小企业的财政辅助计划，设立了"青年创业援助计划"。此外，澳门贸易投资促进局下属单位"澳门商务促进中心"于 2007 年设立了"中小企服务中心（中小企业一站式服务中心）"。①

三、中国内地与澳门的比较

在比较中国内地与澳门营商环境时，采用以下指标：创业便利度、开业便利度、生产要素便利度、交易便利度、税费负担度、政务服务保障度。其中，创业便利度包括市场准入负面清单情况、商事制度改革；开业便利度包括产业项目清单管理制度、项目建设许可情况、证照申请获得情况；生产要素便利度包括融资成本、用工成本、用地用电成本等；交易便利度包括竞争环境、跨境贸易便利度；税费负担度包括营商税费减负、财政支持情况；政务服务保障度，包括政务服务创新、执法监管转型、商事纠纷解决机制创新情况。

表 10 – 7　内地与澳门实施情况比较

	内地	澳门
创业便利度	2017 年修订《中华人民共和国中小企业促进法》②，第四章创业扶持，包括降低行政成本、城乡规划支持等。从财政资金支持、税收政策优惠、金融手段创新等方面支持众创空间的专业化发展。③ 全年新登记企业达到 607.4 万户，增长 9.9%，日均新登记企业达到 1.66 万户④	（1）本地及外地的个人或机构设立公司所遵循的法律或行政程序是相同的 （2）可先领取登记证后，再办理需审批的准照 （3）注册资本采用"授权资本制"⑤
开业便利度	深化简政放权、放管结合。2017 年 10 月底前在全国范围内实现"多证合一、一照一码"，在更大范围推进"证照分离"改革试点，进一步扩大市场准入负面清单试点⑥	贸易投资促进局为投资者提供"投资全程一站式服务"；采用一站式"发牌"服务（如民政总署），实现并联审批，真正做到一个窗口快速办理申请流程

---

① 澳门贸易投资促进局官网，http：//www.ipim.gov.mo。
② 《中华人民共和国中小企业促进法（2017 修订）》，主席令第 74 号。
③ 《国务院办公厅关于加快众创空间发展服务实体经济转型升级的指导意见》，国办发〔2016〕7 号。
④ 《第十三届全国人民代表大会第一次会议关于 2017 年国民经济和社会发展计划执行情况与 2018 年国民经济和社会发展计划的决议》。
⑤ https：//www.ipim.gov.mo/zh – hans/services/one – stop – service/handle – company – registration – procedures/。
⑥ 《国务院办公厅关于印发全国深化简政放权放管结合优化服务改革电视电话会议重点任务分工方案的通知》，国办发〔2017〕57 号。

（续上表）

	内地	澳门
生产要素便利度	降低融资中间环节费用，加大融资担保力度。① 降低企业社保缴费比例，采取综合措施补充资金缺口。失业保险总费率阶段性降至 1%～1.5%，其中个人费率不超过 0.5%。完善住房公积金制度，规范和阶段性适当降低企业住房公积金缴存比例② 积极推进工业用地长期租赁、先租后让、租让结合供应，降低企业用电成本，放开竞争性环节价格③	劳动关系相关法律除《劳动关系法》，还有《澳门劳资关系法律制度》《工作意外及职业病所引致之损害之弥补之法律制度》《中止劳动关系以及减少工作时数时应遵守之规则》。由于博彩业的强大竞争力，其过度膨胀对各种生产要素产生强大的吸引作用，导致澳门中小微企业的生存空间受到挤压而难以生存发展，并使得整个经济体变得非常脆弱④
交易便利度	为公平营商创条件。综合部门和业务监管部门都要落实监管责任，年内实现"双随机、一公开"⑤ 监管全覆盖，推行综合执法改革。⑥ 在北京、天津、上海、海南、深圳等省市（区域）深化服务贸易创新，发展试点，探索完善跨境交付、境外消费、自然人移动等模式下服务贸易市场准入制度，逐步放宽或取消限制措施，有序推进对外开放。⑦ 设立 13 个跨境电商综合试验区，国际贸易"单一窗口"覆盖全国，货物通关时间平均缩短一半以上，进出口实现回稳向好。沪港通、深港通、债券通相继启动，人民币加入国际货币基金组织特别提款权货币篮子⑧	国际自由港、独立关税区；所有澳门纳税人和法人都有权经营外贸业务；报关速度较快捷，承诺 4 分钟报关，执行率达到 95%⑨

① 《关于印发降低实体经济企业成本工作方案的通知》，国发〔2016〕48 号。
② 国务院：《降低实体经济企业成本工作方案》，国发〔2016〕48 号。
③ 国务院：《降低实体经济企业成本工作方案》，国发〔2016〕48 号。
④ 龚唯平、刘岳忠：《澳门中小微型企业营商环境研究》，《产经评论》2014 年第 2 期，第 121–131 页。
⑤ 监管过程中随机抽取检查对象，随机选派执法检查人员，抽查情况及查处结果及时向社会公开。
⑥ 《国务院办公厅关于印发〈全国深化简政放权放管结合优化服务改革电视电话会议重点任务分工方案〉的通知》，国办发〔2017〕57 号。
⑦ 《国务院关于同意深化服务贸易创新发展试点的批复》，国函〔2018〕79 号。
⑧ 《第十三届全国人民代表大会第一次会议关于 2017 年国民经济和社会发展计划执行情况与 2018 年国民经济和社会发展计划的决议》。
⑨ https://www.customs.gov.mo/cn/service.html。

（续上表）

	内地	澳门
税费负担度	"三去一降一补"，大力简政减税减费。分步骤全面推开营改增，采取小微企业税收优惠、清理各种收费等措施，共减轻市场主体负担 3 万多亿元。改革出口退税负担机制、退税增量全部由中央财政负担①	税种简单、低税率。多税务优惠。主要税项有所得补充税、营业税、职业税、房屋税、机动车辆税、消费税、印花税、社会保障基金；② 税务管理与国际接轨
政务服务保障度	建立以信用为核心的新型监管机制，③ 推进"互联网＋政务服务"，不断提高服务效率④，实现"双随机、一公开"监管全覆盖，推进综合执法改革。大力推行"互联网＋政务服务"，开展"减证便民"专项行动。⑤ 强化诉调对接，引导当事人选择商事调解⑥	公共服务网络完善，由政府资讯中心、市民分区服务中心、网上电子服务组成。该公共服务网络的评估由三部分组成，即"市民满意度调查""服务承诺认可制度"及"ISO 国际管理标准认证"。⑦ 消费者委员会设有"消费争议仲裁中心"，免费提供资讯、中介调解及仲裁服务⑧

注：资料来自于澳门消费者委员会网、澳门特别行政区政府印务局、澳门法律网、澳门特别行政区优化公共服务行政公职局、澳门海关官网、澳门消费者委员会官网、澳门贸易投资促进局官网。内地相关资料来自中央政策整理，效力级别基本为规范性文件，少量部门规范性文件、法律规范。

澳门与全球 100 多个国家和地区保持贸易往来，所参加的国际性组织有 50 多个，商业运作准则与国际惯例相适应，投资营商手续简便，外地与本地投资者成立企业的程序相同，为来自世界各地的投资者发展业务提供理想的营商环境。⑨

在政务服务方面，澳门政府提供高效的政务环境，以报关手续为例，除较为传统的亲临或代理方式，当事人还可以通过电子数据交换系统 EDI 进行电子报关，不仅提供无纸化

---

① 《第十三届全国人民代表大会第一次会议关于 2017 年国民经济和社会发展计划执行情况与 2018 年国民经济和社会发展计划的决议》。

② 澳门贸易投资促进局官网，http：//www. ipim. gov. mo。

③ 《国务院办公厅关于加快推进"多证合一"改革的指导意见》，国办发〔2017〕41 号。

④ 《国务院办公厅关于加快推进"多证合一"改革的指导意见》，国办发〔2017〕41 号。

⑤ 《第十二届全国人民代表大会第五次会议关于 2016 年国民经济和社会发展计划执行情况与 2017 年国民经济和社会发展计划的决议》。

⑥ 《最高人民法院关于人民法院全面深化司法改革情况的报告》。

⑦ http：//app. safp. gov. mo/qs。

⑧ https：//www. consumer. gov. mo/。

⑨ https：//www. ipim. gov. mo/zh－hans/business－investment/macao－business－environment/。

服务，还可为客户保存资料长达七年。同时提供 24 小时热线、上门维修、免费培训等服务。从海关公布的货物报关服务承诺可知，出口、进口及转运报关处理时间设定目标均为 4 分钟，目标执行率高达 95%。

此外，澳门政府推进"一站式"服务，极好地建设营商环境。其中包括"投资一站式服务中心"，提供免费法律咨询、行政程序申请等，包含专任跟进、投资委员会、专责公证员和商业配对服务，涵盖内容主要为手续指引跟进、行政程序落实跟进、公证和公司登记服务、为从业者提供商业资源。2011 年，一站式服务效率及质量都很高，服务项目的预设达标率和达标率基本都为 100%，服务项目是：在澳投资"一站式"咨询服务，专职公证员办理成立公司及登记的手续，处理投资者寻求合作伙伴项目的申请等。"一站式"服务可以得到这么好的效果，与它的监督机制有关。其监督方式为"自我监督"与"公众监督"相结合。自我监督即该局内部的改善小组委员会进行；公众监督，即当接到"投诉意见"时，会于 15 个工作日内调查回复，具有较高的办公效率。此外，澳门对部分饮食及饮料场所拍照审批提供"一站式"服务，即实现多部门并联审批，提高申请者证件申请的效率。

澳门政府大力扶持中小企业，在融资贷款、提供信息方面有所支援。财政辅助方面有三项：中小企业信用保证计划、中小企业专项信用保证计划、中小企业援助计划，主要帮助中小企业取得融资。另外，还有"青年创业援助计划"，以提供免息援助款项的方式，支持澳门青年创业。此外，澳门还开设了"中小企业服务中心"，分阶段扶持中小企业成长。比如在萌芽阶段，提供市场信息咨询；在发展阶段，通过会展或网上平台，协助企业宣传并进行品牌经营活动；之后，又提供企业交流平台，促进企业业务拓展等。

在创业便利度、开业便利度维度，无论个体或机构，无论本地或外地，设立公司的程序是一样的，手续非常简便，可通过电子程序提交。没有区别对待，这样有利于吸引外资，促进资源整合。

在商事制度维度，澳门存在公司秘书制度。可独立行使监督权、公正权和确认权，被公司秘书签名的文件类似于公证效果，其他人无权变动文件内容。签名权在一定程度上存在监督作用，有利于维护公司权益，防止董事滥用职权。

四、评论与比较

香港和澳门营商环境在国际上享有盛誉，虽然与中国内地分属不同法域，难以直接以指标分数衡量，但综合考虑香港和澳门的投资、交易、融资等均有国际吸引力，这两个城市的营商环境可属于卓越行列。同时，内地和港澳也都有可互相借鉴之处，具体阐释如下：

1. 内地向澳门学习先进经验

在政务服务方面，澳门效率极高。澳门政务服务将电子化作为公共服务新起点，结合"一站化"推进服务，政府办事效率高、审批速度快，同时提供相应的咨询和商业资源。而澳门政务服务的完善，与其监督机制也有关系，"投资一站式服务中心"采取公众监督与自我监督相结合的方式；公共服务网络的服务评估管理机制，由"市民满意度调查""服务承诺认可制度"及"ISO 国际管理标准认证"三部分构成。

内地可在这方面向澳门作重点学习，提高政务服务效率，可惠及开业便利、创业便利和政务保障便利。澳门的"一站式"服务中，权力关系得到调整，如总署发牌申请审批服务中，原职能部门将许可权限全部"委托"给一站式服务窗口，因此效率较高。内地可探索调整相应的窗口服务，调整权力改革，减少部门间材料交接等的时间耗费。此外，内地亦可学习澳门的监督机制，即除了自我监督之外，还引入市民监督，或者引入国际管理标准认证，以更好地得到群众的反馈，也有利于与国际社会更好交流，促进商贸合作。最后，新时代的政务服务应当重视电子化，加强电子化也应是政务服务改革的重点。

在税务方面，内地和澳门的差距也较大。澳门作为自由贸易区，税种低并有较多税收优惠。在短时间内大幅降低内地税种和税率，对内地来讲并不现实，建议出台更多针对企业的税收优惠政策。

2. 澳门的不足与改进

虽然澳门被世界贸易组织（WTO）评为全球最开放的贸易和投资体系之一，并具有自由港、独立关税区等独特优势[1]，但澳门营商环境在生产要素便利度维度并不佳。由于澳门地小人少，资源匮乏，市场较小，劳动力亦不充足。博彩业带来了澳门经济的超级繁荣，在拉动澳门经济发展的同时，博彩业的高利润吸引了资本的投入，伴有扩张态势。供需关系推动了用地、用工等需求，澳门地小人少，则推动用地、用工成本的上升，于是租金、用工成本上涨，生产要素便利度不高。同时，由于博彩业一业独大，产业结构较为单一，博彩业对生产要素的吸引利用，又挤压了非博彩业的中小微型企业生存空间，影响中小微型企业成长的社会生态环境，不利于澳门长远发展。

龚唯平、刘岳忠在《澳门中小微型企业营商环境研究》[2] 中也提到，澳门中小微型企业面临的营商环境问题主要体现在市场环境、融资环境、人才环境等方面。从市场环境方面看，博彩业挤压了澳门中小微型企业的生存和发展空间；从融资环境方面看，银企制度的内在矛盾使澳门中小微型企业融资困难重重，中小微型企业资金来源单一，外部融资渠道狭窄且不通畅，融资难、融资贵；从人才环境方面看，由于劳动力不足且劳动力成本上升，对中小微型企业人力资源环境不利。

为保持澳门经济的持续发展，澳门应转变经济增长方式，挖掘自由港体制优势，确立"走出去"经济发展战略。[3] 陈广汉、李小瑛在《澳门经济发展瓶颈与"走出去"策略》中提及，"走出去"模式包括：政府建立主权基金，产业与服务结合，中小微型企业"走出去"；建议澳门加强内部优化、强化服务功能、培养企业家精神。其中，关于主权基金"走出去"，即借鉴新加坡模式，利用财政盈余对内地和国际市场进行投资，以资本对外发展形成财政的良性循环；产业与服务结合，则强调深化旅游业合作、打造内地与葡语国家商贸平台、推进与珠三角特色产业服务集群相关合作；企业走出去，则建议中小微型企业

---

① http://www.ccpit.org/Contents/Channel_3590/2015/1117/502726/content_502726.htm。
② 龚唯平、刘岳忠：《澳门中小微型企业营商环境研究》，《产经评论》2014 年第 2 期，第 121 - 131 页。
③ 陈广汉、李小瑛：《澳门经济发展瓶颈与"走出去"策略》，《港澳研究》2015 年第 1 期，第 51 - 60、95 页。

到珠三角等营商环境成本较低的地区发展。

另外，在竞争环境中，澳门垄断与竞争法规没有采用单行的竞争法典或法规，现有条文更多侧重于规制"不正当竞争"而非"垄断行为"，随着澳门经济发展及跨国企业落户情况，市场可能出现不同层次、种类的垄断行为，因此有必要制定健全的反垄断法。[①]

3. 澳门与内地加强合作

由于澳门地小人少、资源匮乏等原因，澳门难以走内源型发展道路[②]，因此与内地合作、加强国际合作，是澳门继续发展的必要；而澳门现阶段高度发达的旅游业和良好的营商环境认可度，也适合作为中国向外的窗口，是内地进一步加强与国际社会交流的重要途径。

澳门应抓住"一带一路"倡议和粤港澳大湾区建设框架的提出带来的新的发展机遇。目前，澳门正积极探索自身与二者的契合点，提出建设世界旅游中心，打造中国与葡语国家商贸合作服务平台，建设以中华文化为主流、多元文化共存的交流合作基地，促进经济适度多元可持续发展的目标。同时，对于澳门的优势产业旅游业，澳门深化了与广东省的旅游合作：2017 年 12 月，广州、深圳、珠海、佛山、惠州、东莞、中山、江门、肇庆 9 个地市和香港、澳门 2 个特别行政区旅游主管部门发起成立了"粤港澳大湾区城市旅游联合会"。粤港澳旅游推广机构也在不断促进三地优势互补，共同推广区域旅游品牌；成立于 1993 年的粤港澳旅游推广机构 2018 年 2 月在澳门举行了第 78 次工作会议，会上，澳门特区政府旅游局、广东省旅游局、香港旅游发展局达成共识，将在现有旅游合作机制下持续强化联合推广工作，把握粤港澳大湾区建设机遇，加强海内外推广。[③]

澳门的中医药产业也与内地有深入合作：特区政府高度重视中医药产业化和标准化，未来中医药领域，澳门的工作重点是加快横琴粤港澳合作中医药产业园区的发展，共建国际中医药产业基地及国际中医药交易平台。[④] 基于特殊的历史条件及地理环境，中医药产业在澳门有非常大的发展潜力，世界卫生组织确定将在澳门构建传统医药中心。传统医药中心将与国家重点实验室以及中医药科技产业园区有机结合，令澳门的中医药发展更进一步。近年来，澳门特区政府推出一系列积极措施支持中医药教育、科研及产业化发展，将中医药作为经济多元发展的一个重点，得到中央政府的积极支持。

五、结语

澳门的营商环境特点是：开放程度高、政务服务高效完善、税收环境良好；但生产要素便利度较低。相比内地，则内地在开放程度、政务服务、税收环境等方面较逊色，但生

---

① 何金明：《反垄断法在澳门特区之体现与制定》，《经济法研究》2008 年第 1 期，第 144 – 155 页。

② 杨爱平：《广东自贸试验区建设与粤澳合作机制再创新》，《华南师范大学学报（社会科学版）》2015 年第 6 期，第 111 – 114、192 页。

③ 《粤港澳大湾区建设激发区域旅游新活力》，新华网，http：//www. xinhuanet. com/gangao/2018 – 04/29/c_ 129862330. htm。

④ 《借力"一带一路"和粤港澳大湾区建设　澳门打出多元发展"组合拳"》，《21 世纪经济报道数字报》，ht- tp：/epaper. 21jingji. com/html/2018 – 02/26/content_80644. htm。

产要素便利度较澳门高。建议内地深化改革，并建立更加完善的监督机制加强政府服务，适当减少税种，降低营商成本；澳门可内部优化，实施"走出去"战略，完善产业结构；内地与澳门应进一步加强合作，在"一带一路"倡议和粤港澳大湾区建设下，深化合作，共同营造良好的营商环境。